U0448361

汉学大系丛书
朱存明 主编

道境与诗艺
——中国早期神话意象演变研究

王怀义 著

商务印书馆
2019年·北京

图书在版编目（CIP）数据

道境与诗艺：中国早期神话意象演变研究/王怀义著.—北京：商务印书馆，2019
（汉学大系丛书）
ISBN 978-7-100-15958-6

Ⅰ.①道… Ⅱ.①王… Ⅲ.①神话－研究－中国－石器时代 Ⅳ.①B932.2

中国版本图书馆CIP数据核字（2018）第049689号

权利保留，侵权必究。

汉学大系丛书
道境与诗艺
——中国早期神话意象演变研究
王怀义 著

商 务 印 书 馆 出 版
（北京王府井大街36号 邮政编码 100710）
商 务 印 书 馆 发 行
北京兰星球彩色印刷有限公司印刷
ISBN 978-7-100-15958-6

| 2019年4月第1版 | 开本 680×960 1/16 |
| 2019年4月第1次印刷 | 印张 25 1/4 |

定价：65.00元

"汉学大系丛书"总序

世界总是在不断地变化。历史上，有些文明消失了，有些文明则不断壮大，以至于形成现代世界的格局。进入21世纪，世界格局面临一个新的调整，美国人塞缪尔·亨廷顿写《文明的冲突与世界秩序的重建》，认为不同文明的冲突将导致未来社会的对抗。这个观点值得警惕，也值得研究。做好中国自己的事，勇敢面对挑战是我们面临的任务。

中国文明发展了几千年，历史上曾经有过自己的辉煌，但是清朝后期，由于没有科学民主的现代理念，曾经落后挨打，令多少志士仁人痛心疾首。新中国成立后，经过一个甲子年的现代发展，中国又迎来了一个快速崛起的历史新时期。

中国文化现代性的发展，一方面要学习国外的先进经验，促进科学技术的发展与社会的进步；另一方面要不断回溯历史，在历史的记忆中寻求民族之根。当今世界的寻根与怀旧实际上都有现实的基础，它是民族凝聚力的根源。在回溯历史的新的阐释中，一个新的历史轴心期即将来临。

我们编纂"汉学大系丛书"就是为了探求中华文化的历史起源、学术源流、基因谱系、思维模式、道德价值等，为实现中华文化的历史复兴奠定基础。

"汉学"，是一个历史的概念，因时间与空间的不同而发生变化。究其变化之因，皆由对"汉"字的理解与运用不同所致。"汉"字既可指汉代，也可指汉族，还可以作为中华民族的代称。"汉文化"可以指两汉文化，也可以指代中国传统文化。所以"汉学"一词在不同的语境中有不同的内涵：可以指两汉的学术文化，可以指清代的汉学流派，也可以指中国及海外关于中国文化的研究。具体来看，汉学研究范围以经学为中心，而衍及小学、音韵、史学、天算、水地、典章制度、金石、校勘、辑佚等，引证取材多集于两汉。"汉学"一词在南宋就已出现，专指两汉时期的学术思想。清朝汉学有复兴之势，江藩著《汉学师承记》，自居为汉学宗传。汉学又称"朴学"，意为朴质之学。"朴学"重考据，推崇汉儒朴实学风，反对宋儒空谈义理。现代"汉学"或称作"中国学"，自20世纪80年代以来或称"海外汉学"，是国外的学者对有关中国的方方面面进行研究的一门学科。

梁启超在《清代学术概论》中提出清代汉学的复兴是对当时理学思潮的反动，其学术动力来源于复汉学之古；钱穆在《清儒学案》中认为，汉学的兴起是继承与发展传统的结果；侯外庐在《中国思想通史》等著作中认为，清代汉学思想的发展动力是"早期启蒙思想"。

在国外，汉学的经典名称为"汉学"（Sinology），有的称为"中国学"（Chinese Studies）。"汉学"（Sinology）或"中国学"（Chinese Studies）是国外研究中国的学术总称，具有跨学科、跨文化的特征，反映着世界范围内的学术变化及学术发展趋势。

在西方，主要是欧洲，严格意义上的汉学研究已经有四百多年的历史。这一学科的形成，表明了中国文化所具有的世界历史性意义。从汉学的发展历史和研究成果看，其研究对象不仅仅是中国汉民族的历史和文化，更是包括中国少数民族历史和文化在内的整个中国。由于汉民族是中国的主体，而且汉学最初发轫于汉语言领域，因而学术界一直将汉学的名称沿用下来。汉学只是一个命名方式，丝毫没有轻视中国其他民族的意思。经过几百年的发展，海外汉学已经形成三大地域：美国汉学、欧洲汉学、东亚汉学。

21世纪以来，随着全球一体化的进程，国内外汉学的研究又形成了一个热潮。在新的历史条件下，中国学术界需要发出自己的呼声。海外汉学与中国本土学术进行跨文化对话，才能洞悉中国文化的深层奥秘；中国学人向世界敞开自己，才能进一步激活古老的传统和思想的底蕴。

因此，汉学是继承先秦诸子文化在汉代统一性国家建立基础上形成的中华民族的学术。"汉学"的研究重心是以中华民族统一性的价值观为主体，以汉语言为基础，以汉字为符号载体的文化共同体。汉文化是融合了不同民族、不同区域文化而形成的一个文化统一体。从人类文明发展史来看，这个文化与西方基督教文化、印度佛教文化、阿拉伯伊斯兰文化有着不同的发展模式与价值体系。"汉学"作为中国传统学术流派的称谓，常常与"国学""经学"相混，也有人赋予"汉学"以新内涵，将国内的中国学研究也称为"汉学"，这可以称之为"新汉学"。汉民族是历史上多民族长期交流融合的结果，历史上形成的汉语、汉字及其独特的汉文化对中国文明以至世界文明都产生了巨大影响。汉学就是对建立在汉语、汉字、汉文化基础之上的中华民族的学术传统的学理性探讨。

中华文化在历史上就对世界产生过影响，中外文化交流一直是世界历史的一部分。16世纪以来，中华文化进一步引起西方的注意，西方汉学研究也随之兴起。西方人对于汉学的研究是基于他们的文化立场的，虽然取得了一些成果，但是也有一些误读。目前，时代赋予了我们新的历史使命，本课题就是基于目前中国的现实需要对中国"汉学"学术内涵进行的基础研究。

由于历史原因，一段时间内中国的汉学在国外得到研究，国内研究反而滞后，国内外有些研究机构把汉学的概念仅仅看成外国人对中国学的研究，这无疑缩小了汉学的视域。今天我们有责任对民族文化进行深入系统的研究，为中华民族的现代复兴打下坚实的话语基础。文化是一个民族生存的基础，保护民族文化基因就是我们面临的一个重要的历史任务。

"汉学大系丛书"的编纂旨在促进汉学的历史回归，既是对汉学内涵的理论建构，也是对汉文化研究成果的学术汇编；既是对"国学"基因谱系的深度描述与重新阐释，也是对国外汉学研究历史的重新定位，更是在新的历史形势下对中国传统文化价值进行的一次新发掘。

目前中国的发展到了一个历史的转折点，过去我们大量翻译了西方的学术著作，促进了中国对国外的了解，也给新中国的建设奠定了基础。但是长期以来，由于革命的需要，我们对传统文化否定、破坏的多，肯定、继承的少，中国传统学术在西学的影响下逐渐式微。现在中国面临一个新的发展机遇，就像西方的文艺复兴时代回归古希腊罗马文明一样，中国新的历史复兴将在恢复传统文化的基础上，指向科学民主繁荣昌盛的未来。

"汉学大系丛书"是汉文化研究学术成果的集约创新，既是对"汉学"内容的确定，又是对"汉学"内容的研究。既有深入的学术探讨，又有普泛性的知识体系，既有现代的学科划分与学术视野，又有现代的学术理念与学术规范。编者希冀恢复汉代经学的原典传统，并对经典进行现代的阐释，从经学原著中深入挖掘对现代社会普遍有效的思想资源，明确中国汉学的智慧传统，为中国文化的复兴寻找历史的深度。以汉代汉学为正统，以清代朴学与海外汉学为两翼，深入探讨汉文化之源。

丛书对汉学的内涵进行发掘、整理、探讨，力求做到汉学历史的考据与研究同步进行，经典阐释与主题研究并重，历史的考据与新出土文物互证，古典文献与出土简牍对读。以汉代的现实生活与原典为基础，兼及汉代以后的发展，参以国外汉学的不同阐释，通过比较来探讨汉学的真正内涵，寻求中华文化的话语模式，进而形成自己的话语权。发掘中国的智慧，促进新观念的变革，促进社会进步，实现大同世界的美梦。

朱存明
2014 年 7 月 8 日

序　言

通过象思维实现神意与人意的互化

高建平

王怀义的《道境与诗艺——中国早期神话意象演变研究》一书完成了，请我写几句。中国有很多研究神话的专家，与他们相比，我只是一个外行。在文学界，常有人作"门外文谈"，这里的话也只能算作"门外神谈"而已。当然，有时从外部来看一个学科，也许能说出一些学科内不常说的话，带来一些不同的声音。如果能达到这一点，就算起到一些作用。

一

本书是从图像入手来研究中国神话，这是一个很好的途径，也适合中国神话的实际。中国人研究神话，在很长的时间里，都是以希腊神话的研究为参照系的。希腊神话研究由于其本身已很成熟，可为其他神话的研究提供范例。但是，成为范例很好，如果成了范式，就会带来一些问题。希腊神话由于有荷马的两大史诗、赫西俄德的《神谱》等材料，以及众多的悲剧、喜剧，还有大量哲学家留下的文字，因而早已有了完整的文字记录。

研究者所做的主要工作，是识读和整理这些用古老的语言写成的材料，去伪存真，串联构建神话的系统。对于希腊人来说，神话已经在那里了，当时的艺术家，例如雕塑家、瓶画的画家，以及建筑设计师们似乎只是在使用神话。于是，希腊神话可以被理解成是希腊艺术的"武库和土壤"，我们可以从这些已知的"武库和土壤"出发去分析希腊艺术，寻找与文字表述相对应的神的形象。然而，在研究中国古代神话时，就会碰到一个问题，留存下来的文字材料要少得多，并且支离破碎，不构成完整的叙事。这些留存下来的片言只语中，还被人们做过许多改造，失去了原来的面貌。我们现在所读到的，有文字记载的神话之中，一些已经被历史化，被当成是历史的曲折反映。中国人本来就信奉祖先神。于是，传说中的先王们早已被神化，从而形成从神到人的连续叙事，例如《史记》就是这样，从神话直接接通历史，从黄帝讲起。黄帝既是始获正常人形的正神，又是从神话走向历史的开端。中国神话还在很早就被哲学化理解，成为寓言，最典型的就是《庄子》一书，大量的寓言来自神话，又改造了神话。

记得十年前，见到几位艺术圈中人，他们说起北京夏季奥运会开幕式时感到愤愤不平，说不应该用"四大发明"主题，从众多的中国发明中取出对现代西方文明发展具有重要意义的四样，渲染中国对西方文明发展的贡献。这么做，中国只是西方文明因素的贡献者，丧失的恰恰是中国的主体性。他们认为，中国人应像前一届雅典奥运会以希腊神话为主题那样，叙述中国人自己的神。他们所说中国的神，有盘古开天地、女娲补天、精卫填海、夸父追日、愚公移山。从视觉效果来说，可能这么做也不错。但是，如果这么去理解和讲述中国神话，肯定会造成曲解。中国神话绝不是几则寓言所能概括的。寓言是从神话中选材，并进行的哲理性写作的结果。寓言的思维方式固然对现代人有吸引力，但却不是神话时代人的思维方式。成于寓言，也会毁于寓言，造成强制性地误读神话。

人与自然原本是一种共生的关系。对这种关系的最初的表述，是惊叹、敬畏、恐惧和愉悦的情感，以及伴随着这些情感反应所发出的声音。语言的起源是一个极难考察、引起大量争议的问题，但很有可能，人类最早的词，是一些感叹词。从感叹词到祈使动词，然后才有形容词和名词的出场。名词代表着对客观事物的认知需求的出现，这是人类思维发展到一定程度的产物。人与自然之间，最初是情感关系，后来才有理性关系。这种从情感关系到理性关系的发展之间，还隔着一层或者一个阶段，这就是人与自然的神秘关系。人与自己的周围环境，以种种神秘的方式联系在一起，或是由于相似，或是由于接触，或是由于时间上的相继性，产生各种联系。这种种联系，被赋予各种各样的神秘的理解，来自或是赞叹，或是惊恐的情感，并加强这种情感。

最使人敬畏和恐惧的不是说得出的事实，而是说不出的感觉，不是看得见的物象，而是看不见幽暗物。这种神秘莫测之"神"，还不是神话，但却是一切神话的前身。神话是要将这种神秘感，用语言、文字和图像，说出来、写出来和画出来。这种表述的获得，是人类思维的一大进步。

神话所带来的，是一个辩证的过程，既是关于"神"的意识的张扬，同时也是对"神"的神秘性的解构。在希腊人那里，语言以及后来出现的文字，起到了主导的作用，艺术家根据这些生动的叙事，作出了雕像和绘画，使他们的神获得了图像的展现。与希腊人相反，在中国，留存下来的对神的叙事不连贯、不完整，其中许多还是根据图像而作，面对图像的叙事和议论。于是，在中国，图像的作用更大，它起到了在希腊人那里通过语言和文字才能起到的作用。

关于图像的作用，《左传》中记载了一个极为著名的故事，这就是"铸鼎象物"。王孙满说，"铸鼎象物，百物而为之备"，就能"使民知神奸"。这是一段气势恢宏，大义凛然的话，是历史上极著名的外交辞令，但同时也是很令人困惑的记载。对于"民"来说，真的需要通过看这个鼎来"知神奸"吗？一位猎人并不需要通过观鼎来区分狼和羊，一位平民也无法通过观鼎来区分好人和坏人。更何况，"民"是否能经常观鼎，也是一个疑问。鼎在谁的手里，这才是重要的，那是国之重器，但它主要具有权力象征的意义。当然，这也是一种教育，但不是一般意义上的教育，而是代表着对"神"与"奸"的最终解释权。

然而，"铸鼎象物"本身在认识论上，仍然极其重要。物象给万物留影，通过图像，就使无形的神变成了有形的神。将神秘的东西"说破"与"画出"，具有同样的功能，这是对神秘力量的掌握。这种掌握，同时也就是征服，知识成了权力的象征。中国人的神话以象为主，原因是多样的。种种的历史机缘，造就了这种现象。既然不能很好地"说破"，那就"画出"吧。"说破"和"画出"，都标志着一个古老的新时代的来临：从"神"的时代来到了"神话"的时代。

二

人与神的关系，经历过一系列的发展过程。中国人有爬梯子或爬树上天的故事，有赴海上仙山的故事，有人与神隔天河相望而定期有鹊桥相通的故事，也有重黎绝地天通的记载。天地相通，是人类精神史发展过程中的一个片断。

当人类开始有了对世界的神秘观念时，并不存在天地相通的观念。天与人，本来就是一体，世间各种事物，都具有着神秘联系，无所不在。

神话的时代，是从天人相分开始的。从对无人格的神力的崇拜，到有了人格化的神，这是一个大的进步。我们看到，世界上各种神谱体系，都有一个共同的特点。神都经历过一个从作为自然力的象征的非人形的神，到半神半人形，再到人形的过程。我在写作《神话世界的令人神往的逻辑》一文中，提到无论是希腊神话中的宙斯，还是北欧神话中的奥丁，都显示出，到了第五代的现世主神，才有了正常的人形。由于中国的神谱不系统，数起代际来困难。从盘古到黄帝究竟隔了几代？可以有多种表述。如果依照通常的算法，从盘古，经伏羲、女娲、神农，到黄帝也是第五代。当然，这个数字不重要，这只是表明，从怪异到正常，从自然形象到常人的形象，从自然力的体现到神的人格化，需要经历一个发展过程，在神话中，显示为代际的变化。

神的人格化，与神与人之间的距离，正好是相反相成的。神的世界出现了，神话谱系完整了，关于神的世界的结构性构想完成了，神与人也就相分了。有神的世界，有人的世界，各自生活着。神的世界当然与人的世界脱不了联系。但如何联系，却成为关键。天人相分，但却有天梯相通。这时，人类就进入到神话的时代。人不是神，但却可通过自身的努力而成为神，神也常常访问人间，捉弄人，做一点大坏事或小坏事，或者真心真意地帮助人做事，甚至可以与人成婚配对，生儿育女。这是神人相分又相通的状态。

神人混杂的局面不能永远下去。它只能作为一个遥远的过去的故事而被人们所追忆传颂。当我们在现世中看不到神在周围出现之时，总要寻求一个解释：神去哪儿了？回答是：神去了一个地方，那个地方凡人去不了。天地之间的通道断了。这令人遗憾，却又是必要的设计。绝地天通所实现的，并不是神与人从此不再相通，而是人由此就不再能到神的领地，而神却可以继续访问人间。这是一种单向的绝地天通。人的生活处处仍受神的控制，但却不能成神。

这种单向隔绝的意义是重大的。这是人类的精神断乳。从此，人类不再依赖神活着，而是有了自身的精神生活。人固然也要求神拜佛，但主要靠自己的努力来赢得天的眷顾，而不是凭借与神的特殊关系获得额外的好运气，或者操纵某种神秘的力量以达到自己的目的。从伦理学上讲，这种精神的断乳非常重要。基督教围绕着上帝的存在进行过复杂的论证，有宇宙论证明，有本体论证明，也有道德论的证明。但是，谁见过上帝？一方面，上帝无所不在；另一方面，谁也没有见过上帝。这是一个悖论，这种悖论表明，存在着人与神之间的单向隔绝状态。

古代中国人将之说成是"人神不扰，各得其序"，其实，神不自成序，神之序是人之序的折射。人不能成为神，但要通过自己的行动取悦于神。

这种秩序背后，还有着一层含义，这就是人不一定要探知神意，而可以自己去判定自己的行动是否符合神意。

当尼采说"神死了"之时，他所想要做到的，是实现这种双向隔绝。神不再对我们起作用，原因在于：他死了。这时，就出现了人类精神的第二次断乳。当然，神不是那么容易就死去的。精神成长过程中的每一次丧失，也就同样是一种获得。正像孩子断乳不会饿死却会长大一样，双向隔绝带来的却是精神的自由。从神话思维到艺术思维，只有一步之遥。艺术的思维，并非要等艺术家来培育，相反，这是一种古老思维方式的继续，只是需要人们实现精神上的转换而已。

三

神话叙事与神话意象，是两种神话的表述方式。正如前面所说，人类可以通过语言和文字，来挣脱原始的蒙昧，也可以通过图像来实现这一点。如果说，希腊神话主要是靠前一种手段的话，那么，中国神话主要靠的是后一种。这也许是本书作者试图通过一些例证来证明的一个道理。

朱光潜晚年，花费了巨大的精力来翻译维柯的《新科学》一书，就是意在揭示原始思维对于现代艺术思维的意义，克服过去的那种只能通过概念才能进行思维的观点。现代中国的神话学和人类学研究，主要可分为两段：一段是20世纪前期，像李安宅、茅盾、闻一多等人，在国外的相关理论的影响下，做了许多拓荒的引进介绍和专题研究；第二段则是从80年代的"形象思维"讨论开始的对艺术思维的讨论。朱光潜翻译维柯的《新科学》，以及由此引发的关于神话思维与艺术思维关系的讨论，正是在这一热潮中兴起的。这一契机也可以说明为什么中国的神话研究者普遍具有文学研究背景的原因。

形象思维的讨论，所要解决的是人能否用形象来思维的问题。根据过去对认识论的僵化的理解，以及相关的心理学书籍的描述，人的认识经历了"感觉""知觉""表象""概念""判断""推理"这六个阶段。在这六个阶段中，前三个阶段是感性认识，后三个阶段是理性认识。根据这个公式，由"感觉""知觉""表象"所构成的"形象"不能思维，要想思维，就必须从"形象"上升到"抽象"，即达到"概念""判断""推理"的阶段。为了说明艺术作品的成果是具象呈现而非抽象论述的事实，有人发明出"表象"上升到"概念"，再回到"表象"中来的公式。形象思维的讨论破除了这种僵化的观点，认为人可以通过"形象"来思维，可以从"表象"到"表象"，而不经过"概念"的抽象。这种争论背后有当时的思想解放，艺术自由的背景，有使中国走出"文革"思维的社会需求，也有新的文学艺术理论探索的冲动。人类学、心理学、社会学等学科合力，推动思想观念上的变革，同时也促成了这些学科在中国的复兴和新的理念的引入。正是由于这个原因，维柯的《新科学》、列维-布留尔的《原始思维》、列维-斯特劳斯的《结构人类学》、弗雷泽的《金枝》、马林诺夫斯基的一些著作在中国流行开来。

　　人的思维方式是多种多样的。从原始思维，到诗性思维、视觉思维、符号思维，种种对思维方式的探讨，破除了从表象到概念再回到表象的公式。不仅形象本身就可以思维，而且所有的思维都要借助于某种外在的物质性。依照皮尔士关于符号的分类，符号与所指对象间的关系，可以是相似性的（外形有对应性，例如图画），标引性的（与所指对象有某种因果性关系），以及象征性的（意义展示）。人们通过符号将某种此前处于混沌，甚至神秘状态的意义"说破"或"画出"，以此来实现对现实的控制。

　　在这一时期，像苏珊·朗格、查尔士·S.皮尔士、费尔南德·索绪尔这样一些人的符号论的思维也在中国流行开来。这些理论给予学术界的启示是，人类是在使用具象的符号进行思维，而不是用无形的概念来思维。符号可以是推理符号或情感符号，可以是相似符号、标引符号或象征符号，但必须是一种具有物质性的符号。人的思维的发展，是依赖于不同类型的符号思维并存，共同起作用。

四

关于神话意象与审美意象之间的关系,学界有着多种思考。存放在博物馆里的大量青铜器原来都是祭祀用具,现在则作为古代艺术珍宝而被展出。人们游览名山大川,不再去求神拜佛,而是欣赏山河的壮丽,受到性情的陶冶。无论是希腊雕塑,还是后来的宗教画,以及中国众多石窟里的佛像,都有一个从作为崇拜对象,变成欣赏对象的过程。音乐也有从仪式性的使用,向在世俗场合使用转化的过程。

根据这种种现象,人们提出了一种"脱魅"的理论。作为原始信仰物的宗教和神话意象,与原始巫术和神话观念紧密联系在一起。这种神话意象经过"脱魅"的过程,变成了赏玩的对象。在中国的一些史书中,也记载这种现象:前朝的神物,到了后世就被赏玩。我们可以在这方面找到许多例证。但是,这种转换,却被过分强调了。在一种"审美无功利"的美学观念的指导下,功利的就不是审美的,巫术、神话和宗教的意象由于具有传达相应的观念的诉求,就不是审美意象,只有通过"去功利"的过程,而实现"脱魅",才能变成审美意象。

其实,从最早的巫术,到神话与宗教的意象,本身就有审美因素在内。原始的洞穴壁画和岩画,固然是为着巫术目的而作,但同时也有对图像的线条、造型和色彩的要求。因此,在这里,功利与审美是结合在一道的。人们在制作神像和神话人物像的同时,也体现和凝聚了人的审美要求。

从神话意象到审美意象的命题,只有在这样的一个意义上才是成立的,即观看角度的转换。从神话的角度看,它们是神话意象;从审美的角度看,它们就是审美意象。两个角度,构成了意象的二重性。不仅如此,在这种二重性的意象中,神性与审美性不仅不是相互排斥,而且还相互补充,相互增强。艺术品中带上了神性会增添额外的魅力,而神话意象的塑造本身,就有着艺术性包含在内。在对象中,区分哪些是审美情感,哪些是宗教情感,常常是困难的。同样,强行区分神话意象与审美意象,也是会无功而返的。

五

最后,我想谈谈这本书所暗示的另一个观点:神话的时代性和永恒性。有一种观点,认为人类存在着一个时期,被称为神话时期。这一时期会被另一个时期所取代,这时,神话就成为过去,人们开始来到了科学的时代。于是,从神话到科学,成了人类的一个思维定式。过去,中国人对飞翔的想象,是腾云驾雾,现在则有了飞机飞船。太阳神的故事与阿波罗飞船不可同日而语,嫦娥奔月的故事与嫦娥飞船完全不是一回事。看《西游记》和《封神演义》,法师祭起宝贝,对手就立刻中招,现在有了导弹、无人飞机、激光武器,将想象变为现实。于是,人类的进步被理解成从想象到这些想象付诸实施的过程。

在科学昌明的时代,人类还有没有神话?在现代科学技术发达的时期,是否还有新神话的出现。这成为一个需要我们面对的问题。当我们将神话与人类的一种思维方式,人类的一种心灵的需要联系起来时,我们可能会得到一些不同的结论。

在现代生活中,从为儿童建立的迪士尼乐园,到文学艺术,电影和网络游戏,人类都在造梦,并出现各种类型的梦工厂。这些所造的梦,都是现代神话。从神话到科学的公式,正像从神话意象到审美意象一样,都有将历史发展的连续性截然断开之嫌。历史之流绵延不绝,抽刀断水水更流。

在巫术与神话的时代,存在着种种当时人的生活经验,并以观念、意象和仪式等各种手段强化这种经验。在现代社会中,传统的文化观念、风俗习惯,渗入到生活之中,传统的意象成为现代生活中的各种要素。科学与幻想并存,科学不断改造神话,但时代新梦却又为科学的发展插上翅膀。

这本书的特点在于,它不仅铺陈事实,整理神话意象,而且对神话意象的意义进行深入的思考。它不仅看到历史上一些神话意象,而且将之编入历史，看到不同的历史发展阶段，人们会创造出不同的神话意象来。当新的维度进入以后，写作的难度就加大了，需要关注的方面就增多了。然而，唯有深入思考之作，才有意义。

中国古代神话，是一本大书，读不完，读不够，也写不完，写不够，需要一代又一代的人写下去。怀义的这本书是在前人研究的基础上写成的，但他做出了不少新的思考。这一研究还要继续下去。要搜集更多的资料，但更重要的，是整理出更清晰的结构，在此基础上，形成更系统的理论。

目 录

绪 论 1

第一章　中国早期神话的意象性呈现 15
第一节　意象性：中国早期神话的艺术特征 16
第二节　事象与意象：早期神话的呈现方式 26
第三节　形式与意义：神话意象演变的思维基础 38
第四节　天人关系：神话意象演变的思想基础 48
第五节　本体价值：神话图像与神话意象 58

第二章　神话意象向自然美的生成 69
第一节　作为神话研究的"自然"概念 70
第二节　神话意象：自然及自然物 75
第三节　神话意象：人的自然性及其经验 85
第四节　生命化与人格化：自然与人的互动 92
第五节　抽象性存在：太一神及其超自然性 98
第六节　自然与人文：神话意象向审美意象的转化 107

第三章　神话意象与主题演变
——以"神人阻隔"现象为中心 113
第一节　问题的提出：观射父论"绝地天通" 113
第二节　神圣空间与阻隔的形成：一个历史的视角 119
第三节　"德"：神人阻隔空间的扩大与消解 128
第四节　图像、纹饰与造型：超越阻隔的尝试 142
第五节　"人神阻隔"消泯的图像呈现：汉画像中的西王母及其观者...148

第四章　神话意象与"观物取象"观的生成
——以《周易》为中心 157
第一节　对"观物取象"的传统解释 158
第二节　作为神学概念的"观" 160
第三节　"物"谓"鬼神" 164
第四节　"器者鼎彝之属" 169
第五节　"神道存乎器象" 176
第六节　"以象媚道"的伦理观和艺术观 182
第七节　"观物取象"神圣内涵的脱落 187

第五章　神话事件与"道"之展开
——以《淮南子》为中心 191
第一节　"神""人""物"："事"之产生 192
第二节　事件之最高境界："无事之业" 199
第三节　神、人之转化：个体行动与神明境界 205
第四节　"事""道"之关系："以事显道"和"神道互置" 211

第六章　神话事件与诗境之生成 220
第一节　亚里士多德《诗学》：事件与行动、神话与诗 222

第二节 "诗合为事而作"：早期中国诗的产生及其观念 227
第三节 汉诗"缘事而发"的内在机制 234
第四节 "诗"与"思"：事件向意境之转化 254
第五节 "诗可以兴"：由"事"而"境"的思维基础 261
第六节 "兴义销亡"：神话与诗的分离 267

第七章 早期绘画：神话意象向艺术的转化 269
第一节 技艺、宗教与政治：早期绘画的兴盛 270
第二节 图像的占有者：秦始皇与汉代诸王 275
第三节 秦汉绘画："动态艺术" 279
第四节 两种真实：汉代绘画的内容与精神 286
第五节 线条与颜色：构成要素分析 293
第六节 线条与纹饰：动态形象的呈现方式 306
第七节 秦汉瓦当图像：神话意象的生活化 313

结语 神话现象学的逻辑原则 336
第一节 神话现象学：术语的使用史 337
第二节 神话解释学：对立面的分析 340
第三节 感觉经验：神话现象的生成基础 343
第四节 神话事件：通过行动显现真理 348
第五节 神话意象与生命经验：唤醒机制 352
第六节 神话现象与生活世界：建构功能 356

参考文献 361
后　记 380

绪 论

"早期中国"（Early China）一般是指汉代灭亡前或佛教传入前的中国，这段时期是中国文化从起源到初步形成的关键时期，其文化思想保持着纯粹性品格，华夏民族的精神取向和审美传统在这一时期内逐渐形成，神话意象对此起到了举足轻重的作用。在早期中国的研究领域，人们一般将其作为一个完整的历史时期加以研究，原因在于这一时期的中国文化尚未受到以佛教文化为代表的异质文化的渗透、改造，带有更为鲜明的本土文化特点。当然，随着研究的深入，这种观点会被适当修正，因为相关的文献记载和图像资料证明佛教入华的历史可能更早，因而早期中国的内涵可能会受到进一步的修正。

本书以先秦两汉时期为界，探讨这一时期神话意象演变的问题，以及这一问题与文学、艺术、哲学观念之间相互纠缠的复杂关系，厘清华夏民族审美传统得以形成的神话学基础。可以看到，这一时期，作为中华文化的主要载体，神话意象在社会生活的各个领域中广泛存在，虽功能、含义等存在差别，但无可否认它们一同为中华文化的发展提供了基本载体。同时也可发现，这一阶段神话意象本身也发生着剧烈的变化，宗教功能逐渐减弱，审美功能逐渐增强，从而形成两者之间互动发展的变动格局，推动了包括审美、艺术在内的早期中国文化的形成和发展。

一、中外研究现状

中国神话研究至今已有一百多年历史，蒋观云、梁启超等晚清留日学者最先将国外神话学理论引入中国，茅盾、鲁迅、谢六逸、闻一多、常任侠、钟敬文、袁珂、叶舒宪、萧兵等人为中国神话研究的进一步展开做出了贡献。百年来中国早期神话意象的研究问题主要集中在以下三方面：一是对中国古代典型的、影响较大的神话意象及其源流、内涵所进行的考释、辑录和研究。闻一多对伏羲、女娲的考证，常任侠对羽人、饕餮、飞廉的考释等，是这种研究的开端；袁珂《中国神话传说词典》（1985）是代表著作。二是将考古出土的文物图像资料与文献资料相结合，概括中国古代神话意象的传承方式及其审美价值问题。陆思贤《神话考古》（1995）、叶舒宪《神话意象》（2007）、朱存明《汉画像之美》（2012）等是代表著作。三是从理论上对中国古代的神话意象进行讨论和建构。汪裕雄《意象探源》（1997）等论著从历史演变角度探讨了神话意象的起源等问题，具有重要理论价值；王锺陵《中国前期文化—心理研究》（2006）等论著将神话思维与神话意象结合起来讨论，提出了神话意象图式理论，推动了神话意象的理论建设。这些成果为本书研究的展开奠定了基础，同时也有需要改进之处，如在运用考古图像资料与文献资料进行互证研究时，应尽量避免主观臆测，保持其客观准确性；在研究方法和思想资源等方面既要借助国外神话学理论，但更应尊重中国早期神话意象本身的独特性等。

国外神话学理论是中国神话研究的重要理论资源。弗雷泽、卡西尔、列维-斯特劳斯、麦克斯·缪勒、荣格、罗兰·巴特、赫丽生、萨义德和金芭塔丝等人的神话理论对中国神话研究影响深远。其中，有些论著亦涉及中国早期神话意象问题，如日本学者伊藤清司《〈山海经〉中的鬼神世界》（1989）、小南一郎《中国的神话传说与古小说》（1993）和林巳奈夫《神与兽的纹样学——中国古代诸神》（2009）以及美国学者艾兰《龟之谜：商代神话、祭祀、艺术和宇宙观研究》（2010）等。这些论著偏重于中国神话的文化和宗教分析，中国早期神话及其意象体系的形成过程、演变规律、审美价值等问题尚未引起重视和研究。

总体上看，对于中国早期神话，尚有以下问题需进一步研究：首先，应对中国早期神话及其意象体系的独特性问题展开研究；其次，应从学理上对中国早期神话意象的思维基础、发展阶段、传承方式、演变规律等问题进行研究；最后，应结合尚象思维传统，对中国早期神话意象与审美意象观形成之间的关系等问题进行研究。

按照这一思路，本书就以下内容展开研究：第一，讨论神话思维类型及其在早期中国的发展阶段。从动态发展的角度考察神话思维在中国早期形成和发展的三个阶段，概括其特点，分析每个阶段与神话意象的内在关系。第二，归纳、概括中国早期神话意象的基本类型。根据神话思维的发展阶段，将神话意象分为自然性神话意象和人生性神话意象。自然性神话意象是以自然界中动植物崇拜为基础而形成的神话意象，它在神话思维发展的第一阶段产生；人生性神话意象是远古社会部落或种族的神性英雄人物，在神话思维发展的第三阶段形成。在两者中间还存在一种过渡性的神话意象，即自然—人生性神话意象，这类神话意象多具有自然崇拜和英雄崇拜相结合的特征。第三，探讨、概括中国早期神话意象的发展阶段及其特点问题。可分为史前时期、夏商时期、两周时期和秦汉时期等四个阶段。史前时期，神话意象之间处于相对独立的存在状态，主要承担宗教功能；夏商时期，神话意象逐渐从零散走向综合，并参与到社会体制和民族文化心理的建构过程中；两周时期，神话意象向统一状态发展，系统性增强，帝系形成；秦汉时期，民间信仰中神话意象重新活跃，阴阳五行、谶纬思想等与神话意象之间的互动程度加快。第四，对中国早期神话意象演变的多种动因进行分析。通过对《逸周书》《山海经》《左传》《国语》和《史记》等早期文献和考古资料的分析，探究史前万物有灵思想、殷周天命观、春秋"铸鼎象物"思想、战国阴阳谶纬思想和秦汉天人合一思想对中国早期神话意象演变的影响。第五，探讨、归纳中国早期神话意象的演变规律。中国早期神话意象在发展演变的过程中会发生衍生和聚合的现象，形成神话意象的衍聚规律，并为审美意象观的形成奠定基础。第六，探讨中国早期神话意象向审美意象演进的基本轨迹，及其与"道""神""观物取象""天人合一"等审美范畴或审美观念之间的关系问题。

二、从神话意象到审美意象

与宗教研究一样，神话研究本质上是神话意象的演变研究；不存在一成不变的固定的神话及其意象体系。麦克斯·缪勒谈到给宗教定义的两难时说："每个宗教定义，从其出发不久，都会激起另一个断然否定它的定义。看来，世界上有多少宗教，就会有多少宗教的定义，而坚持不同宗教定义的人们之间的敌意，几乎不亚于信仰不同宗教的人们。……宗教是一种从前曾经历，现在依然经历着历史演化的事物，我们能做到的，只能是追溯它的起源，然后在其后来的历史中把握它。"[①] 实际上，将缪勒论述中的"宗教"置换为"神话"并无本质上的不妥。给事物以明确定义的做法不符合事物的历史本性，缪勒所采取的是现象学描述的方法，这种描述能将对象本身的历史演变及其复杂性呈现出来。对于本书来说，情况也是这样。本书的研究目的即在于通过对中国早期神话意象演变的研究，寻找中国人审美的思维方式之所以形成的历史依据，探讨以神话意象为载体的早期中国文化为中国古人的审美理想、审美趣味的形成提供了怎样的基础。实际上，在荣格和卡西尔等人的著作中，他们已经对这个问题展开了卓有成效的研究，列维-布留尔和列维-斯特劳斯的著作也涉及这一问题。尤其是卡西尔的《语言与神话》《神话思维》等著作，更在哲学上对这个问题进行了

[①] 〔英〕麦克斯·缪勒：《宗教的起源与发展》，金泽译，上海人民出版社2010年版，第13页。

深入的讨论和研究。这些研究带有一般性特点,为我们研究早期中国审美思维方式的形成提供了重要的思想资源。在中国学者中,有些论著零星涉及过这个问题。汪裕雄的《意象探源》是较有代表性的著作。他还曾写过专门的论文《从神话意象到审美意象》[①]《神话意象的解体和审美意象的诞生》[②] 等。

实际上,从神话意象到审美意象发展、演变的情况,要比我们想象的复杂得多,而且它们之间几乎不存在一个明晰的"从……到……"的演进过程,这个过程是研究者自我建构的结果,或者说,它仅仅存在于我们的逻辑建构中;两者之间质的区别虽然是存在的,但更是不稳定的。一方面,每一个神话意象所蕴含的思想观念是多样、多元的,这些思想观念之间可能是一致的、同质的,也可能是相反的、异质的,这些思想观念都以共同的某一个具体的神话意象为载体。研究神话意象的演变不仅要对神话意象体系构成和结构方式的变化进行研究,而且还要通过这种体系的变化来讨论背后思想观念的变化,以及不同时代思想观念与神话意象之间的互动关系,由此造成我们对这些内涵进行解析的困难。另一方面,神话意象本身具有成为审美意象的充分潜质,它所产生的思维方式和情感基础与审美意象具有较多的一致性,而且,即使神话意象本身,它的接受主体既可以对其膜拜、祈祷,也可以在膜拜、祈祷的过程中欣赏、倾洒自我的情感,从而实现心灵的自由和超越。神话意象在保留自身神圣属性的同时也转化为审美意象,主体接受时的情感状态推动了二者间的转化。在这种情况下,我们虽然可以在逻辑上将二者区分开来,但无法将它们作为完全不同的对象加以讨论,因为它们的表现形式、思想意蕴仍然属于同一个对象。

在早期中国,在刘勰使用"意象"概论讨论文艺审美活动中主体的思维状态之前,人们更多是使用"象"来讨论包括神话意象在内的各种形象

[①] 汪裕雄:《从神话意象到审美意象》,《社会科学家》1991年第5期。
[②] 汪裕雄:《神话意象的解体和审美意象的诞生》,《安徽大学学报》1992年第2期。

体系和哲理思想等，如"观物取象""铸鼎象物""制器尚象""白骨疑象"等。"象"虽具有后世"意象"的内涵，但其包含的内容显然更为广泛；有时，它还被作为一种思维方式加以使用。实际上，按照钱锺书的观点，刘勰的"意象"并不是一个双声词，而是为了对仗的需要所使用，这样它其实就是"象"这一概念的泛化所成。[①] 但是，刘勰之后，人们将之作为一个双声词，使用到文艺审美领域，使之成为这一领域中的专门概念，从而与此前的"象"分道扬镳。在意象说的影响下，人们往往将这一点忽略，对刘勰之前的古人的相关思想曲解。例如，在对《周易》"观物取象"思想的讨论中，人们将之审美化，而忽略这一观念背后蕴含的丰富的宗教内涵及其对中国艺术形成的重要影响。本书指出：第一，"观"首先是一个神学概念，"观"的对象、主体、内容均有特定的礼仪和宗教内涵；第二，"物"非指"万物"，而是与《周易·系辞》"精气为物"思想相关，有"物谓鬼神"之义，万物运转是鬼神之显像；第三，结合殷周时期的出土文献、文物和《周易·系辞》"制器尚象"之"器象"，指出"器"特指青铜彝器，"象"特指神物形象，提出"神道存乎器象"之观点，为"观物取象"的初始内涵提供佐证。在艺术领域，"观物取象"的这一内涵转化为"以象媚道"的艺术观念，神圣性由此成为中国艺术的内在规定性之一。

　　本书就是要把这个过程搞清楚，探讨神话意象体系在后世审美文化形成过程中发生的影响和作用，厘清两者之间的变动关系。总体上看，神话意象演变路径呈现出这样一个总体特点：在宗教属性的基础上逐渐衍生出审美属性，文学和艺术更多地参与到对神话意象进行传承的过程中，增加了神话意象演变的维度，从而使神话意象文学化和审美化。例如，以神话的事件性思维为基础而诞生的早期诗歌，与神话之间关系密切：从《诗经》传统到两汉时期的五言诗以及诗学观念的形成，都可看到它们与神话之间的密切关系。汉诗"缘事而发"的创作思想直接将神话、历史融入其中而

---

① 敏泽：《钱锺书先生谈意象》，《文学遗产》2000年第2期。

进一步将之审美化，从而实现了汉诗对早期诗歌的更新，并带来诗学和审美观念的发展。

当然，神话意象同时还是这一历史时期图像呈现的主要内容。我们甚至可以断言，在这一历史时期不存在没有神话意象的图像。即使人们以图像的方式呈现最为日常化的生活内容，我们也能在整个图像构成中发现神话意象的踪迹。人们甚至认为这些日常生活内容并不是真正的现实生活内容，而是仙境中的日常状态，日常生活同时被神话意象改造成另一个世界的表征。为此，我们对战国秦汉时期的漆画、帛画、画像石和画像砖、墓室壁画、瓦当等进行了研究，探索神话意象在这些图像资料中呈现的特点，以及神话意象向艺术领域渗透的基本方式和轨迹。同时，由于蕴含着丰富、多样的内涵，神话事件除了对诗歌创作思维的影响外，还进一步抽象化，转化为"道"的载体。除了《老子》《庄子》带有浓厚的神话背景外，在《淮南子》等汉代著述中，神话进一步被抽象化，形成了以神话事件为基础的论说"道"的方式。

三、神话意象的基本特点

神话是人类早期文明的总结，具有极强的包容性，它通过一系列意象谱系总结了早期人类感官经验和原逻辑思考的成果。因此，对神话意象的审美特点进行研究，有助于发现人类及其个体在生活和精神世界中所处的位置，以及它们真正配合的能力，也可以让我们在历史维度上把握人类精神从神话意象到审美意象的发展轨迹。神话世界首先是作为意象世界而存在的。与哲理意象相比，神话意象的结构特征与审美意象有更多相近的地方。神话意象结构的整体性、变动性和情感性与审美意象结构的特点较为接近。对审美意象有重要意义的是神话意象的以下特性：

首先是神话意象的模糊性。神话意象之间不具有明确的逻辑关系和必然的因果联系。神话思维与哲学的、科学的思维方式具有形式上和本质上的双重差别,它不以某种固定意义或意图为根本旨归。卡西尔说:"所谓神话的理论从一开始就充满困难。神话就其本义和本质而言乃是非理论的。它对我们的基本思想范畴公然提出挑战。它的逻辑——如果它有什么逻辑的话——是与我们关于经验真理或科学真理的一切概念风马牛不相干的。"[1] 所以,神话意象之间的联系皆是原始人类无意识虚构的结果。这种虚构不是一种固定的意义阐释可以穷尽的,也正是因为这种虚构,才使得神话意象具有鲜活而灵动的生命力。神话意象具有模糊性不代表神话意象是不可理解、晦涩不清的。实际上,一切神话意象都可以在自然现象或人类生活现象中得到合理解释,只不过这不是人们欣赏神话的重点。神话意象是原始人类思维创造功能的产物,这种创造功能来自于人类与自然双向交流的过程,从而使神话意象与自然现象和人生世相具有了同质结构。比如《山海经·海外西经》记有"长股之国":"长股之国在雄常北,被发。一曰长脚。"郭璞注云:"国在赤水东也。长臂人身如中人而臂长二丈,以类推之,则此人脚过三丈矣。黄帝时至。或曰,长脚人常负长臂人入海中捕鱼也。"又云:"或曰有乔国,今伎家乔人,盖象此身。"郭璞对长股之国的解释,让这个神秘的族类在现实中露出了它的身影。但是,即使是这种同质结构得到清晰分析,也不代表我们把握了神话意象的全部生命原则。

其次是神话意象的变动性。神话意象虽与自然、社会有着同质结构,但这种同质结构并不是单一的、固定不变的。这就触及神话意象结构的变动性。第一,神话意象要依附于诸神的行动来获得存在的变动性,同时诸神行为本身也是神话意象的组成部分;在神话世界里,没有静止不动的意象。第二,如前所述,神话意象与自然现象、社会世相有着密切联系,前者是对后者的创造性变形,这种变动使后者获得了神话意象的灵动性。第三,神话意象本身也不是静止的,它会随着行动的展开和情境的变化而获得新的意义和

---

[1] 〔德〕卡西尔:《人论》,甘阳译,上海译文出版社 2003 年版,第 114—115 页。

内涵，从而获得新的审美价值。第四，在神话世界里，万物之间的界限不是静止的、固定的，而是混合的、流动的，任何事物之间不存在截然分明的本质区别，神话意象可以随时生成。因此，如要完整地把握神话意象及其结构变动，就要注意到神话意象是主体精神创造的产物，要努力从它的内在生命结构的复杂性、变动性和多样性中加以把握和体会。

再次是神话意象的统一性。万物有灵观是原始先民的主导思想，其思维模式是交感和互渗，因此他们在创构神话意象时会把自己的思想和情感镶嵌到他的对象中去，这样在主体与对象的结构关系中，自然和主体生命之间的界限消失了，而完全淹没在主体与对象之间的统一性生命结构中，人与动物、动物与植物在同一的生命层面上行动。所以有学者说"神话从来不突出超越于自然万物之上的人类主体"[1]。同时，这种生命统一性还表现在主体与主体之间的关系。在神话世界里，时空的三个维度混合一团，主体之间可以超越时空进行对话、交流，主体之间的时空对立消失了，主体的生命可以无限制地延续。神话意象的这个特点与西方现代美学中的交互主体性理论具有可供比较的价值。神话意象的统一性由神话意象的情感性建构完成。神话世界实际上是各种生命情感活动和力量冲突的世界，我们在欣赏神话的时候，首先面对的就是一种特殊的情感氛围，或欢乐或悲伤，或苦恼或兴奋，或欢欣鼓舞，或意志消沉。在神话世界里并不存在中立的生命体验，要么是善的，要么是恶的，要么令人向往，要么令人反感，它所表现的都是主体之最原初的情绪，而这些情绪与现实中人们情绪的极端表现有着惊人的一致性。神话意象正是这样，它以一种直接而具体的方式表现原始先民的情感体验，也正因为神话意象所具有的丰富情感才使神话世界成为后世艺术不竭的源泉。

神话意象结构的以上特性说明了它与审美意象之间的一致性，但神话意象与审美意象之间也有疏离。一方面，神话意象形成后，其结构具有一

---

[1] 叶舒宪：《神话意象》，北京大学出版社2007年版，第170页。

定的稳定性,虽然这种结构会随着时代变迁而发生相应的改变,但这时神话意象的结构体系及其意义也会随之发生变化;另一方面,在神话系统中,暗含着一种令人相信的实在性的活动,其意、象之间的张力结构是为这种实在性意义服务的,我们首先就要在心理上相信诸神的行动是符合事实的,如果离开了这种对诸神行为图式和意象景观实在性和真实性的信服,神话的意象世界将从根本上失去存在的根基。与此相反,审美意象的结构却并不关注对象的真实性或实在性,它在审美静观中生成,主体对于自己的对象是全然感兴的,对象不会因为这种感兴状态而失去存在的意义。

宗教和寓言作为与神话关系较近的两类意象形式,它们的意象结构却不具有神话意象的特点。它们往往是固定而唯一的观念、意志或训诫的载体,因此它们与审美意象的关系要比神话意象与审美意象的关系远得多。在宗教的世界图景之中,也有很多承载着宗教意义和律令要求的意象,比如基督教中的十字架以及耶稣基督受难图,等等。这些意象是其宗教意义的载体,它的信徒在对意象意义的顶礼膜拜中完全忘却了自己,自我的本己意义和生命价值在对意象的膜拜中消失。这是主体被意象异化的现象。因此,宗教意象与它的膜拜者之间不是一种平等贴切、相互生成的关系。主体在对宗教意象的膜拜中,其情感可以沿着神意挥洒而没有节制,由此形成了极端而狂热的宗教情感。这种情感与审美意象的本质属性是背离的。但是,巴尔塔萨却认为这正是神学中的审美因素。因为在对宗教意象的观照中,主体也可以深入到日常琐事的隐秘处,"在这里,当下所行之善以及客观的真远远压倒任何一种陶醉,大量诱人的视点——渐渐地——凝聚成一种包容一切的单纯必然性,我们即使在没有深入了解的情况下也觉得被牵扯了进去,而且感到适得其所"[①]。巴尔塔萨的神学美学观在当代中国具有较大的影响力,超越美学、生命美学走向它们的极端就是这种审美观念的使然。审美具有了浓厚的宗教

---

① 〔瑞士〕巴尔塔萨:《神学美学导论》,曹卫东、刁承俊译,生活·读书·新知三联书店2002年版,第28页。

主义气息,"再高的天赋也只有带着圣灵才会触及美的中心"。这种观点最终会导致脱离现实而走向虚幻的超越,因此需要批判地对待。

寓言意象与审美意象之间的关系也颇为疏远。从形成方式上看,寓言意象的形成与神话意象一样,也是运用隐喻和拟人化的手段使自然人格化。但神话是人类整体对自然的不自觉的艺术加工,人与自然之间的关系是浑融的,而寓言却是个体对自然的自觉加工,嵌合的痕迹很明显,而且寓言中的自然多暗喻人事,以表达道理和训诫为目的,自然所具有的情感生存价值消失了。在寓言意象的世界里,"自然并不因它本身而有意义,而是因为它与人事发生了关系而有意义"[1]。这样,寓言世界尽管与神话世界颇为类同,但寓言意象与审美意象的关系却疏远多了。神话意象乃至宗教意象和寓言意象与审美意象之间在思维方式和心理机制上有着统一的地方,尤其是神话意象的模糊性、统一性、变动性和情感性与审美意象都颇为契合,并为主体提供丰富的审美资源。但审美意象情感属性的纯粹性要求审美意象以其本真面目与主体发生情感呼应和生命应答,并以此获得审美意象结构的独特规定性。

四、研究方法

本书采取一种较为宽泛的或广义的结构主义研究方法,即将中国早期神话意象置于一种"文化的结构"中加以综合研究和整体考虑,因为它本身就处于这样一个较为复杂的文化结构之中。一方面,应在考察神话思维的基本类型及其发展的基础上归纳中国早期神话意象的基本类型及其发展阶段;另一方面,我们还应在中国早期神话产生的原初历史语境中展开研究,分析神

---

[1] 朱光潜:《山水诗与自然美》,见《朱光潜全集》(第10卷),安徽教育出版社1993年版,第226页。

话思维与华夏民族尚象思维传统之间的关系，概括、提炼中国早期神话意象的体系特点、存在方式、发展过程、演变动因和规律等问题，同时将神话意象研究与审美意识、美学思想研究结合起来，通过对其审美特征的总结和概括，探讨神话意象向审美意象演变的过程。在具体操作层面，本书拟将中国传统美学的意象思想与图像资料相结合，将美学研究方法与图像学方法相结合，研究中国早期神话意象基本问题。同时，现代以来尤其是新时期以来，中国考古学发展迅速，许多早期文化遗址和文献被发掘出来，其中有很多内容与中国早期神话密切相关。本书将充分吸收这方面的研究成果，采用美术考古学的研究方法。在思想资源方面，以中国古代意象美学为参照反观中国早期神话的审美特质，对具有代表性、典型性的神话意象个案进行深入发掘和评析，廓清其精神意蕴在中国早期文明中变迁的大致轮廓。

早期中国的文化体系具有明显的综合性，神话意象是这种文化体系的重要载体，无论如何变化，这种综合性质和基本样态一直保持了下来。到秦汉时期，尤其是两汉时期，这个综合的文化体系又处于发生急剧分化、裂变的过程，神话意象由此分散到哲学、历史、宗教、审美和艺术各个领域继续存在，同时继续发生变异；由于战国秦汉时期，因战争等因素，民族间的接触和交流变得更加频繁，不同的文化体系之间的交流、对抗、融合的进程也加快了，由此也推动了神话意象的演变。这些因素构成了一个复杂的结构，必须将神话意象演变置于这个结构之中进行研究。艾兰指出："我相信要理解中国古代神话思想，不能只看单个的、孤立的神话故事，而必须看神话之间的关系，考虑到宗教思想的整个体系；在研究神话的同时，也研究艺术、宇宙观和祭祀占卜等内容。它们都是同一个底层结构上的产物，只有在整个体系的语境中才能理解它们的含义。"[①] 正像艾兰指出的，早期中国的各种文化形式"是同一个底层结构上的产物"，这个"底层结构"

---

① 〔美〕艾兰：《龟之谜：商代神话、祭祀、艺术和宇宙观研究》，汪涛译，商务印书馆2010年版，第12页。

是带有综合性、多样性和复杂性的原始文化母体，它为我们理解每一种文化形式提供前提，同时也决定了我们的研究必须从这个整体结构出发，否则极有可能走向"盲人摸象"、以己所见为是的歧途，而失去研究的客观性。

早期中国文化结构的特点，决定了我们在研究过程中要综合使用各种文献、文物等资料进行互证研究，这种互证本身也可组成一种"材料的结构"，从而复原出当时"整个体系的语境"，以求研究达到较为准确、可信的程度，因为"这类文本在其产生的时代总是有着一定的撰写目的，不同于后世对待它们的目的，也迥别于我们自己的目的。因此，它们必须在其自身的历史与变化的意义的背景中得到解释"[1]；"神话不是孤立的现象，它们存在于社会和知识的结构之中，脱离了这个结构，神话就显得不合理，或者不可理喻"[2]。在早期中国研究领域，对文献的质疑和解读往往成为争论的焦点，信古派认为现存三代文献记载是真实的，或者现存有关三代的文献记载是真实的；疑古派则认为这些记载都是伪造的，因而并不可信。随着考古学的推进，人们更加愿意将两者综合，批判地分析、使用这些材料，同时辅助考古出土的同时代的实物材料，以求得出较为准确的结论。对于中国早期神话意象演变研究来说，这同样是一种必须的研究方法。

这种研究方法与神话意象所蕴含的内容的多样性、多元化有关。神话意象是人类时代精神和观念的结晶，时代的发展往往会使其内涵不断增殖、叠加，原来的内涵越来越隐藏起来，新的内涵彰显其强大的引导力，它们共同构成了神话意象精神内涵的丰富性、多样性，因而神话意象带有强烈而潜在的引导性和规范性。神话意象引导性和规范性的获得首先在于其自身拥有强大的力量，这种力量是在历史过程中累积而成，因而它自己也可以以这种力量对它的接受主体产生影响，或者说，它的力量已经在它所存

---

[1] 〔美〕艾兰：《二里头与中华文明的形成：一种新的思想》，见荆志淳等编：《多维视域——商王朝与中国早期文明演进》，科学出版社2009年版，第1—2页。
[2] 〔美〕艾兰：《早期中国历史、思想与文化》，杨民等译，商务印书馆2011年版，第25页。

在的社会范围内成为生活其中的每个人的"基因"而预先置于他们的身体和心理之内。这种"预先性的""强制性的"引导和规范是每个民族和生活其中的个体获得自身特质的重要依据。在荣格的集体心理学中，神话意象是原型意象的主要构成部分。他所谓的"意象"带有强烈的功能性，具有模式的特点，导致、开发、塑造人类某些行动的展开和情感的产生。他说："'意象'这个词不仅仅指发生的活动形式，而且还指行为发生的典型情境。这些意象乃'原始'意象，它们对整个物种而言作用独特，如果它们曾经开启了物种的源头，那么它们至少与物种的肇始相符合。它们是人类的'属人特质'，这特殊的人类特质使得他的种种活动得以发生。这种特殊形式世代遗传而且已经内含于基因之中。"[1]荣格用生物学上的"遗传"概念，对神话原型意象的这种功能的神秘性进行说明，以至于它的内涵可以和人本身的生物本能等量齐观。与此同时，几乎每一个时代，统治阶层和他们的知识代理人都要通过对神话意象的重新阐释将其"当代化"，以引导和规范人们的行动，重塑他们的价值观和世界观。例如，秦始皇统一天下后就在李斯等人的建议下借用上古神灵称号，综合而成"皇帝"称号。这既是对战国时期兴起的"帝制运动"的总结，同时也是对它的发展，并深深影响了后来者对"皇""帝""王"等一系列专门指称神灵的词汇及其内涵进行重新阐释和整理，最终形成秩序谨严的帝系谱系。董仲舒在他的著作中将这一谱系进一步政治化、生活化，将"民"纳入其中，使其成为这个神圣链条的最末端，"民"不仅地位最低，而且还要受到前者的制约。

因此，探讨神话意象及其蕴含的思想观念的变化，牵涉范围广泛，具有较大难度，应该以意象为抓手，采取多元综合的研究方法，跨越学科界限，力争最大限度地通达对这一问题的认识。

---

[1] 〔瑞士〕荣格：《原型与原型意象》，见《荣格文集》（第Ⅱ卷），蔡成后等译，长春出版社2008年版，第5页。

第一章
中国早期神话的意象性呈现

神话是常论常新的话题,中国神话尤其如此。中国神话学已走过120年的历程,这时讨论中国神话的艺术特征问题似乎有些陈旧了,但正是这个基本问题一直以来云遮雾障、难见真实面貌。由于中国神话学是在西方神话学的影响下发展起来的,因此,从一开始,中国学者就不免以西方神话的标准来概括中国神话的艺术特征。这些概括扭曲了中国神话的本来面目,以至于有些学者认为中国神话是"第三种神话"[①]。这个名称的情感色彩不言而喻。新时期以来,中国学者(如袁珂、萧兵、叶舒宪、陈建宪、吕微等)开始摆脱以往成见对中国神话的艺术特征进行研究,力求还原中国神话。笔者认为,应将中国神话置于中国古代独特的文化历史情境中,结合华夏民族的思维方式、审美传统和文化体系等因素对其艺术特征进行归纳和概括。具体而言,就是结合华夏民族尚象的思维传统和以意象为核心的审美艺术传统,概括和提炼中国神话的艺术特征。

---

① 〔日〕白川静:《中国神话》,王孝廉译,台北长安出版社1983年版,第2页。

第一节　意象性：中国早期神话的艺术特征

对中国神话艺术特征的概括和提炼，应避免既定的理论前见和历史成见，将其置于中华民族本身特有的思维方式和文化传统中，从中国神话本身出发。从华夏民族尚象的思维传统和以意象为核心的审美艺术传统的角度看，中国神话在表现形式、意象体系和记述方式等方面有以神怪形象（神话意象）为核心的基本特点，是意象化的存在方式。中国神话的片段性、非系统性、原始性浓厚、叙事性弱化等特点均与此相关。中国神话这一特征的形成与华夏先民以"象"为核心的思维方式有关。"象"观与神话思维相互交织、叠合，形成了彼此构成的缘构性关系，对中国神话意象化艺术特征和存在方式的形成影响深远。

一、意象性的基本内涵

经过一个多世纪的研究，人们一般认为，中国神话比较零散，情节性不强，缺乏系统性，历史化现象严重，等等，以至于有些西方学者和日本学者认为中国根本不存在神话，同时也不存在以神话为基础的英雄史诗等。[1] 这些特征有些是存在的，有些是不存在的，不能笼统地将其作为缺陷来看，而应具体分析。中国神话的零散固然有历史化等因素的影响，但也不全是如此。世界上所有民族、国家和地区的神话在最初阶段都是以零散、片段的面貌出现的，都不具有曲折的故事情节，而只是对神灵形貌和事迹的简短描述。只有那些经过后人删改、整理的神话才具有严密的系统性、情节的完整性和丰富性。这是后世人为神话的典型特征。中国神话的零散和不系统，说明它尚未经过人为加工，因而比较原始纯朴。这是中国神话的特点，但多年来一直被人看作缺点而加以批评。再如，中国神话的

---

[1] 王孝廉：《岭云关雪——民族神话学论集》，学苑出版社2002年版，第8页。

历史化问题。神话历史化在中国确实开始较早,因而历史化的程度也较严重,但被历史化的神话只是中国神话的一部分而不是全部。凡事都有两面性。正因为中国神话历史化开始时间较早,而那些没有被历史化的神话只能以其他途径流传下来,因而也很少受到主流意识形态的改造。这些神话主要集中在《山海经》等著作中。刘秀在《上〈山海经〉表》中称自己进献《山海经》是"昧死谨上",这体现出正统阶层对这些神话的排斥,同时也说明这些神话很少受到官方意识形态的改造,在一定程度上保持了原貌。

相比于印欧等国家和地区的神话,《山海经》等早期著作和考古发掘出的史前时期的墓葬、器物等所保存的神话资料,在表现形式、所蕴含的思想观念和生命意识等方面均很少受到后世哲学观念、价值体系的渗透和影响,体现出原初古始的面貌。正是在这个意义上,袁珂称中国神话是"原汁原味的神话"。有不少学者认为《山海经》成书于战国至秦汉之际,其中所保存的神话已受到神仙思想、谶纬思想和阴阳五行思想等思想观念的渗透和改造,不再是原始神话。这种情况是存在的,但就其主体来看,其中大部分神话还保持着原始形态。袁珂说:"《山海经》虽然成书于战国到汉代初年,但是,我们都知道神话记录的时代,并不等于神话产生的时代,事实上《山海经》所记录的许多神话的片段,其性质都很接近于原始,其大部分应当是原始时代的产物,不过直到《山海经》成书的时期,才把从古以来民间口耳相传的神话正式用文字记录出来罢了。"[①] 中国神话这种特点有缺点也有优点,缺点是叙事性和情节性不强,优点是意象性特征鲜明,比较接近神话的本来面貌,能够真实反映出史前时期华夏先民独特的生命意识、宗教信仰和审美观念等。

中国神话中的神灵、神物形象丰富多样,形成了独特的意象体系。《山海经》《左传》《国语》《神异经》和《博物志》等早期文献记载了大量的神怪形象,仅《山海经》中所记载的就超过 500 种。中国神话中的怪异奇特

[①] 袁珂:《神话论文集》,上海古籍出版社 1982 年版,第 27 页。

的动植物形象和神人形象总共有以下几类：首先是奇怪的神物。据统计，这些神物共有320种，其中鸟类92种，兽类149种，鳞介类79种。[①] 其次是奇怪的国民。据统计，《山海经》中所记述的奇特国民多达112个，而且这些国民形象均具有不同程度的怪异之处，有些国民的怪异之处甚至超出了人们的想象，如柔利国、交胫国等。他们多是天帝的后裔，也被华夏先民当作神灵加以崇拜，成为中国神话意象的重要组成部分。第三是帝族和神族。据统计，《山海经》中的帝族国有26个，神人有99种，他们是各部落方国崇拜的祖神或神物。这些奇特的神话意象既是中国神话意象的重要组成部分，也体现出中国神话的意象性特征。进入文明时代后，人们多用"怪""物"等静态性和形象性的字来表述它[②]，亦缺乏对神话情节的叙述。这与其意象性特征也是符合的。

综上，片段性、非系统性、原始性浓厚、叙事性弱化等，说明中国神话是原汁原味的史前神话，保持着自然形态，神灵形象多样丰富，本书将其称为"意象性特征"：（1）在存在方式上，中国神话保持着较为朴拙的原始面貌，以片段性方式见载于各种典籍和图像资料中，这些神话片段多是对神话核心情节的简短概述；（2）在表现形式上，中国神话多与巫术祭祀活动结合在一起，自然意象在神话意象体系中占主导地位，神性压倒人性；（3）在记述方式上，中国神话多是对神灵和神物的特征和功能等进行描述，神话意象在神话叙事中占核心位置，神话情节占次要地位。

二、意象性的表现方式

中国神话的意象性特征主要通过其片段性体现出来。人们通常认为，中国神话是以片段性的方式存在的。这个观点是没有问题的。神话产生的早期阶段，本身就是以片段性的方式存在的，每个氏族和部落都可以创造

---

① 李满意：《山海经之形象研究》，中国人民大学哲学院2009年博士学位论文，第4页。
② 王怀义：《释"铸鼎象物"》，《民族艺术》2011年第3期。

自我族群的神灵加以祭祀和崇拜；部落与部落之间的交流活动没有充分展开，他们的信仰体系还处于各自独立的状态，他们所崇拜的神灵和祭祀的方式有各自独立的适用范围，神灵所管辖的范围也有严格的限制，很少发生横向性、系统性联系。而且，原始先民保存这些神话的方式也有自己的特点。进入文明时代后，这些神话仍以比较零散的状态被记录下来。因此，《山海经》和先秦诸子等文献保存的中国神话具有片段性特征是正常的。

一般认为，中国神话的片段性方式是因为许多史前神话被历史化、伦理化，神话人物被转化为历史人物，中国神话由此被肢解了，变得零散，因而体现出片段性的特征。这种观点只看到了问题的一面。中国神话片段性特征的形成还有一个重要原因，那就是礼仪制度的影响。当原始神话及其祭祀仪式在早期中国逐渐转化为维系社会族群和个体之间的秩序关系的礼仪系统时，礼仪活动的行动性和空间化结构肢解了其背后的神话根源及其连续性的情节结构，其结果是人们只关注那些与礼仪活动本身相关的片段性的神话仪式内容。浦安迪在《中国叙事学》中认为中国神话"非叙述、重图案"的特征，是由于受到了先秦时期将"神话素材空间化"的重礼倾向的影响，并认为"中国神话与其说是在讲述一个事件，还不如说是在罗列一个事件"。① 这个看法注意到了中国神话在表现形式上的特点及其形成的内在深层次原因，同时作者也隐约感觉到中国神话受空间性因素（如图像传承、礼仪化的行为传承等）影响而形成的不同于希腊神话叙述性较强的特点。

中国神话片段性特征的形成还与其特定的记录方式和中国文字的繁难有关。从记述史前神话的文字系统角度看，文字产生后，知识阶层使用文字记述神话。在初期阶段，由于书写工具以雕刻刀为主，书写材料以兽骨、龟甲为主，而书写的权利、工具和技巧又仅掌握在极少数人手中，因此人们只能对原始神话进行简约而片段的记录，而很少对之进行个体化、私人

---

① 〔美〕浦安迪：《中国叙事学》，北京大学出版社1995年版，第42页。

化的改造和加工。这些条件限制了史前神话的记载规模。加以中国文字书写的繁难和不易辨认,普通民众能够读到这些文献的机会少之又少;即使有偶然的机会见到但也不知具体内容,因而也减少了对史前神话进行再度加工、创作的可能性。此外,在早期阶段,神话与宗教祀典是结合在一起的,具有神圣性,个体没有权利对其内容进行随意改动或增删。这在某种程度上保存了中国神话的原貌。

从传承方式角度看,图像传承也对中国神话片段性特征的形成具有重要影响。中国神话图文并存的传承方式一直持续到两汉时期。[①]除了大量的画像石和画像砖等直接的图像资料外,文献资料如《山海经》《天问》等与图像资料亦联系密切。这一点,《山海经》文本与郭璞等人的注解都曾提到过。袁珂说:"当用作祈禳(主要恐怕是用作为病者招魂)的此书(按指《山海经》)的原始图画悬挂在壁间,由巫师在法堂上对着图画举行法事时,人们一看图画便已知道平时所熟悉的神话故事的大要,用不着更作详细的说明,故《山海经》所记录的神话多疏略且随图画的变换而自成片段。"[②]图像传承的优点是神怪形象比较鲜明,易于为大众接受;图像中的神话内容比较固定,不易受到修改,可以比较完整地保存神话的原始内涵。其缺点是图像只能对神话进行片段性讲述,虽然有些图像联系在一起可组成情节相对完整的神话故事,但因工作量大、工作难度高,古人在刻绘这些神话内容的时候,往往只选取其中最为核心的部分加以表现,其他背景性内容则被忽略掉,后来的文字记载也只是对这些片段场景的记录,由此也形成了中国神话的片段性特征。虽然历代统治阶级在建造宫殿祖庙时都要动用大量人力、物力在这些建筑的墙壁、石柱上刻绘原始神话内容,但通过这种方式保存下来的神话内容仍以神怪形象居多,政治教化功能是其核心,记录神话故事的情节内容尚在其次。因此,中国神话虽以片段性的形式记

---

① 王怀义:《论中国史前神话的图像传承》,《内蒙古社会科学》2010 年第 6 期。
② 袁珂:《中国神话通论》,巴蜀书社 1991 年版,第 39 页。

载下来，但诸神形象却都十分鲜明就与图像传承有关。

综上，中国神话与礼仪活动的结合，使中国神话在传承过程中获得了静止性和空间性特征；中国文字的独特记述方式，也着重于记述神话的核心情节或场景；中国神话的图像传承保留了鲜明的原始诸神形象，使神话事件的核心场景得以保留。这些传承方式均具有定型化或固定化倾向，联合抵制着外在人为因素对史前神话进行随意修改，从而使其保持着较为古朴的面貌，其片段性（意象性特征）也随之增强了。

二、意象性与原始性

中国神话的意象性特征还通过其原始性特征体现出来，两者之间具有辩证的、相互依存的关系。中国神话中的神灵形象多是动物形象，或者是人兽合体的形象。从神话意象产生的规律看，神灵形象最初一般是现实性的动物形象，然后是幻想性的动物形象，之后是人兽合体的形象，再之后才完全是人形化的形象。在最后阶段，动物神依附于人形神，它们演变为人形神的坐骑等，为人形神服务。因此，有学者指出："神形问题是神话处于何种阶段的直接的同时也是主要的标志。抓住了神形问题，便抓住了特定民族神话的本质。"[①] 中国神话中虽然也有一些人形神高于兽形和人兽结合的神灵形象，如后羿能够战胜化为白龙的河伯等，但这类神灵形象的数量较少。《山海经》等文献对史前神灵的记载，不仅在种类上繁杂多样，而且对同一神灵形象的描述也各有不同，它们大多处于动物或人兽结合的神灵形象阶段，如《山海经》对西王母的三种不同记载，对青丘狐的不同记载等，它们尚未完全转化为人格神。即使是那些进入古史系统、被历史化的神灵形象如黄帝、少皞、舜、禹等被改造为历史人物，获得了人形，但他们仍然保留了比较鲜明的动物神崇拜的痕迹。这是因为"零散的、孤立的比较原始的神话传说，基本上属于对个别事物之间因果关系作出的神话式

---

① 王锺陵：《论中国神话特征》，《中国文学研究》1992年第3期。

回答"①。同时,各方神灵均有自己的管辖范围,享受不同的祭祀典礼,相互之间处于松散的关系状态,以某一主神为主导的严密的诸神谱系还尚未形成。这与那些体系严谨、对宇宙现象和社会生活现象进行系统解释的文明时代的神话具有区别。

这些动物性因素较强的神灵形象说明华夏先民的自我意识还处于缓慢发展的早期阶段,神性凌驾于人性之上,人性绝对臣服于神性,宗教因素在神话意象中占据主导地位。这也制约着神话情节的展开,因而以行动为主体的神话事象在中国神话中占据重要地位。这是中国神话意象性特征的又一典型体现。而在经过系统化和人为改造的神话系统中,人性凌驾于神性之上,神性只是个体意志、情感和理念的形象化身,神性消失,人性彰显,几乎看不出神话的原始面貌。有学者说:"中国神话的原始性,反映在最初的神话的简单、纯朴、天真和幼稚,反映在由最初的人神(鬼)不分,到以神为主、神统治人。"②在中国的人类起源神话中,女娲并不按照自己的形象造人,因为她是人首蛇身的天神,人类属于她的子民,因而也不能和她拥有同样的形象。这与《圣经·创世记》中"神就照着自己的形象造人"的情况完全不同。在《圣经》中,神与人具有相同的形象,神性与人性是一致的,神与人之间的亲近关系不言而喻。不仅如此,在中国神话中,包括女娲在内的各始祖神(如伏羲、黄帝、少皞等)都不是完整的人类形象。在这些神话意象中,神性是凌驾于人性之上的,人性尚未从自然性、动物性和神性中挣脱出来而获得独立。当然,中国神话中也有反映个体意识萌芽的内容,如刑天舞干戚、夸父追日、精卫填海等,但这类神话在中国神话中只占一小部分,且未在民众心理上占据主导位置,像陶渊明所说的"刑天舞干戚,猛志固常在。精卫衔微木,将以填沧海"的励志精神不是主流。在伦理化和历史化之后,这些神话蕴含的人性觉醒价值在政权和神权

---

① 谢选骏:《神话与民族精神》,山东文艺出版社1988年版,第16页。
② 王松:《论神话及其他》,云南民族出版社2006年版,第33页。

的光辉下被掩盖了。

与此相关，中国神话多与原始巫术和祭祀活动结合在一起，神话意象在这些活动中占据核心位置。《山海经》等文献和其他图像资料所保存的神话尚处在与巫术祭祀活动联系在一起的原始状态，神话没有成为单独的表现对象。神话与巫术虽然在价值取向和精神意蕴上具有本质区别，但无可否认，由于在思维方式和思想基础等方面具有一致性，原始社会中的神话与巫术往往结合在一起流传，不能简单将二者分开。因此，在原始宗教与神话分离前，人们对神灵的祭祀活动往往也具有巫术活动的性质。从《山海经》"五藏山经"部分的记述看，作者每描述一方之山，均以一山为主山，对主山山神的祭祀，其规模完整宏大，仪式相对繁多；而且这些山神均有自己的管辖范围，相互之间互不干涉。这也是鲁迅、程憬、袁珂等人将《山海经》看作"古之巫书"的原因所在。因此，"神话与巫术浑融未分，神话寄居于巫术之中，使中国神话保持原始秘术的实用状态，……这与希腊神话脱离具体的巫术仪式，在比较纯粹的形式中张扬想象，形成完整的故事形式，是存在着不同生成和发展机制的"[①]。将巫术活动与神灵祭祀和神话故事结合在一起的记述方式，突显了神灵和神物形象在神话结构中的重要作用。总之，中国神话的意象性特征与其原始性特征有密切关系，我们应充分重视神话原始性特征对中国神话基本特征、表现形态和存在方式的影响。

四、意象性与尚象思维

华夏民族主导的思维方式是象思维，它与中国神话的存在方式之间是互为因果的关系，这也影响了中国神话意象性特征的形成。在人类有了自我意识、将自我与自然相区别后，关于天地的形成、自身的起源以及灵魂、梦境的形成等问题成为人类意识活动的主要内容。在史前时代，这些追问

[①] 杨义：《山海经的神话思维》，《中山大学学报》2003年第3期。

的成果只能以口耳相传和图像记录的方式流传下来。此外，人们还对天地万物形成之前的时代进行了思考，这些思考都是结合"象"进行的。"象"已超出了纯粹的生物学意义，具有较为浓厚的文化意义，影响着华夏民族思维方式的形成，并逐渐渗透到政治、宗教、艺术乃至科技等社会生活的各个领域。从用于祭祀的宗教用具到文字、雕刻、纹饰等艺术形式甚至日常生活用品，它们的制作都要受到象思维的支配。象思维成为华夏先民体验、认识和解释世界的主导性的思维方式。尚象思维传统培养了华夏先民对意象创构的浓厚兴趣，反映在神话上，就是多样、多元的神话意象成为中国神话的典型特征。

在华夏先民的生产实践活动中，作为动物的大象曾占据重要位置，并逐渐脱离其生物学意义，成为华夏文明中具有浓厚象征意义的文化符号之一。在上古时代，象不仅可以帮助人们进行生产劳动、提高军队的作战能力，而且人们也将象作为崇拜的神物，将其形象抽象、概括后铸造于各种器物上，甚至还将之作为氏族的名号。这样，"象"逐渐摆脱了生物学意义而具有了丰厚的文化内涵，影响了华夏先民思维方式的形成。汪裕雄教授曾从"王以象祀""王以象名""氏以象名"和"器以象名"等四个方面论证了殷人将大象作为神圣动物崇拜的事实："殷人的象崇拜，固然还有待于考古学特别是甲骨学进一步证实，但象既为神圣动物，这就为'象'这个字从自然涵义引申到文化意义，即从动物之象到文化之象的过渡，准备了条件。"[①]战国时期，象群南迁，在黄河流域人们已很难见到活象，而只能时常看到大象的遗骨，于是人们根据这些白骨想象大象的样子："人希见生象也，而得死象之骨，案其图以想其生也，故诸人之所以意想者，皆谓之象也。"[②]可见，"象"是主体根据大象遗骨进行想象的结果。这样，作为动物的"象"就转化为作为思维方式的"象"，主体的创造想象是其核心推动力

---

① 汪裕雄：《意象探源》，安徽教育出版社1996年版，第36—37页。
② 王先慎：《韩非子集解》，《诸子集成》（第五册），中华书局2006年版，第108页。

量。后来，人们将"象"与"气""质"等联系起来，对天地形成前、后的时代进行划分："象"成为人们思考世界万物和自身起源的主要方式，具有本体意义。

总体上看，以"象"为基本载体和媒介的思维方式在华夏民族的文化心理中一直占据核心位置，在华夏民族的形成和发展过程中一直承续下来而没有出现断裂。这一点对中国神话意象性特征的形成影响很大。首先，神话思维与象思维主要以形象为连接点。神话思维是以直观、具体的形象为基础来设计和建构意象世界的："形象在原始人的认知中具有极为重要的地位，先民们是仩形象世界中去悟解一个内心的意义世界的，因此，神话思维首先是一种形象思维。"[1] 这一点与象思维具有共同性。两者都以自然万象为基础，然后对之进行再创造，形成系统的形象体系。象思维在早期阶段与神话思维一样，都是主体从自我情绪感受本身出发来看待自然对象，表达自我的认知和体验，反映了先民们对自然及其物象的敬畏和尊重。其次，神话思维强调主客之间相与为一的关系，并通过"象"达成自然万物和主体之间互相渗透转化的关系，构成水乳交融的思想情境和意义空间。自上古始，华夏先民的政治、宗教、艺术和日常生活等活动都反映出象思维的重要性，以主体之情思拟象万物之情态，达到主客之间的一致和融合。早在黄帝时代，黄帝就"始去皮服，为上衣以象天，为下裳以象地"[2]。神话思维与象思维的互相渗透不仅影响着人们的日常生活观念，而且在宗教信仰、政治制度和社会体制等方面也起着重要作用。太皞、黄帝、大禹等都曾铸鼎象物，其思想基础即与此相关。在刑法方面，舜曾"象以典刑，流宥五刑"[3]；所谓"象以典刑"，是指舜让咎繇把人们常犯的五种罪行及其所应受的惩罚以图像表现出来，昭告天下，以示警戒。此外，象思维还渗透到衡权、货币制度等方面。最后，受神话思维互渗观念的影响，上古时

---

[1] 王锺陵：《中国前期文化—心理研究》，上海古籍出版社2006年版，第98页。
[2] （清）钱保塘：《帝王世纪续补》，齐鲁书社2010年版，第71页。
[3] （汉）司马迁：《史记》，中华书局1982年版，第24页。

期的象思维认为，图像与其原型之间具有同一性，描绘诸神形象的图像由此也具有与诸神本身同样的神圣性。在这种观念的指导下，人们不去区分想象与现实之间的区别，进而打破了物质与精神之间不可逾越的界限，具有虚实相生、心物合一的混沌感和一体感的艺术审美特性。这样，神灵和神物图像的本体性精神价值得以突显出来，影响深远。

综上所述，中国早期神话意象性艺术特征主要是指：在存在方式上，中国神话保持着较为朴拙的原始面貌，以片段性方式见载于各种典籍和图像资料中；在表现形式上，中国神话多与巫术祭祀活动结合在一起，神性压倒人性；在记述方式上，中国神话多是对神话意象的特征和功能等进行描述，神话意象在神话叙事中占核心位置。这些特征反映出华夏民族特有的诗性智慧和精神传统。与礼仪活动的结合、中国文字的独特记述方式、中国神话的图像传承和华夏民族尚象的思维传统等，既孕育着中国神话意象性艺术特征的形成，也在中国神话的影响下被孕育着，两者之间形成了互动发展、互为因果和共同生成的一体性缘构关系。

第二节　事象与意象：早期神话的呈现方式

神话的呈现方式是与神话的表现形式和叙事方式相关。不同民族的神话具有不同的呈现方式。中国神话在呈现方式方面存在以意象和事象为主体的倾向，应对其进行分类研究。神话呈现方式的分类属于神话类型学研究内容之一，现在这方面研究相对较少。在以往研究中，有些学者往往用"神话内容"代替"神话意象"。[1] 这种做法是不妥当的。就指称的范围看，神话的内容相对固定、完整，而构成神话内容的事象和意象则是多样的、独立存在的。神话所记述的永远是"已经发生过了"的事情，这决定了神

---

[1]　王世芸：《神话意象与分类》，《上海师范大学学报》1994年第2期。

话呈现方式类型学研究的基础，因而只能对其进行外在化分类研究。

一、自然意象和人生意象

神话思维是形成神话意象的基础。神话思维有三个不同阶段，由此形成三种不同的神话意象。这三个阶段不仅存在前后相继的承续关系，而且在后期还存在同时共存关系。由此可将神话意象分为自然意象和人生意象。自然意象来自于原始先民对自然界中动植物的崇拜，人生意象是由神奇、多样的动植物合体的形象逐渐转变为完全人形之后所形成的神灵形象。就处于同一神话系统的自然意象和人生意象来看，在两者之间还存在一种过渡形态，那就是自然意象和人生意象某些特征相互结合的意象形态，可称"自然—人生"意象。《山海经》中所记述的人面蛇身、鸟身人面等神灵形象是这种过渡形态的代表，其中所蕴含的自然性和神性因素相当浓厚，它们和自然意象一同构成了原始神话意象的主体。人生意象多由自然意象发展而来，但原始色彩逐渐隐退、减少，人性因素多于神性因素，因而称为"人生意象"。严格说来，所有神话意象都是原始先民的认识、情感和意志等外化的结果，因而都是人格化的，都具有一定的人生意义，这里只是根据神话意象不同的形式所做的划分，是相对的。这三种意象类型不仅处于前后相继的发展链条中，有时还会出现自然意象向人生意象越界或人生意象向自然意象越界等情况。这种情况仅涉及个别细节，不能决定神话意象本身所处的类型范围。

自然意象的出现，多处于神话发展的初级阶段。自然意象在形成之初相互之间的关系相对比较松散，缺乏内在统一性；神灵的形貌多是自然界中的动植物形象，以"异体同构"的动物形象为主体；而且，这些自然意象多与巫术仪式等祭祀活动结合在一起，关于所祭祀的神灵的具有具体情节的神话事件尚未形成，自然意象所起的作用与原始宗教比较类似。

人生意象有一部分由自然意象转化而来，但大部分是远古部落首领和文化英雄，他们具有人神相兼的身份。后者多体现在发明创造神话中，对此

《世本》多有记述。人生意象多表现为诸神的事迹和行动；就中国神话来说，人生意象更多地与神灵们的创造发明、造福百姓的伟大功绩等联系在一起，受到尚德思想的影响和支配。人们对那些在人类社会的发展过程中起到重大作用的人往往以其所做贡献来称呼他们，比如有巢氏、神农氏、燧人氏、庖牺氏等。因此，主体以德行为核心的创造精神是中国神话中人生意象得以形成的主要思想基础。在人生意象中，神灵的形象被完全人化了，他们有些是从自然意象演变而来，有些是由远古时期有作为的部落首领演变而成，人的形象成为神话意象的主要表现对象，具有了神圣性，人变成了神，原始神话意象至此出现了重大转折。人生意象的大量出现既标志着原始神话意象的发展已达到兴盛阶段，同时也标志着原始神话意象开始走向终结。

  在人生意象中，帝王神话所蕴含的执着精神和关注现实的人文精神传统，对中华民族精神的形成具有巨大影响。黄帝战胜炎帝称霸天下后，华夏文明进一步发展，神话中的人生意象大量涌现，这些情况反映在关于当时人们生产文化状况的发明创造神话中。那些对人类文明发展做出重要贡献的人物由此进入神话系统，成为神话人物。《世本·作篇》中就有如羲和占日、常仪占月、仓颉作书、史皇作图、伯余作衣裳、胡曹作冕、雍父作杵臼、相土作乘马、巫咸作医、伯夷作五刑等记载，这些记载说明此时的华夏文明已高度发达，社会分工开始形成，与人类社会生活密切相关的各行各业均出现了极大发展。他们后来也被作为行业神继续加以崇拜，成为民间信仰的组成部分。此外，从这些记载也可看出，人类社会的物质生产活动和日常生活中的方方面面，因其与人类生活关系重大，因而人们在记述时均将其功劳归于远古时期的圣人、神人身上，在此基础上，人们认为对礼乐文明等各方面内容的制作，均须由圣人完成，普通人等则不能进行发明创作的活动。朱熹注"述而不作"云："述，传旧而已；作，则创始也。故作非圣人不能，而述则贤者可及。"[①] 显然，孔子对"述而不作"传统

[①]（宋）朱熹：《四书章句集注》，岳麓书社1985年版，第120页。

的尊奉和推崇有其神话背景，因为礼乐文明之所造就，皆是古代在位有德的神圣者所为，并非凡夫俗子所能为。这种将发明创造之事神圣化的文化学术传统，对中华民族尊重个性、表现自我和注重创造精神能力的形成和发展具有抑制作用。

就产生顺序看，自然意象的产生一般早于人生意象，但这不代表所有自然意象都在人生意象之前产生；在神话发展过程中，自然意象随时可以产生，进而形成自然意象与人生意象之间相互交织的关系。丁山说："'自然崇拜'，是宗教的发轫，任何原始民族都有此共同的俗尚。按照宗教发展过程说，崇拜自然界的动植物是比较原始的，由'地母'崇拜到'天父'，到祖先的鬼魂也成为神灵时，宗教的思想便告完全。"[①] 人类对自然界中动植物的崇拜一般产生自然意象，从地母、天父到祖先神灵等，人类的生活经验慢慢渗透到神灵身上，这改变了自然神崇拜中的神灵形象，使之成为人生意象。人的形象在神话意象中占据主导地位，自然界中的动植物形象降到次要地位，自然物的神秘性和神圣性也随之逐渐降低了，反之，人的地位空前提高了。在人为神话中，那些自然特征鲜明的神灵精怪往往需要获得人的形象才能获得神性，否则只能被看作魑魅魍魉之类。人的形象具有神性，这种情况在早期神话意象中是不存在的。

在神话中，人生意象多从自然意象发展演变而来。自然意象向人生意象的演变，与人类社会和思维方式的发展和演变密切地联系在一起，具有必然性；自然意象中所蕴含的原初含义也随着新的人生意象的生成而逐渐减弱，新的象征含义随之附加上去。不过，即使这种转变已经完成，自然意象的象征意蕴仍可在人生意象中继续留存，其原初含义与后来新增的意义或意蕴在某种程度上仍具有内在关联。人生意象可看作变形了的自然意象。当然，这种演变的历史过程十分漫长，人生意象与其原型意象之间的承续关系往往会随之变得模糊不清而被后人遗忘。自然意象演变为人生意

[①] 丁山：《中国古代宗教与神话考》，上海书店出版社2011年版，第3页。

象后，在文化环境发生改变，尤其是在人们的思维方式和思想观念发生改变的情况下，还有复归自然意象的可能。这种情况的出现是理性思维发展的结果，也是宗教伦理观念对原始神话意象进行改造的结果。自然意象向人生意象的演变是神话意象演变的总体趋势，但人生意象在某种特定的文化思想环境之下，还有向自然意象复归的可能。当然，这时候自然意象的自然属性被凸显出来，成为自然现象和时令变化的表征，其原始的神话意蕴则以一种潜在的方式支撑着这些自然意象的神圣属性。

需要指出，人生意象虽是自然意象发展、演变的结果，但并不是所有的自然意象都要向人生意象的方向发展、演变。有些自然意象会始终保持其自然本性，因为自然本身永远都可以成为人类的崇拜对象。比如人类对大地和上天的崇拜，除了地母神和天神的崇拜之外，人类的大地情结始终如一地存在着。在文明时代，人们还设计出地坛和天坛，定期举行祭祀活动，这里所祭祀崇拜的，就是作为自然人格的大地和上天，它们仍具有自然属性。

二、主导意象和从属意象

不同的神话意象在特定的神话结构中所占的地位和所起的作用是不同的。为此我们可将神话意象分为主导意象和从属意象两种基本类型。所谓主导意象，就是指这一意象所蕴含的精神意蕴及其所代表的神灵形象，在特定的神话系统中占据主导地位，统摄或支配着整个神话意蕴的形成和发展；围绕在主导意象周围的其他意象，就是这一神话中的从属意象，起到衬托、丰富主导意象和神话意蕴的作用。主导意象和从属意象的划分具有相对意义，因为随着时代文化和思想观念的变化，主导意象与从属意象之间的关系会发生变化。因此，流动性是主导意象与从属意象之间关系的本质属性。

本书使用的"主导意象"这一术语来自于文艺批评领域。[1] 文艺作品中

---

[1] 严云受、刘锋杰：《文学象征论》，安徽教育出版社1995年版，第245页。

的主导意象是作家实现作品象征意蕴的主要途径和方式，他们对主导意象的选择和设计有着鲜明的自我主体意识，也具有较多的个性化色彩。文艺作品中的其他意象多在主导意象的支配下形成，用以刻画人物或烘托意境。这些意象多具有与主导意象大致相同或相近的意旨，并与主导意象一起构成文艺作品的意象世界。在神话中，主导意象也具有支配性作用，在某种程度上影响乃至决定着从属意象的形成，以及神话本身发展和演变的方向。与文艺作品中主导意象不同的是，神话中主导意象所蕴含的精神意旨不是个体性的，而是某一族群、某一时代集体精神的提炼、凝缩，是时代精神状况的结晶，因而具有比较集中、鲜明的集体性、民族性和时代性，而更少个性化色彩。对于理解某个神话来说，抓住其中的主导意象进行深入地体味、发掘、阐释，也就在某种程度上抓住了这一神话的精神实质，其中晦暗不清的象征意义和精神意蕴也会顿时豁然开朗。

与从属意象相比，主导意象具有强大的统摄力量。主导意象的统摄力量来自于其本身所蕴含的丰厚的、具有民族集体精神需求的象征性意蕴，它是这些意义或意蕴的形象化和依托物。主导意象的精神意旨并不是单一、静止的，而是不断发展、变动的。在神话意象的演变过程中，主导意象的精神意旨也会发生相应的变化，围绕主导意象的演变，丰富多样的象征意义均得以形成、衍生，从而形成一个多种意义相互交叉的意义网络结构。即使这样，主导意象在这一结构中的地位和作用仍不发生改变，是稳定性和变动性的统一。主导意象所蕴含的思想意蕴多在史前时代既已形成，不同时代的人们会根据自己的精神需要对之进行选择性的发掘和丰富，使之具有时代色彩。比如，产生于旧石器时代早期的灵魂观念，在某种特定的时代情境之中，既能够产生鬼魂崇拜，也能产生长生不死观念，还能形成人类对于梦境的初步认识和理解。在不同的时代，这些不同的内容被人们重视的程度是不同的。它们是形成主导意象统摄力的思想基础。

随着时代精神需要和社会价值评判标准的变化，主导意象在神话中的地位也会随之发生改变。这种情况的出现具有必然性。如前所述，某一意象在特定的神话结构中成为主导意象,其根本原因在于这一意象所凝聚、承载的时代精神需求;随着社会的发展,各种条件发生改变,这种精神意旨不再为社会共同体所需要,或者说,这一时期有更为重要、更为紧迫的问题需要解决,那么这一意象就会从主导地位下降到从属地位。因此,所谓"主导地位"只是相对的。即使发生这种情况,这一主导意象中所蕴含的精神意旨只有少数会发生变异,大多数仍会在相应的民俗结构和信仰体系中保存下来。因为它所承载的精神意蕴和思想观念大多是与人类的基本生存活动密切关联的,无论何时何地,这些内容都是人们在生存活动中必须面对的问题,因而即使时代需求发生了变化,但这些基础性的生存问题仍然存在。因此,在某些民俗结构和信仰体系中,这一意象的主导性地位仍会得以保存。

在中国神话中,主导意象多是由人生意象充当的。这与神话产生的时代和神话所要表达的内容密切相关。一方面,神话产生的时代虽可上溯至旧石器时代中期,但其大量产生的时代则是旧石器时代的晚期和新石器时代,这时候,部落、族群制皆已形成,甚至还出现了阶层分化和贫富差距,人的因素开始在社会结构中占据主导地位;另一方面,神话所要解决的问题多是人类的起源、天地的形成、文明的创制等重大问题,这些重大问题需要一些奇特乃至奇异的人物进行解决或解释,他们多被后人塑造为神灵。他们是人生意象的重要来源。当某位神灵或历史人物被人们塑造为人类文明的发明创造者,或者是人类的保护神及创造者,那他(她)在某种程度上就成为神话中的人生意象了。

总体上看,随着社会历史情境的变化,受人们思想价值观念变化的影响,主导意象还会发生分裂,形成与之相关的两个或多个意象,这些意象在此后的神话体系中,多会以从属意象的面貌出现,与新的主导意象一起形成新的神话意象群;有的则会成为新神话中的主导意象,但其从属性亦随之增加。

另一种情况是主导意象分裂后在新的神话体系中仍占据主导地位。例如东母和西母，从两位女神所处的方位看，太阳母亲处于东方，月亮母亲处于西方，这与日出东方和月生西方的自然现象有关，她们已初步具有了东母和西母的雏形。这一点，甲骨卜辞曾多次提到，已为一些学者所注意。据有学者考证，东母和西母是地母神意象一分为二的结果，而且"卜辞中的分身地母不仅为后世的儒道两家思想提供了神话原型，而且作为二元对立的神话思维模式，对后世民俗文化提供了具有时空定位和价值意义的'元语言'。上古神话中两种截然不同的母神形象——女娲和西王母，便可视为东母西母的直传或变形"[1]。在此之后，与东母主管生育特征相对应的，是化为万物和抟土造人的女娲（之肠），而与东母和女娲所具有的化生功能处于对立面的，是西王母所具有的"主知灾厉五刑残杀之气"——西王母意象成为具有独立性、完整性的神话结构中的主导意象了。比较有趣的是，在现已出土的大量的两汉时期的画像石等图像资料和同时期的文献记载中，又有一位东王公，作为与西王母相对应的配偶神，出现在人们的信仰体系中。在这种情况下，看似与东王公意象处于相当地位的西王母意象的主导地位出现了微妙变化：因为每逢七月半，西王母还要主动前往东方，在一只大鹏鸟的脊背上与东王公相会。[2] 上述过程大致可看作是最为古老、原始，在上古神话体系中占有支配性地位的地母神意象发生裂变的过程。

在特定的神话系统中，从属意象的精神意旨与主导意象是相近乃至相同的。从属意象在神话系统中的作用虽不像主导意象那样具有支配性，但主导意象精神意旨和主导作用的实现必须要依靠从属意象，因而从属意象在某种程度上也决定了主导意象的存在。整体上看，从属意象之间的精神意旨是比较接近乃至相同的，这些从属意象总是在提醒着神话的接受者注意整个神话的精神意蕴和象征含义，因而从属意象是我们接受、阐释和欣赏神话时须加以关注的对象。比如，在西王母神话的一些记述中，经常与

---

[1] 叶舒宪：《高唐神女与维纳斯》，中国社会科学出版社1997年版，第71页。
[2] （汉）东方朔：《神异经·中荒经》，见《汉魏六朝笔记小说大观》，上海古籍出版社1999年版，第57页。

之相伴出现的"石室"意象,就是我们理解西王母神话的一个重要线索。在这个意义上,从属意象的内在意蕴不仅是主导意象得以存在的土壤,而且还在某种程度上决定了主导意象的基本属性和存在方式。

在整个神话系统中,主导意象和从属意象之间存在相互交叉、转化的关系。这种情况的出现与不同的神话系统之间存在相互交叉的情况有关。比如,在夸父系统的神话中,夸父是主导意象,占据核心地位,具有统摄作用,与其相关的后土、应龙、蚩尤、黄帝等就属于从属意象,成为整个夸父神话的有机组成部分。反之,在黄帝神话中,黄帝是主导意象,占据核心位置,具有统摄作用,应龙、炎帝、蚩尤、夸父、虎豹熊罴等则是从属意象,是整个黄帝神话的有机组成部分。因此,主导意象与从属意象的区分是相对的,并随着神话系统的改变而发生相应的改变;只有在特定的神话结构中,对于主导意象和从属意象的分类才具有意义。如果脱离具体神话结构而将某一神话意象笼统地称为主导意象或从属意象,那么,这一做法对于深化神话意象研究是没有意义的。

综上所述,根据神话意象功能的不同,可将神话意象分为主导意象和从属意象。主导意象以其所蕴含的精神意蕴在特定神话系统中占支配性地位,从属意象则从其他方面衬托、丰富主导意象,两者相互结合才能形成意蕴圆融的神话结构。主导意象和从属意象的划分具有相对性;随着时代情境和人类精神需求的改变,即使是同一神话结构中的主导意象和从属意象,其地位、作用仍有发生改变的可能。主导意象和从属意象两者地位和功能的不断变化使神话意象的流动性加强,进而也增强了不同神话意象之间的交流和融合。

三、神话事象和神话意象群

在神话体系中,神话意象并不单独出现,而是在特定的事件结构中生成的;离开了事件结构和特定情境,神话意象不复存在。因此,神话意象除了上述的存在样态之外,还有一种组合形式,那就是"神话事象"。所谓神话事象,是指在神话意象的基础上所展开的诸神的行动或事件的整体,这一整体由不同的事象组成。神话事象不等于神话情节。"情节"（plot）一词是西方神话学中的术语，用来表述一个完整的神话故事的各个阶段或组成部分，其内涵偏向于叙事。就中国神话的非情节性特征来看，中国神话虽也有叙事，但叙事性不强，因而叙事性不是其典型特征，很多神话只具有一定的"叙事性"，如"祝融作市"等。这类例子在中国神话中很多，因而用叙事色彩显著的"情节"一词指称显得无关要旨。张光直曾看到中国神话与希腊等神话的不同，但仍以西方神话学对神话的规定（叙事）来界定研究范围，存在"以西律中"的情况。①

使用"事象"一词指称中国神话有两个思想来源。第一个思想来源是中国文字本身以象记事的传统。在甲骨文中，有些字就是对物象的模拟，如水、日、山等，还有些字是在象形的基础上对事件的描述，这些字多是会意字。有学者将会意字的形成基础称为"事象"："甲骨文的基础是象形表意文字，其间体现出造字者的思维是通过物象进行表达心意的意象思维……会意字往往是由两个以上的形象组合在一起，其中有些表示人的某种动作行为。而这种动作行为因有目的性和时间长度，故而具有事的成分……这些由多个象形符号组合而成的表示行为的具有事因素的象，我们称之为事象。"②甲骨文这种以物象为基础、将不同物象组合在一起组成具有行动性和时间长度的事象结构，与中国神话相似，两者间应有密切联系。第二个思想来源来自于民俗学中的"民俗事象"及其指称功能。民俗事象一般是指人们在特定的习俗中所从事的祭拜、游戏、舞蹈、祈愿和禁忌等活动；既可以指民俗现象的总称，"亦可表示单一的民俗活动"③。这些活动虽具有叙事性，但叙事不是其重点或本质，民俗活动所承载的文化心理及其背后所隐含的情趣、理想或观念才是关键。这一点与中国神话重行动、

---

① 张光直：《青铜挥麈》，上海文艺出版社2000年版，第146页。
② 许建平：《意象叙事论——从甲骨文的意象思维谈起》，见复旦大学中文系编：《文学理论的创新与文论教学学术研讨会论文集》，第224页。
③ 张紫晨：《中外民俗学词典》，浙江人民出版社1991年版，第178页。

轻情节的特点比较一致，因而我们亦借过来使用。已有学者开始以此描述中国神话。田兆元在《〈天问〉中动物异类相触事象考释》一文中，也曾用"事象"一词来指称《天问》所记述的"鸱龟曳衔""虺龙负熊""一蛇吞象"等现象。① 总之，"神话事象"比"神话情节"或"神话事件"更符合中国神话的表现形式和存在方式，是中国神话独特的呈现方式。所有神话意象只有在组合成特定的神话事象时才能够获得自身的神话属性和意蕴空间，神话事象是神话意象的源头活水。

与神话事象密切相关的，是神话意象群。众多具有内在联系的神话意象可以组成神话事象，也可以组成神话意象群。单个的神话意象不能构成神话事象，一个神话事象至少含有两个或以上的神话意象，比如"夸父逐日"，"夸父"和"太阳"是两个基本意象，行为动词"逐"将这两个意象组合在一起，形成一个具有完整意蕴空间的神话事象结构。严格说来，在"夸父逐日"这一神话事象中，虽有比较多样的神话意象，但还不能称为"神话意象群"。在这则神话中，"夸父"是主导意象，其他意象则是从属意象，其结构比较完整，因而是神话事象，但不是神话意象群。如果将中国古代典籍、各个民族和地区的夸父神话做一系统的收集、整理，其中所涉及的神话事象是多种多样的，与此相关的神话意象也是多种多样的，在这种情况下，我们将这些神话意象称为"神话意象群"是没有问题的。当然，这种情况也是相对的，并不是说定要将某一神话进行全部的钩沉辑录，才能将之称为神话意象群；在某种程度上，我们将与某一神话相关的多个神话放在一起研究，发掘神话意象之间相互关联的内在意蕴，这样就可以将这些神话意象称之为"神话意象群"。简言之，在原始神话中，以神话意象为基础，能组成多个具有内在联系的神话事象，这些神话意象就可以称为"神话意象群"。

在某些情况下，一个结构完整、事件丰富的神话事象中所包含的神话意象可能会多于相对简略的多个神话事象中所包含的神话意象，但前者不

---

① 田兆元：《神话学与美学论集》，上海文艺出版社 2007 年版，第 140 页。

称为"神话意象群",而称后者为"神话意象群"。这是因为前者所具有的神话意象是为一个神话事象服务的,它们处于同一个神话事象的序化结构中,因而所蕴含的意义等是相对统一的;与此不同,后者所有的神话意象是处于不同的神话事象的序化结构中的,神话意象所蕴含的意义、意蕴可能会出现较大差异,因而我们使用"群"这样一个相对松散的词对之进行概括。比如,现在仍在某些少数地区和民族流传的大型神话史诗,其中的神话意象不胜枚举,我们只承认其中含有众多的神话意象,但不是神话意象群;《山海经》中记述的某些神话片段,如西王母神话等,故事情节比较简单,事件较少,神话意象也极为有限,但将其放在一起进行研究,我们仍将这些神话意象称为神话意象群。因此,神话意象群的划分并不是仅按照神话意象的多寡进行的,还要按照组成神话事象的神话意象的内在逻辑结构进行划分。当然,我们将前者排除在神话意象群之外的另一个重要原因是,这些至今流传的民间传说和英雄史诗含有太多后世人为因素,其结构完整、情节丰富、意象多样,用神话意象群来指称这类对象,显得有些宽泛乃至空洞,对于研究神话意象向审美意象的转化问题意义不大。

综上,神话意象是构成神话内容的主体,也是构成神话事象的主体。由于中国神话主要以神话意象为主,诸神行为在神话中未占主要地位,因此我们借用注重仪式性、动作性和空间性的民俗学中的术语"民俗事象"来指称之,称为"神话事象"。神话事象的融合、发展,形成神话意象的交流和转化,进而在某种思想或意蕴的统领下形成大量神话意象的叠合,本书将之称为"神话意象群"。田野调查和文献记载表明,中国神话曾经过程度较深的历史化、哲学化和伦理化改造从而大量遗失,其他部分则转化为民间信仰体系而与民俗活动结合在一起继续存在,因此我们用"神话事象"来表述中国神话是符合实际的。神话意象、神话事象和神话意象群的划分,可以深化我们对中国神话意象及其演变过程的研究。

第三节　形式与意义：神话意象演变的思维基础

神话意象的演变某种程度上是神话思维演变的体现或结果，因此，要准确总结神话意象演变的规律须对神话思维的类型和发展进行细致而准确的研究。这方面，王锺陵教授的研究较有代表性。王锺陵认为，神话思维是神话研究的最深的层次，是正确认识、利用和解读神话材料的基础。[①] 正是基于这样的认识，王锺陵将神话思维研究作为其理论建构的核心问题。王锺陵将神话思维与神话意象结合起来讨论，通过对神话思维形成和发展的研究，来讨论神话意象及其意义逐渐深刻化和丰富化的历史过程，提出了神话意象图式理论，并结合黄帝神话等个案对神话意象的序化整合规律进行论述，推动了神话意象的理论研究。王锺陵在批评李泽厚积淀说的基础上，利用大量岩画、陶器和青铜器等纹饰材料，对神话意象向艺术创作的转变进行了细致分析，并从中国神话故事性弱和表现性强的特点论证了中国神话对中国叙事文学和诗歌文学的重要影响，突出了神话思维的历史延续和转化特征。

在论述神话思维基本特征的时候，人们一般将之置于原始思维和形象思维的范围中进行讨论，学者们所依托的思想资源大多为国外著作。经过几十年的讨论，对于神话思维的基本特征，大家已基本达成共识，即神话思维是原始人类以主客浑融为基础、以形象（或象）为核心、以情感为特质、以集体性和整体性为表征的原型心理的体现或反映，是一种原逻辑思维（或称之为"前逻辑思维"）形态。[②] 从这些概括可以看出，中国学界对

[①] 王锺陵：《中国前期文化—心理研究》，上海古籍出版社 2006 年版，第 75—76 页。
[②] 这方面的研究成果较多，如邓启耀：《中国神话的思维结构》，重庆出版社 2004 年版；朱岚：《从中国上古神话看原始思维的非概念性特征》，《西北民族学院学报》1997 年第 4 期；刘文英：《论原始思维的类化意象》，《云南社会科学》1986 年第 6 期；高一农：《神话思维的基本特征》，《晋阳学刊》2000 年第 6 期；罗小东：《神话思维与神话解读》，《中国文化研究》1998 年冬之卷（总第 22 期）；刘乃寅：《神话思维与神话衍生之谜》，《西北第二民族学院学报》1991 年第 3 期；丁勇望：《神话思维与原始思维》，《西北师范大学学报》1992 年第 4 期；叶舒宪：《神话思维再探》，《文艺理论研究》1992 年第 1 期；王诺：《原始思维与神话的隐喻》，《外国文学评论》1998 年第 3 期；等等。

神话思维的讨论,是力求揭示神话思维的普遍性结构特征的,这些结构特征不仅对中国神话,而且对于世界各个民族、地区和国家的神话在理论上都是适应的。但从大家所使用较多的概念(如隐喻、集体无意识、原型心理、原逻辑、思维结构等)看,上述对神话思维特征的概括对以希腊神话为代表的印欧神话来说应是比较适合的,与中国神话思维的特征虽有连接处,但总觉稍有隔膜。比如,有学者在讨论神话思维的象征性特征时,他所借助的思想来源是黑格尔的理念艺术论。在此基础上,作者用形象和意义之间的互动关系来阐述神话思维的意象结构图式,并将之扩展到神话意象演变的普遍性规律上。① 黑格尔对神话形象与意义之关系的讨论,是其理念论在神话问题上的反映,不仅指神话演变,而且还指人类艺术发展的整个过程,用这种思想来解释中国神话(尤其是史前神话)的发展问题是不合适的。在《山海经》中,那些神异怪诞的神话意象还不具有形象与意义二分的结构关系,"见则天下安宁""见则天下大水"等记述,说明神话意象与它所代表的社会事象之间仅是一种偶然性联系,人们又将这种偶然性当作必然性来看待。也就是说,人们还没有有意识地将明确的思想观念或抽象意义灌注到神话意象中去。这样看来,未来对神话思维的讨论,似应更多地对中国神话资料进行提炼、概括,以探索神话思维研究的新路径。

　　讨论神话思维与艺术审美思维之间的关系,对神话意象演变问题的研究具有重要价值。这是因为,神话思维所赖以生成的主客体关系与审美活动中的主客体关系之间具有一致性。一方面,在神话思维和审美艺术思维中,主体和客体之间的关系均不像认知、实践等活动中的主客体关系那样处于对立状态,而是在物我同质的基础上,实现主体与客体之间的双向交流;另一方面,神话思维和艺术审美的思维方式一样,都是以形象和情感为其生成的基础条件,并成为二者共有的本质性特征。这两种情况的存在,使人们往往将神话思维看作是艺术审美思维的一种典型形式,将之引入到

---

① 王锺陵:《论神话思维的特征》,《中国社会科学》1992 年第 2 期。

审美领域进行讨论。①神话演变的总体趋势是向文学艺术发展的，并成为文学基本形式之一。总体上看，原始自然神话走向后世人为神话，进而演变为民间传说，有些神话还被文学艺术家用作艺术创作的素材，创作出新的神话因素浓厚的作品（如鲁迅的《故事新编》），等等。这些情况说明，神话思维逐渐摆脱其综合性走向单一的文艺思维是其发展的主要方向。这也是有些学者将神话与史诗、传说等共同作为民间文学基本形式进行研究的原因所在。但是，神话思维作为史前社会人类思维方式的主要形式，与后来的文艺审美思维还是有一定区别的，因而随着研究的深入，人们逐渐从强调两者之间的趋同性向突出两者之间的差异性方向转变，重点研究文艺审美思维对神话思维的改造和再创造等问题，这就拓宽了神话思维的研究维度。

如果说前两种研究是一种静态研究的话，那么，研究神话思维的发展过程以及每个过程中神话思维的不同表现形式，则是一种动态、历史的研究思路，对于考察神话思维与神话发展问题具有重要意义。因为神话思维的发展问题，不仅牵涉审美意识与神话之间的变动关系，而且还牵涉神话的基本类型和神话意象发展演变的基本规律等问题。新时期以来在中国神话学界影响巨大的由袁珂提出的"广义神话学"，其思想基础就是对神话思维发展阶段的研究。他将泰勒所提出的"万物有灵论"思想之前的人类的思维称之为"前万物有灵论"思维，即活物论思维，在这一阶段产生的神话称之为活物论神话。②袁珂将神话思维的发展过程以"万物有灵论"思维

---

① 参看萧兵《美学的神话起源论》、郑凡《神话的美学价值》等，见刘魁立主编：《神话新论》，上海文艺出版社 1987 年版；武世珍：《神话与审美》，《西北师范大学学报》1982 年第 3 期；曲春景：《神话思维与艺术》，《文艺研究》1993 年第 4 期；王蓓：《艺术对神话的审美化改造》，《山东师范大学学报》2006 年第 3 期；张霞云：《神话思维与艺术思维》，《安徽大学学报》2010 年第 6 期等。

② 袁珂在编选《中国神话传说辞典》的过程中逐渐形成了"广义神话学"的观点。1984 年，袁珂《再论广义神话》一文发表在《民间文学论坛》该年第 3 期上。此后，袁珂又陆续发表《前万物有灵论时期的神话》（《民间文学论坛》1985 年第 5 期）、《原始思维与活物论神话》（《云南社会科学》1989 年第 2 期）等论文，并在这一思想的指导下编撰了中国第一部神话史。尽管"广义神话学"自提出后就引起了广大争议，但这一观点的提出，无疑扩大了中国神话的范围，具有重要的学理价值和实践价值。

为界划分为三个阶段,即活物论思维阶段、万物有灵论思维阶段和后万物有灵论思维阶段。在这种划分的基础上,袁珂撰写了《中国神话史》,将中国神话的发展历史从史前时代一直延伸到明清时期。袁珂对神话思维这三个阶段的划分是对此前一般认为神话只能产生于原始氏族社会观点的反拨,在神话思维研究乃至整个神话学研究领域至今仍在产生影响。方克强也将神话思维置于人类思维发展的整体过程中进行讨论,阐述了神话思维向神话—经验思维、经验—理性思维和理性—神话思维发展演进的总体趋势,突出了神话思维在当代社会的返归现象和艺术价值。[1] 这种划分亦可突出神话思维在人类思维中的阶段性和连续性。

从人类思想形成和发展的角度看,还应对神话思维的发展阶段进行划分。从人类思维发展的整体角度对神话思维的发展阶段进行研究,无疑有其价值,但从神话产生和发展的高峰阶段看,即人类形成到氏族社会和奴隶社会的早期阶段,仍可将这一时期神话思维的发展分为三个不同的历史阶段。最开始的神话反映的是人类与自然万物之间的直观性关系,人类只是对自然界中的动植物进行直观描述,因而"萌芽时期的神话思维,它的主要特征表现为灵性观念"[2]。随着人类自身生理条件的不断进化和生产实践活动的不断发展,人类的文化心理结构开始慢慢形成,人类对自我的本质力量的认识也逐渐形成,灵魂观念产生,原始神话思维从灵性观走向了神性观,这时产生的神话意象虽仍以自然物形象和半人半兽的形象居多,但神性在其中占据了主导位置。当人性逐渐形成并战胜神性之后,神话思维走上第三个阶段,即人性思维阶段。这时候氏族社会形成,慢慢形成了城邦和部落,国家形态处于雏形阶段,反映在神话上,就是产生了许多有关天地万物和人类、氏族起源的神话,祖先崇拜和英雄崇拜成为神话内容的主体。因此,神话思维在史前社会的发展可以归纳为这样三个阶段:灵性

---

[1] 方克强:《文学人类学批评》,上海社会科学院出版社 1992 年版,第 115—128 页。
[2] 魏善浩:《论神话的灵性思维及向人性思维与神性思维的分化》,《中国文学研究》1995 年第 4 期。

思维阶段、神性思维阶段和人性思维阶段。① 这种对神话思维发展阶段的划分与前人相比更为细致，对于我们认识神话意象的发展和演变具有重要启发价值。

对神话思维的基始性价值，鲁迅的论述较为全面。在日本时期，鲁迅研究神话的文章主要集中在1907年至1908年间发表在《河南》月刊上的五篇文章。② 这些论文不是专门讨论神话，而是在讨论人类文明和思想发展问题的过程中涉及了神话，或者说，神话是鲁迅讨论这些问题的独特视角。在这些论述中，鲁迅认为神话不仅仅是宗教的产物，而且还是一种思维方式，鲁迅常使用"神思"一词表述之。因此，这一时期鲁迅的神话观可概括为"神思说"。

鲁迅在讨论人类进化、人类科学和学术发展的过程中涉及神话，因而鲁迅对神话的讨论具有现实针对性。严复翻译《天演论》引入进化论后，国内思想界出现两种极端情况，对此鲁迅这样概况："中国迩日，进化之语，几成常言，喜新者凭以丽其词，而笃故者则病侪人类于猕猴，辄沮遏以全力。"③ 对此，鲁迅有自己的看法：从科学角度看，神话在解释万物起源时固然存在不足，但从人类思维的创造角度看，神话的精神价值仍有存在之必要："世有哂神话为迷信，斥古教为谫陋者，胥自迷之徒耳，足悯谏也。"④ 在《科学史教篇》中，鲁迅用"神思"一词讨论了神话与科学在思维方式方面的区别："盖神思一端，虽古之胜今，非无前例，而学则构思验

---

① 魏善浩：《论神话的灵性思维及向人性思维与神性思维的分化》，《中国文学研究》1995年第4期。

② 这五篇论文分别是《人之历史》，发表于1907年12月《河南》月刊第1号；《摩罗诗力说》，发表于1908年2月和3月《河南》月刊第2号和第3号；《科学史教篇》，发表于1908年6月《河南》月刊第5号；《文化偏至论》，发表于1908年8月《河南》月刊第7号；《破恶声论》，发表于1908年12月《河南》月刊第8号。除这五篇外，鲁迅还有一篇《裴彖飞诗论》，发表于1908年8月《河南》月刊第7号。

③ 鲁迅：《人之历史》，见《鲁迅全集》（第一卷），人民文学出版社2005年版，第8页。

④ 鲁迅：《科学史教篇》，见《鲁迅全集》（第一卷），人民文学出版社2005年版，第26页。

实,必于时代之进而俱升,古所未知,后无可愧,且亦无庸讳也。"① 这一思想实际上是对当时国人完全迷信西方科学思想而对自己的文化传统进行全盘否定做法的批评。当时,以进化论为代表的所谓科学被引进中国,有些人以动物学、生理学来否定中国神话中的龙、凤等,认为龙、凤的生理特征在现实中是不存在的,并认为中国神话缺乏想象力,不能与希腊等国家的神话相比。鲁迅认为以龙、凤为代表的中国神话是原始初民神奇想象力创造的结晶,不能拿所谓的动物学等对之进行现实化解释:"夫龙之为物,本吾古民神思所创造,例以动物学,则毁其自白其愚矣。"② 另一方面,有些人认为中国的龙不是本土所有,而是受到埃及、印度等国家和地区的神话的影响而产生的。这种观点至今仍有影响。苏雪林在她的著作中认为黄帝"乃西亚土星神尼尼伯"、《天问》是"域外知识之汇总"、《老子》"道之为物"章来自柏拉图及亚里士多德之"法象论"等③,都是这种观点的不同变体。鲁迅认为那些看法是"拾外人之余唾",其原因是当时中国国势之衰败所致。鲁迅对这种做法感到痛心:"惟不能自造神话神物,而贩诸殊方,则念古民神思之穷,有足愧尔。"④

据笔者考证,"神思"一词首见于鲁迅1907年创作、1908年2月和3月发表在《河南》月刊上的《摩罗诗力说》。在这篇文章中,"神思"一词出现凡10次。此后,鲁迅在《破恶声论》《科学史教篇》等文章中又反复使用该词。鲁迅的"神思"是指以想象为基质的神话思维,在人类文明变革方面具有重要作用。神思说是这一时期鲁迅思想的总结与核心,表达了鲁迅对人类文明和历史发展趋势的深刻分析和殷切期望,蕴含着鲜明强烈的革命创新精神。当然,鲁迅的"神思"说是否借鉴了刘勰《文心雕龙》中的神思思想现在尚不能断定,因为在刘勰之前,最先使用"神思"一词

---

① 鲁迅:《科学史教篇》,见《鲁迅全集》(第一卷),人民文学出版社2005年版,第26页。
② 鲁迅:《破恶声论》,见《鲁迅全集》(第八卷),人民文学出版社2005年版,第32页。
③ 苏雪林:《天问正简》,武汉大学出版社2007年版,第7、13页。
④ 鲁迅:《破恶声论》,见《鲁迅全集》(第八卷),人民文学出版社2005年版,第33页。

的是曹植,他在《宝刀赋》中提出"拯神思而造象"的观点,意指工匠获得神灵的启示而铸出宝刀。曹植的"神思"含有神话思维的成分。在鲁迅看来,以神话为主要载体的原始文化,是人类文化得以发展和更新的基础;忽视原始神话的变动创新思维,则人类文化即无从前进而渐至衰落,因而对现实的改造也必得神思的参与,神话由此成为人类社会和文明不断变革和前进的思想动力和基础。鲁迅说:"盖文明之朕,固孕于蛮荒,野人狉獉其形,而隐曜即伏于内。文明如华,野蛮如蕾,文明如实,野蛮如华,上征在是,希望亦在是。"① 这是对神话价值的高度肯定,也是对人的主体精神的高度肯定。

鲁迅认为,以想象为核心的神思是对主体精神的发扬,是人类文化不断获得新生的思维基础,一旦这种思维被外在物质所泯灭,人类的物欲便会不断滋生,人类文化也将陷入停滞。鲁迅以神思的递变为视点讨论了中国社会和历史的变化。鲁迅说国人读史,"循代而下,至于卷末,必凄以有所觉,如脱春温而入于秋者,勾萌绝朕,枯槁在前,吾无以为名,姑谓之萧条而止"②。在鲁迅看来,之所以出现这种情况,是因为随着文明的发展,以神思为核心的人类精神逐渐蜕变,因而人类的历史也如从春到秋,逐渐枯槁:"盖人文之留遗后世者,最有力莫如心声。古民神思,接天然之宫,冥契万有,与之灵会,道其能道,爰为诗歌。其神度时劫而入人心,不与缄口同绝,且益曼衍。视其种人,递文事式微,则种人之命运亦尽。群生辍响,荣华收光;读史者萧条之感,即以怒起,而此文明史记,亦渐临末页矣。"③ 因此,人类文化的蜕变正是神话思维蜕变的反映。

在鲁迅看来,当时中国国势衰败与神话思维的衰落大有关系,神话思维的衰落同时也是主体诗心的衰落,因为神话与诗宗相伴而生。诗人之心被教化礼仪所限制,人人以功利之心行事,以至于"自有文字以至今日,

---

① 鲁迅:《摩罗诗力说》,见《鲁迅全集》(第一卷),人民文学出版社2005年版,第66页。
② 鲁迅:《摩罗诗力说》,见《鲁迅全集》(第一卷),人民文学出版社2005年版,第65页。
③ 鲁迅:《摩罗诗力说》,见《鲁迅全集》(第一卷),人民文学出版社2005年版,第65页。

凡诗宗词客,能宣彼妙音,传其灵觉,以美善吾人之性情,崇大吾人之思理者"[1]寥寥无几,最终让中国社会"循代而下""萧条而止"。但鲁迅认为华夏先民"神思美富,益可自扬",我们应从原始先民所创造的丰富多样的神话意象中汲取灵感("灵觉")和智慧以更新、创造我们当今的文化,而不必乞灵于外国。在鲁迅看来,世间的污浊不堪必经过诗的过滤才能实现平和清净,如果诗的精神被限制、凝固,则人类文明则裹足不前如死水一潭。中国古代文明史之所以给人萧条之感,原因亦在此:"如中国之诗,舜云言志;而后贤立说,乃云持人性情,三百之旨,无邪所蔽。夫既言志矣,何持之云?强以无邪,即非人志。"[2]诗的精神被限制,以"实利"为人生行为准则的国人早已丧失古民质朴而灵动的思维素质,因而只能"循代而下"。鲁迅还将此扩大到对整个世界历史发展的评价,认为早期文明昌盛而近世沦为"影国者"如印度、日耳曼、希伯来、中国等,都是因为丧失了神话思维所具有的更新、创新能力。

由此,鲁迅认为人类的艺术、哲学乃至一切文化的更新和发展,其背后的思维基础都是神话思维,每当人类文化陷入低迷、人类精神信仰缺失时,神话及其思维方式往往成为拯救人类的利器。鲁迅说:"于是运其神思,创为理想之邦,或扎之人所莫至之区,或迟之不可计年以后。自柏拉图(Platon)《邦国论》始,西方哲士,作此念者不知几何人。"[3]中国人虽与此不同,将理想世界设置在唐虞时代,将人兽杂居时代设想为理想之境,但其思想基础则是一致的。所以,在鲁迅看来,"尼佉(Fr. Nietzsche)不恶野人,谓中有新力,言亦确凿不可移"[4]。鲁迅通过对19世纪物质主义的批判表达了这一思想。鲁迅认为物质主义"惟客观之物质世界是趋,而主观之内面精神,乃舍置不之一省。重其外,放其内,取其质,遗其神,林林

---

[1] 鲁迅:《摩罗诗力说》,见《鲁迅全集》(第一卷),人民文学出版社2005年版,第71页。
[2] 鲁迅:《摩罗诗力说》,见《鲁迅全集》(第一卷),人民文学出版社2005年版,第70页。
[3] 鲁迅:《摩罗诗力说》,见《鲁迅全集》(第一卷),人民文学出版社2005年版,第69页。
[4] 鲁迅:《摩罗诗力说》,见《鲁迅全集》(第一卷),人民文学出版社2005年版,第66页。

众生，物欲来蔽，社会憔悴，进步以停，于是一切诈伪罪恶，蔑不乘之而萌，使灵性之光黯淡"①。所谓"灵性之光黯淡"也就是神话思维的隐退。为了矫正此思想之泛滥，从黑格尔发端，以尼采、叔本华为代表的主观唯心主义哲学兴起并达到顶峰，其旨即在"崇奉主观，张皇意力"，鲁迅将他们称为"新神思宗徒"，"几近神明之超人"。在《文化偏至论》一文中，鲁迅将以黑格尔为代表的唯心主义哲学称之为"神思一派"，并将尼采、叔本华等人称为"神思宗之至新者"，认为他们"功有伟于洪水之有方舟"。② 这实际上是对神话思维解放主体心灵作用的高度肯定，是主体性精神哲学。

鲁迅认为，以想象力为核心的"神思"是神话得以形成的思维基础："夫神话之作，本于古民，睹天物之奇觚，则逞神思而施以人化，想出古异，诙诡可观，虽信之失当，而嘲之则大惑也。"③ 在鲁迅看来，原始先民们对天地万物的好奇心理、超越时空限制的神奇想象以及充沛充实的情感激情，是神话产生的基础条件。其中，将各种外在条件和心理因素统合在一起，进行创造性加工的根本动力是想象力及其统合作用。这说明，主体的想象力能突破有限时空的限制，主体的精神和情感在想象的世界中自由驰骋并形成丰富多彩的神话意象。这些神话意象看似漫无边际、随心所欲，却不着痕迹地唤醒世代累积在人们内心深处的远古记忆，从而让我们体验到生命中永恒不变、灵动不居的精神意趣。在此基础上，鲁迅认为，神话思维的整体性、形象性等特点具有超越性和审美性，通过神话思维，人们可以实现对有限相对之现世的超越，而这是人的一种本能性需求。在对诸神的崇信过程中，人们"举酒自劳，洁牲酬神，精神体质，两愉悦也"④，这样，主体就从宗教信仰走向了心灵审美，宗教祭祀活动同时也就转变为主体的审美活动，由此神思也就成为"美之本体"。

---

① 鲁迅：《文化偏至论》，见《鲁迅全集》（第一卷），人民文学出版社 2005 年版，第 54 页。
② 鲁迅：《文化偏至论》，见《鲁迅全集》（第一卷），人民文学出版社 2005 年版，第 50 页。
③ 鲁迅：《破恶声论》，见《鲁迅全集》（第八卷），人民文学出版社 2005 年版，第 32 页。
④ 鲁迅：《破恶声论》，见《鲁迅全集》（第八卷），人民文学出版社 2005 年版，第 31 页。

鲁迅认为神话与宗教是原始先民力求超越物质世界而达到精神境界的产物，这同时也是人的本能需要。鲁迅称有这种需求和努力的人为"向上之民"："吾谓此乃向上之民，欲离此有限相对之现世，以趣无限绝对之至上者。人心必有所冯依，非信无以立，宗教之作，不可已矣。……宗教由来，本向上之民所自建，纵对象有多一虚实之别，而足光人心向上之需要则同然。"① 于是，以诗歌为代表的文学艺术逐渐形成，人类文化亦在神思的支持下而不断完善和发展。鲁迅所说的"诗"不是后来的诗歌，而是以神思为思想基础的人类文化的统称；而且，这种神思是每个人心中所固有的，只不过有的人能将之表达出来，有的人则不能，由此形成"诗人"与"非诗人"的区别。鲁迅《摩罗诗力说》："盖诗人者，撄人心者也。凡人之心，无不有诗，如诗人作诗，诗不为诗人独有，凡一读其诗，心即会解者，即无不自有诗人之诗。"② 在鲁迅看来，诗心人皆有之，常人虽不能作诗但读到他人诗作时能有会心，则人的本质也即实现。按照这种观点，人人皆可成为诗人。

实际上，鲁迅说的"摩罗诗人"就是具有神思精神的人，鲁迅称他们为"神思之士"，尼采、叔本华、雪莱、裴多菲、普希金等都属此列。这类人大都"求索而无止期，猛进而不退转"，而"浅人之所观察，殊莫可得其渊深"，一旦"真识其人，将见品行之卓，出于云间，热诚勃然，无可沮遏，自趁其神思而奔神思之乡；此其为乡，则爰有美之本体"③。鲁迅所谓"神思之乡""美之本体"，是主体精神所达到的自由境界，"神思"也就是主体在与自然和人事的相亲相依中自由挥洒自我的精神想象以达到"心弦之动，自与天籁合调"的境界，所以"神思"即自由。鲁迅引用裴多菲诗句说："居吾心者，爰有天神，使吾歌且吟。天神非他，即自由耳。"④ 当然，

---

① 鲁迅：《破恶声论》，见《鲁迅全集》（第八卷），人民文学出版社2005年版，第30页。
② 鲁迅：《摩罗诗力说》，见《鲁迅全集》（第一卷），人民文学出版社2005年版，第70页。
③ 鲁迅：《摩罗诗力说》，见《鲁迅全集》（第一卷），人民文学出版社2005年版，第87页。
④ 鲁迅：《摩罗诗力说》，见《鲁迅全集》（第一卷），人民文学出版社2005年版，第100页。

有此精神的人往往为世俗所不容，所以"中国汉晋以来，凡负文名者，多受毁谤"①。鲁迅认为："盖人既独尊，自无退让，自无调和，意力所如，非达不已，乃以是渐与社会生冲突，还以是渐有所厌倦于人间。"②即便如此，他们仍"精神郁勃，莫可制抑，力战而毙，亦必自救其精神"，"复率真行诚，无所讳掩，谓世之毁誉褒贬是非善恶，皆缘习俗而非诚，因悉措而不理也"。③鲁迅认为雪莱（鲁迅译为"修黎"）是这种诗人的代表。鲁迅认为雪莱从小时候起就"盘桓于密林幽谷之中，晨瞻晓日，夕观繁星，俯则瞰大都中人事之盛衰，或思前此压制抗拒之陈迹；而芜城古邑，或破屋中贫人之号寒之状，亦时复历历入其目中。其神思之澡雪，既至异于常人，则旷观天然，自感神秘，凡万汇之当其前，皆若有情而至可念也"④。后雪莱溺水而亡，能识此中神思者，盖聊聊矣，因而鲁迅呼唤时代能再降临此种诗人，以求引发国人的沉思。总之，鲁迅的神思观实际上是对神话想象和自由精神的赞扬。

第四节　天人关系：神话意象演变的思想基础

"天人关系"是中国早期哲学的核心，也是政治、宗教、审美等领域最为基础的思维方式和思想基础，探讨中国早期神话意象的演变也应以这个思想为基础。这一思想的发展历程、基本特点及其在社会领域的运用和体系化，是在汉代完成的。汉代哲学、美学、艺术和宗教等思想领域的新变，以对历史悠久的天人合一观的重构为核心，董仲舒《春秋繁露》是哲学中的代表作品；司马迁作《史记》，"究天人之际，成一家之言"，是天人合

---

① 鲁迅：《摩罗诗力说》，见《鲁迅全集》（第一卷），人民文学出版社 2005 年版，第 78 页。
② 鲁迅：《摩罗诗力说》，见《鲁迅全集》（第一卷），人民文学出版社 2005 年版，第 81 页。
③ 鲁迅：《摩罗诗力说》，见《鲁迅全集》（第一卷），人民文学出版社 2005 年版，第 84 页。
④ 鲁迅：《摩罗诗力说》，见《鲁迅全集》（第一卷），人民文学出版社 2005 年版，第 88 页。

一思想在史学方面的反映。不仅如此,汉代绘画对云气、神物、人事的全景式展现,音乐美学对"心""物"关系的讨论,汉代学者对此前神话资料的系统整理,等等,其思想基础都是天人合一观。如果考虑到"天"同时可与"帝""神"互文使用,则还应同时看到,天人合一从来都不是一个单纯的哲学问题,它首先是一个宗教问题,而后是伦理问题、政治问题,同时也是艺术和审美问题。经过汉初六十多年的发展,刘邦君臣质朴、粗率的平民习气在政治上的力量逐渐弱化,国家发展需要在制度层面扩大视野、变更旧俗,由此天人合一首先成为哲学上最突出的问题而出现。因此,讨论天人合一观对神话意象演变的影响,首先要将哲学、宗教和伦理三个维度结合在一起加以考察。

首先需要思考天人合一问题何以形成的问题。这个问题暗含的另一问题是"天人相分",这个问题暗含的另外问题是:天、人相分何时出现?人与天之间何以要通过一定的途径或手段才能实现"合一"?这说明在此之前有一个悠久且影响深远的"天人相分"的历史。根据考古人类学和思维科学的研究,"人"与"天"的关系大体可分为这样三个阶段:原始的天人合一、天人相分和经过理性渗透的天人合一。在原始人类社会刚开始形成的时候,人与天之间是浑朴一体的合一关系,无人天之分,人们称这个时代是人神不分、和谐一体的黄金时代。随着人类身心的发展,人类体验世界和认识世界的能力逐渐增强,建构物质世界和精神世界的能力随之扩展,在这种情况下,原始的宗教信仰和神话体系逐渐形成,自然世界之外又产生了一个精神世界,这两个世界合二为一,人类最终被自己所建立的这个世界所统治。从族群部落到城市国家,这个世界一直在统治着人类的思想和行为。

天人相分在这个过程中出现:"天"以万物和万物之神的方式显示自己,万物以万物之神的方式显示自身与"天"的存在,因而人必须臣服于万物之神和"天"之下。在这种情况下,人类须按照"天"的指示安排自己的活动。人类为了获得神的指示需要借助特定的方式、方法,而掌握这些方式、方法的人则被称为"巫",由此产生巫师集团,他们掌握着人与天进行交流的方式、方法,是人类最早的统治阶层。这就产生了"天人合一"的问题:巫师通过特定的方式、方法与天神进行沟通,获得天神的指示,他们成为神的代言人。这里的"合一"并非真正的合一,因为巫师只是代言人而不是神本身,因而仍然是天人相分。为了维护自己与神交流的特权,巫师阶层创制各种神话和禁忌,阻断普通人与神进行沟通的可能性。颛顼命"重""黎""绝地天通"的神话就是要重建人神关系,使"人神不扰,各得其序"。《国语·楚语下》:

> 及少皞之衰也,九黎乱德,民神杂糅,不可方物。夫人作享,家为巫史,无有要质。民匮于祀,而不知其福。烝享无度,民神同位。民渎齐盟,无有严威。神狎民则,不蠲其为。嘉生不降,无物以享。祸灾荐臻,莫尽其气。颛顼受之,乃命南正重司天以属神,命火正黎司地以属民,使复旧常,无相侵渎,是谓绝地天通。①

根据观射父的描述,在此之前,人神关系和谐,但这种"和谐"不是"合一",而是"民神不杂"的状态,即民与神各司其职、各得其所。这实际是人神相分的时代,某种程度上也是"天人相分"的时代。人、神的分离带来了天下的和谐安定:"于是乎有天地神民类物之官,是谓五官,各司其序,不相乱也。民是以能有忠信,神是以能有明德,民神异业,敬而不渎,故神降之嘉生,民以物享,祸灾不至,求用不匮。"②但是,少皞末年,"九黎乱德,民神杂糅,不可方物",原有的人、神关系秩序被破坏。通过观射父的论述,可以发现,他对这种情况持否定态度,但这实际上是一个新的"人神合一"的时代,或者说是"人的觉醒"的时代:"家为巫史""民

---

① (春秋)左丘明:《国语》,上海古籍出版社1998年版,第562页。
② (春秋)左丘明:《国语》,上海古籍出版社1998年版,第560页。

神同位",普通百姓可以通过获得、掌握此前被巫师阶层所垄断的方式、方法获得与神交流、沟通的权利。这是一个打破旧秩序、建立新世界的时代,也是一个新的"天人合一"时代。但是,统治阶层不允许这种"合一"世界的存在,对之进行了残酷镇压,以重新恢复此前既存的天人相分的状态。

由此可见,在董仲舒以前,天、人关系已经过几番离合。这种状态是政权与神权相互利用的状态。在汉代,这种情况没有得到改变,也无法得到改变。虽然战国诸子的思想对人本身已有较为充分的讨论,但新生的汉王朝不可能让自己的统治失去神权的基础,因而司马迁——这位具有强烈主体意识和批判精神的历史学家也在《史记》中通过记述开国者刘邦的神异事件来宣扬汉室政权的合法性,以说明这个政权上合天意而不可动摇。当然,先秦诸子对人本身的讨论,尤其是他们对人心和德性的讨论,赋予天人合一观以丰厚的伦理内容,政治统治在获得神权支持的基础上同时获得伦理基础。在这种情况下,经过长期的思想准备,尤其是经过吕不韦和淮南王刘安等人及其门客的努力,《吕氏春秋》《淮南鸿烈》这种集大成式的著作为董仲舒天人合一观的提出奠定了坚实的基础。

这个过程让人本身的问题变得重要了。透过《国语·楚语下》的记载,可以看到,人与神沟通的权利曾经旁移、下落到广大民众手中,出现"夫人作享,家为巫史,无有要质"的情况。换言之,人与神并非不能沟通,而只是没有掌握沟通之权利而已,这无疑是百家争鸣之前的 次思想解放运动,虽然经过镇压,这个平民为获得神权而展开的运动以失败而告终,但对"人的觉醒"无疑是一次大的促进:每一个人都可以获得与神进行沟通和交流的权利。这为新的"天人合一"观的出现提供了精神动力。当然,神权泛化无助于人本身,因为泛化的神权会消解神权并失去神权之价值。在这种情况下,维护神权和人性的神圣性仍是思想界的重要任务。于是,人应该具备怎样的条件才能与神进行交流,就成为战国秦汉时期知识分子尤其是儒家学者所讨论的核心问题。以孔孟为代表的儒家学者和其他思想家都在这方面贡献了力量。余英时借助雅斯贝斯的"轴心突破"思想对这一阶段天人合一观的新变进行了深入分析，认为孔孟、庄子对于"天命"和主体"心""性""德"等问题的讨论在先秦诸子中兴起了一种普遍认同的观念，即"作为个人（individuals），只要他肯努力追求，'彼世'对他永远是他可望而又可及的"①。这实际上是肯定个体可以获得与"天"（神）进行交流的权利，并通过自己的努力实现之，从而让自己的现实生命获得"天"的认可而变得充实完满。这种思想观念是对颛顼"绝地天通"时期神权旁落现象所进行的新的阐释。因为在"家为巫史"时期，任何个体皆可以实现与神交流，这既消解了神的神圣价值，同时也无法让个体本身的生活活动获得价值。以孔孟为代表的先秦诸子之所以在这个问题上达成共识，其实质是为人生价值之实现而进行新的理论论证。

可以发现，孔孟和庄子提出的个体与天沟通的条件是主体的各种素质：高尚无私的品行（德性）、自我反思的能力（心性）、渊博无碍的学问（古之学者为己）等。这三种能力或品性，让人与禽兽分别开来。余英时引用雅斯贝斯的话说："人证明自己能够在内心中与整个宇宙相照映。他从自己的生命中可以将自我提升到超乎个体和世界之上的内在根源。""它们的共同之处在于使人超越小我，而进入'己达达人'的境界。这是由于人越来越意识到自身是身处于存有的整体之中，也意识到只能靠个人的自力走这条路。"②此种言论带有鲜明的西方启蒙主义色彩，与先秦诸子的相关思想可以比较、参看。例如，孟子的心性之说从侧面表达了这个意思。《孟子·尽心上》："尽其心者，知其性也；知其性，则知天矣。存其心，养其性，所以事天也。"③孟子这一思想的实现须有一个前提，即天命不仅仅局限于君主，每个个体皆有"事天"的权利，而且个体通过自己的努力（"尽其心""知其性""养其性"）且达到一定程度，皆可谓是"顺天命"。

---

① 余英时：《论天人之际》，台湾联经出版事业股份有限公司2014年版，第132页。
② 余英时：《论天人之际》，台湾联经出版事业股份有限公司2014年版，第122页。
③ （清）焦循：《孟子正义》，《诸子集成》（第一册），中华书局2006年版，第517页。

根据此处论述和其他文献，可以看到，天人合一的实现方式分两种：一种是此处提到的通过主体本身所具有的高尚素质加以实现；另一种则是殷商或更早时期即已出现的通过各种外在手段和仪式加以实现，即"得之于内"和"得之于外"两种方式。前者可称为"内在的实现方式"，后者可称为"外在的实现方式"。余英时说："在孔子之前，我们并未发现任何证据足以显示，作为个别的人，也能与天交通。"① 此论显然忽略了孔子之前天人合一实现的各种方式、方法，或者说，它根本否定了在孔子之前存在天人合一的情况。这显然与历史相悖。在更早阶段，除了占卜、术数推演等手段外，乐舞表演、图像制作皆是个体与天（神）交通的方式。这种"交通"与孔孟等人提出的方式截然不同：它主要通过外在手段实现天人合一，尚未顾及施行这些活动的个体本身应该所具有的素质或条件。当然，也并非全未顾及。比如，让瞽者奏乐、巫师"断发文身"等，只不过这些条件并非内在于主体，而是外在强加所得。因此，孔子之前人神合一的条件是客体化、外在化的，孔子的思想使这种条件主体化、内在化，实现了天人合一条件由外向内的转化。

而且，孔孟重点依据的"德性"之"德"在更早的时期就被广泛使用，而且是殷商时期文化体系中的核心概念之一②，被用来指称那些能与神进行沟通的人（巫师）：因为这些人能够通过各种方式、方法获得天和神灵的启示，因而他们也被视为有"德"的人，只不过，这种"德"是外在的，而不是主体本身所具有的。郭沫若在《金文丛考》中曾提出"德"可分为"得之于外者"和"得之于内者"，内指主体的道德、品德等，外则指"崇祀鬼神，帅型祖德"，并认为"德大者配天，所谓大德者必在位也"。③ 这个观点隐约指出了神与德之间的内在关系。根据《左传》《国语》等文献，似

---

① 余英时：《论天人之际》，台湾联经出版事业股份有限公司2014年版，第121页。
② 陈来：《古代宗教与伦理》，生活·读书·新知三联书店2009年版，第316页。
③ 郭沫若：《金文丛考》，见《郭沫若全集·考古编》（第五卷），科学出版社2002年版，第75—80页。

可推定：在殷商及其以前，人们并没有认为德可以从自我内心获得，反而认为德来自于神灵的启示。前者恰恰是主体意识兴起之后的产物，后者则是通过对与神话观念联系密切的习俗和仪式的实践而获得。[①] 由此可以断定，孔孟等人设定的天人合一的方式，实是对此前天人合一方式的补充，是一种内在的实现方式。自孔子而后，这种"内在实现方式"越来越摆脱"外在实现方式"的神秘性和唯一性，具有更多的现实性和伦理性。至两汉时期，虽然这两种合一方式都存在，但内在方式无疑占据了主流位置。东汉时期，谶纬思想兴起，外在方式重新复兴，与内在方式并驾齐驱，构成了两汉时期天人合一观的主体模式。

究其根本，人们之所以对"天人合一"孜孜以求，无外乎为自己的人生设立规则和赋予意义，两种实现方式纠缠、互融而下，既是汉代人赋予自我人生以价值的根本方式，也是后来人赋予自我人生以价值的方式。因此，追求天人合一必然切入伦理，以实现现实人生之圆满同时进入圆融的审美之境。雅斯贝斯所谓"整个宇宙""存有的整体"带有鲜明的存在论意味，其本质也是在世界整体或本体中让个体人生获得崇高的价值肯定。对于汉代人来说，"天命"与"德性"是相互呼应的两极，一端的变化必然引起另一端的呼应，一端的失衡必然引起另一端的混乱，从而为天人合一观奠定了坚实的伦理基础。这种观念一方面接续了"德"自外而来的方式，同时兼容自内而来的方式。在汉初时代，后者占主体地位。平民出生的刘邦集团，他们没有任何人像战国诸侯那样保有悠久的祖先祭祀系统，以将自我纳入自黄帝开始的神话-历史序列，因而他们的功勋要获得天命的肯定并在宇宙秩序中占一席之地，必须依靠新的方式，因为他们都需要将自我的现实人生和丰功伟绩纳入永恒不变的宇宙空间和人类整体的历史序列之中从而实现生命价值之不朽——宇宙是个人功业（包括生命本身）最高的价值肯定者，具有无上权威。在这种情况下，孔孟所倡导的天人合一方式

[①] 王怀义：《释"铸鼎象物"》，《民族艺术》2011年第3期。

正符合汉初统治者的需求。

按照这种思路，需要继续考察"德"在实现天人合一方面的重要性。在《论语·述而》中，孔子说："天生德于予，桓魋其如予何？"① 在《论语·宪问》中，他说："不怨天，不尤人，下学而上达，知我者，其天乎？"② 孔子的这些言论带有个体意识觉醒的意味，此前被神化的"德"虽然与天仍有密切之关系，但却可以由"天"直接赋予孔子。孔子之所以多次表明自己可以与"天"直接对话，是因为他觉得自己乃以天下为命，他追求的是"仁"，是"爱人"，并努力使自己和他人、社会、宇宙融为一体，因而可以直接与"天"对话。他的思想经由孟子心性之学的进一步阐述后影响日益深远：人应该真诚地对待自己、对待他人、对待这个世界和宇宙万物，这样自然实现"天人合一"。这样，道德高尚的人也就成为可以直接与天进行对话的人，这样的人可以代天立法，可以将只有宇宙才能赋予的崇高价值通过肯定性的评判方式赋予个体。也正是在这种情况下，一向蔑视腐儒的汉高祖刘邦在儒者的一再劝说下改变了自己的放浪行为。牟宗三将刘邦此种改变归结为"客观化其生命"："因郦生而驰骤，因陆生而知书，因叔孙通而知礼。彼亦能逐步客观化其生命者也。呈天资而服善，好简易而从理：固未曾僵滞于其主观之资质中而不化也。"③ 刘邦能以自我睿智敏察天下形势并做出准确判断，虚心接纳具有高尚德性的人和知识，而不以自己的好恶为行事的标准，故成其功业。这是"以人合天"，也就是"天人合一"。高尚的道德品质是天命的表征，对此，刘邦也不敢违背。

据说，刘邦十分宠爱的戚夫人生下赵王如意后十分疼爱，欲将之立为太子，而太子刘盈生性柔弱，刘邦也有所动心。在留侯张良的策划下，吕后请来"商山四皓"作为太子宾客，挽救了刘盈的太子位——高尚德性的

---

① （清）刘宝楠：《论语正义》，《诸子集成》（第一册），中华书局2006年版，第147页。
② （清）刘宝楠：《论语正义》，《诸子集成》（第一册），中华书局2006年版，第321—322页。
③ 牟宗三：《历史哲学》，台湾学生书局2012年版，第152页。

力量由此可见一斑。司马迁《史记·留侯世家》：

> 及燕，置酒，太子侍。四人从太子，年皆八十余，须眉皓白，衣冠甚伟。上怪之，问曰："彼何为者？"四人前对，各言名姓，曰东园公，甪里先生，绮里季，夏黄公。上乃大惊，曰："吾求公数岁，公避逃我。今公何自从吾儿游乎？"四人皆曰："陛下轻士善骂，臣等义不受辱，故恐而亡匿。窃闻太子为人仁孝，恭敬爱士，天下莫不延颈欲为太子死者，故臣等来尔。"上曰："烦公幸卒调护太子。"四人为寿已毕，趋去。上目送之，乃召戚夫人指示四人者曰："我欲易之，彼四人辅之，羽翼已成，难动矣。吕后真而主矣。"戚夫人泣。……竟不易太子者。①

张良此举是睿智的：他深刻明了高尚德性所具有的价值。商山四皓曾因秦始皇焚书坑儒而逃亡隐居商山。由于刘邦向来轻辱儒士，所以刘邦虽数次征召，他们也"义不受辱"，亡匿深山。他们此次作为太子的随从出现在宴席之上，着实令刘邦惊叹。他之所以果断放弃废掉太子刘盈的想法，是因为当世德性最高尚的人也认为刘盈可堪太子之任，这似乎是上天的旨意，因而刘邦宁愿自己心爱的妃子伤心甚至落得凄惨的下场也不能违抗天意——"德性"在这里等同于"天命"，是至高无上的律法，不能因为一己情感而有所违拗。可以看到，"天"在此有着转化的倾向："天"从至高无上的神坛走下转移至代表道德取向的仁者身上，他们可以代表"天"做出某种重大的抉择。这无疑是天人合一观的伦理内涵。

即便如此，我们仍应注意，这种天人合一的"内在实现方式"虽在汉初儒家思想和实践过程中被加以巩固，但并不代表德性可以真正取代天意。当董仲舒从全方位确立"天人合一"原则之后，天人感应的思想无疑让天

---

① （汉）司马迁：《史记》，中华书局1959年版，第2046—2047页。

人合一的"外在实现方式"再次获得复兴的空间,虽然董仲舒的原初意图是通过天来限制无法遏制的皇权和皇帝个人的意志。这种方式在儒家思想和阴阳五行思想融合发展的过程中不仅没有被后者削弱,反而因为哲学思想的更新而获得更广阔的发展空间,并影响、支配、决定个体人生的行为和抉择,也影响了人们对审美对象的选择和观照。

  这种观念还渗透在人们对生死问题的看法中,影响着人们对自我生活方式的建构。人有生有死的基本事实,使人产生此岸和彼岸的观念,就像白天与黑夜的流转、转化才能形成完整的一天一样。一旦人类的智力水平和知识积累达到建构这两个世界的能力并完成这两个世界的建构之后,如何将这两个世界连接成一个统一的整体的问题也就出现了。就这个问题看,中国至少在殷商时期就已建立普遍的彼岸世界观念,以及通达这一世界的各种方式。不过,与西方宗教将彼岸世界看成是此岸世界的对立和否定的观念不同,中国人从一开始就将这两个世界看成是一个世界的两个不同组成部分,两者之间不存在根本的不同,因为活动于这两个世界中的主体是一样的,人们未将两者相互否定的世界设置为一个主体的生活世界,虽然这两个世界之间存在某些相互否定的因素,但一旦克服这些因素对生命的威胁,人的魂魄就如生前一样生活:既可以享受子孙祭献的美味食物和动听乐舞,还可以时常与家人交流个人不同的生活事件。在汉代的诸多礼仪中可以看到,死者不像生者那样受到时间和空间等条件的限制,他不仅可以在两种世界自由往返,与自己的亲人交流,而且还能将这种交流无限制地延续下去:只要祭祀存在,祖先即永恒存在。在这种情况下,此岸世界与彼岸世界的区分失去了意义,同时两个世界的交流机制问题变得更为重要。如果将这两个世界的合一看作天人合一的一种形式的观点是成立的,则探讨这种合一的实现问题理所当然成为核心问题。因而,天人合一问题的发展,在某种程度上可以看作是这种交流机制的发展问题,其本质未有丝毫改变。这种机制不断生产了汉代的物质文化和精神文化,同时也生产了汉代的神话意象体系和新的审美意识。

第五节　本体价值：神话图像与神话意象

神话图像是初民社会核心的叙述方式和思考方式，构成完整自足的意义和情感空间，是形象与主体之间的圆融和统一。神话图像是原始先民以视觉经验为核心的生命活动的结晶，蕴含着丰厚的精神内容。在史前神话传承过程中，图像资料具有重要作用，这既与史前神话传承方式的发展历程有关，同时也在于这些图像的形象性、直观性和直接性特质很容易使主体通达自我精神领域的最深层。在对图像世界的观照中，主客体之间形成以图像为中介的双重影像交流结构，个体在此结构中发现、体验并思考着自己的形象和精神，由此主体启发了情感，认识了对象，把握了世界。因此，神话图像在人类的物质精神活动中具有本体性价值，影响极为深远。神话图像是原始先民以视觉经验为核心的生命活动的结晶。人类首先通过眼睛获得外在世界的信息并形成内在影像，然后根据这些影像创造出外在世界图景。很多动物都具有类似的生理功能，但只有人类能依据影像进行认识世界和体验世界的活动，并通过一定的物质活动和精神活动将之转换为图像知识系统。在文字产生以前，人类传播信息、储存知识的主要手段是依靠图像文本。人类的日常生活和精神活动无不与图像有着密切关系。因此，图像在人们的现实生活和精神生活中具有本体性价值。那些充满神话色彩和生活情趣的图像资料，是神话意象的重要组成部分，隐藏着原始先民的生命密码和精神秘密，值得深入探究。

一、早期神话的图像传承

在史前时代，神话主要有行为传承、口头传承和图像传承等三种形式，有些初具文字雏形的刻划符号也可起到传承作用。茅盾《中国神话研究ABC》："神话既创造之后，就依附着原始信仰的宗教仪式而保存下来，且时时有自然的修改和增饰。那时文字未兴，神话的传布全恃口诵，而祭神的巫祝当此重任。……神庙及皇帝陵墓的建筑家又在石壁上栋柱上雕刻了或绘画了神话的事迹。"[①] 茅盾所说的"宗教仪式"即史前神话的行为传承,"全恃口诵"即史前神话的口头传承,"雕刻"与"绘画"即史前神话的图像传承。史前神话虽有三种不同的传承方式,但不同的传承方式其影响是不同的。

口头传承可以方便史前神话的传承,扩大史前神话的流传范围,突破时空的限制,具有很大的自由性。对口头传承的自由性要具体分析。在史前时代,神话与原始宗教信仰结合在一起,具有集体的神圣性,个体在进行口头传承时其自由性具有相对性。具体来说,就是指个体对神话内容不能随意改动,虽然是口头传承,但人们在口耳相传的过程中不能也不敢对神话的内容进行增删。进入文明时代之后,神话时代结束,神话的神圣性随之减弱,各种思想观念随时可能渗透到神话中,从而改变神话的内容,这时史前神话易演变为民间传说。这与口头传承的自由性有关。史前神话口头传承的实际情况现已不可得知,无法研究。

文字传承是文明时代神话传承的重要途径之一。就中国的情况看,由于受到书写工具和书写材料的限制,中国的早期文字如甲骨文等,并不适合用来记录大规模的历史事件,这也是甲骨文多是对神话的片段性场景进行记述的原因之一,由此所形成的纪事传统也随之保留。即使在甲骨文演进为铭文等之后,这种对历史事件进行片段性记述的方式持续流传。就其对史前神话的影响看,在殷商天命观的影响下,文字记载对史前神话的记述也多采用片段性的方式。这一点在诸子文献中是可以看到的。这种记述方式对中国神话的影响有消极的方面,也有积极的方面。消极的方面,就是中国神话多比较简略,情节性不强;积极的方面,就是这种记述对史前神话的改造是有限的,它所记述的往往是史前神话中最为核心的部分,而且后世思想观念不易渗透。在《淮南子》等著作中,作者往往在说理之前引述神话,随后才发表

[①] 茅盾:《中国神话研究 ABC》,见《神话三家论》,上海文艺出版社 1989 年影印本,第 34—35 页。

自己的思想见解，也就是说，个体的思想和见解是从神话中引申的，而不是在改造神话的基础上形成的。因此，中国早期文献中所记述的史前神话资料虽比较零散，但同时也比较接近史前神话的原貌，因而价值很高。

图像传承是史前神话重要的传承方式之一。这是因为史前时代尚无系统的文字对神话内容进行记载，而且口头传承具有暂时性和易逝性等缺陷，因而图像传承是史前神话物质化传承的主要途径。在文字产生以前的历史时期，神话内容的保存和传播主要依靠图像。这一时期虽然以语言为载体的口头传播已经产生，但限于神话的神圣性质，人们对神话的传播仍受到严格限制，个体不能在任何时空环境下都可以朗诵、传播神话。因此，在这一时期，图像是神话内容主要的传播和保存方式。人类的图像创制活动是将人类的精神成果物质化和具体化的创造过程，其内容包括这一时期人类生活的各个方面。由于巫术宗教思想在这一时期人类物质生活和精神生活中占有支配性地位，神话内容也随之渗透到人类生活的各个方面，成为人类物质活动和精神活动的行为准则和评价标准，因此这些图像创制的过程同时也是神话意象的生成过程。这些图像不仅记录了史前神话内容，而且还是当时人们的知识图典，具有无上的神圣性，寻常人不能随意观看，它们仅为巫师等特权阶层所掌握。人们在举行祭祀、仪式等宗教政治活动时，往往也要悬挂神话图像，对之顶礼膜拜，这时候人们才可能一睹这些神灵的神秘形象。这一情况是中国"图教传统"得以形成的神话背景，影响深远。这些图像往往只是对史前神话的核心片段进行记述，因而叙事性和情节性不是图像传承的优点，但图像所显现的神灵形象却很鲜明，给人的直观性也是文字记述和口头传承所不能相比的。因此，这些图像资料对于我们研究史前神话极为重要。在现代语境下，研究史前神话不借助于考古出土的图像资料是不可能的。将图像志和图像学的方法与美术考古学的方法引入神话的研究乃势之必然。

神话图像的构成具有综合性，并随着历史情境的改变而发生相应改变，从而增强神话意象独特的精神魅力和价值。比如，《山海经》的很多内容是依据九鼎图而成，但就《山海经》的整体内容看，它所记述的内容要远远超过图像记载的内容。比如众多能够发出各种声音和气味的神物就不是图像所能涵盖的。在《山海经》的意象世界中，图像、色彩、声音、五味、矿产之间互文见义，构成了完整有机的文化精神空间。图像、声音、色彩及其时空构造，既相互联系、彼此依赖，又相互生成、融为一体；我们在面对《山海经》的文本世界时会与不断增生、繁衍的形象世界相遇。在某种意义上说，《山海经》中所生成的视觉形象空间是一个不断变动和发展的物质世界和精神世界的结合体，尤其是后者，其意义结构和阐释空间，是自由而富有张力的。

二、神话图像的时代性

如果以图像为参照对中国早期神话的传承过程进行划分，可分三个阶段：即图像阶段、图文并存阶段以及存在于两者之间的图像与语言并存阶段。在这三个不同阶段中，神话传承的方式是不同的。在图像阶段，图像在神话传承中占据主体位置。在文字产生前，语言成为人类交流的工具，但由于语言"犹风波也，激荡既已，余踪杳然，独恃口耳之传，殊不足以行远或垂后"[1]，因此语言虽是神话传承的重要方式之一，但与图像传承相比还稍逊一筹。中国文字脱胎于史前图像资料，如原始岩画、壁画所绘制的图像等，仰韶等文化遗址出土的器物上的刻画符号则是从图像到文字的过渡形态。在这个时代的早期阶段——文字产生的早期阶段——文字对于图像来说仍然处于从属地位，在祭祀等活动中，这一特点比较明显。文字产生并逐渐代替图像经历了一个漫长的历史过程，这个过程同时也是史前神话意象演进的过程。在前两个时代，图像成为神话物质化传承的主要途径。

在图像时代，文字尚未被发明和广泛使用。这一时代的历史最长，人

---

[1] 鲁迅：《汉文学史纲要》，见《鲁迅全集》（第九卷），人民文学出版社2005年版，第352页。

们只能以简单的符号和刻绘来保存知识。肢体语言虽可以传递部分信息，生产经验和知识的保存却受到很大限制。在这个时代，图像起着储存知识、记述历史、传达信息的重要作用。一个明显事实是，人类将图像作为知识图典进行使用的时代远比使用文字的历史漫长。在这个时代的后期，刻划符号开始出现，并起到对图像内容进行说明和补充的作用。它们从无到有，从简单零散的符号刻画到规模整齐的符号方阵，反映出刻划符号（文字的前身）对图像内容从辅助到并行发展的历程。有学者研究发现，"在公元前三千年左右，人类开始与图像疏离，试图设法召回图像背后的原本意图，企图摧毁图像的银幕，以便重新开启通往世界的道路"，而实现这一意图的"最简捷有效的方法就是将图像的构成元素从其平面上撕扯下来，再加以联结。于是，就发明了线性书写符号"。[1] 公元前三千年是新石器时代的中晚期，龙山文化、良渚文化、马家窑文化等相继出现并进入鼎盛时期，而稍前的仰韶文化、大汶口文化、河姆渡文化也延续到这一历史时期。在这些文化遗址中发现的陶器、玉器等器物上，图像、纹饰和刻画符号三位一体，共同组成了一个特定的文化知识系统，这个时期也正是文字（包括早期的刻画符号）逐步征服图像的时期。即便如此，在知识积累、传承方面起到主导作用的仍是图像，文字的从属地位没有改变，神话以图像传承的方式延续到青铜器时代晚期。青铜器铭文盛行后，神话的记录方式逐渐从图像记录转向文字记录，但其图像传承的方式仍在延续，这从《山海经》《天问》等作品的创作过程即可看出。而且，从民间信仰角度看，绘有原始诸神的图像仍广泛存在。

以神话思维为核心的史前文化是人类物质精神活动的结晶，人类最早的艺术形式几乎都是以图像的形式保存下来的，即使是像音乐、舞蹈等即时性较强的艺术，也存在图像资料。这些资料是我们研究史前神话的资料。因为当时所有的文化艺术形式都与神话有内在联系。这些艺术形式展现了

---

[1] 韩丛耀：《图像：一种后符号学的再发现》，南京大学出版社2008年版，第193页。

人类自我意识从朦胧到清晰的发展轨迹。比如一个刻画在陡峭山崖上的或大或小的手印、凌乱中透露出某种规则或规律的人面像等，都是原始人类具有自我意识的证明，它正是神话得以产生的思想基础，只不过这时候人类的"自我意识"具有鲜明的集体性，个体性尚处于萌芽中。在我们看来极为平常的手印、脚印、人面等简单的岩画石刻，也须群体协作才能完成。有学者证明，在黑暗的洞穴中，即使是最为简单的手印，也不是个体行为所能完成的："我们知道洞穴是黑暗的。在作画之前，它必须被照亮，因此，这里至少需要三只手：一只手持照明工具；一只手持作画工具（例如吹管）；还有一只手按在岩壁上。而且这三只手必须配合默契，同时操作方能成功。因此，即使是一只简单的手印，也绝非一个人可以完成的，这样，'我'必须是大写的，它指向了群体。……手印是在一个神圣的地方和神圣的时间被印上的，所以它也是神圣的。"[①] 从根本上说，这些与史前神话密切相关的图像资料，是特定历史情境的产物，同时也是主体在接触外在世界后所进行的思想建构的产物，体现出原始先民自我意识的萌发和发展。在神话气息遍布时代里，这些资料是我们进行神话研究的珍贵资料，与文献资料相比，它们所蕴含的宗教思想和神话信息也更贴近当时的社会情境。

在文明时代，图像仍在神话传承过程中占据重要位置。史前神话图像自夏代就开始在政治、宗教、伦理和艺术等领域产生重要影响。它们不仅与"以神道设教"的政治思想结合在一起，成为统治阶层施行统治、化育天下的补充和工具，而且还与华夏民族尚象的思维传统结合在一起，影响着人们思维方式、行为准则和价值判断的形成。史前神话虽然受到了某些知识分子的批判，但其在民间的影响力并未减弱，反而随着经济社会的繁荣、世俗趣味的发展，以及消费文化的兴起而体现出本有的活力和魅力。

随着20世纪60年代以来文化研究和现代媒体影像技术的发展，视觉

[①] 朱狄：《艺术的起源》，武汉大学出版社2009年版，第146页。

文化研究逐渐兴起，图像逐渐成为现代消费社会的重要资源。这一现象的出现带有"文化返祖"的意味。随着现代科技的发展，人们对视觉文化产品有着浓厚兴趣，这些产品满足了现代人对视觉、听觉等生理感觉的本能性需求。从历史角度看，这种对颜色、声音和形象乃至其后所包含的各种潜在意味进行关注的生命活动从来都不是现代人的专属。在人类刚迈入人类历史的时刻，原始先民对自然界中的各种色彩、声音、形象的关注度要远超现代人类。现代人类对视觉文化的欣赏会受到技术手段等条件的限制，与此不同，在生产技术水平低下的史前时代，人类对各种视觉形象的关注根源于其生命活动本身。他们对视野所及的事物和现象的认识和理解，主要依靠于视觉、听觉、味觉和触觉等，在此基础上逐渐形成他们对主客体世界之间关系的初步体验、认识和理解，神话图像是对这些内容的总结、提炼和凝缩，至今仍具有不可抗拒的魅力。

在中国现代神话学的发展历程中，陈梦家、孙作云、常任侠等人均曾利用考古资料对中国神话进行过研究。这些图像资料是华夏先民表现自我心灵世界的基本手段和方式，具有叙述功能，有很多程式化的主题不断延续、复现，所蕴含的是华夏先民心灵中最为根本的思想内容。在力求复原当时历史情境的基础上，利用这些图像资料来分析其中所蕴含的神灵崇拜、祭祀仪式和宗教思想等内容是其主要任务，形式及艺术特点分析则不是图像神话学所应重点关注的问题。

三、神话图像的精神价值

在史前时代，神话思维与尚象思维的相互渗透、作用，指导着原始先民的生产实践活动，也指导着他们的图像创制活动，形成了一系列形象体系和意象图式，其物质化成果就是各种图像。此时，创制图像成为人类对自然万象进行摹写、对自我生存实践活动进行总结的重要手段，神话是图像内容的重要组成部分。史前时代虽无摄影技术，但神话图像的创制活动却高度发达，其中蕴藏着先民们以崇拜为基础的精神力量。对于原始先民来说，神话图像是其再现自我精神和灵魂的一种方式。而且，在他们的观念中，不存在图像与思维之间的互相抵制的关系，图像就是思维本身。初民的伟大之处在于他们把自己的理想、情感和认识都融入图像中。因此，在某种意义上说，神话时代是图像时代，世界和自我的形象都在这个世界里实现了完美的结合和张扬。神话图像是这个时代核心的叙述方式和思考方式，构成一个完整自足的意义和情感空间，是形象与主体之间真正的圆融和统一。这类似于海德格尔所说的"世界被把握为图像"："在世界成为图像之处，存在者整体被确定为那种东西，人对这种东西做了准备，相应地，人因此把这种东西带到自身面前并在自身面前拥有这种东西，从而在一种决定性意义上要把它摆到自身面前来。所以，从本质上来看，世界图像并非意指一幅关于世界的图像，而是指世界被把握为图像了。"[1]当然，海德格尔是从现代立场对世界与图像关系做出的阐释，其立足点与神话图像所具有的本体性质相距甚远，而且海德格尔还认为"在希腊的伟大时代中不可能有世界图像这类东西"[2]，但伟大的希腊时代正是神话图像盛行之时。

神话图像不仅在其创制之初就成为先民们的物质生活和精神生活的重要组成部分，它所形成的情感积淀在后世仍不断渗透到人们的生活中，控制着人们的思想行为，影响着人们的物质活动和精神生活。在夏代，神话意象观仍是人们处理天、地、神、人之间事务的主要思维方式，即《左传·宣公三年》所谓"百物而为之备，使民知神奸。故民入川泽山林，不逢不若""用能协于上下，以承天休"也。这里，九鼎所绘之象既具认知功能，指导着人们的实践活动，又有宗教功能，成为沟通神、人的工具。巫鸿："由于早期中国绝大多数民众不识字或仅识一点字，在反复参与的崇拜祖先的宗教仪式活动中，具体的视觉形式（包括建筑、仪式表演、器物、

---

[1] 〔德〕海德格尔：《世界图像的时代》，见《林中路》，孙周兴译，上海译文出版社2004年版，第91页。

[2] 〔德〕海德格尔：《世界图像的时代》，见《林中路》，孙周兴译，上海译文出版社2004年版，第95页。

图画、装饰等等）肯定会比文献起到更大的规范、引导的作用。"[①] 这也指出了图像（尤其是宗教神像）对人们生活所具有的建构作用。

在史前时代，人们围绕图像所展开的物质活动和精神活动确定了人们生活的主要内容，图像的权威性压倒一切。史前人类对图像的重视固然有其自然和生理的原因或局限，但正是这些局限成就了图像在其生活中的核心地位，他们往往通过图像把握自我和对象这两个世界。当然，对于史前人类来说这并非意味着所有问题的解决，毕竟它们只是人类陈述与当时物质条件和精神活动之关系的方式之一。神话图像虽然也记录各种生活场景，但不以人类活动作为叙述性、戏剧性和象征性的主体，它所反映的是自然和人类之间的各种复杂关系，各种偶然性联系随处可见。正是在这种联系中，主体启发了情感，认识了对象，把握了世界，尽管这种体验和把握还只是直观的和形象的，但其真实性、神圣性和深刻性反而超越了其他时代和方式。

实际上，在这些图像中，转瞬即逝与反复重现的各种体验和场景均可构成自我和世界之间的相互体认关系，足够的威严和崇高成为这些图像的主题。在这里，既有伟大沉重的历史和史诗，也有灵动多样的寓言和象征，神话精神是贯穿全部的核心精神，人们从来也没有怀疑过其内涵和意蕴的多样性、丰富性和复杂性。因此，神话图像具有一种独一无二的绝对性的精神力量，这一力量"逼迫着"初民乃至后人在各种人生境遇中与之交流，屈原在其流放途中不就与之有过切己的精神交流与沟通吗？与此同时，图像世界中的诸神形象仿佛也以其深邃而清澈、迫近而悠远的眼神与主体交流，由此形成一种以图像为中介的双重的影像交流结构，个体在此结构中发现、体验并思考着自己的形象和精神。

因此，神话图像世界天然是审美的和辩证的世界。在这里既存在着意义、语言、精神，又存在着主体对历史和自然存在的终极性思考，主体与

[①]〔美〕巫鸿：《时空中的美术》，生活·读书·新知三联书店2009年版，第5页。

客体之间相互构成，形成一个具有诱惑、想象和情感的全景式的世界景观，概念的、抽象的东西与此世界了无关涉，由此它们也失去了对主体精神和情感的机械式掌控。因此，初民们在创制这些图像时他们对任何表现形式、时空和视角的选择都具有绝对性以及不可抵抗和修改的绝对权威。在这里，想象成为现实，瞬间成为永恒，部分成为整体，偶然成为必然，静止成为流动，从而，客体成为主体，过去成为现在，图像成为原型。

随之，人们对图像也形成一种悖论心理：一方面，图像世界在先民心中是一个真实世界，人们对方寸尺幅的观察和想象即可以实现潜藏于内心深处的愿望。这一点不仅在神话时代存在，只要原始思维和神话思维存在，人们对图像真实性的认同便会永远存在。处于爱恋中的男女，对着爱侣的照相，或喜或忧，与此是一致的。在特定的情境中，图像与图像所代表的情感具有无可比拟的真实性，主客之间创造了一个丰富美妙、情意幽远的意象世界。另一方面，神话图像并非仅是对世俗场所的临摹和再现，它所表现的通常是富有宗教般威严的神物，人们须对之顶礼膜拜，在虔诚和敬畏的精神状态下实现自我精神的安宁和静穆。因此，图像世界带给人们的是一种释放自我又压抑自我的威严而静穆的精神世界。

神话图像是人类物质活动和精神活动的结晶，既包括知识、信仰，也包括艺术、道德，它们所传达的信息为后人提供最基本、最本质的快乐和悲伤、静穆与凝重的情感体验，同时又影响着各种现实关系的形成与变动：这些图像的展示或观看具有着特定的意识形态性质，有些人掌握着图像被展示和观看的权利，并可以划分哪些人可以观看图像，哪些人不可以观看图像。因此，这些能够与人们日常生活发生情感关系和现实关系的图像，其积极互动的看与被看关系的形成，在原始时代是被某些人或某些禁忌所规范的，其背后的律令和精神准则是这一时期人类历史的精神秘史。对中国来说，这些秘密就蕴含在《山海经》等文献中。《山海经》以视觉感受为核心的意象世界，是当时人类以自我的幻想、欲望、情感所创构的物质世界和精神世界的结合体，所记述的是当时人类内心深处最为渴望、最为急切也最为本质的需求，形成了大量的文化基因和心理原型。在看似客观的地理学记述中，往往蕴藏着最为主观的和精神性的愿望。这是《山海经》的魅力乃至魔力之所在。

综上，神话图像具有本体性价值，它们成为原始先民物质生活和精神生活的核心组成部分。人们创制这些图像的过程同时是他们实现自我的过程；图像世界的真实性赋予华夏先民的日常生活以崇高的意义乃至灵动的诗意。同时，构成神话图像的诸种要素之间具有张力关系，随着历史情境的改变其组合结构也会发生相应改变，成为不同时代人们的精神食粮。神话图像所具有多元化的本体性精神价值，至今仍在产生影响。

第二章
神话意象向自然美的生成

在任何宗教和神话研究中，讨论构成神话意象主要内涵的研究都是一种变迁研究：通过对神灵形象及其思想内涵的变化，发现、解释人类精神内容的变化。对于中国早期神话意象演变研究的目的和任务来说，我们也应通过对这种演变的探究发现早期中国人的思想认识和他们对自我生存及审美方面的思想观念。正像一切神话研究所揭示的一样，构成神话意象来源和主体的，永远是自然与社会内容。这种发现或观点虽然带有实体论或决定论倾向，但也揭示出神话对人在自然和社会中的活动状况进行了反映，及其对这种活动所进行的或积极或消极的触动。对于早期中国来说，人们一直生活在神话氛围浓厚的思想环境中，神话思维对人们观察自然和认识自我具有重要的影响，因而在他们的观念中往往并不将人与自然进行截然对立的划分，或者虽有这种划分但也不将二者对立起来，而是在同质性基础上思考两者之间的交融互动关系，由此神话意象就成为早期中国人思考各类问题的主要的思维载体或工具，并影响到人们对政治、文学、艺术等审美问题和伦理问题的看法。

而且，正像某些论者所指出的那样，在早期中国，人们并不在物理意义上来使用"自然"概念，而是将包括人类在内的万物的如其所是的存在状态统一纳入这个概念，使这一概念体现鲜明的存在论色彩。因而就其本质说，早期中国文化中的自然概念先天具有审美的含义，也是构成神话意象的主要来源。本章解决的正是这样一个问题：在中西比较的视野中，从宗教哲学和社会变迁的角度将"作为神话意象的自然"与"作为审美意象的自然"进行比较研究，揭示包括神灵和神物形象在内的神话意象在总体上的演变情况及其最终走向，分析前者向后者转化的历史环境和语境基础，进而显现神话意象所内含的审美价值及其对人类生存的意义。

第一节　作为神话研究的"自然"概念

在各种讨论中，"自然"向来都是一个歧义多变的概念，以至于人们无法在精确的意涵层面使用它。这是现代科学主义世界观兴起后形成的问题之一。无论是古希腊还是早期中国，他们所使用的自然概念与现代科学主义中的自然概念都是两回事。罗界（Geoffrey Lloyd）指出："我们必须不惜一切代价避免这样的设想：自然的概念只有一个，希腊人和中国人，不管用什么办法，都是和这个自然做斗争。更何况'自然科学'中的'自然'的概念不过是我们的概念罢了。"[1] 罗界所谓"我们的概念"，是说希腊人和中国人必然与之做斗争的"自然"是现代科学主义语境中的"自然"，更准确地说应该是"自然界"，而现代人所谓的"斗争"其实根本就不存在。尤其对于早期中国来说，"自然"从来都不是外在于人的世界的存在，它不是指一个实物，而强调万物存在的一种自发性状态，是"事物如其所是的方式，一般不排除习惯上归入人类社会或文化的某些因素"[2]。因而在早期中国的文化语境中，讨论自然（就像老子和庄子所论述的那样）实际是讨论

---

[1] 〔英〕胡司德：《古代中国的动物与灵异》，蓝旭译，江苏人民出版社2016年版，第18页。
[2] 〔英〕胡司德：《古代中国的动物与灵异》，蓝旭译，江苏人民出版社2016年版，第19页。

包括人在内的万物的一种"如其所是"的存在状态和自发性质,以及这种状态和性质在文化体系中是如何被建构和完善起来的。卡西尔也对科学主义世界观影响下的"自然"概念进行辨析,指出这种自然观念根本无法解释人类生命和文化发展的事实:"'自然'是个颇为模糊的术语,有许多不同的意义。科学家的'自然'并非我们直接经验的世界。科学的自然根本不是经验的事实;应当说,它是一个理论的建构,而其逻辑意义及价值必须通过某种认识论的分析、通过某种普遍的知识理论才能得到解释和澄清。我们在自然中最先感受的,既不是具有确定属性的物质体,也不是纯粹的感官印象。我们生活在一个由多种表现的属性(expressive qualities)构成的世界里,而每一种属性有其特定的情感线条,如苛刻、可爱、圆滑、粗鲁、严谨与严厉、温柔与从容。儿童和原始人的世界似乎在很大程度上仍是由一些这样的感情属性构成的。"[①] 无论在哪里,原始先民最开始并不把自然作为自己的对立面,反而认为"人事"与"自然"之间具有某种对应关系,自然为人事的展开提供样本,人模仿自然来展开自己的活动。例如,更多的仪式显示,人们往往通过戏剧形式模仿动植物再生的过程,以便促进自然更好地为人类提供服务,植物的生命循环因而被人格化,进而演化为人类文化的基本内容。

显然,不同学科领域对"自然"的性质及其所属对象的划定和研究是不同的,它们所依据的标准也是不同的。在科学主义盛行的时代,尤其是现代物理学和生物学的发展,让人们对自然的物理属性进行了前所未有的细致分析,看起来人们比以往任何时代都了解自然的构成,但正如卡西尔所言,这只是"一个理论的建构"。与此相关,现代医学、解剖学和生理学的发展,让具有生命体征的生命体(包括人本身)也转变为纯粹物理的构成而丧失它的生命属性。现代科学主义世界观及其实践,不仅没有让人

[①] 〔德〕卡西尔:《语言与神话》,于晓等译,生活·读书·新知三联书店1988年版,第196页。

感觉到自己在自然面前的渺小不足，反而滋长了后者的野心，推进了人类中心主义思想的发展。当然，这种思路亦有其悠久的历史渊源和深厚的哲学依据，以至于后来者需要做大量工作才能摆脱它的影响。在黑格尔的著作中，他将构成"自然"的自然物分为有机物与无机物，分别论述它们与主体精神的不同相关度，进而判断它们所具有的不同的审美价值。在这种论证中，无机物因其坚硬、无言、没有生命迹象等特征而被黑格尔排除在自然美之外："只有有生命的东西才是理念，只有理念才是真实。"[1] 即便如此，有生命的有机体也并不"总是"真实的，因为在某种情况下（如生病）有机体的生气不能实现贯通和统摄作用，它本身面临被瓦解的危险。因此，黑格尔虽然对自然进行了区分并对其审美价值进行肯定，但仍在某种程度上否定了自然及其构成的生命性特点。正像卡西尔所言，自然首先为人的生存提供环境，我们在自然中生存首先对自然产生的经验并不是关于它的自然属性，而是它所具有的情感特点，它和人一样具有感情形式，人正是在与自然的互动接触中产生自己的生命经验进而成为人的。

此外，尚须厘清作为神话研究的"自然"概念与"自然神论""泛神论"中的"自然"概念的区别。自然神论"是 17、18 世纪流行于英、法、德诸国的一个宗教和哲学思潮，也是这一时期英国自由主义思想家们的共同的宗教和哲学倾向。'自然神论'是我国学术界对 Deism 的通译，此所谓'自然'非指自然界，而是指人类固有的'自然光亮'即理性"[2]。因此，自然神论中的"自然"实质是指人类"本身固有"的"理性"，而不是指自然界及其构成；同时，这种观念还承认上帝是一种超自然的存在。因而，这种观念强调理性本身的超越性而在本质上将上帝（或人类理性）与自然对立起来。与此相关的是"泛神论"。这一思想将神的观念普泛化，大大提高了"自然"的神性，自然成为神性的显现者，同时也是上帝的显现者，神

---

[1] 〔德〕黑格尔：《美学》（第一卷），朱光潜译，安徽教育出版社 1990 年版，第 148 页。
[2] 陈启伟：《泛神论要义》"中译本序"，商务印书馆 1997 年版，第 6 页。

性与万物同一化了:"自然神论把神或上帝理性化了,但仍然承认上帝的超自然的存在,上帝是超越的(transcendent)。泛神论则否定了神或上帝的超越的存在,把上帝自然化了,上帝寓于自然之中而与自然相同一,上帝是内在的(immanent)。"①因此,自然神论将神性与自然对立,而泛神论则将神性与自然同一,由此形成"外在超越"和"内在超越"两种超越形式。后者与中国固有的以天人合一为基础的宗教和审美观念具有更多契合之处,"自然"同时转化为一种生命性的存在,而与卡西尔的观点达成一致,可以为我们的研究提供思想支持。

具体到神话研究,我们除了在一般意义上使用这个概念来指称自然界及其形象体系之外,仍要考虑到,在神话产生的时代,人与自然之间其实很难截然两分,人本身其实也是自然的一部分,原始先民并不能清醒地把自我和自然进行明确区分,或者说,他们根本就无意进行这种区分;即使有这种区分,也不代表人要将自我从自然中分离出去。卡西尔指出:"在神话世界观的早期阶段,尚无分离人与生物总体、动物界和植物界的鲜明界限。"②有学者认为人生来就具有"一种宗教本质":"这种本质通过人的宗教冲动和欲望体现出来。人生来就极力想弄清,是否存在上帝,人与上帝是怎样的关系。"③麦克斯·缪勒"宗教乃是一种精神的本能"④的观点,虽然不断受到某些实在论哲学家的反对,但也确实揭示了宗教对于人精神需要的重要性。鲁迅在《破恶声论》中将有这种精神需求的人称为"向上之民""神思之士",指出这是人的一种本能性的需要。⑤笔者曾将神话意象的类型分为自然意象、自然—人生意象和人生意象等三种。⑥这种划分所依据的是神话意象的形式特征及其产生的顺序,但这种划分实际上暗含将

---

① 陈启伟:《泛神论要义》"中译本序",商务印书馆1997年版,第10页。
② 〔德〕卡西尔:《神话思维》,黄龙保等译,中国社会科学出版社1992年版,第199页。
③ 〔美〕查德伯恩:《自然神学十二讲》,熊姣译,上海交通大学出版社2014年版,第3页。
④ 〔英〕麦克斯·缪勒:《宗教的起源与发展》,金泽译,上海人民出版社2010年版,第14页。
⑤ 鲁迅:《破恶声论》,见《鲁迅全集》(第八卷),人民文学出版社2005年版,第31页。
⑥ 王怀义:《中国史前神话意象》,台湾里仁书局2016年版,第216—234页。

自然与人生相互对立的倾向，并忽略了神话意象产生环境的独特性。神话意象的形成有其特定的自然条件和社会条件，也有原始先民特定的思维条件和生理条件。但是，如果原始先民本身就将自己作为自然的一部分，上述划分即面临崩溃的危险。除自然与人生（人）成为神话意象之外，还有第三种，那就是汤因比所称的"既非自然、又非人而又存在于自然和人之中并超越于它们之上的绝对实在"[①]。这种"超越于自然和人之上的绝对实在"有充分成为人崇拜对象的潜质，并成为几乎所有高级宗教共同的崇拜对象，如犹太教、基督教和伊斯兰教的"真神"和印度教、佛教的"梵-涅槃"等。所以，汤因比断言："我们将肯定，宗教的可能对象和目标只有三个。"[②]这三种类型成为作为神话意象的自然的不同变体。实际上，在原始先民及其后代生活的任何时代，他们与自然之间的关系都是复杂的、难以言说的：一方面，他们深切感受到自然的异己性质，从而对自然产生复杂的感受和情感心理[③]；另一方面，他们的生存又必须依靠自然，从自然中获得食物和居住、繁衍的场所，自然是他们生存的依据，以至于他们又不能将自己独立于自然之外。而且，人的生老病死、梦境、回忆、情感等本身也属于生命体的"自然属性"，因而无法将之排除在自然之外。所以，"作为神话意象的自然"就应包括作为自然对象的自然和作为个体生命存在的自然，以及自然所显现的那至高无上而无形象可见的"超越性的绝对实在"。

[①]〔英〕汤因比：《一个历史学家的宗教观》，晏可佳等译，上海人民出版社 2014 年版，第 16 页。

[②]〔英〕汤因比：《一个历史学家的宗教观》，晏可佳等译，上海人民出版社 2014 年版，第 17 页。

[③] 这里，我们有必要讨论一下"异化"概念。黑格尔和马克思对"异化"的讨论，揭示出人与自然和社会之间的对立关系。尤其是马克思的论述，让"异化"概念带有更多的负面性质，因为现代的生产方式让人与他的生产对象之间形成矛盾对立的关系，劳动伤害了人的身体，人劳动的产品并不属于自己，以至于他越劳动而自己越贫穷。现代荒诞派文学艺术作品对现代社会对人的压制的情况进行了多样呈现，让它们的接受者深切感受到社会与主体之间的对立关系。对于前现代社会尤其是生产力水平极端低下的时代，"异化"情况也几乎是不可避免的，因为原始先民如果不将自己与自然区别开来，他就无法确认自己的生存和发展。对于"异化"，我们应该放置于特定的历史时期加以认识，而不能仅仅将其当作一个批判性的词语使用。

事实上，几乎所有的神灵或神话意象都是由这三者共同构成的。本书将这三种对象均纳入"自然"的范畴，以更清晰地呈现、说明神话意象类型演变的复杂状况，同时对以往研究进行补充、深化。

第二节　神话意象：自然及自然物

　　神话中存在着大量自然界中的动植物，或者原始先民根据自然想象出来的动植物形象，它们都具有神性或某些神性。自然是人类依赖感得以产生的第一基础，人不能脱离自然而存在。费尔巴哈指出："人的信赖感，是宗教的基础；而这种信赖感的对象，亦即人所依靠并且人也自己感觉到依靠的那个东西，本来不是别的东西，就是自然。自然是宗教的最初原始对象，这一点是一切宗教和一切民族的历史所充分证明的。……无论如何，我总不是一个离开光、离开空气、离开水、离开大地、离开食料而存在的东西，总是一个依靠自然的东西。这种依赖性在动物和动物阶段的野蛮人中，是个不自觉、不自省的依赖性；将它提升到意识中，表象它、思量它、承认它，就是进入宗教。"①因而在图腾制度中，人们将某些植物和动物作为自己的亲族崇拜，认为是它们给自己的生活带来福祉。卡西尔指出："在图腾崇拜中，人与动物的亲族关系，更主要的，部落与其图腾动物或图腾植物之间的关系，绝非只是象征意义，而是严格的现实意义。"②当然，除了降福之外，某些作为图腾崇拜的动植物也存在负面性质：它们往往会给某一地区人们的生活造成不可预测的负面影响，人们为了避免这种影响而将其作为图腾加以崇拜。因而自然的神秘难测也让人产生敬畏感和无力感，然而这种敬畏感和无力感则进一步凸显依赖感对人的生存的重要性，并促使

---

①　〔德〕费尔巴哈：《宗教的本质》，王太庆译，商务印书馆2010年版，第1—2页。
②　〔德〕卡西尔：《神话思维》，黄龙保等译，中国社会科学出版社1992年版，第199页。

人付出更大的努力去寻找它、表现它、掌握它，使之更好地为自己服务。自然不仅为人类生存提供基本的生存资料和居住的场所，而且重大的自然变化事件（如日月循环、风暴地震等）对人类生存造成的威胁的严重性至今让人恐惧，因而无论从实用性还是从神秘性看，人们完全有理由将它们作为神灵膜拜。

因此，自然的变动性以及这种变动的不可把握性，是自然成为神话意象的又一重要原因。如果自然日复一日、年复一年，一成不变，它就不能给人带来复杂的情感体验并激发人的依赖感和好奇感，人也不会将自我精神投射到它的上面："如果太阳老是待在天顶，它是不会在人心中燃烧起宗教的火焰。只有当太阳从人眼中消失，把黑夜的恐怖加到人的头上，然后又再在天上出现，人这才向它跪下，对于它的出乎意料的归来感到喜悦，为这喜悦所征服。"①《周易》将"唯变所适"作为天下万物运转之根本法则，就是充分认识到，自然的这种变动性不仅是自然本身固有的性质，而且这种性质对人的认识和体验同样带来极其重要的影响并塑造着人的心理和情感，因而有必要将之作为自然和人事共同遵守的法则加以对待。这种变动性不仅刺激了人的依赖感，同时也催生了人的无力感、自卑感和新奇感，从而让人觉得自己有必要将自然作为神灵加以崇拜。费尔巴哈指出："自然之有变化，尤其是那些最能激起人的依赖感的现象之有变化，乃是人之所以觉得自然是一个有人性的、有主意的实体而虔诚地加以崇拜的主要原因。……唯有自然的变化才使人变得不安定，变得谦卑，变得虔敬。"②即使进入现代社会，复杂多变的、谜一样的自然现象仍随时向人类意识提出挑战，因而"人类一息尚存就只能在生物圈中生存和活动，因此，即使他不能从科学中得到答案，即使他相信只有科学知识才是唯一正确的知识，生存和活动的需要仍会迫使他为这些自然现象之谜找出暂时的答案"③。正是在

---

① 〔德〕费尔巴哈：《宗教的本质》，王太庆译，商务印书馆2010年版，第29页。
② 〔德〕费尔巴哈：《宗教的本质》，王太庆译，商务印书馆2010年版，第29页。
③ 〔英〕汤因比：《人类与大地母亲》，徐波等译，上海人民出版社2014年版，第4页。

与自然的互动中，神话意象首先成为人类的文明成果，人成为人。

应该注意，几乎所有神话都存在天地开辟、人类产生等内容，这实际是原始先民对自然世界进行划分并确立自我存在的基本形式——确立秩序是人类活动得以持续展开的基础。在《创世纪》中，上帝的一系列创世行动就是为自然界和人类世界建立秩序的过程。实际上，人类对秩序感的自觉追求，除生物的本能性外，其灵感更多来自于自然万物运行规律的启示：日月星辰的运转、四季的更替、草木的荣枯、自我的生死、春耕冬藏等，都说明在自然界中存在一种神秘的力量在支配这种不可避免的运转的展开。这些运转变化确证了世界一直处于不断的变化之中，而且这种变化以某种规律性的方式持续展开。乌西诺指出，这种变化正是瞬息神产生之后所形成的一系列自然神祇。这些神祇的出现证明人类对自然的认识已达到较高程度，他想利用这种认识支配自然及其进程。这些自然神祇"并非源于自然滋生的情感，而是出自人类已成秩序的持续性活动。随着心智与文化的发展进步，我们对待外部世界的关系由一种被动的态度均衡地转变为一种主动的态度。……人类开始依照自己的需求和愿望，开始行使自己的意志来左右事件的进程"[①]。这种自然神祇在本质上体现的是人类对自然秩序的认识以及支配自然的愿望，因而它在某种程度上也就固定化、专门化和职能化，进而催生出各种专门职务或功能的神灵，它们有自己掌管的对象，也有自己特定的需求，人们只要对其进行专门的祭祀即可获得与它们的交流并进一步表达自己的愿望，希望神灵帮助自己实现这一愿望。在这种情况下，起始阶段的那种无以计数的自然神祇的数量迅速减少，专门为个体存在的私密性的自然神也逐渐为这种专门性的自然神所代替，它们逐渐凝缩、固定成数量稳定的神灵体系。这些神灵与集体性的生产劳作、生命发展等过程紧密联系，耕作、除草、降牛、收获、嫁娶、死亡等，都需要这类神灵的庇护和帮助。这类神灵多由自然物充当，在某些情况下也由人充当，

---

① 〔德〕卡西尔：《语言与神话》，于晓等译，生活·读书·新知三联书店1988年版，第46页。

尤其是进入文明时代以后，人类对爱情、忠诚、勇敢、智慧等这些人类本身性质的崇拜逐渐重视，原来由自然物充当的这类神灵更多转变为具体的人。表现人类对秩序和功能的追求的神灵的出现，是早期神话意象体系繁荣的阶段，同时也是它没落的开始——人改变自然运转和事件过程的愿望变得更加迫切了。

此外，将"自然"作为神话意象的重要来源甚至唯一来源，是客体论神话观一贯坚持的观点。这种观点"把神话的根源及其核心限定在自然界物体，诸如日月星辰等自然现象；有的则认为在于对风暴、雷鸣、闪电等自然界重大事件的观察。总之，一再有人试图以这种方式证明，灵魂神话或自然神话，或日、月、雷等神话是神话本身的基础"[1]。虽然很多神话意象最初均以或朴实或变形的自然物象充当，但有些学者则反对将自然作为神话意象形成的最初根源。例如，斯宾塞认为，"对于自然现象（如日、月等）的宗教神话崇拜，究其终极根源，不过是人们对于用来称呼这些物体的名称的一种误解"[2]。斯宾塞的观点显然将"物"与"物的名称"等量齐观，虽然在原始思维中这种情况的存在具有很大可能性，但也不能将神话对自然的表现置换为单纯的语言问题。斯宾塞的观点在麦克斯·缪勒的观点中得到继承，后者同样认为神话"并非起源于对自然界宏大的形态和力量的观照"，"实际上，神话是语言的某种基本缺陷、某种固有弱点的产物"[3]。这种观点除了具有鲜明的比附和猜测成分之外，显然将神话所蕴含的它的创造者们的生命事实以及神话所显现的事物本身的真实性完全抹杀。卡西尔指出了这种观点的荒谬性："口说的语词自以为所具有的全部'所指意义'实际上只不过是单纯的提示而已；在现实经验的具体多样性和完整性面前，'提示'永远只是一只空洞而贫乏的外壳。"[4] "物"和"物的名称"

---

[1] 〔德〕卡西尔：《语言与神话》，于晓等译，生活·读书·新知三联书店1988年版，第38页。
[2] 〔德〕卡西尔：《语言与神话》，于晓等译，生活·读书·新知三联书店1988年版，第31页。
[3] 〔德〕卡西尔：《语言与神话》，于晓等译，生活·读书·新知三联书店1988年版，第31页。
[4] 〔德〕卡西尔：《语言与神话》，于晓等译，生活·读书·新知三联书店1988年版，第34—35页。

显然是两回事：对于原始先民来说，"物"本身真实存在，这种存在带给他的感受和认识是真实、真切的，这种感受和认识并不能通过对"物的名称"的言说而得到；即使这种言说能够触及它，但这种"触及"无疑是浅层的、不切身的，带有明显的虚幻性。"物"必须通过主体行动才能被真实感知，就像恩格斯说的那样，"起初是行动"，"布丁一尝便知"①。而且，我们还应注意，作为神话意象的自然往往具有更多的独特性，这种独特性是神所赋予的，因而使之成为"这一个"，这个特性与作为物理存在的自然是两回事，在性质上截然不同，因为在后者意义上存在的两棵枫树几乎没有任何不同，但在不同宗教信仰中，人们会因为某一棵枫树与自己的生命关系亲近而将之神化和特殊化，以与其他同类植物相区别。因此，作为神话意象的自然虽仍是自然物，但它并不是因为它是自然物而让自己成为神话意象，它在某种程度上已经成为一种精神派生的产物了。费尔巴哈指出，"一个人，一个民族，一个氏族，并非依靠一般的大地，而是依靠这一块土地；并非依靠一般的水，而是依靠这一处水、这一条河、这一口泉"，人们有"充分理由把他们国度中的一些山岳、树木、动物、河川当作神来崇拜，因为他们的整个存在、整个本质确乎只是寄托在他们的国度、他们的自然的特质上面"。②这就有效矫正了客体论神话观在自然方面的观点。

当然，自然本身的特性也有使之成为神圣实体的可能性，因为自然不仅会以自身赐给人某种必需之物，而且其本身的色泽、线条、组合规律等同时体现出极强的神圣属性。费尔巴哈以盐神为例指出："盐以它的经济效用、医疗效用、工业效用给我们描述出那有神论者所盛赞的自然的有用和恩惠，以它对眼睛和心情的效用，以它的色彩、它的光泽、它的透明表现出自然的美丽，以它的晶体结构和形相表现自然的和谐和规律性，以它之相反的质料组成，表现出自然之由相反的元素结合成一个整体——表现着

---

① 恩格斯：《社会主义从空想到科学的发展》，见《马克思恩格斯选集》（第三卷），人民出版社1995年版，第702页。

② 〔德〕费尔巴哈：《宗教的本质》，王太庆译，商务印书馆2010年版，第3页。

一种结合，这种结合素来被有神论者认为足以证明一个异于自然的主宰自然者存在着，认为这是一个颠扑不破的证明。"①这种观点并非要将主体精神的产物（神）实体化和自然化，而是强调自然的物理属性如何对人的精神产生影响，以至于改变了人对自然本身的客观看法。此外，实用性并非人们将自然物神化的唯一原因。更直接的原因似乎在于，自然物本身的形式往往超出人们的日常经验，因而可以唤起人的注意力和新奇感，因为人天生对有规则的、自己熟悉的存在熟视无睹，更不会将之神化。休谟指出："自然显得愈有规则和齐一，亦即愈完善，他（指原始先民）就愈熟悉它，愈不倾向于审视和考察它。一个怪物的诞生激起他的好奇，被他看作一个异象。它以其新颖性警告他，立即让他颤栗、献祭和祈祷。但是，一个所有肢体和器官完整无缺的动物，对他就是一个平常景象，引不起任何宗教的意见或感情。"②"实用性"和"新奇感"似乎是相互否定的性质：前者与原始先民的日常生活休戚相关进而人们习以为常，后者并不在原始先民的日常生活中出现因而易唤起惊奇。但这种相互否定的性质正说明神话意象产生的复杂情况：神话意象既外在于人又内在于人，看起来与人的存在毫不相干而又与人的生存息息相关。实际上，与这个过程相一致的是，人们在此基础上有充分的理由将这种神性从自然身上抽离而将之抽象化，然后再将之附加到自然身上而存在，进而产生一种外在于自然、不局限于自然的抽象的神。这是自然崇拜的一种变体，某种程度上已偏离自然崇拜，虽然这种偏离仍以自然的存在为基础。

应该注意，在自然神祇内部仍存诸多不同种类的神话意象，要想总结它们的数量并清楚划分它们之间的界限和演变过程几乎是不可能的，哪怕我们将这个工作缩小至一个特定的部族或地区。一方面，在最初阶段，神的产生不排除个体化现象的存在。在具有集体性的神灵产生并成为整个

---

① 〔德〕费尔巴哈：《宗教的本质》，王太庆译，商务印书馆2010年版，第7页。
② 〔英〕休谟：《宗教的自然史》，曾晓平译，商务印书馆2014年版，第4—5页。

部族的共同神灵之前，个体的生存经历和生命经验会神化他所面对的客体，并借助这个具有私有性特点的对象保存自己的经验。正像卡西尔所说："人类在运用逻辑概念思维以前，他借助于清晰的、个别的神话意象来持存他的经验。"[①] 根据涂尔干的研究，在严格遵循图腾制度的原始部落中，每一个人都可以拥有自己的图腾和神灵，从而赋予自我生命过程以神圣性；而且，这些图腾和神灵往往以自然物为主体，甚至是一只昆虫，或者是一片树叶等，由此产生数量众多"辅助的或次要的图腾"[②]。这样，那些无以计数的自然神将随着这些生命的消亡而消亡，虽然它们存在代际遗传的可能，但仍不能给我们提供更多的区分它们的资料。另一方面，即使在具有集体性和确定性的神灵产生后，我们也无法统计这些自然神祇的数量，因为在具体的仪式过程中，人们又会将他们崇拜、祭祀的神物的组成部分神化，这样一个神灵同时又可转化为多个神而存在。例如一株树，如果人们将它作为自己部族的神灵加以崇拜并举行仪式，为了凸显这位神灵的无上权威，他们会将整个仪式过程拉长，将这棵树的树叶、枝干、根本等不同部位神化并命名，然后举行相应的仪式。在这种情况下，神话意象本身就成为新的神话意象产生的根源，因而我们无法对这些神话意象进行具体研究。即使在体制大致固定的神话和宗教内，这种自然意象之间的关系也很难埋清，我们所能做的仍只是大致的分类。虽然神话是人类为世界建立秩序的最早成果，但在神话内部，它的构成却很难拥有同样类似的严谨秩序，而只能是从一个浑整的统一体中不断分化而成。例如，根据普罗斯（Prouse）对科拉族印第安人神话的分析，可以发现，在他们的神话体系中，太阳神虽然居于众神的首位，但它反而是最后产生的，因为"最初的神话冲动并非趋于制作一个太阳神或月亮神，而是要制作一个星群"[③]。

在自然物中，作为神话意象的植物和动物在神话系统中具有不同的地

---

① 〔德〕卡西尔：《语言与神话》，于晓等译，生活·读书·新知三联书店1988年版，第63页。
② 〔法〕涂尔干：《宗教生活的基本形式》，渠东等译，上海人民出版社2006年版，第143页。
③ 〔德〕卡西尔：《语言与神话》，于晓等译，生活·读书·新知三联书店1988年版，第41页。

位。这主要是由它们的生命形态和它们在人们生活中的地位决定的。一方面,相比于无机物或植物,动物显然具有更多的"生命性",这种生命性超越了它本身的物质形式并指向一种内在的存在。在恩格斯与杜林、黑格尔等人的论战中,植物与动物的区别成为争论的焦点问题之一。当时生物学和生理学兴起,达尔文的进化论思想渗透到哲学世界观领域,人们认为:"一切动物形态的特征是能够感觉,就是说,能够从主体方面自觉地理解自己的状态。植物和动物之间鲜明的界限就在于完成向感觉的飞跃。……植物完全而且永远没有丝毫感觉的痕迹,甚至也没有任何感觉的素质。"[①] 虽然恩格斯对杜林对动物和植物在感觉上的区别的论述进行否定和补充,将生命定义为蛋白体的化学构成,但在其他文章中他仍然强调了感觉、知觉对于生命存在尤其是人类知识形成的重要性。其实,植物并非没有感觉,只是就大多数植物来说它们的感觉反应并不如动物那样明显而已,所以恩格斯说有些植物"稍被触动就会合起叶子或合拢起花瓣",只不过这类"敏感植物"的数量较少而已。黑格尔说:"有生命的东西高于无机的外在事物,因为生命的有机物有一种由外在形状指出的内在的东西,因其内在的,所以是很隐蔽和神秘的。所以动物崇拜应理解为对隐蔽的内在方面的观照,这种内在方面,作为生命,就是一种高于单纯外在事物的力量。"[②] 正是这种生命"内含之物"的隐蔽性和神秘性使之更有可能成为神话意象的表现对象。

另一方面,在生活中,动物更容易与人结成亲密关系,彼此共存、相互促进。相比于植物为人类提供食物来说,动物不仅具有这一功能,而且还能与人形成合作关系。就像狗,既可以为人类提供肉食,也可以帮助它的主人守护他们的生命财产安全。因而,在神话中,动物往往比植物更能护佑人类因而也具有更多的神性。在图腾制度时期,人们往往更多将动物

---

① 恩格斯:《反杜林论》,见《马克思恩格斯选集》(第三卷),人民出版社1995年版,第419页。

② 〔德〕黑格尔:《美学》(第二卷),朱光潜译,商务印书馆1979年版,第72页。

看作是自己的亲族，认为自己与这种动物之间并无不同，甚至后者还凌驾于自我之上，因而作为亲族关系的植物图腾最终被最为亲族关系的动物图腾所取代。费尔巴哈说："这些帮助人的东西，这些保护人的精灵主要是动物。只有凭借动物，人才能超升到动物之上；只有借助动物之助，人类的文化种子才能滋长。……动物是人类不可少的必要的东西；人的存在便依靠动物；而人的存在和生命所依靠的那个东西，对于人说，就是上帝。"[1] 同样，在许慎的解释中，"兽"乃为"守备者"[2]，它蹲守在主人的居舍前，保护主人的生命及财产安全。随之，无论是神话中的兽还是现实中的兽，它们又被物质化和具体化，以实物的形式出现在各种建筑（神和人的居所）中。这两种因素混合在一起，形成了大量以动物崇拜为基础的神话意象。当然，充当这种功能的动物一般是想象综合的产物，以神物居多。这种观念催生了大量镇墓兽形象的出现。正因如此，人们也往往以兽充当献给神的礼物，实现神人的交流和沟通。这说明，对于人的生存来说，无论是生是死，他都需要动物的保护。在神居住的场所，把守神国大门的也是厉害异常的神兽，《山海经·西山经》中的神陆吾是它们的典型代表：它"虎身而九尾，人面而虎爪"，"司天之九部及帝之囿时"。[3] 就人在日常生活中观察所得看，相对于植物的静默状态，动物的生命活动显然更具有活力。它们活跃在幽深茂密的雨林和黑暗之中，具有五彩斑斓的花纹，它们的行踪变幻莫测，因而具有更多的神性。在《山海经》中，那些一闪而逝、"见则天下大水""见则天下有兵"的神物具有非凡的神力，它们是神的代表，或者它们本身就是神。

当然，在神话中，动物的神圣性也存在变化，这种变化本质上是动物神圣性的衰减过程。同时，这种变化与人的自我意识的逐渐增强是同步的，两者之间存在某种因果关系。总体来看，原始先民一开始会把包括植物和

---

[1] 〔德〕费尔巴哈：《宗教的本质》，王太庆译，商务印书馆2010年版，第4页。
[2] （清）段玉裁：《说文解字注》，上海古籍出版社1988年版，第739页。
[3] 袁珂：《山海经校注》，北京联合出版公司2014年版，第42页。

动物在内的所有自然物看成具有某种力量的生命存在，这时自然物既不是神，也不具有某种内在的神秘性。柯思文、袁珂等人将这个阶段称为"前万物有灵论"阶段，有时也将这种思想称为"活物论"，即人和物处于同一生命层面，"物"是和人自身一样的"活物"；在这种情况下，动植物以其自身的特有形态、性能与人类共同生存，因而"最早的一批神话，实在便是一批动物、植物故事，尤其是禽言兽语的动物故事是神话的核心"①，"在原始狩猎时代，和人们接触最频繁的是动物，因而表现禽言兽语，表现禽兽和人类打交道的动物神话，无疑是神话的主要部分"②。此后则是将动物神化的阶段："在印度人和埃及人中间，一般地在亚洲人中间，我们看到动物或至少是某些种类的动物是当作神圣而受到崇拜的，他们要借这些动物把神圣的东西显现于直接观照。因此，在他们的艺术中动物形体成了主要因素，尽管它们后来只用作象征，而且和人的形状配合在一起来用，再到后来只有人才作为唯一真实的东西而呈现于意识。只有精神达到自觉的时候，动物生活的昏暗的内在方面才不再受到崇敬。"③可以看到，在包括中国、印度、埃及在内的东方宗教，人们一般将动物神化，致以崇高的敬意，以使主体能对"神圣的东西""直接观照"，并进而影响到东方艺术的形象展示。

　　黑格尔说的"后来""再到后来"，指出了动物神圣性的衰减过程。黑格尔将神话中动物神圣性衰减的情况（黑格尔称之为"动物的崇高地位和价值降低""贬低动物"）归纳为三种：首先，在牺牲中，人们开始将动物的某一部位奉献给神，其余的则作为自己的食物消耗掉，有时还把动物的肉自己吃，通过蒙蔽的方式（如用动物的皮把骨头包起来显得是很多的肉）把动物的骨头给神；其次，为了证明一些英雄人物的伟大，往往通过叙述英雄狩猎的故事说英雄创造了丰功伟绩，人战胜了动物；最后是变形，即为了惩罚神或人而将神或人变为动物，或者动物通过修炼想要变成人，这

---

① 袁珂：《中国神话史》，北京联合出版公司2015年版，第9页。
② 袁珂：《中国神话史》，北京联合出版公司2015年版，第10页。
③ 〔德〕黑格尔：《美学》（第二卷），朱光潜译，商务印书馆1979年版，第179—180页。

些都是对动物神圣性的否定。[①] 尤其是第三种情况，神或人往往会因为某种过失而被罚变为动物，而一旦变为动物，他们就会感到羞耻、内疚、悔恨，"变成动物形状对于神们都是一种屈辱"[②]。这种变形情况的存在造成动物神圣性与动物性（贬义上的）混合共存的情况，从而让神话意象变得更加复杂。例如，禹化身为熊治理河道时被他的妻子涂山氏看到，涂山氏为自己嫁给一头熊羞愧难当而离家出走，神性和动物性共存于这个神话中。在有些半人半兽的神话意象中，动物性往往和某些人性弱点（如淫逸、贪婪、放荡、阴险、自私等）结合在一起，带有鲜明的贬义色彩，从神变为猪的猪八戒从来不掩饰他对美色、财富、享受的追求，即是如此。因而一旦人的自我意识发展到自觉自为的阶段，人就不会再对动物生活的隐蔽性和神秘性充满好奇，而将自我的精神作为神的精神，自我的形象作为神的形象，完成了神话意象从自然向人的转变。

第三节　神话意象：人的自然性及其经验

如前所言，如果将人看成自然的一部分，则"自然"几乎成为神话意象的唯一来源——"超越性的绝对实在"也需通过自然的运转证明自己的存在。因而，无论是原始宗教还是高级宗教，"自然"都是极为重要的神灵形象的构成部分。从根本上说，其原因在于，无论在任何时代，人的生命其实都具有自然的属性并依靠自然才能维持。P. A. 查德伯恩指出："人类也有一种植物生命，身体的生长与维持都是借助于植物生命。……身体必须得到滋养。它由大地上的尘土构成，因此必定有能力将那些尘土收集起来，塑造成骨骼、肌腱和神经。这是摆在我们面前的问题。身体没有能力直接

[①] 〔德〕黑格尔：《美学》（第二卷），朱光潜译，商务印书馆1979年版，第180—190页。
[②] 〔德〕黑格尔：《美学》（第二卷），朱光潜译，商务印书馆1979年版，第187页。

做到这一点。借助植物界这一通道,元素便可为我们所用。"① 因此人类不仅会永远将自然神化,而且还会将自己的人工制品同自然建立联系,以彰显它的重要性。例如工具,人们往往会将自己创造的神灵形象置换为自然形象,如磨制的锋利的石斧被置换为自然的笨拙的石斧:"工具从未被看成是人制造的东西,某种想到而后制造出来的东西;相反,工具被视为某种'天赐之物'。工具并非起源于人自身,而是起源于某种'文化英雄';这个英雄要么是神,要么是兽。"② 这种情况体现出自然物或神性自然在原始先民心中具有崇高位置。

人的自然属性决定了人与自然之间是相互构成的一体性关系。这种关系似乎经历了某种发展或变化:一开始,这种关系是自然而然的,人直接就可以体验这种存在;随后,这种关系逐渐淡化,人则需要某种手段重新恢复这种关系,其结果是大量神话的出现。按照布留尔的观点,在最初阶段,这种一体性关系是通过人与神秘力量之间"直接的互渗"实现的,一旦人类思维发展进而不能维持这种"直接的互渗"的存在,这时人就要借助巫术、神话、仪式等中介来重建这种关系。因此,在人类的最初阶段,几乎不存在神话,或者即使存在,不仅数量稀少而且内容贫乏,因为此时人凭借自身即可以实现这种互渗;神话数量的繁多和体系的严整,正是原始思维衰落的表现,人们借助神话"力图实现那种已经不再被直接感到的互渗"③。然而,人既要将自己与自然相区别,又无法否定自己本就是自然一部分的事实。因此,作为神话意象的自然也应包括人本身:人的各种情感、理性和生命运动等。随着人类实践能力的提高,他征服自然的能力也得到发展,这时自然失去它的神秘性而变成可理解、可掌控的对象,人类则开始舍弃或部分舍弃对自然的形象性和具体性的崇拜而转向对虽抽象但不失

---

① 〔美〕查德伯恩:《自然神学十二讲》,熊姣译,上海交通大学出版社 2014 年版,第 30—31 页。
② 〔德〕卡西尔:《语言与神话》,于晓等译,生活·读书·新知三联书店 1988 年版,第 81 页。
③ 〔法〕列维-布留尔:《原始思维》,丁由译,商务印书馆 1981 年版,第 435 页。

具体性的"绝对实在"的崇拜。汤因比指出:"人最初崇拜自然,当不再崇拜自然时,便留下了一个不得不填补的精神真空;接着,他就面临着是以对人自身的崇拜还是以通过崇拜上帝,或者追求梵、追求涅槃而趋向绝对实在来代替自然崇拜的选择。"① 汤因比指出自然崇拜之后的另外两种崇拜形式:对人自身的崇拜和对绝对实在的崇拜。汤因比使用的"最初"字样让我们误以为这几种崇拜形式存在一种前后相继的关系。其实,这种关系只是逻辑推演的结果。人类对自然物进行观照的同时也在认识人类自身,而人类自身的情感、生死等同样最早进入神话和宗教而成为神话意象。人类对自身的崇拜与他对自然物的崇拜一样古老,而且其过程和形式亦同样复杂。

实际上,正像施莱尔马赫所指出的,自然不仅给人提供最初的依赖感②,而且还生成人本身:人自己不能自己成为人,也不能借助超自然的神灵或幻想使自己成为人,而是在与自然的相互作用中成为人。费尔巴哈说:"他必须有另一些存在者的支持才能成为他之所以为他。不过这些存在者并不是超自然的、想象的产物,而是实在的、自然的事物。"③ 因此,神话意象在自然崇拜阶段仍存在人的成分——人经常借助自然将自我的心理和情感实体化进而确证自己的存在。这就形成人与自然之间纠缠不清的关系,以至于我们在神话意象中很难将两者区别开来。应该区别两种自然崇拜观念:其一,自然本身具有神性,可以为人膜拜;其二,有一种外在的精神或精灵寓居于自然之中,从而使自然物成为神物,只不过这种精神或精灵只是在自然物中"暂居",它既可以在此物寓居,亦可在他物寓居。在后者中,就其本质来说,这种精神或精灵乃是人的精神投射的结果。费尔巴哈说:

---

① 〔英〕汤因比:《一个历史学家的宗教观》,晏可佳等译,上海人民出版社2014年版,第17—18页。
② 〔德〕鲁道夫·奥托:《神圣者的观念》,丁建波译,中国社会科学出版社2009年版,第12页。
③ 〔德〕费尔巴哈:《宗教的本质》,王太庆译,商务印书馆2010年版,第3页。

"在这种信仰的立场上，自然里实际上的确有一个精灵在作祟，但是这个精灵就是人的精神、人的幻想、人的心情；这种心情不由自主地潜入自然之中，把自然弄成了人的本质的一个表征和反映。"[①] 因此，某种程度上看，作为神话意象的自然也可以置换为作为神话意象的人本身，人借助自然将自我的幻想和情感形象化、实体化；幻想和情感的流动性、不可把握性与精灵本身不具有固定的"居所"的形式正相适应。这种自然崇拜鲜明体现了人对自我幻想和情感的深刻认识，以及人将这种认识具体化的过程。

其实，人将自我感受神化是必然的，因为人的生命、生存经验如此奇特，让人自身也无法把握并寻找到它真正的起源，因而有必要将之凝聚下来以供慢慢品赏。有学者说，人类创造宗教"并非只因为他们要安抚强大的自然力量，这些早期的信仰所表达的惊奇与奥秘，似乎一直是人类在这个美妙而又可怕的世界中所具有的重要经验内涵"[②]，此论揭示出人类如何将自我经验纳入宗教信仰的真正原因和表现。就人类精神本身而言，感觉与理性似乎成为人类精神的全部组成部分，而它们在某种程度上也是神秘而不可把握的存在，即使是以"逻各斯"运思的哲学家也能感受到这一点。缪勒指出："实际上，没有比感官的知觉更神秘的了，然而我们却习惯于把它看作万事万物中最自然的事。其次是理性，对于一个受感官知觉支配的人来说，理性当然是非常神秘的。甚至有些哲学家也认为它是不可理解的。"[③] 卡西尔在其著作中多次引述宗教学家乌西诺（Usener）论述"瞬息神"（momentary deities）的观点，以强调变幻莫测的自我生命经验与宗教信仰产生之间的复杂关系。在乌西诺看来，"瞬息神"是所有神祇中最为古老和原始的，"它是某种纯粹转瞬即逝的东西，是一种一掠而过、方生即灭的心理内容，其客观化（objetification）和外在化便创造出了这种'瞬息神'的意象。打动人心的每一个印象，撩人心绪的每一个愿望，诱惑人思的每

---

① 〔德〕费尔巴哈：《宗教的本质》，王太庆译，商务印书馆2010年版，第8页。
② 〔英〕阿姆斯特朗：《神的历史》，蔡昌雄译，海南出版社2013年版，第3页。
③ 〔英〕缪勒：《宗教的起源与发展》，金泽译，上海人民出版社2010年版，第16页。

一个希冀，威胁生存的每一个危险，无一不能以这种方式对人产生宗教影响"①。这种将"经验瞬间"神化的宗教观念实际上也是最早的艺术观念，它所探讨的正是审美的思维方式和情感状态对主体的影响，而且说明人本身的感觉经验有成为神话意象的第一优先可能性；虽然这种神话意象只能以极其单独的形象出现并一闪即逝，而且不能在不同的时空环境中向其他人展现，但它仍向人们证明，自我或欣喜或忧伤或忧郁或压抑的情感体验本身就是某种神圣的存在。乌西诺指出："就我们所能查证的资料而言，希腊人将这类经验统统归在了类名词'魔鬼'之下。"② 阿姆斯特朗也指出："人们以不同的方式感应神秘的精神力量——有时它会激发狂野、发酒疯式的兴奋感；有时则是深沉的平静；有时人们对生命中每个层面固有神秘力量的显现，感到惊恐、敬畏与卑微。"③ 这种观点打破了传统观点所认为的所有神灵都是自然力人格化的产物的观点，将神的产生从外在自然转移到对人的本身的关注，人的生命经验由此获得一种神性而存在，并将米利都学派、柏拉图、黑格尔等传统哲学家所否定的瞬息万变、一闪即逝的主观感受纳入宗教和神话系统，这是对主体感觉经验的肯定。实际上正是如此：人类的感觉经验来去无踪，无规律可循，人们能真切感受到它带给自我的强烈影响并在这种影响下创造自己的艺术和文化，但自己却又无法将之固定下来以供此后创造使用，因而它最有资格成为最早的神灵表现对象。与瞬息神所确证的杂乱无序的情感经验不同，对于人成长过程中的某些确定性、周期性出现的生理现象的确证，同样是人类将自我神化的重要内容。两者共同构成了神话意象的精神内核。

---

① 〔德〕卡西尔：《语言与神话》，于晓等译，生活·读书·新知三联书店1988年版，第45页。在韦伯的论述中，他把瞬息神理解为一闪而逝、不再出现的支配事件发生的神秘力量："一个神或许会被认为是一种支配某一具体事件之过程的力量——乌杰尼尔（Herman Usener）称之为'瞬间之神'（Augenblicksgotter）——除非同样事件再度发生，否则不会有人记得。"见〔德〕韦伯：《宗教社会学》，康乐、简惠美译，广西师范大学出版社2011年版，第7—8页。

② 〔德〕卡西尔：《语言与神话》，于晓等译，生活·读书·新知三联书店1988年版，第46页。

③ 〔英〕阿姆斯特朗：《神的历史》，蔡昌雄译，海南出版社2013年版，第11页。

实际上，人的情感和认知是人类知识得以建立的最初基础，先天具有属神性质，因而有必要通过神话意象呈现出来。在费尔巴哈的论述中，"感情是宗教的基本工具"，"感情是人里面的至贵、至优和属神的东西"，"感情之所以被说成是神圣的，只是因为它是感情。感情之所以具有宗教性，就是因为其本性是这样的"。① 虽然感情有使宗教和神丧失其客观性的可能，宗教的情感和非宗教的情感之间的界限也不甚清晰，但是，一切对象（包括自然和人本身），"只有当它不是冷静的理智或记忆的对象，而是情感的对象时，才是宗教的"②，因为只有情感，才能生成纯粹的、无限的、自由的神。当然，在神话和宗教中，这种情感既是客观的又是主观的：当自我的情感产生并生成神时，情感从主观状态被客观化，人臣服于自己的情感之下，自我情感反而成为异己的存在。然而这正是宗教的本质：人正是通过将自我属性客观化的手段来深化对自我的认识，自我的情感成为神，某种程度上是将自我塑造成神，人的本质进而转化为神的本质。费尔巴哈指出："各种宗教的历史进程，就在于逐渐懂得以前被当作是某种客观物的东西其实乃是主观物，在于逐渐认识到以前被当作上帝来仰望和敬拜的东西其实乃是某种属人的东西。"③ 因此，人的瞬息感受和情感认知的属神性质使人自身也成为神话意象的表现对象，从而从处理自我与自然的关系转移到处理自我与自我的关系上来，人更加深入、全面地了解了自然和自我。

人们建立宗教的目的是为给自己带来庇护和安宁，确证自我的存在，因此人最终会成为宗教的核心。于是，在神话中，由神——这位绝对存在——创造的世界本身并不具备它的创造者的性质，反而成为有限的存在，就像人本身是有限的存在一样。黑格尔说："如果要有真正的崇高，就必须把全体被创造的世界看作有限的、受局限的，不是独立自足的，因而只是为显示神的光荣而存在的。在崇高这个阶段里，人的个体正是从这种

---

① 〔德〕费尔巴哈：《基督教的本质》，荣震华译，商务印书馆1984年版，第38—39页。
② 〔德〕费尔巴哈：《基督教的本质》，荣震华译，商务印书馆1984年版，第39页。
③ 〔德〕费尔巴哈：《基督教的本质》，荣震华译，商务印书馆1984年版，第43页。

对万物虚无的承认以及对神的崇敬和赞扬里,去寻求他自己的光荣、安慰和满足。"① 按照汤因比的观点,整个宗教体系都是人类自我中心主义思想的产物,因而神话意象最终走向以人本身为主要表现对象的路途是理所当然的——神如果不能给人的生活带来实质性的帮助,它也就取消了自我的存在依据。当然,自然崇拜和抽象神会始终存在,人也会通过一定的方式将这几种神灵统合成一个宗教整体,人与神之间要有有效、畅通的交流、沟通的渠道。在早期中国,最起码在西周时期,人们就将国家首领称为"天子",即"天帝之子"的意思。"天子"是天帝在人间的代表,他的一举一动、居住场所等,都带有宗教性和仪式化的特点,他以从天帝那里获得的神圣性掌握整个国家的统治权力,他的兴衰荣辱同时影响着整个自然与人事的动向:"当君王的力量强大之时,大地花朵绽放。如果其力量衰微,臣民患病,过早死去,庄稼无收,水源枯竭。而且,这种观念也是整体性的。自然界与人类社会不可避免地互相关联。"② 同样,也只有他才可以在规定的时间、地点向天帝献上祭品,举行仪式。通过这些仪式的举行,自然与人的生活之间达成和谐的关系。类似的内容在世界其他国家、地区和民族的神话中同样存在,只不过,在早期中国,人们似乎更关心天帝与自然神灵对自我生活以何种方式产生影响,自我又如何以自己的劳动获得神灵的认同与肯定进而将福祉降临给我。有学者说:"中国人永远也不会对一个超越自然秩序的神感兴趣。以利亚对一位完全与世界分离的上帝的体验会令他们迷惑不解。对中国人来说,天和地是互补的;两者是神圣而平等的伙伴。"③ 这似乎有些绝对化,或者说,这正是早期中国宗教信仰的特点:人与神之间应该组成一种互动、互助的关系,人对神的祭祀是神存在的前提("祭如在,祭神如神在"),神也应对人的生活提供帮助,否则人们有理由对它不予理睬。天神和地祇通过人的活动结成整体,人与自然之间的关系

---

① 〔德〕黑格尔:《美学》(第二卷),朱光潜译,商务印书馆 1979 年版,第 95 页。
② 〔英〕阿姆斯特朗:《轴心时代》,孙艳燕等译,海南出版社 2010 年版,第 83 页。
③ 〔英〕阿姆斯特朗:《轴心时代》,孙艳燕等译,海南出版社 2010 年版,第 80 页。

如此融洽、合一。这样，早期中国的宗教就体现出鲜明的世俗化倾向——天帝带有人的特点，或者由人间英雄承担（如黄帝、舜等）；祖先神灵并非生活在一个与世俗完全不同的异域时空，他仍时时关注家族和子孙的生活，并向他们发出自己的指令，子孙后代通过定期的礼拜祭祀把这些指令领会之后再转达给相关人等——神成为确证人生存的最终依据，人的生存活动也成为确证神的力量的根本依据。

综上，人将自我和自我的情感神化本质上是对自我生命的肯定——即使是自然崇拜也涵盖着这种肯定——因为人所崇拜的一切事物都是人生命所依靠的事物，这种崇拜是为确证自我的存在，并将自我的生命意识投射到他的对象上去，因而"生命的价值越高，那些生命赐予者——诸神——的价值和尊严自然也就抬得越高"[①]。作为神话意象的自然与人并不存在性质的不同，从某种程度上说，它们具有同质性或同一性，所以费尔巴哈说："作为自然创造者的上帝，固然被表象为一个与自然有别的实体，但是这实体所包含、所表达的东西，这实体的实际内容，却只是自然。"[②]这个观点弥合了传统哲学观和宗教观所造成的自然与人的分裂，既将二者合二为一，又凸显了人的重要性。将自然物生命化和人格化，就是人们实现这种合一的常用手段。

第四节　生命化与人格化：自然与人的互动

所有神话就其实质看都是"人话"：神话是人创造出来的，人借助"神"和万物来言说自己的事情和认识，而不是像神话所表述的那样是神创造了人和万物。正像马克思在《政治经济学批判导言》、恩格斯在《反杜林论》《路德维希·费尔巴哈和德国古典哲学的终结》等文中所指出的那样，

---

① 〔德〕费尔巴哈：《宗教的本质》，王太庆译，商务印书馆2010年版，第4页。
② 〔德〕费尔巴哈：《宗教的本质》，王太庆译，商务印书馆2010年版，第12页。

神话是人将自然人格化的结果；人不仅会将自然力量人格化，而且还会将社会力量人格化。因而讨论神话意象就很难将自然因素与人的因素截然分开，自然只是神话的表象或载体，其根本是人对自然万物、社会人事和自身的认识。所谓"人格化"，是指神话与宗教将抽象力量赋予人的特点或形象而完成的精神建构。"抽象力量"主要由自然力量和社会力量构成，它们是抽象性的存在，因而有必要将之形象化和实体化。休谟指出："神在显现给人们一个全知、全能和全在的纯粹精神之前，先被人们领悟为一个具有人的激情和嗜欲、肢体和器官的有力量的、却有限的存在者。"① "人格化"的存在，使自然、社会与人之间失去了截然两分的界限，自然带有人的属性、人的情感和认识，人与自然的充分交流成为可能和必要，人也成为社会发展的根本力量。因此，自然的人格化既是自然成为神话意象的基础，也是作为神话意象的自然向作为审美意象的自然转化的基础。

但是，将自然和社会本身及其所体现出的抽象力量人格化，是人类思想发展到一定阶段之后的产物，因而宗教和神话中的人格化思想起源相对较晚。韦伯反复指出："在这些早期的阶段，不管是'神'是'魔'都尚未人格化，亦非永存不朽，有时连特别的名称也没有。……至于人格化或非人格化，大概都是后起的现象。"② 其实，在人格化思想产生之前存在两种思想：将自我自然化和将自然生命化。所谓"将自我（人）自然化"，是指在人之为人的最初阶段，人们并没有自我认识和反思的能力，反而对自然物及其现象产生无限好奇，惊叹、恐惧、羡慕等情感油然而生，他们不仅不将自然赋予人的形象，反而认为自我与某些动植物有相似之处，进而将它们作为自己的祖先。涂尔干指出："人类最先并没有把各种存在看成是如同自己的样子，他们起初反而相信自己具有某些与人迥然相异的生物的形

---

① 〔英〕休谟：《宗教的自然史》，曾晓平译，商务印书馆 2014 年版，第 4 页。
② 〔德〕韦伯：《宗教社会学》，康乐、简惠美译，广西师范大学出版社 2011 年版，第 7—8 页。

象。"① 因此，某些神话人物保留着鲜明的动物形象特征，正是这种思想观念的反映。所谓"将自然生命化"，是指将动植物看成是与人一样能行动、会说话的存在，人与自然具有同样的生命形态。这里的"自然"主要指植物、石头等。它们并非没有生命，只是"看起来"没有生命，或者与动物和人相比，它们的生命性并不如此明显。在活物论思想的基础上，人们认为山石也可以像人或动物一样能够行走，有生老病死的过程，有些动物还可以和人一样会说话，人也可以从石头中产生，如《述异记》"桀时泰山山走石泣"，《随巢子》"禹产于昆石，启生于石"，《酉阳杂俎》中"秦始皇遣石人追劳山"，《礼记·曲礼上》"猩猩能言"，《水经注》"猩猩兽，善于人言，声音妙丽，如妇人好女"② 等。这些记载虽然很晚，但反映的观念则很古老。因此，将山石等矿物或无机物生命化，是将自然人格化的前置阶段。显然，这两个阶段都比将自然和社会力量人格化的阶段要早很多。

此外，需要辨析"万物都有生命"与"万物都有灵魂"两者之间的区别。这是两种不同的观念：前者强调自然物在生命层面上的一致性，生命消逝后则自然物本身也就消失；后者强调自然物在生命的基础上还存在灵魂，自然物的生命消亡不代表灵魂消亡，灵魂可以脱离本体而独立存在。按照恩格斯的分析，灵魂观念通过人对死亡亲人的回忆和梦中相遇的反思而产生，死亡的人仍如活着时一样和自己交谈，让人觉得有一个独立的灵魂存在，因而人们认为即使肉体不存在灵魂仍可继续存在。③ 这个观念推己

---

① 〔法〕涂尔干：《宗教生活的基本形式》，渠东等译，上海人民出版社2006年版，第63页。
② 袁珂：《中国神话史》，北京联合出版公司2015年版，第12、13页。
③ 恩格斯：《路德维希·费尔巴哈和德国古典哲学的终结》，见《马克思恩格斯选集》第四卷，人民出版社1994年版，第223—224页。与恩格斯的分析不同，韦伯将灵魂的起源归结为迷狂的"忘我"式的精神状态：在这种状态中人感受到有一种外在于自然物的东西存在，这就是"灵魂"。韦伯说："在日常生活的例行约束下，凡人只能偶尔体验到忘我——只是陶醉。为了能忘我，他使用各种酒精饮料、烟草或类似的麻醉品，特别是音乐等等原先都是有助于达到狂迷目的的东西。……在体验到狂迷状态的基础上，以及受到巫师之职业的实际活动影响而达到的种种类似情境中，引发了'灵魂'观念：灵魂是处在自然物体之中、之后或之旁的一个独立存在，甚至是存在于人身上而当人睡梦、失神或死亡时即离逸而去的某种东西。"见〔德〕韦伯：《宗教社会学》，康乐、简惠美译，广西师范大学出版社2011年版，第6—7页。

及物就形成"万物都有灵魂"的观念。人们会将作为自然物的太阳及其运行生命化,把它想象成是天帝的十个顽皮的小孩,按照既定的规则行使自己的职责;为了确保他们能很好工作,人们又将乌鸦转化为有着自觉意识的生命存在,它们也能按照既定的规则履行自己的职责,乌鸦显然也具有了人的生命特点——拥有规范自我行为的反思意识。将生命上升到灵魂的高度,是人类思维的一大进步,也促进了神话的繁荣。正是在万物有灵观的基础上神话大量形成,神话意象开始变得复杂多样,并为它们间的相互转化提供了基础。可见,将自然物生命化是将自然力量人格化的基础。但是,将自然物生命化并不等同于将自然物人格化,因为自然本身就有生命。只有在将自然物的生命赋予另外可以独立存在的灵魂的时候,将自然物人格化的实现才能成为可能,因为对于灵魂的认识首先起源于人对自我生命存在状态的思考。

人并不只是与自然接触,也不只是像自然一样自然地存在,他同时还要结成一定的族群、部落、联盟等社会性组织,而且,人在成长过程中也会发现自己的心理的能力、感受和社会职责等方面也存在显著变化。显然,有一种力量在支配这些变化的形成,他也会将这种力量作为异己的力量来看。因此,除自然力量外,人们还会将社会力量人格化;在这两个过程完成后则会将自然力量和社会力量统和到一位万能的神身上,于是产生一神教。恩格斯用"人间的力量采取了超人间的形式"概括这个总过程,即人们对自己生活中的力量缺乏足够的认识因而将之非人间化或超人间化。恩格斯指出:"一切宗教都不过是支配着人们日常生活的外部力量在人们头脑中的幻想的反映,在这种反映中,人间的力量采取了超人间的形式。"[1] 这里所谓"支配着人们日常生活的外部力量"就是指自然力量、社会力量以及二者综合而形成的第三种力量,它们都是被人格化的对象。这三个阶段很

---

[1] 恩格斯:《反杜林论》,见《马克思恩格斯选集》(第三卷),人民出版社 1995 年版,第 667 页。

好地解释了神和神话的演变过程。这个过程也对神话意象体系的变化产生了重要影响。

恩格斯首先论述的是自然力量人格化问题。这是因为自然力量抽象不可见，必须通过可望而不可即的、有着神秘力量的自然物和自然现象体现出来，如迫切而遥远的日月星辰、凶猛的野兽、惨烈的暴风雨等，因而自然力量的人格化往往体现为将自然物和自然现象人格化，因此恩格斯指出："在历史的初期，首先是自然力量获得这样的反映，而在进一步的发展中，在不同的民族那里又经历了极为不同和极为复杂的人格化。"[1]随后，"社会力量也起了作用，这种力量和自然力量本身一样，对人类来说是异己的，最初也是不能解释的，它以同样的表面上的自然必然性支配着人。最初仅仅反映自然界的神秘力量的幻想的形象，现在又获得了社会的属性，成为力量的代表者"[2]。在这种情况下，社会力量与自然力量交织在一起，神话中的自然意象逐渐向人生意象转化。但这不能说明人生意象不会受到自然意象的影响，因为自然力量与社会力量之间并不存在一种进化关系，二者是同时共存的，只不过人们对二者认识存在渐进的过程，自然必然更为直接地影响着人们的生活。更何况，与社会力量相比，自然力量的不可把握性和直接性往往更易、更快对人的生存造成直接影响，社会力量则往往需要一个较长时代或过程以后才能显示出来，因而在这种情况下，自然意象对人生意象的影响也是显而易见的。正是二者的互动过程，才推动多神教向一神教的转化："在更进一步的发展阶段上，许多神的全部自然属性和社会属性都转移到一个万能的神身上，而这个神本身又只是抽象的人的反映。这样就产生了一神教。"[3]宗教发展到一神教时，宗教所采取的形式基本固

---

[1] 恩格斯：《反杜林论》，见《马克思恩格斯选集》（第三卷），人民出版社1995年版，第667页。

[2] 恩格斯：《反杜林论》，见《马克思恩格斯选集》（第三卷），人民出版社1995年版，第667页。

[3] 恩格斯：《反杜林论》，见《马克思恩格斯选集》（第三卷），人民出版社1995年版，第667页。

定下来，神话体系和神灵形象至此也基本完成自己的演化过程。但是，可以看到，恩格斯的划分带有鲜明的进化论思想的痕迹：自然力量、社会力量以及二者的综合，似乎是一个前后相继、层层进化的发展过程。实际上，这种过程只是逻辑建构的结果。在其他论述中，我们清晰看到这种逻辑建构根本与宗教信仰和神话意象的产生和发展趋向相违背。而且，在神话世界和宗教信仰中，人并不会始终或一直将自然力量、社会力量看作是"异己"的存在，"异己"只是这种力量不可把握性给人造成的印象之一，在更多时候，人与自然之间存在和谐共存关系，人在他的社会生活中也能感到满足和幸福，他与社会之间也不是异己性的关系。毕竟，无论哪种状态，人都想与之达成一致，和谐共处，让自己的生存更加美好，这才是人生在世的根本目的和归宿。因而，将这些异己的力量与自我同一，是神话和宗教的原初想法；或者说，它们在某种程度一直就是和自我同一的，只不过有些时候会出现一些极端的例外而已。

除了抽象的自然力量和社会力量之外，抽象概念或观念也是原始先民人格化的重要对象，例如人们会创造出一个英雄人物表彰抽象的英勇、正直、正义等观念。在将这种抽象力量或观念人格化的过程中，原始先民会将任何自己朦胧感觉到而不可使用语言加以表述的东西人格化。这就形成抽象力量或观念与人格化的形象之间的结构关系。二者之间的对应并不总是和谐一致，更多情况下是不能完全融合在一起的。这个关系的本质其实就是内容（意义）与形式（形象）的关系。关系变动形成不同类型的人格化。其一是抽象力量或观念与表现它的形象之间完全不一致的情况，人的主体性（或者说"人格"）是晦暗不清的。例如在童话中，动植物虽然都具有人的生命特点，会按照人的方式行动和说话，但两者的结合往往更多是偶然性和随意性的结果。其二是抽象力量或观念与它的形象之间存在部分一致的情况，"人格"虽然初步显现，但还处在初级阶段，人们会把自然物的某些自然属性融入到神身上，从而对神所内含的人的主体精神遮蔽起来，因而在这种人格化中人的主体性和精神特点仍很暧昧，甚至在表现人的

"人格"特点的时候,神还表现了与这种"人格"完全相反的东西。在最初的神话中,人们用猴子或者狮子代表至高无上的神和观念,将它们与人的生命特点结合起来,但我们仍然不能观察到人作为人的特点,"人格"实际仍未得到完全凸显。在这些神灵形象中,"无论是在具体动作还是在躯体形状上都表现不出人格所特有的内心生活,因而所表现的全部外在方面显不出受到这个人格的生气贯注,还需有不属于这个人格和主体性的另一种内心生活作为外在现实的意义"①。因而"人格"内涵的丰富性和多样性并不能纳入一个固定的形象中,神的外貌和行动及其产生的其他意义扰乱了它原本所应内含于形象中的内容,在这种情况下,无论是自然和人本身都没有得到充分的实现。其三,这种抽象力量完全与人的主体精神一致,这种人格化产生的神灵更具有人的特点,自然可以以人的面貌出现,但不会保留它的自然属性——"单纯的自然意义退居背景"②;即使有所保留,但这些自然属性也不会遮蔽人的精神特点,因而神的形象具有鲜明的个性化特点。在黑格尔看来,希腊神话中的诸神就具有这些特点,因而它也是真正的艺术。相比于希腊神话,印度等东方神话显然还不具有这些特点,尚处于第二个阶段。黑格尔对神话中人格化问题的分析具有较为宏观的历史视野和深厚的哲学依据,清楚揭示了神灵形象变迁的轨迹或规律。当然,上述三种人格化情况同样不存在进化关系,这种秩序谨严的逻辑过程只能"要当论其大概耳",在更多情况下应是三种类型的交织状态。

第五节　抽象性存在:太一神及其超自然性

神话抵抗一切"逻各斯"式的强制化约作用,在"人格化"问题上

---

① 〔德〕黑格尔:《美学》(第二卷),朱光潜译,商务印书馆1979年版,第21页。
② 〔德〕黑格尔:《美学》(第二卷),朱光潜译,商务印书馆1979年版,第54页。

同样如此。无论黑格尔等人如何对这种概括自得并以为解释了所有神话和宗教的形成原因和表现方式，都无法否认这样一种事实：在最为古老和现在仍与我们的生活息息相关的神话中，我们都可以发现人们一直在反对以人格化的方式对自己的宗教信仰进行解释，人格化在他们看来不仅不能凸显他们所信仰的神灵或某种力量的神圣性，反而会因为这种人格化而削减它的力量。这种伟大并能给主体带来庇佑的力量是超自然的，因而可以改变自然对主体生存造成的不利影响。罗伯特·路威（Robert Lowie）指出："超自然的力量有许多是无人格的。""野蛮人视为神圣的东西，不是那呆板的物件，却是那黏着在物件上的超自然力量。这个力量也许属于神或精灵，也许只是一个无人格的力量，但受人礼拜的却正是这个力量，不是那死的物件。甚至黑人雕刻一个木偶，这也不能立即成为神偶，要把力量送进去。没有这个力量，它也许可以当作一件美术品，但不能当作一个宗教的对象。"① 将这种情况仅局限在"野蛮人"的范围并不恰当，因为它在现代宗教中仍然存在着。即使是现代人，人们也确信在宇宙中普遍存在这种力量，自己要想获得成功，必须通过其他方式获得，无论是多还是少。只不过，由于这种力量没有人格或形象，因此需要借助其他途径或方式证明它的存在，但我们却反而将这种途径或方式作为它的替代品，取消了它本身的存在。回复和显现超自然力量本身，才是神话意象的根本任务。

因此，神虽然借助自然形式显现自己，但神本身不是自然形式，它在本质上是超自然的或非自然的，这决定了神就是一种抽象性的存在，神话意象就是通过形象的方式确证它的存在。黑格尔指出："在宗教里呈现于人类意识的是绝对，尽管这绝对是按照它的最抽象最贫乏的意义来了解的。这种绝对最初展现为自然现象。从自然现象中人隐约窥见绝对，于是就用自然物的形式来把绝对变成可以观照的。"② 因此，通过自然物和自然现象而

---

① 〔美〕罗伯特·路威：《文明与野蛮》，吕叔湘译，生活·读书·新知三联书店2015年版，第239、236页。

② 〔德〕黑格尔：《美学》（第二卷），朱光潜译，商务印书馆1979年版，第24页。

得以表现的神话意象，本质上是要表达这种"绝对"，只不过在最初阶段时人是通过自然现象来察觉到这种存在因而首先选择了它，而不是说自然本身就是绝对。这也是超自然神学的立论基础。自然和人类自我的感觉认知首先应具备某种属性，然后才具有被神化的可能。即是说，人要通过某种能力对这些属性进行感知、反思，并感到一种与众不同的"东西"存在其中，然后才能将之神化。奥托将这个过程称为是人对"神迹"的确认过程，确认"神迹"的能力称为"直觉感受力"。[①] 某物（人）或某事件被确证为"神迹"的前提条件是它必须具有"超自然的"或"非自然的"性质。奥托指出，"所谓直觉感受，就存在于人遭遇到了非'自然的'事件这一事实中，这种非自然的事件不能用自然的各种法则来解释。由于事实上它已经发生，那么它肯定是有原因的；并且，由于它没有'自然的'原因，它肯定（据说）有某个超自然的原因"[②]，"真正的直觉感受与自然法则毫无关系，与它是否与某一经验过的事件有没有关系也毫不相干。它根本就不关心现象——无论是事件、人物或事物——进入存在的方式，而是关心该现象意味着什么"[③]。因此，"习以为常的""日常化的""普遍性的""自然的""确定的""可理解的"事件或事物根本无法成为神话的对象，神话似乎必然要以自己独特的方式违背自然的存在和逻辑而走向对无限和永恒的追求。

可以看到，直觉感受虽然仍属于人的感性知觉，但它并不像视听感受等那样以直接、具体的方式确证这种感觉的存在。因而有学者将两者对立起来，认为人的五官感受的有限性限制了人对无限对象的思考，进而将有限事物作为人的认识的唯一对象，因为除了五官感觉的确证之外我们无法

[①] 〔德〕鲁道夫·奥托：《神圣者的观念》，丁建波译，中国社会科学出版社2009年版，第210页。

[②] 〔德〕鲁道夫·奥托：《神圣者的观念》，丁建波译，中国社会科学出版社2009年版，第210页。

[③] 〔德〕鲁道夫·奥托：《神圣者的观念》，丁建波译，中国社会科学出版社2009年版，第211页。

证明其他性质的存在。这也是实证论神话观的主要立论基础。这种观点将神圣性的解释奠定在主体的生理基础上,无法真正认识神圣存在的本质:"所有的感性知觉,无论是什么,一般都认为是有限的,在时间和空间上是有限的,在质和量的方面也是有限的。而我们的概念知识完全建立在感性知觉的基础上,所以也只能涉及有限物。"① 实际上,五官感受不应成为人们否定无限性和神圣性的证据,反而应将之作为后者存在的直接证据。在主体的生命经验中,五官感受所提供的有限事物并不仅仅是它本身,而是与之相关的更为广阔的真实存在:"那些生活在珊瑚岛上的人,四周是无垠的大海,头上笼罩着深不可测的蓝天,我们应能理解这些景观给予他们的印象,会使某种无限的观念在他们的脑海里甚至比有限的观念更早地形成,并会形成无所不在的背景,映衬着他们单调贫乏的生活。"② 对于一个有自我意识的主体来说,并不存在有限与无限的对立,他势必会在他所观察、经验到的事实的基础上衍生出更为广阔的存在空间,无论这种空间是物质的还是精神的。正是在这种意义上,我们看到,那些真实存在但又"模糊不定的""不可见的""超感觉的""超自然的""绝对的"或"神圣的"存在,获得了在人类精神中的合法地位。更何况,相较于可直接知觉的事物,"不可见的事物"所蕴含的意义并不会因为其不可见而减少,反之,很多宗教信仰和神话都表达对这种事物进行追问、领悟的价值,并以此深化对生命存在的认识从而使自我精神更加迫近自由。例如,"在埃及,不可以眼见的事物却有一种较完满的意义,死从生本身获得了内容。直接的存在虽被剥夺了,死在它的无生状态中却仍保持对生的联系,而且藉生的具体形象获得独立和保存。……埃及人确实已认识到,凡是已丧失生命的东西还保持住它的存在,不仅在外形上,而且还在观念里,因此他们就使意识(精神)可以过渡到自由,尽管他们还刚刚达到自由领域的门槛"③。根据对众多墓

---

① 〔英〕缪勒:《宗教的起源和发展》,金泽译,上海人民出版社 2010 年版,第 17 页。
② 〔英〕缪勒:《宗教的起源和发展》,金泽译,上海人民出版社 2010 年版,第 24 页。
③ 〔德〕黑格尔:《美学》(第二卷),朱光潜译,商务印书馆 1979 年版,第 70—71 页。

葬及其制度、葬品的研究，可以发现，类似的情况和观念也存在于早期中国人的观念中。具有"较完满的意义"的"不可眼见的事物"其实就是抽象性存在，它是至高无上的精神，超越自然和人的存在，因而人们对它的深刻认识和理解是通往玄冥之境的必经之路；人们还会将这种认识和理解物质化为系列的仪式和礼俗在现世生活中运用。这样，死与生失去了作为生命存在形态划分标准的地位，而共同成为这种境界的体现者。虽然黑格尔认为埃及、中国等东方民族的这种认识和实践"刚刚达到自由领域的门槛"，但仍高度评价了这些宗教信仰对抽象神性存在的肯定和追求，以及这种肯定和追求所具有的精神价值。

因而首先应该肯定，自然不仅以其自身的力量成为神话意象，为人类经验的生成提供基础，而且也为人类思维提供对象进而生发出更为重要的抽象存在，作为自然性存在的自然物与人本身都因此走上了抽象化的过程。查德伯恩说："凡熟悉人类信仰史的人都不会否认这一点。人在无知无识的状态下，已经接受了一种信念：某种更高的力量的存在。这种信念或是源于传统，或是自然地生发出来。""绝大多数通过言语或行动将自己的思想和信念记录下来的人，都相信一个不可见的世界、一个人格化的神、一种未来的生存状态。"[①]这种神虽然是抽象的存在，不能以实体形象显现而只能通过主体精神加以领悟，但这些宗教又往往将之形象化和人格化，或者在其他形象的烘托下以一种空无的状态呈现它，抑或者同时在这种空无的状况或场景旁镌刻出它的名字，以说明它的缺席实际上是一种无所不在的存在。这种"绝对实在"是一种"超自然的强力""渗透在万事万物之中，它可以时而在物体中露面，时而在人身上显现，但从不排他地固着在任何单个的个别的主体或客体之中，据之为其居所，相反，它可以从一处传导至另一处，从一物传导至另一物，从一人传导至另一人"[②]。需要指出的是，

---

① 〔美〕查德伯恩：《自然神学十二讲》，熊姣译，上海交通大学出版社2014年版，第3—4页。
② 〔德〕卡西尔：《语言与神话》，于晓等译，生活·读书·新知三联书店1988年版，第84页。

自然、人生和绝对实在之间并非如汤因比所言的那种存在低级或高级之分，即使是在自然崇拜阶段，这种"超越性的实在"也会显示出它的力量：晨昏变化、日月运转、万物更替、生死循环等等，看似自然的结果，又似受到某种客观力量的决定和支配，但它的观察者对这种力量却无能为力并想与之建立合作关系以把握其规律，因而它成为神不仅仅是高级宗教的特有之物，而应是所有宗教共有的特点。

实际上，抽象的、非形象的对象是人类思维的重要对象之一，因而将抽象性存在塑造成神圣存在是一种必然，虽然它具有某种人为的特点。这在某种程度上成为原始思维和神话思维的本质特点之一。这种存在显然也是"自然的"——虽然它某种程度是人的主观精神的产物，但是一方面自然万物和宇宙本身的运转和更替说明了它的存在；另一方面，虽然自然物（包括人）本身的生命状态的获得和显现是可感可见的，但这种状态的根源却不是一个实体，人们用"灵性""灵魂"或"灵""道""太一"等来说明它的存在。原始先民认为这种"灵"是普遍存在的。灵的发展，存在这样两个连续的阶段："一个是，人格化的灵被认为是赋予每个人和每个物（动物、植物、圆石、星球、武器、用具，等等），并使他（它）们有灵性；另一个阶段在这一个之先，那时还没有进行人格化，那时，好像有一个能够到处渗透的弥漫的本原，一种遍及宇宙的广布的力量使人和物有灵性，在人和物里发生作用并赋予他（它）以生命。"① 人们相信，在人格化神灵出现之前就已经存在一种"到处渗透的弥漫的本原"，它"使人和物有灵性"并"赋予他（它）们以生命"。人们能切身感受到这种"本原"的普遍存在，但后者不以形象示人，任何人与物都是它的显像但又不是，就好像是流溢性的"道"或"理念"一样。对这种抽象的生命本原力量的崇拜，在人格神产生之前即已存在，古老而普遍。按照布留尔的观点，这种抽象的本原存在是以"互渗"的方式使万物和宇宙成为一个整体，这时人的自我意识

---

① 〔法〕列维-布留尔：《原始思维》，丁由译，商务印书馆1981年版，第432页。

和集体意识之间尚处于一体状态，因而它的存在无须以特别的方式证明自己，人本身就能与之建立内在的联系。一旦人的自我意识发展，个体不但与集体分离而且与自然整体分离，这种神秘力量的互渗功能便会逐渐减弱，个体与它渐行渐远，以至于无法与之建立先前的联系，"它是靠不断增加的宗教或巫术仪式、神圣的和有神的人和物、祭司和秘密团体的成员们举行的仪式、神话等等来获得"[①]。互渗"媒介"或"工具"的增多，说明人与这种本原而普遍的神秘力量之间的关系疏远了。在这种情况下，具体的、形象化的、人格化的、职能性的神被创造出来，形成复杂的神系。

这种抽象性的神与人格化的神之间存在相互转化的关系：一方面，人们通过各种方式将原本抽象的神秘存在赋予具体的人的形象（有时也以物代替）；另一方面，在抽象性的神被人格化以后，仍存在被重新抽象的情况，这样人格化的神又重新成为抽象性的神。这其实与人追求形而上的超越的本性相关。因而在这种转化中同时存在不能转化的可能，因为一旦转化成功，抽象性的最高存在便失了自我的规定性——"神作为服务于他的世界的主宰，不能体现于外在事物，而是从客观世界里退回到他的孤寂的统一里"[②]。转化情况的复杂性和限制因素，促使人们不断选择更为合适的方式将这种关系更好地呈现出来。他们或借助具体的形象，或借助抽象的语言，或两者兼有，不一而足。在最近的考古发现中，人们发现两幅被署名为"太一座"的图像。[③]它们同属于东汉时期。所谓"太一座"，是类似于船形的至上神"太一"的承载物，但并无太一形象可见。它既像一个具体的物质存在，因而需要用"座"给予位置以确证它的存在，但它好像又不是一种可见的存在——"座"上除了它的名字之外空无一人，因而只能以命名的方式证明它就是凡人升仙过程中所遭遇的"此时此刻"的存在。这再一次证明太一神主宰世界的伟大力量。于是，"命名"与抽象性存在之

---

① 〔法〕列维-布留尔：《原始思维》，丁由译，商务印书馆1981年版，第432页。
② 〔德〕黑格尔：《美学》（第二卷），朱光潜译，商务印书馆1979年版，第92页。
③ 徐光翼主编：《中国出土壁画全集》（陕西卷上），科学出版社2012年版，第65页。

间形成一种互相证明彼此存在的关系:"世界主宰这个太一实体当然要达到外观,但是这种外观是最纯粹的,无形体的,精神性:它就是文词,即作为精神力量的思想的外现,凭这文词叫它存在的命令,要获得存在的事物就立即默然听命了。"①

实际上,最早的神并非以具体的、形象的、实体化的形式存在,它既是一神,而且也以抽象的方式存在,它的信仰者根本无意以形象确证它的存在,因而它无法言说而且与人类完全隔绝。这种神其实就是抽象性的,但也因其抽象性而显得与人的生活相距较远,因而更易转化为其他形式。当奥德修斯在泗水渡河时,他并不向最高天神宙斯祷告,而是祈求掌管这条河流的微不足道的河神,因为此时此地的奥德修斯需要平安通过这里。按照威赫曼·施密特神父(Father Wilhelm Schmidt)的观点:"在人类开始崇拜多数神祇之前,已经有原始的一神教存在。最初,他们只认识一个无上崇高的神祇,他创造了世界并从遥远之处统治人类事物。……然而奇怪的是,他在他们的日常生活中却无影无踪:他没有特别的崇拜者,也未以偶像的形式被描绘出来。部落的人说,他是无法以言语形容的,而且不能被人类的世界所玷污。"②也正因如此,虽然他可以监视他的信徒并对其错误的行为进行惩罚,但人们仍感觉他与自己距离很远:"倘若日常生活中充满鬼魂、巫术以及各种各样的超自然力的信仰,那个间或一现的最高神之信仰又有多大意义呢?"③于是,人有创造新神的需要,以满足最为切近的生活的需要。随之,这种抽象性存在的至高神逐渐被那些具体的、形象化的而且离人们生活很近的职能神所代替,一神教转向多神教,直到新的一神教重新形成。

同此,神圣与世俗虽然具有相互否定的性质,但同时亦具有相互肯定的性质,两者通过相互否定达到相互肯定,因此,人们也更愿意将神圣的

---

① 〔德〕黑格尔:《美学》(第二卷),朱光潜译,商务印书馆 1979 年版,第 93 页。
② 〔英〕阿姆斯特朗:《神的历史》,蔡昌雄译,海南出版社 2013 年版,第 9 页。
③ 〔美〕路威:《文明与野蛮》,吕叔湘译,生活·读书·新知三联书店 2015 年版,第 247 页。

因素接入自我的世俗生活，使之具有神圣性和超越性，以抽象方式存在的神会更加抽象化而转化为一种精神性的力量，扩散、渗透到人们的日常生活中，否则，神的存在即失去意义。阿姆斯特朗指出："当中国人谈及大地、宇宙，或者甚至是华夏帝国，这些世俗的范畴也包含神圣的意义。相对于寻找某种'遥远的'神圣者，他们对通过确保此世符合上天的原型而使之彻底神圣化更感兴趣。在宇宙和自然进程中揭示出'天道'，比起任何高高在上、被人们精确地予以阐释的神祇更为重要；他们在日常劳作中体验着神圣，在尘世中促使万事万物符合'天道'。"[1]人对幸福生活的渴求改造着最早的抽象的神的存在，以让它变得可以认识、体验、交流，并为自己的此世生活提供帮助，神的抽象性因而转化为一种真实可感的力量参与人的生活。这也促进了抽象性神灵的进一步转化。当然，转化并不代表消失。除这种方式外，人对至高无上的"道"的追求和领悟始终存在，这也是抽象神的另一条转化途径。反之，以自然和人为主要对象的神也存在向抽象神灵转化的情况，因为具体可感的自然对象本身似乎并不能与神圣等同："雨是可见的，遣风调雨的'他'却是不可见的。雷声可以听见，暴雨可以感知，但打雷和驱雨的'他'是绝非肉眼能见的。"[2]缪勒还指出："崇拜中献给山川树木等自然对象的，不只是献给可以看到的物象，而且还献给看不见的东西。当苍天和天体被人们诉求时，并不是人们肉眼见到的太阳、月亮和众星，而是某种看不见的东西构成了宗教信仰的对象。"[3]同样，在神话中，最高的天神或天父也不存在固定的形象，无形象可见，正是将至上神抽象化的手段，表明这种存在不能成为感觉的对象而被主体认识、把握，否则无限的抽象化的精神领悟便无法实现。

对抽象神性的追求必然会引起宗教仪式的变化，因为特定的宗教目的决定了特定的仪式行为。绝对存在的抽象性，决定了人们不能以感官的方

---

[1] 〔英〕阿姆斯特朗：《轴心时代》，孙艳燕等译，海南出版社2010年版，第82页。
[2] 〔英〕缪勒：《宗教的起源和发展》，金泽译，上海人民出版社2010年版，第21页。
[3] 〔英〕缪勒：《宗教的起源和发展》，金泽译，上海人民出版社2010年版，第20—21页。

式实现与神的沟通，这促使人们的宗教观照方式发生转变。在大多数高级宗教中，静默和祈祷都成为践行宗教仪式的重要方式，忏悔有时也会成为这种仪式的重要内容。这是通过自我内心反省的方式通达对抽象神性的领悟。在印度，早期宗教的创始人及其门徒不厌其烦地教导人们重视凝神默想、收心内视对于实现与"梵"交流的重要性，因为他们"坚信忏悔以及日渐离开一切具体有限事物的长久默想可以使人越过自己所出生的等级，还使人不受制于自然和自然的神"①。这种观照方式的能量是巨大的：一旦主体通过内省默想的方式实现对"梵"的领悟，则其本人即成为"梵"或者达到"梵"的境界，在这种情况下，神的地位面临被取消的危险，因而神要借助各种力量干扰、打断、强迫宗教信徒放弃这种修行方式，以图实现神对人的绝对统治。

可以看到，一旦内省方式成为宗教仪式，宗教在某种程度上就走向了哲学和美学，人神界限消泯，人取代神而成为自然万物的主宰，自然成为纯粹属人的自然，以自然为主要载体的神灵或神话体系也要发生相应的变化。

第六节　自然与人文：神话意象向审美意象的转化

如前所述，内省和静观的致思方式奠定了宗教向审美转化的思想基础，因而"作为神话意象的自然"向"作为意象的自然"的转化就成为一种必然，以至于有些学者往往将二者共同置于判断力的领域之中。在奥托看来，人们依靠直觉对"神迹"进行感受的方式，与审美品味的完成具有高度一致性：虽然二者在初始阶段还不能通达对真正意义上的"神迹"或"美"的认识，但这个过程的完成是一样的："在判断力的另一个领域，即审美品

---

① 〔德〕黑格尔：《美学》（第二卷），朱光潜译，商务印书馆1979年版，第60页。

味的领域存在着一种与之完全相似的过程。当人的审美品味还十分粗糙时，一种对美的感觉或者前感觉就骚动了——这种感觉或前感觉必定来自一个已经存在的、模糊的、有关美的先验概念，否则就根本不会出现。有这种粗糙审美品味的人不能对真正的美有清楚的'辨别'，对于有关美的这个模糊含混的概念陷于混淆和误用之中，从而把实际上并不美的事物判断为美。"[1]这种类比分析不是要混淆两者之间的差别，只是说明两种思维过程的同质性使前者向后者转化成为必然，而且这个过程往往是自然而然地实现的。这个过程本质上是神话意象向审美意象转化的过程。

实际上，这个问题成为一切美学流派关注和争论的核心问题。黑格尔在《美学》第一卷花费了大量篇幅对自然美问题进行论述，但总不能摆脱循环论证的嫌疑。在20世纪五六十年代的美学讨论中，每一派的美学都会对自然美问题进行说明、辨析和讨论，所以朱光潜认为各派美学观点的弱点，在自然美问题上就可以显示出来[2]；李泽厚也说："就美的本质来说，自然美是美学的难题。"[3] 蒋孔阳亦指出，自然美的性质"成为争论的症结和关键"。如果抛开理论前见，以历史发展的眼光对自然美的生成进行分析，则可为认识这个问题提供一个新的思路。李泽厚在《美学四讲》第二讲第四节"自然美"中，以中国为例，对自然美的发展阶段进行过划分。他的划分实际就是揭示了"作为神话意象的自然"向"作为审美意象的自然"在中国早期阶段的演进过程。李泽厚认为自然美在人类历史进程中可分为四个阶段或时期："最早是神秘恐惧的神话阶段"，"展示的是一个自然与人相敌对相抗争的世界"；第二是"寄托幸福生活和长生幻想的世界"的阶段，这个阶段的"自然""主要是与现实社会生活直接联系着的自然，是

---

[1] 〔德〕鲁道夫·奥托：《神圣者的观念》，丁建波译，中国社会科学出版社2009年版，第209—210页。
[2] 朱光潜：《论美是客观与主观的统一》，见《朱光潜全集》（第5卷），安徽教育出版社1989年版，第86页。
[3] 李泽厚：《美学四讲》，生活·读书·新知三联书店2008年版，第294页。

生活或人力（狭义自然人化）幻想加工过的自然"；第三是"本色的自然阶段"，"大自然的山水花鸟以其自身作为人们赏心悦目、寄兴移情的对象。它们已从各种观念束缚中解放出来，以其自身的色彩、形体、容貌、姿态来吸引人、感动人，成为人们抒发情感和充分感知的对象"；第四是"现代阶段"，这个阶段"不排斥上述三个阶段，而且还要保存它们"，"一种无垠辽阔的时空感受所带来的哲理特征，标志着一种新的自然美形态的出现"。① 可以看到，这个发展过程其实就是从"作为神话意象的自然"向"作为审美意象的自然"发展、转化的过程。按照李泽厚的观点，这个过程完成的同时也是"人的自然化"过程的完成。在这种情况下，人不仅"把自然作为自己安居乐业、休养生息的美好环境"，"把自然景物和景象作为欣赏、娱乐的对象"，"似乎与它合为一体"，而且可以更进一步，"通过某种学习""使身心节律与自然节律相吻合呼应，而达到与'天'（自然）合一的境界状态"。② 李泽厚以"自然的人化""人的自然化"两个概念重新阐释了中国古代"天人合一"的思想并赋予其新的含义，将自然对人的生存价值肯定了下来，揭示了神话和自然对人的生存的重要意义。这种划分以人与自然关系的变化为基础，带有动态历史的特点，自然美由此成为历史的产物和历史的概念，因而其内涵也随之发生相应的变化。在李泽厚看来，神话意象在自然美发展序列中占据首要位置，超越神话、走向"人的自然化"对人的生存来说具有更重要的意义。但"人的自然化"似乎是一种既超越又复归的过程：超越自然而又与自然相亲相依。这其实是一种"新的神话思维"。

事实上，用"自然意象"概念指称某些神话意象，在某种程度上无法成立。原因在于神话意象根本上是原始先民自我意识的结果，"自然"可以其神秘性、多样性和复杂性引起主体的多样感受，但"自然"本身并不能

---

① 李泽厚：《美学四讲》，生活·读书·新知三联书店 2008 年版，第 298 页。
② 李泽厚：《美学四讲》，生活·读书·新知三联书店 2008 年版，第 300 页。

成为神话。或者说,自然意象某种程度上是人类将自然同自己进行区分的结果,是自我对抗自然和宇宙的结果,他就是要让人们明白"自然"和他自己是根本不同的,同时彰显自我存在的重要性和中心地位。汤因比说:"人类观察者不得不从他本人所在的空间某一点和时间某一刻上选择一个方向,这样他必定是以自我为中心的。""每一种生物都竭力使自己成为宇宙的中心,在此之际,开始同其他任何一种生物、同宇宙本身、同创造和维持宇宙以及构成变幻无常现象之基础的实在的力量进行对抗。"[①] 同样,人们不仅将"自然"与自我相区别,同时将他不能理解的任何神秘事物与自己相区别,甚至包括自我生命本身。在这种情况下,人生意象也会产生。于是,在神话意象中,我们可以发现这种带有悖论性质的问题:神话意象既是原始先民将自然和自我异化的结果,同时又是超越这种异化的力量。他既将自然和自我与自己区别开来,同时又通过文字与符号的方式创建过去和未来,从而与过往的历史与他人建立同情性关系,这样他不仅将自己与自然和自我重新建立联系,又同他人(无论是过去的、未来的,还是其他地区的、民族的)建立联系。在这种情况下,神话意象就成为记忆的符号、文化的载体、体验的结晶、审美的对象,它也就成为审美意象。

当然,这种转化过程具有历史性,同时受到神话意象本身特点的决定。神话意象蕴含的思想观念是复杂的、多样的,具有二重性:这些思想内涵之间有些是一致的、同质性的,但有些是相反的、异质性的。神话意象内涵的二重性特点使之具有强大的凝聚力量,与之相关的各种自然物象和人生事象均有可能在其内涵的感召下聚集在一起而形成新的意象,进而构成多样、多元的神话意象群。荣格曾经讨论过"母亲原型"内涵的这种二重性特点:在神话中,远古的女性祖先往往成为神话中的母神,但这个"母神"往往会发生变形,她不仅可以以少女的形象出现,而且还可以被抽象

---

① 〔英〕汤因比:《一个历史学家的宗教观》,晏可佳等译,上海人民出版社2014年版,第3、4页。

化、具体化和情境化,一切温暖、救赎、献身、安宁的象征性含义和情境均可成为她的另类表现形式。荣格说:"隐喻意义上,母亲的其他象征表征了我们渴望救赎的意愿,例如天堂、天国和圣城耶路撒冷。许多能够激发献身精神和畏惧情感的事物也可以作为母亲的象征,比如教堂、大学、城市或乡村、天空、大地、森林、海洋或平静水域、均衡物质、地下世界和月亮。母亲原型通常与象征丰饶、多产的事物和处所相关联:象征丰饶的羊角、耕地和果园。母亲原型还与以下事物相关联:岩石、山洞、树木、源泉、深井,或者各种容器如洗礼盘,或者容器形状的花朵如玫瑰或莲花。"[1] 由此而赋予母亲原型以正面、积极的性质:"关怀和怜悯,女性的神奇权威,超越理性的智慧与精神境界,任何有助益的本能或冲动,所有这些特质都是温和而仁慈的,会呵护、维持并促进生长和发育。"[2] 因此带有守护性质的自然物(包括植物和动物)和行动(如烘烤、烹饪等)也会与母亲原型发生关联。不仅如此,母亲是生命的起源,生命自然也可以在母亲这里消融,因而母亲原型自然而然地带有邪恶、恐惧等负面性质的情感体验和心理感受,从而使之与另外一系列带有这种性质的自然物、行动和情境联系起来:"从消极的一面来看,母亲原型可能意味着任何隐秘、潜伏、黑暗之事物,深渊、地狱冥府,具有吞噬性、诱惑性和毒害性的任何事物,这些事物异常可怕,而且像命运一样无法逃避。"[3] 荣格说能够展示母亲原型这种双重性质的典型例子就是圣母玛利亚以及象征"慈爱和恐怖的母亲"的黑色地母神迦梨(Kali)。母亲原型内涵的多样性和复杂性鲜明体现了神话意象的内涵二重性特征。

从这一特征可以看出,在神话意象中,我们很难将其中的自然、人生

---

[1] 〔瑞士〕荣格:《原型与原型意象》,见《荣格文集》(第Ⅱ卷),长春出版社2008年版,第8页。

[2] 〔瑞士〕荣格:《原型与原型意象》,见《荣格文集》(第Ⅱ卷),长春出版社2008年版,第9页。

[3] 〔瑞士〕荣格:《原型与原型意象》,见《荣格文集》(第Ⅱ卷),长春出版社2008年版,第9页。

等内容截然分开,自然是人生存、活动的场所,生成人生中的典型情境,触发主体的情感和体验,由此使自然和人生融合为一个完整而不可分割的整体,这也决定了神话意象向审美意象的转化是多样而不可预测的。究其原因,就在于最早的神话意象往往就是以自然形成和人的生命感受现象为表现对象的。因此,一个神话意象既包括具体的神物和自然形象,也包括与之相关的活生生的事件、情境、感受。神话意象向审美意象的转化自然也就具有多种可能性,其每一种内涵、每一种形象均有可能在特定的审美活动中成为主体的观照对象,并与主体的情感体验融合为新的意象。在这种情况下,神话意象向审美意象(包括艺术意象)的转变往往会出现内涵的简化或单一化情况。因为神话意象本身蕴含的思想观念是丰富的、多样的,但在审美活动中,神话意象的多重内涵往往会受到主体思想情感的改造从而变得单一化。神话意象内涵的丰富性与多样性,彰显的正是原始先民所曾经产生和存在的生命经验,它们借神话意象凝结、保留下来,一旦情境适合则会重新复活,并为新的主体提供精神食粮,主体也会感觉到自己同整个人类历史之间的延续性而确证自己的存在,神话意象由此转化为审美意象。卡西尔说:"原初的'经验'本身即浸泡在神话的意象之中,并为神话氛围所笼罩。只有当人与这些形式生活在一起,在这个意义上,才能说人是与其客体对象生活在一起。只有当人让自己与其环境一同进入这种具有可塑性的中介,并在这个中介里彼此接触、彼此融合的时候,在这个意义上,才能说人向自己显示了实在,亦向实在显示了自己。"[1] 本质上看,这是一种沉浸、一种融合、一种发现、一种确证:我们只有沉浸在"神话的氛围中"与神话意象中的生命经验融合为一才能为发现、确证真实的自我存在奠定基础,神话意象对于人类存在之意义应该在这个层面上被肯定下来。

---

[1] 〔德〕卡西尔:《语言与神话》,于晓等译,生活·读书·新知三联书店1988年版,第37—38页。

第三章
神话意象与主题演变
——以"神人阻隔"现象为中心

本章以神话和宗教中的"神人阻隔"现象为视点,将神话意象的演变与其主题变化结合在一起考察,进而揭示神话意象、宗教观念和道德观念、审美趣味之间的错综复杂的关系。社会形态、政治制度的演进、更替,必然会引起文化思想领域的一系列变化。作为早期社会文化体系的主要载体,神话意象对这种变化的反映最为敏感。这些变化往往也会首先通过神话意象的变化而体现出来。因此,神话意象的演变往往反映出其主题或思想的变化,这种变化同时又是特定时期人们宗教信仰、道德伦理观念和审美趣味发生变化的体现。反之,人们的宗教信仰、道德伦理观念和审美趣味发生变化,也会对此前的神话意象体系进行改造,神灵形象和诸神关系都会由此产生巨变,形成新的神话意象体系,其思想内涵也随之发生变化,并成为贯彻这种思想的重要工具。

第一节 问题的提出:观射父论"绝地天通"

在伊利业德等人著作的影响下,神话和宗教中的神圣空间等问题得到了充分的重视和研究。这些研究多是目的论的研究：人们通过对某一种空间神圣性的讨论来发现此空间对于神或神的崇拜者所具有的终极价值。现在，我们所做的工作则将这种研究从目的论转移到过程论，即我们不去讨论神灵居住的神圣空间的内容为何，以及它们与崇拜者之间具有怎样的复杂关系，我们将要探讨的是人为什么要设置这些遥不可及的神圣空间。是为了增加信仰实现的难度、塑造神及其生活的神圣性，还是想通过这种方式表达人们对理想境界的体悟？抑或兼而有之？通过对大量相关描绘的考察，可以看到，人们的日常生活世界与神圣世界之间往往存在一段遥不可及、不可弥合的距离，人们必须通过一定方式或手段才有可能达到，或者永远不能达到，或者即使达到也不可久留，而要立刻返回到人间。我们把这种现象称为"神人阻隔"。关于神圣空间的记述，较为典型的是对三神山的记述：

《史记·封禅书》：自威、宣、燕昭使人入海求蓬莱、方丈、瀛洲。此三神山者，其传在渤海中，去人不远；患且至，则船风引而去。盖尝有至者，诸仙人及不死之药皆在焉。其物，禽兽尽白，而黄金银为宫阙。未至，望之如云；及至，三神山反居水下。临之，风辄引去，终莫能至云。①

《列子·汤问》：五山之根无所连著，常随潮波上下往还，不得暂峙焉。仙圣毒之，诉之于帝。帝恐流于西极，失群圣之居，乃命禺彊使巨鳌十五举首而戴之，迭为三番，六万岁一交焉，五山始峙。②

《列仙传》：始皇即遣使者徐市、卢生等数百人入海，未至蓬莱山，辄逢风波而还。立祠阜乡亭海边十数处云。③

---

① （汉）司马迁：《史记》，中华书局2005年版，第1172页。
② 王强模：《列子全译》，贵州人民出版社1993年版，第125页。
③ 王叔岷：《列仙传校笺》，中华书局2007年版，第70页。

可以看到，以三神山为代表的神圣空间飘忽不定，没有固定的位置，处于不断变化之中；变动而不可把握，是其根本性质。根据方士的讲述，三神山真实而迫切地存在着，但人们始终无法抵达。秦始皇终其一生只为到达三神山，最后在沙丘之地去世，这一事件再次证明了神圣空间的不可抵达性。在《史记》《汉书》等正史文献的影响下，人们对三神山的信仰有增无减。同类的记述见载于《山海经》《庄子》《海内十洲记》等书，如"列姑射山在海河中""姑射国在海中""东海之外有大壑，其深无极""去南岸十万里"之类的记述，不可胜数。这类远隔而异质的空间就是神灵的居住地，凡人无法抵达。因而如何实现从自我空间到神圣空间，"过程"变得极为重要。可以看到，那些通过独特方式进入神圣空间的人，多会获得神的帮助，或者自己也成为神。在这种情况下，如何完成这个"过程"对于崇拜者来说就具有了本体性的意义和价值，过程的完结在某种程度上昭示着目的的实现。因此，人们在创设一个神圣空间的同时也创造出多种方式、手段、工具来实现它。人们往往把神圣空间描述得十分险恶，或高在九天之上，或在地府之下，或远在洪荒之地，或有凶恶的神兽看守，等等，形成神圣空间"难以接近"的特点。正是这种"难以接近"让过程问题变得重要起来。在秦汉时期，这种状态出现了新变：神的日常生活空间与人们自己的日常生活几乎毫无二致，或者此前人们对传统神圣世界的描绘再不能吸引人的兴趣；人的世界和神的世界逐渐形成同构性关系。但这并不意味着两个空间之间阻隔距离减少了，人们仍要通过各种方式和手段才能实现由此及彼的转化。

关于这个问题的经典表述，是颛顼"绝地天通"神话。在公元前506年发生吴楚柏举之战时，楚昭王与观射父讨论了"绝地天通"等重要的神话与宗教问题。这些问题同时也是国家的政治问题。楚昭王，这位被孔子称为"知大道""不失国"的英明君主，在十岁即登上王位，在同吴国的几度交战中重新确立了楚国在南方的霸主地位。然而，这次讨论很可能含有楚昭王将自我确立为黄帝的正统族裔而将正在东方崛起的新型国家吴国贬抑为由普通的"民"所构成的国家之意("民能登天");虽然吴国也曾将自我祖先上溯到黄帝时代,但相对于历史悠久、文化璀璨而国力强盛的楚国来说,楚昭王当然认为吴国的这种自我认同无疑是想象式的。但吴国的迅速崛起却是事实,而且在几次战争中楚昭王曾败给对方,这让他不由对吴国产生畏惧,他与观射父的讨论充分暴露了他的忧虑。在讨论中,楚昭王对"若无然,民将能登天乎"这个问题存在巨大疑惑,反映出他对"民能登天"观念的恐惧,以为当时社会混乱,这种情况很有可能从神话变成现实。观射父的回答消除了他的疑虑,指出这种观念是重黎后人程伯休父神化祖先、取威于民的谣传,当下正处乱世,人们无法制止这种谣传的流行。观射父的回答实际上否定了重黎"绝地天通"事件的存在,认为这是重黎后人虚构的结果。但是观射父更进一步将天神与地民的分别永恒化,认为"天地成而不变,何比之有",否认"民能登天"的可能性,以消除楚昭王的疑虑。由此可见,在楚昭王和观射父的观念中,他们都认为天神与地民应该处于永恒的对立和隔绝中。"神人阻隔"的观念已甚为久远,十分稳固,很难打破。

如果我们将视野上溯到更为久远的历史时期,可以发现,将神圣空间与世俗空间区分(神人阻隔)的观念更为古老。这使神人交通问题变得重要起来。在早期中国神话中,这种区分以"绝地天通"神话为典型表征。根据目前掌握的资料,可以确定,最早记载"神人阻隔"现象的文献是《尚书·周书·吕刑》:"黄帝哀矜庶戮之不辜,报虐以威,遏绝苗民,无世在下。乃命重、黎,绝地天通,罔有降格。"[1]按照郑玄的观点,苗民即九黎之后,他们尊蚩尤为神,扰乱社会秩序,使人神杂糅,因而颛顼(尧,或黄帝)令重、黎"绝地天通"。注云:"羲、和共掌天地四时之官,使人神不扰,各得其序,是谓'绝地天通',言天神无有降地,地民不至于天,明不相干。"[2]《正义》曰:"三苗乱德,民神杂扰,尧既诛苗民,乃命重黎二氏

---

[1] (清)阮元校刻:《十三经注疏·尚书正义》(清嘉庆刊本),中华书局2009年版,第527页。
[2] (清)阮元校刻:《十三经注疏·尚书正义》(清嘉庆刊本),中华书局2009年版,第527页。

使绝天地相通，令民神不杂。于是天神无有下至地，地民无有上至天，言天神地民不相杂也。"①《尚书·虞夏书·尧典》："乃命羲和，钦若昊天，历象日月星辰，敬授人时。"羲、和乃重、黎之后，羲氏掌天官，和氏掌地官，共掌四时，因而他们是维持天神地民分属各自空间、掌管四时运转和交替的神灵。这个古老的神话一方面反映出神人之间时而同位、时而杂糅的复杂关系，同时也与此时楚昭王内心担忧的问题相契合。

通过观射父的论述，可以发现，在他的观念中，他根本不承认神与人具有同质性，一直以来神人之间就处于隔绝的关系状态。而在诸子文献和《淮南子》《山海经》中，人们一般将原始先民的生活世界与神的世界并置论述，认为他们心智纯洁、质朴，本身就是神灵。这个世界实际上是神人同位、二者共同生活的世界，但在观射父的观念中根本不存在这样一个世界。余英时说这个神话记述"不妨看作是中国远古宗教发展的一种残余记忆"②，然细研观射父的论述，可以发现，其观念具有严密的逻辑性和系统性，神人关系之发展前后思想高度一致，应是一种较为成熟的宗教观念的反映，而不是"残余记忆"。正像苏秉琦对良渚文明的分析那样，"绝地天通"最迟在公元前三千年既已形成："至迟开始西元前三千年中期的良渚文化，处于五帝时代的前后期之间，即'绝地天通'的颛顼时代。良渚文化发现的带有墓葬的祭坛和以琮为中心的玉礼器系统，应是宗教已步入一个新阶段的标志。"③这个"新阶段"即宗教观念已高度系统化、礼仪化，形成了一贯的神人分离的观念。在观射父的论述中，他将历史上的神人关系划分三个阶段，其本质是一贯的、没有发生改变的，即神与人是分开的、对立的、异质的。第一阶段是民神根本异质，不相往来，各司职业，各自生存，此为"古者民神不杂"阶段。在男女巫觋的协调下，"民是以能有忠信，神是以能有明德，民神异业，敬而不渎，故神降之嘉生，民以物亨，

---

① （清）阮元校刻：《十三经注疏·尚书正义》（清嘉庆刊本），中华书局2009年版，第528页。
② 余英时：《论天人之际》，台湾联经出版事业股份有限公司2014年版，第25页。
③ 苏秉琦：《中国文明起源新探》，商务印书馆1997年版，第120页。

祸灾不至，求用不匮乏"；第二阶段是民神的异质性消泯，司职混乱，民神杂糅，从而造成"民神同位"的严重后果："及少皞之衰也，九黎乱德，民神杂糅，不可方物。夫人作享，家为巫史，无有要质。民匮于祀，而不知其福。蒸享无度，民神同位。民渎齐盟，无有严威。神狎民则，不蠲其为。嘉生不降，无物以享。祸灾荐臻，莫尽其气。"① 第三阶段是在颛顼的命令下重黎对这种秩序重新划界，使民神异业、不相混杂，并将这种区别永恒化，是为"绝地天通"："颛顼受之，乃命南正重司天以属神，命火正黎司地以属民，使复旧常，无相侵渎，是谓绝地天通。"② 这三个阶段都指向神人的异质性，神凌驾于人之上，其本质是把神和人分开："民神不杂""民神异业""无相侵渎"，而"民神杂糅""民神同位"的第二阶段混淆了神人关系，人和神处于同一位置，无法区别，是"古者民神不杂"状态的异端，因而要重新建立神人区隔的关系，"使复旧常"；在强权武力干涉下，神人"无相侵渎"。因此，这三个阶段都在说明神与人是不同的，他们的生活空间也是不同的，各有司职，不相混乱，与神进行沟通是巫觋的专属职责，个体没有降神的资格。

---

① 这种观念似乎与较为古老的"人""神"同位之观念有一致之处。在相关文献中，人们并不把"人"与"神"分开，并直接将人称为"神"。饶宗颐指出："《鲁语》记着仲尼的说话：'山川之灵足以纪纲天下者，其守为神，社稷之守者公侯。'《史记·鲁世家集解》引王肃云：'守山川之祀者为神，谓诸侯也。'书牡帽'土山川之君为群神之主，故谓之神也'，是古代诸侯而主山川之祀，以'人'的身份而被称为神。楚人重巫术，人神仍旧糅合，故屈原称其君曰灵修，无异视之为神。《左僖五年》传：'虢公曰：吾享祀丰洁，神必据我。'以为祭祀丰，则神可凭依于人，仍是神民未能完全分开的旧习惯。"见饶宗颐：《神道思想与理性主义》，"中央研究院"历史语言研究所编：《中国上古史》（待定本第四本），第 25 页。与此相关，《左传》中似乎还提出了"民为神主"的观念。《桓公六年》传曰："夫民，神之主也。是以圣王先成民，而致力于神。故奉牲以告曰：'博硕肥腯。'谓民力普存也。于是乎民和而神降之福，故动而有成。今民各有心而鬼神乏主，君虽独丰，其何福之有？"《僖公十九年》传曰："古者六畜不相为用；小事不用大牲，而况用人乎！祭祀以为人也。民，神之主也；用人，其谁飨？"对此，饶宗颐指出："季梁说：'民，神之主也。'意思应该是说祀神之先务，主要在于民力充足，并不是说民可以为神的主宰，和民的地位可以代替了神的。"见饶宗颐：《神道思想与理性主义》，"中央研究院"历史语言研究所编：《中国上古史》（待定本第四本），第 26 页。

② 陈桐生：《国语译注》，中华书局 2013 年版，第 621—623 页。

问题在于，天神和地民之间的区隔如此严谨，人们如何实现两者的交流？巫觋应具有哪些条件才能实现这种交流？交流是必然的，因为神离开人的祭祀、膜拜无法存在，人没有神确立法则亦无法展开活动。由此"通神"就变得极为重要。而要实现神的降临，一方面需要依靠特定的仪式、工具、方式方法；另一方面需要巫觋具有非同常人（民）的性质等。这就将神与人对立起来，并把这种对立专门化、绝对化、政治化、永恒化，而通神的权利就由巫觋集团掌管。反之，通神的存在说明神人之间是可以实现交流的，神的世界亦非永远向人禁闭，人也可能进入这个世界，两者之间存在异质同构之关系。

第二节　神圣空间与阻隔的形成：一个历史的视角

对于神圣空间的认识和理解，显然是一个后起的问题，因为在原始人类初期的生活中，他们没有对世界进行划分的观念。只有人类对世界与自我的区分在思想观念中形成，迥异于自我生活空间的异域空间观念才能逐渐形成。而且，这个空间的神圣性也存在一个逐渐深入、累积的过程。可以看到，人只有在认识到生死问题以后才能对异域空间进行想象性建构。按照恩格斯的分析，亲人去世后又在梦境中出现，对人类宗教观念的形成意义重大，这使人认为人的肉体虽然不复存在，但他仍以另外一种方式存在，灵魂的观念大约由此产生。但人们并不将死亡的人排除在自己的生活世界之外，虽然两者的生存空间存在差异。根据考古学家对北京周口店山顶洞人生存洞穴的发掘和整理，可以发现，这个约90平方米的洞穴有着严格的分区（"上室"和"下室"）[①]：洞穴最深处是墓地，安葬着死去的亲人或族人，人们以为他们还和自己生活在一起，还像自己一样需要食物，有喜

[①] 白寿彝：《中国通史纲要》，上海人民出版社1980年版，第32—33页。

怒哀乐，自己遇到难以抉择的事件时也需要与他们商议；靠近洞口处是北京猿人日常起居的场所，人们在这里繁衍生息。可以看到，在北京猿人的思想观念中，他们尚未设置另外一个迥异于自我生存的异域空间，虽然他们也意识到有"另外一个"空间的存在，只不过这个空间里生活的是自己死去的亲人，他们的生活和自己一样，因而这个空间在本质上仍和自己生活的空间一致。一旦鬼神观念形成，人们就会将他们当作鬼神加以崇拜。在孔子的论述中，他专门指出，人们不能认为送走死去的亲人后就认为他们没有知觉，也不能认为他们还有知觉，这都是不仁、不智的行为；人们对死去祖先准备的物品之所以称为"明器"，就是指将他们作为神明来侍奉的。①

更显然的是，北京猿人对自我居住空间的设置蕴含着进一步分化的可能。北京猿人对自我居住空间的设置蕴含着极为深刻的观念：他们按照血缘亲疏的关系将死者埋葬在自己的住处附近，而且将这里与自己的生活空间相区分，并在这里举行一些带有仪式意味的活动，同时贡献自己的祭品。这种结构虽很原始，但它几乎构成了此后中国社会基本的家族结构：在以血缘关系为纽带的基础上，祠堂、墓地和居住场所建造在一个相对完整的地理空间之内。这个结构成为我们理解他们对异域空间想象性建构及其意义的基础。

在随后的发掘中，人们发现，早期先民开始将死者埋葬在离自己居住场所稍远的地方，规模逐渐扩大，墓葬中的物品随之增多。这说明人们已逐渐建立了更为复杂的有关死亡的仪式系统，而且他们对死亡的异己性质有了更为深刻的理解，因而他们不仅通过带有巫术色彩的形式对死者的居住地进行重新设置，而且将死者埋葬在离自己居住地较远的地方：距离的增加说明人们有了对死者进行区分的观念——他们毕竟和自己有了区别，他们的生活世界也和"我们"的世界有了区别。根据苏秉琦的研究，这种将巫师埋在离自己族群较远位置、同时以众多玉器陪葬的做法，早在公

---

① 《礼记·檀弓上第三》："孔子曰：之死而致死之，不仁而不可为也；之死而致生之，不知而不可为也。是故竹不成用，瓦不成味，木不成斫，琴瑟张而不平，竽笙备而不和，有钟磬而无簨簴。其曰明器，神明之也。"见王文锦：《礼记译解》，中华书局2016年版，第87页。

元前三千年的良渚文化中就已出现，"是巫师阶层已形成才可能出现的现象"①。在著名的河南濮阳新石器时代墓葬遗址第45号坑中，墓主身旁用贝壳摆设成龙虎的形状，在不远处还有一个人骑龙的造型。② 这位墓主人很可能就是最早的巫师阶层的代表。可以看到，经过悠久历史的发展，人们的宗教信仰和神话观念有了突飞猛进的发展：神圣之物开始形成并系统化，死后世界变得复杂，人们不再认为这个世界和自己的生活世界具有同样的性质，以至于需要借助具有神力的动物来保护自己。我们还很难肯定地说濮阳墓葬以贝壳为材料摆设出的龙虎形象和人骑龙造型是象征死者升天③，但起码可以肯定，这种造型说明当时人们对人死后生活的另一个世界的观念已变得丰富、复杂、多样，而且这个世界具有和自我生活世界不同的特点。贝壳的使用说明墓主人身份非同一般，因为贝壳当时是作为财富的象征而使用的；以贝壳摆设而成的龙虎护卫在他的两旁，也能说明这一点。似可推测，这时人们虽然认为现世生命是要死亡的，但死后仍会在另外的空间里继续存在，只不过这个空间具有异域性质，因而需要用昂贵的物品埋葬死者，以满足死者在这一空间的生活。与死者相关的仪式和物品越多、越复杂，越说明人们对另外一个空间里的认识越深入、越全面，从而器物造型的形式与内容、神话意象的体系也越来越复杂——器物使用和神话意象确证了这个神圣空间的存在，两个世界之间的"阻隔"不可避免地产生了！

实际上，人们对于神的世界的想象并未带有更多的负面性质，而只是

---

① 苏秉琦：《中国文明起源新探》，商务印书馆1997年版，第124页。
② 孙德萱等：《濮阳西水坡遗址发掘简报》，《华夏考古》1988年第1期。
③ 张光直：《濮阳三蹻与中国古代美术上的人兽母题》，《文物》1988年第11期。关于濮阳墓葬中的"人骑龙"造型，或许不能进行过多的意义阐释。湖南出土的战国时期楚国的人物御龙帛画，以及《韩非子》等文献记载的驭龙母题，往往被人们理解为人对神的战胜，代表了人的觉醒，确证了人征服自然的力量，因而有人甚至将这一思想追溯到濮阳的人骑龙造型。实际上，这类人兽组合在战国之前并不常见，即使战国以后此类图像增多，也不能说明人对神的征服，因为人屈服于神的造型也不在少数。按照林巳奈夫的分析，在虎食人的常见造型中，虎口的人面部表情平静和谐，并无恐惧之感，反而因为"虎＝帝"同构之观念，这类造型很可能暗含着虎协助人升天面见天帝的主题。见〔日〕林巳奈夫：《神与兽的纹样学》，常耀华译，生活·读书·新知三联书店2009年版，第153页。

将黄泉作为生命另外的生存场所；人们甚至认为这里是生命孕育的场所，为万物之萌动提供原初的力量，所谓"阳气动于黄泉之下，动养万物也"①。有学者相信，中华民族的祖先"黄帝"可能与"黄泉"观念有着密切关系，因为"黄在五行说中则是大地、在大地之下流动的泉水、黄昏以及中央的颜色"："黄帝原本是地下的主神，上帝的对立面。古代中国称阴间为黄泉。这个地下水域在汉墓艺术中被描述有与龟、龙或者很大的鱼一样的生物，比如与由黄帝的姓所暗示的水生物等联系在一起。"②这种将地下世界主神作为人类始祖神的观念，可能与更为原始的地母神崇拜有关。只不过，在随后观念的影响下，这个空间的异己性质逐渐增多，因而需要通过更多其他方式才能对其探知一二。与班固的论述不同，在王充的记述中，这个地下场所却成为"人之所恶"的所在："闭户幽坐，向冥冥之内，穿圹穴卧，造黄泉之际，人之所恶也。"③这个空间显然是异己的，同时又对"己"（我们）产生着或有利或有害的影响，以至于人们不能在生活中远离它，而只能穷尽自己的智慧，利用各种最精致、完备的工具、手段去积极应对它可能带给我们的影响。无论任何时代，统治阶层均会将当时社会上最为宝贵的物品贡献给这个空间的存在者，用最先进的技术、最优秀的人才，创制最好的物质产品，实现与这个空间的存在者的沟通。在墓葬习俗和灵魂升天观念的影响下，人们认为这个神圣空间可存在于地下，也可存在于天上。在人们将地下神祇送往天上之前，人们往往将地下世界作为这个空间的代表；神仙思想兴起后，人们认为这个空间也可以存在海上，同时不具有固定的位置，可以随时发生改变。待到佛教信仰进入中国，彻底将地下这个神圣空间邪恶化进而变成阴森、恐怖的所在，虽葆有了某种神圣性，但已不适合神灵居住，它代表的是死亡、邪恶、堕落等负面力量，是人们避之不及的所在——人与神圣空间的间隔从此无法弥补。

---

① 陈立：《白虎通疏证》，中华书局1994年版，第184页。
② 〔美〕艾兰：《早期中国历史、思想与文化》，杨民等译，商务印书馆2011年版，第79页。
③ 刘盼遂：《论衡校注集解》，中华书局1990年版，第593页。

与这种对神圣空间的想象式建构同步，人们还将之现实化，通过图像、建筑、墓葬等形式呈现出来，以确证它的存在。这里的景象有文字和图像的描绘和呈现；与此同时，人们还建造大型、大量的墓葬和祠堂等宗教建筑。这正像黑格尔对埃及建筑的讨论那样，在这种情况下，墓葬就成为保护、寄托肉体存在的庇护场所，让"无形可见的事物"（阴魂）有房子居住，从而使建筑具有了实用性。这种实用性的产生，"活人和死人的对立却显得很突出；精神的东西开始和非精神的东西分割开来了。这是具体的有个性的精神在产生和发展。所以死人被看作须保存住的个体，与自然界生死流转的观念相反，可以免于一般自然事物都在所不免的腐朽和消逝。个性是把精神的东西看成是独立的观点所依据的原则，因为精神只有作为个体，作为人格，才有存在的可能。所以我们认为这种尊敬死人和保存死人的习俗对于精神个性的存在是第一个重要的因素，因为在这种习俗里，个体不是被取消掉而是被保持住了，至少肉体是作为这种自然的直接的个体而被珍藏和敬重"[①]。黑格尔将这种珍藏和保护尸体的做法看作是个体精神发展的"第一个重要的因素"，认为这是个体精神回复绝对精神的第一步，在这种情况下肉体的和精神的、死的和活的之间就存在了一种对立，这种对立观念的产生正是墓葬建筑产生的思想基础，也是人们对异域神圣空间从想象建构转化为现实建构的思想基础。因此，墓葬建筑带有明显的"阻隔性质"：将生与死、肉体与精神、此岸与彼岸等对立起来，然后再寻找到沟通二者的方式和手段；或者说，它本身就是手段。在《礼记》的记述中，"葬"本来就带有"藏"的意味："葬也者，藏也。藏也者，欲人之弗得见也。是故衣足以饰身，棺周于衣，椁周于棺，土周于椁，凡壤树之哉！"[②]人们将尸体如此周密地保护并掩藏起来，就是要保证这个空间的独立性和自足性。人们在墓葬建设和仪式结束后，还要将之埋上厚厚的封土，期望这里"千岁不发"，永远处于与此在隔绝的状态。

[①] 〔德〕黑格尔：《美学》第三卷（上），朱光潜译，商务印书馆1979年版，第50—51页。
[②] 王文锦：《礼记译解》，中华书局2016年版，第96页。

这种观念是对《周易》"古之葬者,厚衣之以薪,葬之中野,不封不树,丧期无数"观念和做法的矫正,而这种转变正像黑格尔所指出的,是"个体精神的产生"。"封""树"是墓葬最终完结,是"成葬"。郑玄注《周礼·春官·宗伯第三》"成葬而祭墓,为位":"成葬,丘已封也。天子之冢不一日而毕。位,坛位也。先祖形体托于此地,祀其神以安之。"[1]我们甚至可以说,墓葬设计的内容越丰富,越能说明人们对这个异域空间的重视,也越证明人们将这种对立性发展的同时更加急切地迫近自我本身。在司马迁的记述中,秦始皇的陵墓内包罗万象,是宇宙空间的微缩构成:天地和人间的一切美好的事物都涵盖其中。在这个空间中,居于墓葬核心的却是虽死犹生的墓主人本身:是他的存在让墓葬的一切设计获得了意义和存在价值;反之,如果一个墓穴没有埋入死者,它无论多么豪华圆满,都无法获得意义而仅成为一个"空虚的存在",墓葬由此从目的转化为手段——"死者通过居住于这两个空间而实现了它们的礼仪与象征意义。"[2]正因如此,墓葬"藏"的含义实现后又要以"封""树"来表达其"显"的含义:"藏"是保护、转化、自足、永恒,"显"是彰显、昭告、警示,以提醒人们这两个空间之间不可分割的复杂关系。

实际上,最开始的时候,人们认为在这个神圣空间居住的是自己的亲人或族人,因而与他们的交流自然容易得多,而且这时天神的地位是低于祖先神的,人们与这个空间的距离自然在心理上也是接近的,但这并不能消除神圣空间的阻隔性质。虽然现在无法确证"天"及"天神"观念出现的具体时间,但其起源甚早是一定的,只不过人们对"天"及"天神"的态度尚不极端崇敬,因而我们无法确认濮阳人骑龙造型是否就是表达升天的愿望,因为这个空间("天")的神圣性此时在人们心中似乎并不十分重要。顾立雅等人推测,"天""天帝""上帝"等观念都是西周的产物:

---

[1] 徐正英等:《周礼译注》,中华书局2014年版,第425页。
[2] 〔美〕巫鸿:《黄泉下的美术》,施杰译,生活·读书·新知三联书店2010年版,第15页。

"'天'字在甲骨文里很少见，一些学者把它释作'大'。'地'在甲骨文里未见到。这意味着'上下'与'天地'连在一起的说法是周灭商后才出现的。但是，仍然肯定的是商人同其他的民族一样，知道有天覆盖着地，无疑也意识到了天地之外，还有下界存在。"① 实际上，意识到天地和下界的存在，认为这些地方存在各种神灵，在更早的时期就已完成，只不过人们并未将这些神灵作为与自己生活密切相关的神灵加以崇拜。这或许可以说明，最起码到殷商时期，人们仍未将天神作为至上神加以崇拜。根据《史记·殷本纪》记载，纣王曾经将"天"做成一个木偶的形象，并射箭对之进行攻击，意图杀死这个人格化的存在。但是，"天"和"帝"合在一起而成"天帝"却在西周时期，不能将二者混为一谈。人们发现，甲骨卜辞中的"帝"仍具有较高权威："卜辞所见风云，有时亦加以帝号。如云称帝云，风称帝风或帝使（史）风。'帝'同时是祭名；帝祭四方谓之'方帝'。帝是最高的神明（Super God），抚有四方。殷人祭于四方的风神，亦举行'帝祭'。可见殷卜辞的最高天神是'帝'。帝的威力左右人间的祸福。自然界在气象上的变化和农作物的丰歉，都可由帝的命令来决定。帝是负有保护和破坏二方面的职能的。"② 而根据张秉权的研究，殷商时期的"帝"与祖先神具有从属关系，因而他们一起接受祭祀："在祭祀祖先的时候，同时也祭祀上帝。在卜辞中说某宾于某，往往是较近的祖先宾于较远的祖先，也就是较卑的宾于较尊的。……同时，也可以知道帝的地位，高于一切祖先，而帝又可以和许多祖先同时受祭，那是殷代的王室，认为他们的祖先，可以配帝而受祭的一种具体的表示。所以像《诗经·商颂·长发》中所说的'有娀方将，帝立子生商'那一类神话，认为商的始祖，是上帝的子

---

① 〔美〕艾兰：《早期中国历史、思想与文化》，杨民等译，商务印书馆2011年版，第118—119页。
② 饶宗颐：《天神观与道德思想》，见"中央研究院"历史语言研究所编：《中国上古史》（待定本第四本），第2页。

孙，是有其很古老的来源的。"① 根据现有文献，人们一般认为殷商时期虽然有"天"或"天神"的观念，但祖先神才是整个宗教体系中最为崇高的存在，这其实就是上述思想观念的遗留或反映。根据甲骨文记载，殷人一般向祖先问询而不选择"帝"："在殷人的神灵世界里占有主导的最重要地位的是祖先神，而不是帝；帝不是万能之神；自然神、天神和祖先神各有特点、互不统辖，呈三足鼎立之势；殷代的神权崇拜不是静止凝固，而是有所发展变化的。"② 相比于那些异形的自然神灵，祖先神由崇拜者自己的祖先转化而成，是"自己人"，因而两者之间的差距自然小得多，祖先神的生活空间与自己的生活空间虽有不同，但差距不是很大，他们也需要食物和休息，也居住在房屋中，并希望自己的子孙定期和自己会面，商讨生活中的重要事件。即便如此，祖先神作为异域空间的存在者，他们也并未因为子孙后人的虔诚供奉而完全实现他们的乞求目的，因而生活空间与神圣空间之间的阻隔并未消除。根据相关描述，可以看到，严格而繁缛的礼仪、精致器皿的制作、繁多牺牲的贡献，以及人们小心翼翼的行为举止，这一切都说明祖先神并不是和蔼可亲的形象，他们喜怒无常，经常怪罪侍奉者对他们不恭敬；而且他们极为贪婪，似乎有着永远无法满足的欲望，以至于人们要以贪食而"好货"的"饕餮"纹饰对他们加以表现。③

实际上，子孙对祖先神的从属和膜拜并非说明他们永远处于被动地位，也不是任何祖先死后都能成为神而成为祭祀对象，为此人们制定了"有功

---

① 张秉权：《殷代的祭祀与巫术》，见"中央研究院"历史语言研究所编：《中国上古史》（待定本第二本），第382页。
② 晁福林：《天命与彝伦：先秦社会思想探研》，北京师范大学出版社2012年版，第18页。
③ 美国学者艾兰根据《左传·文公十八年》"缙云氏有不才子，贪于饮食，冒于货贿，侵欲崇侈，不可盈厌，聚敛积实，不知纪极，不分孤寡，不恤穷匮，天下之民以比三凶，谓之饕餮"和《吕氏春秋》"周鼎著饕餮，有首无身，食人未咽，害及其身"等记载，发现文献记载和后来的注疏家总是将"贪食"与"饕餮"建立联系，"贪食"几乎成为饕餮的身份认同特征："这个饕餮纹肯定不是缙云氏之子的画像，但是它却反映出了古代把这个纹饰跟饮食联系起来的情况，这很有意味，因为用饕餮纹饰装饰的器物是祭奉食物的，我猜想这些接受祭祀的死者和神灵一定是贪得无厌的好食者。"见〔美〕艾兰：《早期中国历史、思想与文化》，杨民等译，商务印书馆2011年版，第213页。

烈于民"的标准："夫圣王之制祭祀也，法施于民则祀之，以死勤事则祀之，以劳定国则祀之，能御大菑则祀之，能捍大患则祀之。"①厉山氏、共工氏、帝喾、尧舜禹、黄帝、颛顼、契、汤、文王等，都是"有功烈于民"者，因而可以成为祭祀的对象，这样他们就从鬼转变为神。除了这些"五代之所不变"的祖先神外，其他配享的始祖神会随着时代的变化发生相应的变化。根据早期文献的记载，可以看到，祖先神的地位并不是稳定不变的，某一位祖先能否成为神被崇拜关键在于这位祖先与现在后人的亲疏关系，以及后人的王爵等级，一旦两者的血缘关系和生活时间均相距甚远，后者则可根据现实的情况更换自己的祭祀对象。在这种情况下，作为"神"的祖先就转变其身份而成为"鬼"，不再接受子孙的祭祀。这说明，作为现实世界的生存者对那个异域空间似乎也存在某种建构的权力，而仅非处于被动的地位，虽然两者之间的阻隔性质并未发生根本性的改变。根据《礼记·祭法》的描述，生于天地之间的万物都有"命"，而"命"是一个过程，过程的终结为"死"，万物死曰"折"，人死曰"鬼"；如果此人具有一定的等级身份，则其死后会有"庙"作为祭祀其亡魂的场所，这样他就从"鬼"转变为"神"，而"庶士、庶人无庙，死曰鬼"②。按照作者的描述，"王立七庙、一坛、一墠"，"诸侯立五庙、一坛、一墠"，"大夫立三庙、二坛"，"适士二庙、一坛"，"官师一庙"。③ 这种建制标准的目的在于辨明等级身份、亲疏关系，是商周分封制时代的宗教体制。"庙"由系列的建筑构成，是最庄严重要的祭祀场所；"坛"聚土而成，有昂著的标志；"墠"则是平地，祭祀的等级与对象处于整个祭祀体系最底的层级。根据祖先神与祭祀主体的亲疏关系，后者不断更换祭祀对象，原先的祖先神的祭祀场所逐渐由"庙"转移至"坛"再由"坛"转移至"墠"；一旦祖先神的祭祀场所转移到"墠"，其作为神灵的地位即岌岌可危，因为一旦有新的祖先神进

---

① 王文锦：《礼记译解》，中华书局2016年版，第604页。
② 王文锦：《礼记译解》，中华书局2016年版，第600—601页。
③ 王文锦：《礼记译解》，中华书局2016年版，第601页。

入祭祀系统，则"去埤为鬼"，祖先神的身份彻底消失，从此以鬼的身份存在于异域空间。而那些没有功烈于民而只以灾祸危害于民的祖先神的子孙，如尧、缙云氏之"不才子"等，也同时存在于这个空间内，并不时对人们的现实生活产生负面的影响。

因而，在早期中国宗教信仰和神话体系中，祖先神及其衍生神的地位十分重要，这种观念的进一步发展，必然引起宗教观念上的变化以及神话意象体系的更新。具体言之，战国秦汉时期神仙信仰的兴起和鼎盛，就与这种人死后可以转变为神的观念有着密切的关系，后者成为前者重要的思想来源。由于整个祖先神体系处于不断更新的状态，因而任何人死后都具有成为神灵的可能，死既是现世生活的终结，又是异域生命的开始，两个空间的生存主体具有一致性。王充的论述可以证明"人死如灯灭"的物理化观念的产生，但这一观念并未成为时代思潮的主流，人们仍将死后世界具体化、形象化，通过墓葬设计、仪式行动、器物制作、图像绘制等手段来实现它。尤其是战国两汉时期求仙活动的盛行和《神仙传》《列仙传》的流行，让这种"凡人皆可成仙"的思想观念更加流行，从而打破了此前人死后可以成为神灵的条件限制：人们不需要具备王侯身份，也不需要"有功烈于民"，普通人也可通过特定的方式和手段实现由凡入神的转变——打破现实世界与异域空间之间阻隔的手段、方法获得观念的支撑而变得多样化，并不为少数特权阶层所专有。

第三节 "德"：神人阻隔空间的扩大与消解

观射父对"绝地天通"神话的讲述，指出了巫觋与神交流的基本条件：巫觋来自于民，同时具备志虑忠纯、不怀贰心、圣洁朗照而对神虔敬忠诚的神圣品质。这种品质正是"德"的原初内涵之一。"德"起源自原始宗教的光明信仰，在后世文化中它一方面转化为主体内在的精神境界和道德品质；另一方面转化为带有约束性的礼仪规范，成为人人遵守的道德标准。高尚的德性（"俊德"）既是神人沟通的基本条件，也是人死后向神转化的基本要求，以谒见、迎接为主体的生活图像由此转化为人死后接受祖先神灵"道德检核"的神圣仪规。

一、神人同构：神的非对象性

根据上述内容和考古研究，可以发现，华夏先民虽承认存在神圣世界和现实世界，但并不认为这两个世界是对立的，而毋宁是一体的；同样，神由祖先充当，神并非异己的存在，而是拥有与自己一样的生理心理结构的存在。据张光直分析，这种观念直到殷商时期不仅未发生改变，而且更加体系化："在商人的世界观里，神的世界和祖先的世界之间的差异，几乎到微不足道的程度。"[1] 李泽厚亦指出，对于殷商前后时期的中国古人来说，"生与死、人与神的界限始终没有截然划开，而毋宁是连贯一气，相互作用着的"[2]。因而在这种观念中并不存在神与人之间的异质区别：神由人转化而成，神是人的另一种存在形态；神的世界与人的世界具有同质性，两者间不是对立的，而是互补的。在《孔子家语·哀公问政》中，孔子回答了宰我"吾闻鬼神之名，而不知所谓"的问题："人生有气有魄。气者，人之盛也。魄者，鬼之盛也。夫生必死，死必归土，此谓鬼；魂其归天，此谓神。合鬼神而享之，教之至也。骨肉蔽于下，化为野土，其气发扬于上，此神之著也。圣人因物之精，制为之极，明命鬼神，以为民之则；而犹以是为未足也，故筑为宫室，设为宗祧，春秋祭祀，以别亲疏，教民反古复始，不敢忘其所由生。"[3] 无论此番言论是否属于孔子，但其可说明人与鬼神之间并无更多区别，因为后者由前者转化而成。人死后，其物质化的肉身藏于地下而成为鬼，其精神性存在（"魂"）则转化为神，因而究其实质，神和

---

[1] 张光直：《中国青铜时代》，台湾联经出版事业股份有限公司1994年版，第346页。
[2] 李泽厚：《说巫史传统》，上海译文出版社2012年版，第8页。
[3] 陈士珂：《孔子家语疏证》，上海书店出版社1987年版，第119页。

鬼是人的一体两面。此外,"骨肉毙于下"和"其气发扬于上",是指鬼、神具有不同的居住空间,圣人可"因物之精,制为之极"而实现与鬼神之交流,甚至通达这两个空间,从而为生民立法,让他们"反古复始,不敢忘其所由生",永远记住自己的祖先和生命起源。这种观点仍未将人与神绝对隔绝开来,人的世界和神的世界之间是可以贯通、交流的,而实现这种交流的人就是"巫"——"鬼神由人转化而成"成为巫觋降神的前提条件。李泽厚指出:"巫舞促使上天降雨、消灾、赐福。在这里,人的主动性极为突出。在这里,不是某种被动的请求、祈愿,而是充满主动精神(从行为动作到心理意识)的活动成了关键。在巫术礼仪中,内外、主客、人神浑然一体,不可区辨。特别重要的是,它是身心一体而非灵肉两分,它重活动过程而非重客观对象。因为'神明'只出现在这不可言说不可限定的身心并举的狂热的巫术活动本身中,而非孤立、静止地独立存在于某处。神不是某种脱开人的巫术活动的对象性的存在。相反,人的活动倒成了'神明'出现的前提。'神'的存在与人的活动不可分,'神'没有独立自足的超越或超验性质。"[1]在《礼记·祭统》的表述中,人们认为对于祖先神灵的祭祀并非有事物("神")自外而来从而使人产生敬畏感,这种神圣情感的产生"自中出,生于心":"夫祭者,非物自外至者也,自中出,生于心也。心怵而奉之以礼。是故唯贤者能尽祭之义。"[2]这就将神灵的产生内在化,从而确证了神的非对象性存在方式。可以看到,正因为神明由人转化而成,所以它要依赖于人的活动并存在于人的活动之中,而不是外在于人的活动之外的对象性的存在;虽然他们也有属于自己的存在空间,但他们并不是物质实体,而是主体活动和精神的产物,神人一体之关系是明显的。当然,《礼记》的记述蕴含着一个至为微妙的转折:神性一方面被内在化、主体化和精神化;另一方面将神与主体的品性("贤者")结合起来,从而为神的

---

[1] 李泽厚:《说巫史传统》,上海译文出版社2012年版,第16页。
[2] 王文锦:《礼记译解》,中华书局2016年版,第631页。

内在化存在方式的形成奠定了新的伦理基础,这与后文谈到的"德"从神学概念向伦理概念的转化是一致的。

实际上,这种观念有将外在于主体的神祇世界、类型、系统内在化和精神化的倾向。当然,这种概括是符合神祇产生的实际情况的。在原始巫术和宗教中,神人一体,因而神的世界与人的世界之间存在同质性,甚至神的世界的存在某种程度上依赖于人的世界。但是,随着理性思想和集权统治的发展,神人一体逐渐转变为"神人阻隔",神的世界与人的世界存在异质性,因而沟通这两个世界就成为一种特权而为少数人专有。在思想观念上,巫向史、礼的转变最终促成了"神人阻隔"现象的形成,其中"德"所起作用十分重要。李泽厚所指出的这种神人合一现象的思想基础是祖先崇拜,存在于原始宗教,一旦原始宗教被人为宗教取代,神与人的分离即成必然。李泽厚将"巫的世界"与"宗教的世界"进行区分:"'巫'的特征是动态、激情、人本和人神不分的'一个世界'。相比较来说,宗教则属于更为静态、理性、主客分明、神人分离的'两个世界'。与巫术不同,宗教中的崇拜对象(神)多在主体之外、之上,从而宗教中的'神人合一'的神秘感觉多在某种沉思的彻悟、瞬间的天启等等人的静观状态中。西方由'巫'脱魅而走向科学(认知,由巫术中的技艺发展而来)与宗教(情感,由巫术中的情感转化而来)的分途,中国则由'巫'而'史',而直接过渡到'礼'(人文)'仁'(人性)的理性化塑建。"[1] 李泽厚所说的"宗教"是人为宗教,也就是理性化的宗教,其崇拜的神是外在于人的、对象化的,与巫的世界中的神有很大区别,尤其在人神关系上出现了很大差别。根据德国宗教学家乌西诺的研究,最早的神为瞬息神,即主体将自我身心产生而无法捕捉的瞬间的神秘感受作为神灵,同时将之形象化、具体化进而实体化,形成神祇形象。[2] 因而神人之间本不存在异质性,或者说神是主体

---

[1] 李泽厚:《说巫史传统》,上海译文出版社 2012 年版,第 17 页。
[2] 〔德〕卡西尔:《语言与神话》,于晓译,生活·读书·新知三联书店 1988 年版,第 60—62 页。

将自我感受、思想、情感形象化的产物。其实，人为的理性化的宗教中的神或带有宗教气息的哲学概念（如天、道等）也与这些神灵有着密切联系。李泽厚指出："我以为它们（按：指'天''道''天道'）最早都来自原始歌舞巫术礼仪过程中出现的神明。它多元、恍惚、朦胧、含混而又确然存在。这个'存在'主要在于功能、效用，而不在于它是何实体或本质。《周易》所谓'阴阳不测之谓神'，荀子所谓'不见其事见其功之谓神'，就是说的这种神明。"[①] 李泽厚对神明的描述更接近于主体莫可名状、真切而不可把握的精神状态，它们是最早的神灵，后世又被抽象化、概念化为最早的哲学概念或观念。这些都在说明神人之间的同质性，神从人的性质发展而来，人神之沟通、合一的实现具有可能性。

因此，在祭祀过程中，主持或参与祭祀的人应该具备高尚纯净的德性，同时还要具备虔敬的精神状态，"敬"是神的非对象性存在的精神基础。根据祭礼的规定，子孙在祭祀祖先时，必要虑事周全，举行斋戒，身心合一，"心不苟虑，必依于道；手足不苟动，必依于礼"，而不能有丝毫差错，如此方可称"孝子"，方可取悦祖先，实现祭祀的意义。《礼记·祭义》："孝子将祭，虑事不可以不豫，比时具物，不可以不备，虚中以治之。宫室既修，墙屋既设，百物既备，夫妇齐戒、沐浴、盛服，奉承而进之，洞洞乎，属属乎，如弗胜，如将失之，其孝敬之心至也与！荐其荐俎，序其礼乐，备其百官，奉承而进之，于是谕其志意，以其慌惚以与神明交，庶或飨之。庶或飨之，孝子之至也。孝子之祭也，尽其悫而悫焉，尽其信而信焉，尽其敬而敬焉，尽其礼而不过失焉。进退必敬，如亲听命，则或使之也。"[②] 这种对祭祀整个过程的高度虔敬的态度，是祭祀顺利完成并获请神灵福佑的重要保障。《礼记·祭统》："天子、诸侯非莫耕也，王后、夫人非莫蚕也，身致其诚信，诚信之谓尽，尽之谓敬，敬然后可以事神明。此祭之

---

① 李泽厚：《说巫史传统》，上海译文出版社2012年版，第84页。
② 王文锦：《礼记译解》，中华书局2016年版，第611页。

道也。"① "敬然后可以事神明",说明主体虔敬、纯洁的精神状态是致神的基础,而这是"祭之道"。在《老子》"涤除玄鉴"、《庄子》"心斋""坐忘"思想中,纯净虚无的精神状态是主体体悟、通达"道"的心理基础,这与"祭之道"具有相同的心理要求,再一次说明神的存在依赖于主体的心理状态,内心纷扰、缺乏敬畏的人是不能降神的,因而也不能与神交流。正像饶宗颐指出的,"'敬'之观念,与事神有莫大关系",而与"敬"结合在一起的则是"德":"'敬'是对天的尊敬,而德为立人的本体;敬是畏天的表现,盛德是完美的威仪,亦是效法于天地的。"② 如果说"敬"是事神的态度,"德"则是降神的基础,而这层含义远较"立人的本体"为悠久。

二、"德":巫觋通神之基础

周取代巫风盛行的商政权后,在宗教思想上也进行了有力的改造,巫的思想由此向礼转化,神人一体思想逐渐被剥离、分开,甲骨文中的"帝"向"天"转化。但实际上这种分离甚为古老,或者它本身就内涵于其起源之中,神与人毕竟存在区别。余英时指出:"在现代学者的主流意见中,'天命'观念起源于西周。依此现代理论,'天命'概念是由周王朝创建者(尤其是周公)所首创,他们灭商并取而代之都是奉'天'之'命'而为之。不过就我看来,以'天之所令'(Heaven's Command)或'天所授命'(Mandate of Heaven)的意义而论,'天命'观念的起源仍有讨论的余地。我可以接受'天命'作为一个概念正式出现在周初之说,但如果考虑到'绝地天通'神话自原始时代以来一直盛行以及商代统治的神权性质,一个与'天命'相类似的观念当早在周兴起前便已为'普世之王'所运用。事实上,我们有充分的理由相信,商王也一定假借了'帝'(如果不是'天')

---

① 王文锦:《礼记译解》,中华书局 2016 年版,第 633 页。
② 饶宗颐:《天神观与道德思想》,见"中央研究院"历史语言研究所编:《中国上古史》(待定本第四本),第 7 页。

的命令来建立他在人世的至高权威。"① 余英时的分析是有道理的。一个概念的被提出、使用和接受，要经过长期的准备过程，没有这个过程，内涵丰富的概念是无法形成的，即使偶然被使用，也很难为人接受。此外，周人又创造一个新词"德"指称弥漫无边而无所不在的神力②，同时将这种神力内化为人的精神品质，用以区分人与人的关系、差别。在这种观念的影响下，神人分离的程度加深了，神的世界与人的世界彻底异质化，同时也将人与人异质化。李泽厚将"德"界定为可能是与祭祀、政治相关的"一套行为""可能是各氏族的习惯法规"，最终衍生出"敬"和"礼"："'德'字原始含义究竟是什么，是一个迄今并不清楚而很值得研究的问题。……我以为，'德'正是由此'循行''遵循'的功能、规范义转而为实体性能义，最终变为心性要求义的。'德'在周初被提高到极高位置，恐怕也与周公当时全面建立规范化的氏族制度有关。'德'逐渐由'循行'的习惯法规转义为品格要求。……'德'似乎首先是一套行为，但不是一般的行为，主要是与以氏族部落首领为表率的祭祀、出征等重大政治行为。它与传统氏族部落的祖先祭祀活动的巫术礼仪紧密结合在一起，逐渐演变而成为维系氏族部落生存发展的一整套的社会规范、秩序、要求、习惯等非成文法规。周初突出'敬德'。'敬'，是要求恪守、服从，其中包含有谨慎、崇拜义，就是因为这个'德'本与原始的巫术礼仪有关，与对神秘的祖先崇拜、与对'天意''天道'的信仰和观念有关。"③ 李泽厚对"德"向"礼"的转化过程进行推测，隐约透露出"德"所蕴含的神圣性内涵。

实际上，在观射父的论述中，他对巫觋精神品质的描述本身就蕴含着"德"被内化为个人品质以通神的可能性；或者说，这种品格为巫觋所特

---

① 余英时：《论天人之际》，台湾联经出版事业股份有限公司2014年版，第78—79页。
② 在殷商甲骨文中，"德"字由直从行，与"循"字相近，其含义学界尚存在不同意见，一般认为它在金文中被广泛使用，含义可确指为"德"。更详细的讨论和分析，参见郑开：《德礼之间：前诸子时期的思想史》，生活·读书·新知三联书店2009年版，第44—53页。
③ 李泽厚：《中国古代思想史论》，生活·读书·新知三联书店2008年版，第86—87页。

有的观念已成为当时人的共识。这似乎说明"德"是巫觋与神交流的根本性因素，是"德"让二者的交流成为可能，而这正彰显出"德"之原初内涵："民之精爽不携贰者，而又能齐肃衷正，其智能上下比义，其圣能光远宣朗，其明能光照之，其智能听彻之，如是则明神降之，在男曰觋，在女曰巫。"① 可以看到，通神的巫觋由民中产生、是民的一分子，但要求其精神纯净、专一不二且品质中正、恭敬虔诚，而这正是"德"的本义之一："德字从心从直，本义即是正见于心，所谓端正心思，'内得于己'之意。或谓'德者性之端也'者。在内心确立正直的标准，加强心性的修养，指导和约束个人行为以求达到'外德于人'的要求，这便可称之为'德'。"② 同时也可看到，观射父用"光""朗""明""照""彻"等字来界定巫觋的性质，似可认为这种品质带有原始光明崇拜的痕迹，朗然洞彻正是太阳神的品质，而这也正是"明德"的原始信仰基础。根据姜亮夫的研究，"明德"源自于原始社会以光、火、日、月为主体的光明崇拜，具有"光明"品质是神的基本特点，因而能够通神的人也应像神一样拥有这种品质；在早期观念中，人们认为"王"和"巫"是具有这种品质的"两种人"："明德一词，《诗》《书》、金文中常见，《诗》多见于《雅》《颂》中。这个词源于上古幽昧，人们因为惧怕黑暗而有光明崇拜。人们所崇拜的日、月、火、光具有超人智慧，可主宰人间一切的'神'的作用。到社会组织产生以后，这种人间社会的、掌握统治的力量，就有一部分转到了天子、君主的手中，于是将光明的含义增加到政治、道德、哲学的范畴中去了，而在中国封建社会、儒家政治、哲学中起着极为重要的作用，使这个宗教性的术语延长了寿命，扩大了作用，而成为统治阶级之天子、诸侯受之于天的完全无暇，既能与天神相协调，又能显见于民意的一个政治术语。"③ 因此，观射父对巫觋的描述虽未使用"德"，但其使用的词语却内涵了"德"的原始本义，这也说

---

① 陈桐生：《国语译注》，中华书局2013年版，第621页。
② 刘翔：《中国传统价值观诠释学》，台湾桂冠图书公司1993年版，第98页。
③ 姜亮夫：《楚辞今绎讲录》，北京出版社1983年版，第120页。

明巫觋本就与之密切相关，他们是最早具有"德性"的人，具有神的品质，可以代表人与神沟通。

因此，"巫"所代表的正直、洞彻、朗然、光明等品质正是光明之神的品质，人一旦具有这种品质同时也就具有了神性，可以与神交流（"明神降之"），神秘的力量由此被内化为人的精神和道德品质，虽然它仍带着原始神话信仰的痕迹。根据葛兰言、孙作云等人的研究，"早期文献资料中的'德'隐含了神秘化力量的意味"，"《尚书·逸篇》所说的'德'，近于《吕氏春秋》所说的'怪'，其实它们都是指那种脱胎于早期宗教意识形态的'超凡神力'（magic power）"。① 然而，周代殷之后，"'帝'（殷商）在意识形态中的地位在周初已被结合天意与人事的'德'所取代"②，如此一来，天命由不可究诘之状态转变为根据"德"之所在而发生相应的转移，即"天道无亲，唯德所依"（《国语·晋语六》）、"鬼神非人是亲，惟德是依"（《左传·僖公五年》）。"天道""鬼神"之所以"惟德所依""惟德是依"，原因即在于"德"带有它们的性质和特点，两者间可以相互融合、确认；一旦"百姓携贰"、德性污亏，神则"无所依怀"进而降祸于他们。这时神有具体的形象和实体，有自己的生存空间，这个空间与人的空间有时同质，有时异质。因此，"'德'，作为制度创设和精神跃进的'新意思'，一方面延伸了殷商宗教传统里的天命观念；另一方面又催化了周初的理性精神"③。不过，这种将"德"作为周代统治者改造殷商天命观的观点，将天命与德行截然划分，似乎不太符合殷商宗教的实际情况，因为在更多的甲骨卜辞中，商人认为他们的祖先死后要"宾于上帝"，祖先的神灵与上帝一起生活、相互往来。在《尧典》的记述中，尧"克明俊德，以

---

① 郑开：《德礼之间：前诸子时期的思想史》，生活·读书·新知三联书店 2009 年版，第 231 页。
② 张光直：《中国青铜时代》，生活·读书·新知三联书店 1983 年版，第 307 页。
③ 郑开：《德礼之间：前诸子时期的思想史》，生活·读书·新知三联书店 2009 年版，第 250 页。

亲九族",从而"百姓昭明,协和万邦"[①];在《舜典》中,舜"协于帝,浚哲文明,温恭允塞,玄德升闻,乃命以位",从而"宾于四门,四门沐沐;纳于大麓,烈风雷雨弗迷",引起帝尧的重视,从而命他"陟帝位"[②]。在尧舜身上,"德"既是一种可以沟通神灵的神秘力量,又是一种高尚、高贵的个人品质,两者可以同时共存于一身,为部落氏族首领所特有。成汤初立天下,大旱不雨,他将此归于自身德行有亏,乃以身为殉,祷于桑林之社。这一事件与甲骨卜辞屡次提到的"帝其旱我""帝不我旱""帝其降我旱""帝不我降旱""帝其降旱"[③]正相吻合。这也说明"天"或"上帝"具有无上崇高的力量,"德"与"神"之间具有某种神秘的感应关系,所以后人用"周因于殷礼"概括周文化的特点。李泽厚亦指出,"'德'是由巫的神奇魔力和循行'巫术礼仪'规范等含义,逐渐转化成君王行为、品格的含义,最终才变为个体心性道德的含义","原始巫君所拥有与神明交通的内在神秘力量的'德',变而为要求后世天子所具有的内在的道德、品质、操守。这种道德、品质、操守,仍然具有某种自我牺牲、自我惩罚、自我克制(如祭祀时必须禁欲、斋戒等)特色,同时又具有魔法般的神秘力量。所有这些,便都是原始巫术礼仪的遗迹残痕"[④]。《国语·周语上》记周惠王十五年(前662),"有神降于莘,王问内史过"。在内史过的回答中,神降临某地既可布福也可降祸,其根据是所在地方的君王诸侯是否具备"德":"国之将兴,其君齐明、衷正、精洁、惠和,其德足以昭其馨香,其惠足以同其民人。神飨而民听,民神无怨,故明神降之,观其政德而均布福焉。国之将亡,其君贪冒、辟邪、淫佚、荒怠、粗秽、暴虐;其政腥臊,馨香不登;其刑矫诬,百姓携贰,明神不蠲而民有远志,民神怨痛,无所依

---

① (清)阮元校刻:《十三经注疏·尚书正义》(清嘉庆刊本),中华书局2009年版,第250页。
② (清)阮元校刻:《十三经注疏·尚书正义》(清嘉庆刊本),中华书局2009年版,第264页。
③ 常芝玉:《商代宗教祭祀》,中国社会科学出版社2010年版,第40—41页。
④ 李泽厚:《说巫史传统》,上海译文出版社2012年版,第27、29页。

怀,故神亦往焉,观其苛慝而降之祸。是以或见神以兴,亦或以亡。"① 这种观念也成为后来王朝更替时新的统治者对自我统治合法性进行论证的思想基础。例如,"周王解释说,他们推翻商朝是建立在道德的基础之上:商的末代国王生活放荡,完全无视他在自己国家中的罪行。上帝于是成为明辨是非的人物,要对君王的行为做出道德判断。周援引前例,说夏的末代国王桀是个放荡之人,所以被商朝的开国君王汤推翻了"②。"德"向"道德"的转化,为周王的解说提供了基础。《左传·宣公三年》"在德不在鼎"的观念,已隐约透露出"德"对人主的道德约束力量。于是,国之兴亡与否完全在于国君之德政施行的好坏如何——具有原始宗教意味的"德"具有了鲜明的理性化、伦理化和政治化的倾向,"德"的地位明显提高了,它决定了神人关系的亲疏、远近。这里仍可看到神与巫君之间的密切关系,毕竟,在此之前的思想观念中,巫君本就是通神的人。而此时,神似乎是站在民一边的("神飨而民听,民神无怨""明神不蠲而民有远志,民神怨痛,无所依怀"),神的出现是民意召唤的结果。这说明此时人们已经接受了神人的分离,神有自己的存在空间,而人的生存空间只有在具备某种性质时神才有可能降临,两者间的同质或异质关系加深了。但是,根据李泽厚的分析,"德的外在方面便演化为'礼'"③,进一步将"礼"神化,"礼"来自于天、是天道的体现④,而"礼"的根本作用在于别亲疏、明秩序。这进一步加深了神人之间的对立,也让神仅为某一部分人服务,或者说,特定区域的人有自己的神,而不能祭祀、礼拜其他人的神,否则即为"谄媚""淫祀",亦即内史过所

---

① 陈桐生:《国语译注》,中华书局 2013 年版,第 32 页。
② 〔美〕艾兰:《早期中国历史、思想与文化》,杨民等译,商务印书馆 2011 年版,第 186—187 页。
③ 李泽厚:《说巫史传统》,上海译文出版社 2012 年版,第 29 页。
④ 《礼记·丧服四制》:"凡礼之大体,体天地,法四时,则阴阳,顺人情,故谓之礼。"《左传·昭公二十五年》:"夫礼,天之经也,地之义也,民之行也。天地之经,而民实则之。"《礼记·礼运》:"夫礼,必本乎天,殽于地,列于鬼神,达于丧、祭、射、御、冠、昏、朝、聘。"诸此等等。

说的"神壹不远徙迁",而他人"无有祈也"。[①] 神的世界与人的世界之间的对立与差异越发多样化了。

三、从"明德"到"道德":神对人的道德检核

可以看到,"德"的理性化将某一部分人神化,造成了人与人的区别,从而也造成人与神的区别,神的世界与人的世界由此二分,"神人阻隔"现象至此完成。在此背景下,如何通过特定的手段、工具、方式方法实现由人向神的转化,就成了战国秦汉宗教思想的主要内容。同时,"德"的伦理化、理性化也为人转变为神提供了契机:只要具有某种德性,人就可能成为神。这似乎隐约透露出"神以明德"的原初内涵。而作为伦理道德的"德"在世俗化、礼仪化的过程中,又进一步分化为孝、悌、信、忠、谨、义、廉、耻等各种类型,渗透到人生在世的各个方面。秦汉一统之后,这些内容最终成为整个社会人们的行为准则。在两汉时期,经过诸多学者的努力,人们用德性的诸多内容彻底渗透、改造了原始宗教信仰的结构和内容——人死后向神仙转化的过程中必有"道德检核"这一环节,以确定死者生前在德行方面具有过人之处,或者不存在道德瑕疵,只有通过检核关卡,他(她)才有资格由地下世界上升到神仙世界。在这种情况下,历史上的英雄、刺客、孝子、勇士、爱情至上主义者,都被宗教化和神化,成为后人膜拜的对象,因而他们也与祖先神一起进入当时的图像系统,居住在神灵世界,成为凡人死后成仙的引领者和考核者。

图3.1为山东微山出土的东汉顺帝永和四年(139)的画像石。根据旁边的榜题可知,这年四月初七,桓孓失去了两个弟弟文山和叔山,心里很悲痛,特为他们建造祠堂(食堂),到永和六年(141)正月二十五日完成,并撰刻铭文,希望他们在黄泉下不要忘记自己以待日后团聚。图像呈现的是文山、叔山二人死后在正堂上拜见先祖的场景。屋顶上是常见

[①] 陈桐生:《国语译注》,中华书局2013年版,第34页。

图 3.1　山东微山出土东汉顺帝永和四年画像（载《中国画像石全集》第二卷，山东美术出版社 2006 年版，图版 52，第 43 页）

的羽人饲凤，屋檐左右各有一猿猴，左边的屋檐上同时还有一只舞动中的熊。这些神物形象说明这是一个仙人居住的场所，文山兄弟拜见的正是已为仙人的祖先。图像下方的左边是两位拢手侍奉主人的侍女，右边是两个躬身侧立的侍卫。居坐在正中的是男性祖先，他的左边是他的妻子，身型稍小一些。他的右边是手持笏板、弯腰拜见的兄弟二人，前面身材矮小者应是弟弟，后面身材高大者应是哥哥。可以看到，正面坐的两位祖先态度严肃、不苟言笑，他们正认真听取兄弟二人的汇报，以确定他们生前是否存在有违道德的行为，然后才决定是否把凤鸟吐出的不死药赏赐给他们；从二人的神情看，他们并没有因为兄弟二人是自己的子孙而放低考核的标准，所以右边两位侍卫也显得焦虑不安，好像害怕兄弟俩不能通过这场考试。这是极为严肃、正规的"道德检核"过程，直接决定着死者此后的生活和命运。

有学者指出:"墓中汉鬼的升仙仪轨看似属于死后信仰的领域,然而一旦牵及升仙之道德检核这一环节,单纯的死后信仰与当时现实人生的真切联系变得清晰起来。"[①] 类似的图像设计还见于山东长清孝堂山郭氏祠堂、山东嘉祥县武氏祠堂等,成为前后时期宗教图像设计中带有模式化的样本结构,反映出当时人们将道德伦理宗教化的努力尝试是如此成功。这种做法虽然有将道德神化的倾向,但之所以选择"德",与其原始内涵亦有某种内在关联,因为高尚的品德、操守本身就带有舍身奉献的祭祀意味,因而具有某种不可企及的神性。在这种情况下,"德"再次成为沟通神人、消泯界限的中介或品质。"德"的伦理化及其具体实践在某种程度上消解了神人世界的对立,因为你一旦具有了高尚的德行就可以由人入神,神与人的区隔界限将不再存在。这样,现实的人的世界与异域的神的世界之间也就存在更多的同质性,否则人成为神后在其中便无法生活,神的世界由此成为属人的世界。

实际上,这种凡人死后到先人那里接受道德检核的过程,是一种甚为古老的宗教信仰。在"德"作为原初宗教神力观念的殷商时代,人们即认为祖先死后会升天(或者入地)到天帝那里成为天神,与天帝一起接受下民的供奉。陈梦家指出:"据商代卜辞,天上有'帝'或'上帝','常常发号施令,与王一样。上帝或帝不但施号令于人间,并且他自有朝廷,有使、臣之类供奔走者。'不仅如此,先王先公死后,往往上至'天'廷,'宾'于上帝。"[②] 根据最新的系统研究可以发现,商代卜辞中的"帝"或"上帝"具有十分广泛的管辖权:他可以主宰天文气象,"令雨""令雷""令雹""令风""令云""令旱",而这些天文气象同时又支配、决定人间的年成收获,因而人们既希望他"令雨足年",又怕"帝降旱"[③];同时,他又可

---

① 姜生:《汉帝国的遗产:汉鬼考》,科学出版社2016年版,第10页。
② 陈梦家:《殷虚卜辞综述》,科学出版社1956年版,第572页。
③ 常玉芝:《商代宗教祭祀》,中国社会科学出版社2010年版,第28—44页。

以决定人间城邦的祸福、安危,所以商王在建造新城时反复向上帝请示[①],生怕上帝会因此降下灾祸;天帝还能左右战争胜负,控制商王疾病的好坏。总之,"商人的生产和生活以及安危都要由上帝来决定。而殷人也只能是战战兢兢地揣测着上帝的意志"[②]。根据陈梦家、胡厚宣、常玉芝等人的研究,人们认为上帝在天上还有"廷",这是一个严密的权力组织,有使臣供他驱使,行使他的号令;帝廷的存在为祖先死后"宾于帝"提供了场所和基础。同样,在甲骨文的记述中,为商王朝立下无上功勋的伊尹也曾在死后"宾于商王",在商王的迎接或与商王的接触中,伊尹完成了由人向神的转变。虽然我们现在无法确认商王"宾于上帝"的具体内容,但这种人死后到神的居所相见或神迎接死者来到新世界的观念却一直流传下来。秦汉时期的图像记载说明这种观念具有顽强的延续性,同时迎接或拜见的内容更加具体化,类似于宾客间的平等关系转变为神对人的道德检核关系,"德"之内涵的进一步转化、具体化,也让其中隐含的内容逐渐清晰了。当然,微山画像石的图像呈现明显体现出一种较为开放的结构:在正面而坐的先祖和他右边侧身而拜的后人之间是广阔的空间,这个空间似乎是预留给那些仍然活着的可能观者,以告诉他们在他们死后也要接受这样的道德检核过程,因而带有鲜明的训诫意味。

第四节　图像、纹饰与造型:超越阻隔的尝试

我们对这个神圣空间及其特点的研究可以通过器物图像和神话意象来达到,反过来也是一样;而且,我们有理由相信,这些图像拥有诸多现实

[①] 例如:"庚午卜,内贞:王乍邑,帝若。八月""壬子卜,争贞:我其乍邑,帝弗左(佑)若。三月""癸丑卜,争贞:勿作邑,帝若""癸丑卜,争贞:我宅兹邑大宾,帝若。三月"等。见常玉芝:《商代宗教祭祀》,中国社会科学出版社2010年版,第44—46页。

[②] 常玉芝:《商代宗教祭祀》,中国社会科学出版社2010年版,第61页。

性因素，但这并不妨碍它们作为神话意象而存在，因为它们背后有着共同的文化宗教观念。美国学者艾兰在对商周青铜器研究时指出，商代青铜器的含义"是从跟神话生成相一致的宗教结构中得来的。但是这种艺术形式不是从神话学那里转了二道手，而是直接从那个结构来的。这样的艺术是一种宗教，它带有神圣的意味，它的宗教力是由变形——从一种现实的暗示和美学的和谐中得到的。这种现实的暗示不是再现，相反的是一种对现实随意性的抵触。它暗示着在我们逻辑性理解之外还有另外一种秩序"[1]。按照艾兰的观点，带有背离现实生活意味的神话意象和青铜器等艺术形式，诞生于共同的宗教观念，它们以怪诞的形式暗示着另一个、超越我们日常逻辑之外的神圣空间的存在。那些绘制在青铜彝器上的融合了现实与想象的神物形象，以其相互确证的造型说明它们来自于一个共同的世界，并让这个世界的神奇力量得以彰显。林巳奈夫指出："它们是中型动物，没有什么可怕之处，也不会给人类造成危害，但人们却把它做成兽面来显示威力。由此可见，兽面不是通过动物本身，而是通过动物所象征的族群来显示威力的。"[2] 动物或兽面本身并不具有威力，而是它们所属的那个世界让人敬畏。显然，在特定而漫长的历史时期内，人们对这个空间的存在是深信不疑的，因而他们创造了如此众多的仪式、器物和神话来力图达到这个空间。可以发现，器物形式和神话意象的每一次变化，同时都是人们对这个空间认识变化的反映和证据，毕竟人们对这个虽然异己但时刻影响自我现实生活的空间一直抱有深深的敬畏和好奇，并力求探索其中的奥秘。

为了实现与这个世界的交流，人们穷其所有智慧和财力，创制了众多的器物图像，人们力求通过这些带有艺术特点的手段实现与神交流的目的，而每一次这些图像、纹饰和器物造型的变化，都说明人们在沟通神人交流的方

---

[1] 〔美〕艾兰：《早期中国历史、思想与文化》，杨民等译，商务印书馆2011年版，第206页。
[2] 〔日〕林巳奈夫：《神与兽的纹样学》，常耀华等译，生活·读书·新知三联书店2010年版，第29页。

式和观念等方面发生的重要变化。在原始宗教观念占有决定性影响力的史前至殷商时期，动物纹饰是实现二者交流的主要方式。可以看到，在殷商时期，形式各异的"鼎"是这些器物的代表。在某种程度上说，同一时期的各种礼器其形制都是"鼎"的不同变体，而其纹饰则体现了较为鲜明的一致性，因而人们有理由将之作为同一个文化母题的产物。马承源指出："这类大型的青铜祭器体现了对于祭祀上帝神鬼和祖先的极为严肃的态度，并以他们最高的物质文化的成就，来奉献他们极其热烈的崇敬之意。"[1] 同样，为了让这种"态度"更加鲜明的呈现，人们同时在器物之上绘制众多纹饰与图像。

在这些纹饰与图像中，"眼睛"尤其值得注意。这双眼睛来自传说中的神灵"饕餮"或者与之相关的其他凶猛神兽，它们是人神交流的重要中介。正像濮阳墓葬所呈现的那样，在史前时期，人们已经相信这些神物是人们实现通往另一个世界的重要工具。根据对商周青铜器纹饰的变化考察，可以发现，无论这些动物纹饰如何发生变化——比如它们的角或身体，有的具象而有的抽象，线条表现各有差异——但这双眼睛始终如一地居于整个图像和纹饰整体的正中位置，以昭明自身无可取代的重要性。当然，这双眼睛本身也存在发展变化的轨迹。在早商青铜器上，这双眼睛不是很大，因而也不突出，但进入盘庚时期以后，商王朝在各方面均取得了较为重要的进步，这时青铜器上的眼睛也被进一步凸显："和早期兽面纹相比，纹样具有浓重的神秘感，有的器物的兽目尤其显得突出，炯炯有神，这是同一时期兽面纹的共有特点。"[2] 文化体制的完备、政治制度的严谨、统治的要求，共同促进了青铜器纹饰的发展。在这种情况下，与眼睛纹饰相关的其他纹饰均被加以重新绘制，以形成较为完整的神兽形象。当然，眼睛的统摄力量并未因此而消失，以眼睛为核心的纹饰越发严谨而体系化："商代晚期青铜器雄奇神秘的风格，在此时最为强烈。兽面纹的各种特征非常之突

---

[1] 马承源：《中国青铜器研究》，上海古籍出版社 2002 年版，第 18 页。
[2] 马承源：《中国青铜器研究》，上海古籍出版社 2002 年版，第 20 页。

出,以往这种具有对称模式的纹样,最引人注目的往往是一对圆睁的眼睛,现在除了兽目之外,还有大咧口、獠牙和有力的锐利的爪子,往往有一对蜷曲的躯体,可以看出,设计铸造者竭力使纹饰具有威武猛烈的震慑感。为使青铜器纹饰具有不可思议的魅力,兽面纹的双角特别夸张,其极端的做法,是将双角单独制成龙的形象,而使纹饰更加富有神秘感。"[1]这种造型设计以"凶野的凝视"体现出神权的统治力量。

  器物图像和纹饰的礼仪内涵是毋庸置疑的,因而从总体上考察它们的变化也可以发现与其相关的一系列变化。[2]殷商至战国时期,青铜器图像和纹饰经历了一个从具体到抽象再到消失进而重新复兴的过程,在此期间文字逐渐取代纹饰而成为青铜器纹饰的主体,最终在纹饰的复兴时期与前者并置存在。这说明青铜器的制造者逐渐摆脱了单一化而走向多元化,更多的人参与到它们的制作过程中,神的世界与人的世界最终被组合在共同的画面之内。我们看到,纹饰的复杂化既是青铜器纹饰发展的顶峰也是它的衰落:随着新王朝的建立,人们对神人沟通问题的认识也相应发生了变化,或者说,新王朝的统治者应该寻找新的思想来源实现两者不同世界的连接。在这种情况下,人们沟通人神的方式也会发生相应的变化。总体来说,即从依靠具体的神物形象向抽象的理性、德性方向发展,这时青铜器作为礼物仍在使用,但其形制和纹饰同时也发生了变化:一方面,青铜器上的兽面纹逐渐抽象化而向纯粹的纹饰方向发展并最终消失,具体的形象不再作为通神的主要方式加以使用;另一方面,伴随着纹饰的弱化、消失,至迟在周穆王时代,青铜器上的铭文开始出现并逐渐增多,最终占据青铜器外观的核心和主体。文字对图像的胜利,正是人们理性思维发展的结果,也

---

[1] 马承源.《中国青铜器研究》,上海古籍出版社2002年版,第22页。
[2] 与之相反的观点是,祭器上的纹饰并不表达宗教的含义,人们往往用"素器"盛放食物奉献给死者,以表达自己的哀苦之情;只有在祭祀时人们才使用带有纹饰图像的器物,它们所表达的是祭祀者对死者的虔敬之情。《礼记·檀弓下第四》:"奠以素器,以生者有哀素之心也,唯祭祀之礼,主人自尽焉尔,岂知神之所飨,亦以主人有齐敬之心也。"见王文静:《礼记译解》,中华书局2016年版,第112页。

是周代统治者将自我统治与殷商相区别的一种手段:"商与周的一个重要区别是,甲骨文所揭示的商的政治关系网络都有点随意性、偶然性,表明这种关系是逐渐地出于实用目的发展起来的;而周则承袭了一个现存的政治结构。于是,周能够建立一个较为系统的关系网与政权权力。青铜礼器在这个系统中很重要,而把铭文刻于容器上,以将这种关系神圣化,这是周的一个创造。"[1]至春秋战国时代,以青铜器为代表的礼器在维持社会秩序方面已不具有强大的约束力,诸侯卿大夫等也可以肆意仿制和使用它们。在这些青铜器身上,文字和纹饰有时交替出现,有时以纹饰为主,有时以文字为主,装饰性成为文字和纹饰的主要功能。与此同时,人们又开始使用各种新的纹饰对器物进行装饰,龙纹是此时青铜器上的主要纹饰——表现神物形象、神灵仙境的图像纹饰与表现人们世俗生活的纹饰图像并置出现,人兽结合的母题造型的数量也大量增加,且其制造工艺和艺术手法也更加精致。殷商时期青铜器上的模式化、图案化的构图方式和威严、狞厉的图像内容变得更为多样、灵活、生动而富有生活气息。这种纹饰造型的发展过程,与人们对神灵世界的想象和对自我生活认识的加深是同步的。这种将神灵世界与日常世界并置的组合方式,成为战国秦汉时期图像表现的基本模式。这种模式的出现并不代表这两个世界之间完全没有区别并被同质化,而是说明人们对沟通这两个世界、打破两者的阻隔问题具有了更为明晰、系统的认识。马王堆汉墓出土的绯衣帛画上,刚刚逝去的女主人处于画面的中心,她的侍者跟随她来到地下世界,她仍像生前一样保留了自己的形象和生活习惯;通过一定的仪式过程,她将通往仙界从而将日常生活世界的内容进一步永恒化。此时,她虽然生活在仙界,但她的生活内容与生前相比并没有实质的改变,除了这里的时空是永恒的存在之外,两者并无本质不同。这一主题成为战国秦汉时期类似图像呈现的核心。

---

[1] 〔美〕艾兰:《二里头与中华文明的形成:一种新的思维》,见荆志淳等编:《多维视域——商王朝与中国早期文明研究》,科学出版社2009年版,第25页。

在这个过程中，图像制作技艺的不断改进和提高似乎成为打破"人神阻隔"的关键环节，在某种程度上也可看作是其他民众获得与神灵交流机会的决定性因素。而技术的掌握并不是易事。即使是在质地相对较软的黏土上绘制线条与纹饰，其难度也可想而知，更何况在铸造而成的青铜器上："在易散易脱落的黏土上补雕花纹，万一黏土真的脱落了，所有的努力会化为泡影，只能从头再来。这项工作需要制作人非凡的才能与较好的心理素质，因此只有那些才艺高超的工匠才能以非凡的手法完成这道工序。"[①] 可以看到，在较长的历史时期，统治者对器物的铸造和图像绘制技术是独占的，以确保他们独占通神的礼器；而且，他们往往将这些器物置于幽暗隐蔽的宗庙之中，并不向公众开放，以确保这些器物上的内容不被他人熟知进而借用。夏启上天取乐的神话，说明进入神灵世界并与神交流只被国家的统治首领所独有。在通神的器物使用方面也是这样。在众多的神话记述中，以夏禹为代表的夏代统治者也是在生产金属的地方（如昆吾等地）完成了最早的器物制作工作（即九鼎的制作完成），从而确立了国家的统治权，因而作为大禹治水行经路程的记载，《山海经》提供了全国各地山川道里的神灵、物产和金属储藏情况的记录。

实际上，正像诸多学者所发现的那样，商周青铜器上的图像和纹饰亦非时人自己的独创，而是来源自更早的漆器或陶器，而促成这种纹饰连续性的关键，即殷商统治者掌握了青铜铸造技术，从而使他们可以将原始祖先这种沟通神灵的方式延续、发展下来，并将自我与祖先建立起某种神秘的内在性关联。由于现在无法通过考古证据来证明发现于全国各地的青铜器是由中央政府统一铸造还是在发现地铸造的，但无可否认，殷商统治者往往通过向分封各地的诸侯赏赐青铜器的方式，彰显自我统治的神圣性。由于各地诸侯不能掌握制作这些礼器的技术和方法，因而它们由此转化为掌握神权、政权等诸多权力的象征物。一旦这些制作技艺通过这些器物的

---

① 〔日〕林巳奈夫：《神与兽的纹样学》，常耀华等译，生活·读书·新知三联书店2009年版，第11页。

传播而逐渐散播到各地而被各地诸侯所掌握，这种独占青铜器的情况也就发生相应的改变。这些青铜器的所有者会按照他们所观察到的中央政府的统治者使用青铜器的方式来使用它们，同时也会自己铸造带有类似纹饰的青铜器。这种仿制行为不仅让青铜器的数量迅速增多，也让一些模式化的纹饰传播到更为广泛的区域。"为了有效地模仿中原人，这些地方的文化精英需要同样类型的青铜容器来进行祭祀。此类容器必须有确定的礼仪形制，并被饰以与中原青铜礼器的特征有关的图案，如饕餮、龙、鸟的纹样。"[1] 这种模仿行为蕴含的心理动机极为明显：通过对青铜器的使用实现与祖先神灵的交流，从而打破自我与神的区隔界限。因而模拟行为带有浓厚的分享的意味，通过这种模仿和分享，地方统治者逐渐与中央统治者获得了同一性。因而，中央政府通过赏赐青铜器的方式确立自己统治权的同时让地方诸侯服从自己，这种统一性的展开让地方统治者与中央统治者之间的差别逐渐消泯。由此看来，青铜器的铸造技术实质上是人与神交流的方式，各地诸侯掌握了这个技术，则人神交流的权利同时也被他们所掌握，人神交流的范围由此扩大，神灵世界与人的世界的交流变得频繁起来。这种情况的出现，进一步说明中央政府对地方的控制逐渐松弛了。在各地发现的诸多青铜器中，有些器物无论是器型还是纹饰都显得十分粗糙，这似乎说明地方诸侯对这种技术的掌握存在一个长期的模仿和探索的过程。

第五节 "人神阻隔"消泯的图像呈现：汉画像中的西王母及其观者

神从来都不能独立于它的崇拜者而存在，虽然此前人们曾以各种方式

---

[1] 〔美〕艾兰：《二里头与中华文明的形成：一种新的思维》，见荆志淳等编：《多维视域——商王朝与中国早期文明研究》，科学出版社 2009 年版，第 10 页。

将人与神、人的世界与神的世界相区别，毕竟，实现神人之间的实质性交流之后，人才能获得心灵的平静和精神的满足，神也才能在人的祭祀和礼拜中满足而去。因此，在诸多表现人神关系的视觉材料中，人们转变了创制技法和呈现方式，以使神人交流更加有效而快捷地实现：一方面，它们的制作者在对称性的构图中让图像世界形成一个具有中心地界的独立空间，以为主神的存在留下位置，其周边的对称空间则成为其他神物的居所；另一方面，神一改此前神秘莫测的状态，而以正面像的方式呈现给它的礼拜者，它凌厉而又满含期望的眼神正等待与它的观者有着直接而坦诚的交流，虽然这种交流仍存在不对等的成分。在这种情况下，神就不是单独的存在，虽然人仍然将之作为"对象"加以膜拜，但人的参与性显然被极大拓展，神人之间似乎可以结成一种相互构成的关系：在人对神的膜拜中，神与人同时存在；反之，脱离这种关系，神和人都无法获得自己的身份认同。与此前相比，神的膜拜者虽然仍对神具有依附性或从属性，但人本身的独立性显然增强了，神对人虽然仍居高临下，但神也不能不对人的膜拜重视起来，毕竟没有人的供养和礼拜，神也无从获得自己的存在。这对于人的地位来说显然是一个大的提升。这种关系转变让此前壁垒森严的人神阻隔问题变得不那么明显了。本节以两汉画像中西王母形象的呈现方式为中心，对此展开讨论。

这种转变获得大量表现神人关系的图像的支持，其典型代表就是在公元1世纪前后开始频繁出现的正面端坐于图像中央的西王母（有时包括东王公）形象。于是，"画像本身不再是封闭和内向的，画中之主神也不仅存在于图画的内部世界。图像的意义不但在于其自身，而且还依赖于画外观者的存在。事实上，这种'开放性'的构图以一个假设的画外观者或膜拜者为前提，以神像与这个观者或膜拜者的直接交流为目的"[1]。根据巫鸿的

---

[1] 〔美〕巫鸿：《武梁祠：中国古代画像艺术的思想性》，生活·读书·新知三联书店2015年版，第149页。

分析，这些图像在构图方式上的变化是受到了印度佛教艺术的影响。因为在佛教美术中，它的图像要将崇拜者和被崇拜者同时表现出来。受这种主题的要求，佛被以正面形象表现，而他的崇拜者则以面向佛的方式同时出现在画面中：由于他们正在聚精会神地听佛祖说法因而要面向佛祖，所以他们在图像中则以侧面或微侧的方式呈现。由于这些图像本身就是弘扬佛法的工具，因而它的理想观者还包括在世间真实存在的佛的礼拜者，因此，佛在画面上须以正面的方式面向他的膜拜者，而膜拜者本身也可以通过与佛的正面接触而形成一种互动关系。佛说法的目的是要将他的信徒从普通人转变为佛，因而他的信徒的主体性理应被重视。

除了表现西王母这类神灵形象之外，以正面方式呈现历史人物也成为这一时期画像表现方式的重要手段。人们似乎已经认识到，只有理想观者的积极参与，才能使图像及其所承载的内容、观念或思想真正从理想转变为现实。这类图像某种程度上是对巫鸿西王母成像方式分析的质疑：如果说在图像中西王母的位置类似说法传道的佛陀，那么这些真实的历史人物（虽然他们也具有神性）如何与佛陀建立联系？图 3.2 是山东松山小石祠西

图 3.2　山东松山小石祠西壁画像（载《中国画像石全集》第一卷，山东美术出版社 2000 年版，图版 91，第 66 页）

壁画像，是公元 2 世纪的作品。图像第一层是常见的西王母形象，她的形态正像上文所分析的那样，以正面的方式呈现给观者，她的旁边是一贯的羽人、玉兔、九尾狐和蟾蜍，均以侧面的方式呈现，说明它们是西王母的侍从或服务者。这层图像下面三层均是历史故事画像，紧挨着西王母图像的则是周公辅成王的故事。成王登上王位时尚是十三岁的孩童，因此周公带领一帮大臣忠心辅佐他。成王头戴三尾冠，端坐于几榻之上，周公则恭敬地跪在他的右侧——有的图像是左侧——其左则有一名大臣手执曲柄伞盖护佑成王，其他大臣则手拿笏板恭敬地立于两侧。成王虽然只是一个孩童，但作为天子他须以正面的方式呈现。

图 3.3 是武梁祠左石室后壁的同一故事的画像，无论是内容还是成像方式，与图 3.2 均高度一致，以至于我们有理由认为它们源自于同一种图像制作传统和思想观念，虽然两者存在一些细节上的差别（如几榻的空与实、周公所处的位置等）。至今尚无理由证明成王与西王母成像方式的一致同样受到佛教图像的影响——当然，我们也不能排除这种影响的存在，毕竟，天子在臣民心中的地位一般是等同于天帝的，他是天帝在人间的代表。但是，周公辅成王图像所宣示的是周公高尚的德行，因而这幅图像的意义在于训诫和启示，它对于理想观者的价值仍然要通过后者的领悟、反思并落实在行动中而实现——主体的参与性和实践性成为图像内容从理想转化为现实的关键环节。

图 3.3　武梁祠左右室后壁画像（载《中国画像石全集》第一卷，山东美术出版社 2000 年版，图版 82，第 58 页）

如果我们将眼光上溯到更早的图像，可以发现，这种正面成像方式并非印度佛教的专有形式。在此前的图像和器物雕刻纹饰中，神物（尤其是那些在整个图像构成中占核心地位的神物形象）一直都居于中间位置，而且以正面的方式存在，以体现出它所具有的统摄力量：它的存在成为整幅画面得以成立的基础，或者是器物实现其信仰功能的基础。红山文化中的一件勾形玉器被认为是猫头鹰的抽象化；四川广汉三星堆出土的体积庞大的直目（竖目）青铜人面像，蕴含着浓郁的神秘原始气息，在它身上，至今仍能让人感受到当时人们所崇拜的直目神那凌厉威严的目光；商周青铜器上的饕餮纹则将神物的身体抽象化，以侧面的方式呈现，而将眼睛夸大，以正面的方式呈现，如此等等。因此，早期中国的图像制作以正面方式呈现神物形象的传统是一贯的，在早期阶段，人们往往将眼睛作为核心物加以呈现，这体现出人们对视觉经验的高度重视。正面呈现神灵形象的原因在于这样能让神灵和它的崇拜者之间形成有效的交流，以形成巫鸿所说的"开放性的结构"，而这种开放性结构实现的关系就是神灵的眼睛："这双眼睛的存在设置了一个'内在观察者'的位置，处于这个位置之上的是这双眼睛的拥有者。当个体在对这件器物进行观察、端详时，那双处于核心位置上的眼睛会以其无可回避的力量将主体纳入到它的视线中，主体瞬间便从观察者的位置转变为被观察者，那威严、深邃、神秘的眼睛所蕴含的一种超乎一切的生命力量直射主体的心灵，从而使主体不由自主地对之产生敬畏之心，自我与神灵处于一种完全敞开而又极端封闭的神秘情感氛围中，凡尘凤愿被排斥在外，自我心灵也在这种交流中沉静下来，获得前所未有的宁静。"[①] 在这种情况下，我们可以感觉到图像的制作者也含有将理想观者纳入图像之中的意图，或许他早已认识到神人之间有效交流的重要性。

可以看到，这种以人神充分交流为目的的开放性结构有自己独特的传

---

① 王怀义：《论视觉经验与神话意象》，《民族艺术》2014 年第 4 期。

统，它所依循的是关系性思维，即将图像的理想观者充分考虑到图像制作之中，以实现人神之间的互动。这种互动内涵不一，它们大多表现的是神灵的无上威严和神圣，人在这种互动关系中处于从属地位。在某些图像中，我们可以看到，神虽然可以被参见，但参见者却匍匐在地，不敢与神进行眼光的交流。另外一些正面神像显然并不是为了给画中人看的，而是给一些他者观看的。这些"他者"包括理想中的怪物，它们可能会侵犯在墓中安静生活的墓主人；在一些祠堂画像和宫殿建筑上的画像中，有时还包括墓主人的后代和一些其他观赏者。在这种情况下，正面成像的神灵形象与它们的理想观者之间就能充分实现上述交流。以前者为例，我们可以看到大量类似的图像，比如力士、蹶张、辅首、门神等，它们都是以正面的方式呈现，带有鲜明的偶像性成分；反之，有些门吏或迎宾使者则是以侧面的方式呈现，以显示对来访者的尊敬，他们带有更多的情节性特征。

此外，我们也应注意，作为主神的西王母在公元1世纪的图像中并非都是以正面端坐的方式面向她的膜拜者。在一些图像中，我们还可发现一些侧面的西王母形象。这些西王母形象带有鲜明的生活化和世俗化特点。因此，我们有理由相信，这一时期人们对西王母形象的呈现方式拥有多种思想基础，佛陀的表现方式显然只是其中之一。在其他思想中，人本身的存在状态、生活特点和习惯也被投射到西王母身上。在这种情况下，人神之间的区别或阻隔也被进一步缩小。可以看到，巫鸿所征引的有关西王母的图像资料多出自于山东嘉祥一带，这似乎说明，在公元1世纪或者更晚一些，佛教思想和艺术确实深深影响了人们对西王母形象的创造；即使佛教思想或艺术确实像作者所说，"在公元2世纪，佛像和西王母像在美术表现中的并行和联系已成为全国性的普遍现象"[1]，但这仍不能排除中国本土的宗教传统、生活观念和审美趣味等内容在图像制作中的呈现及其所产生的

---

[1] 〔美〕巫鸿：《武梁祠：中国古代画像艺术的思想性》，生活·读书·新知三联书店2015年版，第155页。

影响。图 3.4、图 3.5 的两幅西王母图像分别来自河南的郑州和新野地区。图 3.4 发现于郑州，是西汉晚期或东汉早期的作品，呈现的是传统的玉兔捣药内容。与其他图像不同的是，西王母并不像往常一样端坐在龙虎座或仙山之上，并且对在她身旁勤勉工作的玉兔和蟾蜍没有表示丝毫的关注。这位西王母穿着长裙，头戴玉簪，腰身明显，身体微微向左倾斜，似乎在观察玉兔的制药工作进行得如何，好像她需要及时得到这些仙药去拯救陷入危险的人；抑或者，这只是西王母制药生活中的一个日常瞬间。正像巫鸿所说的那样，侧面的西王母带有鲜明的情节性特点，似乎继承了自东周以来中国艺术表现人物形象的传统技法。

图 3.4 河南郑州出土的西王母画像砖（载《中国画像砖全集》，四川美术出版社 2006 年版，图版 46，第 46 页）

图 3.5 是河南新野樊集出土的画像砖，高 32 厘米，长 115 厘米，表现的是墓主人面见西王母的情景。可以看到，墓主人经过长途跋涉，终于来到西王母居住的仙境，他得以面见西王母——这显然是难得的荣誉，西王

图 3.5 河南新野出土的西王母画像砖（载《中国画像砖全集》，四川美术出版社 2006 年版，图版 103，第 106 页）

母竟然也接见了他。西王母头戴玉簪，身着宽袖紧身长裙，以跪坐的姿势接见了这位来访者；在她身前，青鸟正在为她取食，她身后是一如既往的勤劳的玉兔，它正在展开自己的制药工作。显然，这种图像呈现方式将此前凛然不可接近的西王母形象转变为一位善解人意的仙人形象，她甚至可以与她的崇拜者进行直接对话，虽然此时这位崇拜者仍以跪拜的方式参见西王母，但是她们之间的距离已经被缩小到不能再小的位置，否则西王母作为至上神的身份则会被完全消解。在最近的论著中，有人将这一时期普遍盛行的西王母崇拜的原型定位于一位皇太后，年龄较大，一头白发，她是王莽的亲戚，并支持王莽取得政治的成功。[1] 这显然进一步将西王母生活化和世俗化。不过，我们可以发现，这里墓主人对西王母的拜见确实类似于臣下对皇太后的拜见。在传统的画像中，墓主人虽然力求达到西王母的仙境之中，但结果都未实现，西王母的仙境仍然处于画像的最上层，西王母端坐其上，目不斜视，不仅对她身边努力工作和忠心护卫她的玉兔、蟾蜍和九尾狐、三青鸟等没有表现出亲近，而且也根本无视在她身下发生的一切。可以看到，侧面西王母的出现并不仅仅是艺术传统的简单再现，它所反映的正是人神之间关系的变化：正面呈现的西王母威严而不可侵犯，她的膜拜者只能匍匐其下以表达自己的诚意，人神之间的阻隔空间显然是不可打破的。从正面向侧面的转变是西王母生活化和世俗化的典型表征：她对自己身边的工作人员和她的参拜者均表现出关注，并与后者对话。似可推测，在两汉时期对日常生活高度关注的思想观念的推动之下，呈现神灵的方式也随之发生了变化，人神之间的阻隔空间变得不那么遥远了。

实际上，缩短甚至消泯人神之间的阻隔空间一直是宗教仪式的根本任务，宗教活动参与者的主动性成为基本动力，否则宗教便失去了它的超越功能。这一点可以通过各种仪式活动体现出来。在更早时期，神人交流的

---

[1] 马怡：《白发的西王母》，《图像的表征——中国汉画学会第十五届年会论文集》（2015），第 433 页。

实现更多依赖于仪式。这些仪式活动的展开主要靠主体的积极实施和参与。在仪式活动的展开或感召下，神灵才能从它所居住的空间莅临、参与到这个生机勃勃的活动中。仪式和巫术活动所赋予的主体的能动性作用注定使人——神的膜拜者——在神人关系中占据重要位置，是人的活动使神的存在从想象转变为现实。因此，在东汉时期的图像表现中，尤其在一些带有训诫和启示意味的历史故事画中，人们也往往将人——故事的主体以表现主神的方式呈现出来。

第四章
神话意象与"观物取象"观的生成
——以《周易》为中心

神话意象所蕴含的思维方式对一个民族、国家和地区的思维方式的形成具有奠基性价值,中国古代尚象思想传统的形成与神话意象之间联系密切,《周易》提出的"观物取象"就是对神话世界观抽象化的结果。作为一种审美的思维方式,"观物取象"观对中华美学精神的形成具有基础性价值。

近代以来,由于神话世界观的脱落,自然主义、实证主义等思想的引进和传播,以及现代学人对西方近代本体论哲学体系及其研究方法的挪用,造成对"观物取象"初始内涵的种种遮蔽或曲解。本章指出:第一,"观"首先是一个神学概念,"观"的对象、主体、内容均有特定的礼仪和宗教内涵;第二,"物"非指"万物",而是与《周易·系辞》"精气为物"思想相关,有"物谓鬼神"之义,万物运转是鬼神之显像;第三,结合殷周时期的出土文献、文物和《周易·系辞》"制器尚象"之"器象",指出"器"特指青铜彝器,"象"特指神物形象,提出"神道存乎器象"之观点,为"观物取象"的初始内涵提供佐证。在艺术领域,"观物取象"的这一内涵转化为"以象媚道"的艺术观念,神圣性由此成为中国艺术的内在规定性之一。

第一节 对"观物取象"的传统解释

"观物取象"见于《周易·系辞》。这篇文献是托名孔子对《易经》和《易传》的卦象、卦爻辞所作的说明、总结,内涵丰富、复杂,对中华美学和艺术精神之形成影响深远。宗白华说:"早在《周易》的《系辞》传里已经说古代圣哲是'仰则观象于天,俯则观法于地,观鸟兽之文与地之宜。近取诸身,远取诸物。'俯仰往还,远近取与,是中国哲人的观照法,也是诗人的观照法。"[①]朱良志认为,《周易》"观物取象"观直接"影响中国艺术的意象符号创造","生命符号的独立意义因而成为中国艺术的重要特点之一"[②];张汝伦则将之作为"中国艺术的根本思想"[③]。但在以往理解中,人们多对之进行普泛化解释,其初始内涵及其如何影响了中华美学精神的形成等问题均受到不同程度的扭曲。例如,人们这样解释"观物取象":"'观',就是对外界物象的直接观察、直接感受。'取',就是在'观'的基础上的提炼、概括、创造。'观'和'取'都离不开'象'。"[④]这种解释不乏宽泛,与"观""取""物""象"的原初内涵相差较远。孙喜燕在她关于《周易》美学的专著中对"观物取象"中"观""物""取""象"等概念逐一分析[⑤],是当下最为详备的阐释之一,但仍延续了传统的哲学阐释方法,未能恰切呈现"观物取象"的本义。在最近的论著中,虽然有学者将这一观念作为中华美学的独特属性和特征加以阐述,但对其基本内涵仍缺乏具体、准确

---

① 宗白华:《中国诗画中所表现的空间意识》,见《宗白华全集》(第二卷),安徽教育出版社2008年版,第436页。
② 朱良志:《中国艺术的生命精神》,安徽教育出版社1995年版,第147页。
③ 张汝伦:《道还是技:中国艺术现代性的若干省思》,《文汇报》2016年1月22日。
④ 叶朗:《中国美学史大纲》,上海人民出版社1985年版,第74页。
⑤ 孙喜燕:《周易美学的生命精神》,台湾花木兰文化出版社2014年版,第79—110页。

的分析[1];也有学者将"观物取象"与海德格尔的相关思想进行比较,认为"'观物'揭示了人与存在物的在世结构方式是'万物一体','取象'是人赋予万物的存在方式"[2],这仍是一种"似是而非的比较"[3],并重蹈了"以西律中"的覆辙。近现代以来神话世界观的脱落,科学主义、进化论、唯物论等思想的引进和传播,尤其是现代学人对西方本体论哲学体系及其研究方法的学习和挪用,是造成这种情况的主要原因。如何复原"观物取象"观的原初内涵,重建它与中华美学精神之关系,是当下文艺学美学建设需解决的问题之一。

应该注意,《周易》等先秦典籍都言简意赅,它们所使用的概念、提出的命题,其内涵是多样、多元的,需要依赖前后相关文本进行互释,因而易出现各种偏差。以往对"观物取象"等概念或命题的解释大多依循现代西方哲学美学的方式展开,如宗白华以"观照"释"观",往往忽略这些概念或命题形成的历史根源和社会文化环境。叶舒宪说:"中国文化传统的最大特征就在于其完全的和弥漫性的神话特质。……中国古人不用讲'神话'这个词,因为他本来就生活在神话所支配的观念和行为之中。"[4]对于先秦典籍(甚至整个中华文化)来说,其根源和文化语境主要是神话,以及以神话为基础而形成的认识世界、解释世界的思维方式和文化体系。这种神话氛围浓厚的社会语境一直持续盛行到中华文化定型的两汉时期。殷商天命观的形成、定型,让原始神话过早哲学化、政治化,但随后巫风盛行、民间宗教资源丰富的楚文化复兴了以神话为基质的原始文化,汉王朝的政治文化制度建设吸收了大量楚文化,因而两汉学者展开了众多的神话资料的收集、整理和保存工作。先秦诸子和两汉学者在讨论问题时心中大都存在

---

[1] 朱志荣:《论中华美学的向象精神》,《文学评论》2016年第3期。
[2] 张小琴:《对〈周易〉观物取象、时序、本体观的解读》,《哲学动态》2015年第4期。
[3] 叶嘉莹:《词学新诠》,北京大学出版社2014年版,第7页。
[4] 叶舒宪:《神话:中国文化的原型编码》,《神话历史丛书·序》,南方日报出版社2010年版,第2—3页。

着一个至高无上的"神"("帝""天"),它无形而无所不在,为各种讨论提供了背景。《周易》屡次言"鬼神""神明""帝""幽明",具体而微地透露出它与神话世界观的联系。在先秦诸子、《吕氏春秋》和董仲舒等人的著作中,"神"("帝")既是人格化的也是哲学化的;在《庄子》《楚辞》《淮南子》等著作中,它又是审美化和精神化的。余敦康指出,"(《周易》)这种在宗教巫术的基础上孕育产生出来的哲学思想体系",既"利用了它(宗教巫术)的形式",又"扬弃了宗教巫术的内容","从而使它带上了不同于其他一些哲学思想体系的特点"。[1] 由于受特定思想的影响,有学者认为《周易》中的宗教巫术内容是"原始神学蒙昧的印迹",中国文化应该"走出原始巫教的神学阴影"。[2] 笔者不同意这种进化论式的评价,贬低、否定神话世界观对中华美学精神形成的重要性是不符合实际情况的。本章通过对《周易》"观物取象"观的神话学考察,结合与之相关的"制器尚象""铸鼎象物"等观念,"企图"厘清中华美学尚象思维传统形成的思想基础。

第二节 作为神学概念的"观"

人们历来将《周易》相关文本作为哲学文本看待,而忘记了它首先是作为宗教文本存在的,对于"观物取象"之"观"的解释同样如此。通常认为,"'观',就是对外界物象的直接观察、直接感受"[3],是"对各类具体的自然现象和社会现象进行全方位的观照"[4]。这是以审美艺术活动中主客关系的特点为基础("观照")进行的解释,未能呈现"观"的初始内涵。其

---

[1] 余敦康:《从〈易经〉到〈易传〉》,见《中国哲学》(第七辑),生活·读书·新知三联书店1982年。
[2] 汪裕雄:《意象探源》,文化艺术出版社2012年版,第92页。
[3] 叶朗:《中国美学史大纲》,上海人民出版社1985年版,第74页。
[4] 张乾元:《象外之意:周易意象学与中国书画美学》,中国书店2006年版,第137页。

实，在《周易》中，"观"首先是一个神学概念："观天之神道，而四时不忒。"王夫之云："'观'者，天之神道也，不言不动而自妙其化者也。二阳在天位，自天以下皆阴也。天以刚健为道，垂法象于上，而神存乎其中。"[1] 钱锺书说："所谓'明鬼神'、'祗山川'、'敬宗庙'、'恭祖旧'，不外《观·象》语意。"[2]《周易》多次使用了"观"字，且有"观"卦："观。盥而不荐，有孚颙若。象曰：风行地上，观。先王以省方，观民设教。"对"观"的内容、目的、主体等均有明确阐述。这是理解"观"字初始内涵的基础。"物"是"观"的对象，所"取"之"象"是"观物"的结果，因此，"观"的目的和主体决定了所"观"之"物"的构成，也决定了所"取"之"象"的构成，由此不能将"物"简单地理解为"万物"，将"象"理解为"物象"或"事象"等。

首先，"观"不是普通意义上的观察，而是特指对宗教祭祀仪式过程的观摩（"观天之神道"），"观"的对象是仪式过程以及通过这一过程招致的祖先神灵，因而又称"观盛"，临到仪式进入尾声神，灵远去便"不足观"。在整个祭礼过程中，"盥"是重点，是关键。盥有两种解释：其一为盥礼，以祭祀将要开始，洁手以示严肃尊敬之意。朱熹《周易本义》："盥，将祭而洁手也。"[3] 程颐《周易程氏传》："盥，谓祭祀之始，盥手酌郁鬯于地，求神之时也。"[4] 其二，"盥"是灌礼、灌祭，以酒浇地降神。两种解释都说明"观"不单是为"观"祭祀的仪式过程，而是希望通过"观"与神灵沟通。韩康伯注："王道之可观者，莫盛乎宗庙。宗庙之可观者，莫盛于盥也。孔子曰'禘自既灌而往者，吾不欲观之矣'。"[5] 孔颖达正义："'观'者，王者道德之美而可观也，故谓之观。'观盥而不荐'者，可观之事，莫过于宗庙

---

[1] （清）王夫之：《周易内传》，《船山全书》（第一卷），岳麓书社2011年版，第201页。
[2] 钱锺书：《管锥编》（一），生活·读书·新知三联书店2011年版，第30页。
[3] （宋）朱熹著，廖名春点校：《周易本义》，中华书局2009年版，第98页。
[4] （宋）程颐著，王孝鱼点校：《周易程氏传》，中华书局2011年版，第112页。
[5] 《周易正义》，中国致公出版社2009年版，第100—101页。

之祭盟,其礼盛也。"①孔子所谓"禘"乃是五年一次的盛大祭祀典礼,主要祭祀对象为春、夏、秋、冬四季之神和祖先神,它们是自然神和至上神的代表,因而孔子所"观"是一种宗教仪式。《说文》:"禘,祭也。从示帝声。《周礼》曰:'五岁一禘'。"段玉裁注:"禘有三。有时禘,有殷禘,有大禘。时禘者,《王制》春曰礿、夏曰禘、秋曰尝、冬曰烝,是也。夏商之礼也。殷禘者,周春祠、夏禴、秋尝、冬烝,以禘为殷祭。殷者,盛也。禘与祫皆合群庙之主祭于大祖庙也。大禘者,大传、小记皆曰王者禘其祖之所自出。以其祖配之。谓王者之先祖皆感大微五帝之精以生。皆用正岁之正月郊祭之。"②"时禘"祭祀四季神,"殷禘"祝愿四季神保佑四时安康,"大禘"则是祭祀自我部族的祖先,三种祭祀组成一个完整的循环结构:"帝"——"四时"——"先祖"——"五帝之精"(帝)。有学者说"观物取象"之"观""能够深入探索察知'幽明'、'死生'、'游魂'、'鬼神'的奥秘"③,诚然是准确的。

其次,"观"不是随意的,而是带有明确的指向性("观盛"),这种指向性是由"观"的目的决定的。"观"的目的有两种:其一,探索神灵的存在("以通神明之德")和自然运转的规律("以类万物之情"),即"探索那些深奥难解的阴精游魂,与之相沟通,而不是简单否定和求易弃难,求阴弃阳,求明弃幽"④。在《周易》中,前者存在较为隐含,后者较为显明,因而以往对后者的解释较多,对前者的重视基本阙如。其二,"化下",即教化民众,所谓"观乎天文,以察时变;观乎人文,以化成天下"⑤。这个目的在第一个目的实现的基础上实现。合而言之,"观"的目的就是实现"以神道设教"。韩康伯注云:"尽夫观盛,则'下观而化'。"孔颖达疏云:"'观

---

① 《周易正义》,中国致公出版社2009年版,第100—101页。
② (清)段玉裁:《说文解字注》,上海古籍出版社1988年版,第5页。
③ 张乾元:《象外之意:周易意象学与中国书画美学》,中国书店2006年版,第137页。
④ 张乾元:《象外之意:周易意象学与中国书画美学》,中国书店2006年版,第137页。
⑤ 《周易正义》,中国致公出版社2009年版,第107页。

盛'谓观盥礼盛则休而止，是观其大，不观其细，此是下效上，因'观'而皆化之矣。"①因而"化"是"观"的目的所在，通过"观"实现与天之神道相合，化成天下（"以神道设教"）。《彖》曰："盥而不荐，有孚颙若，下观而化也。观天之神道，而四时不忒，圣人以神道设教，而天下服矣。"所谓"神道者"，"微妙无方，理不可知，目不可见，不知所以然而然，谓之'神道'，而四时之气节见矣。岂见天之所为，不知从而何来邪？唯见四时流行，不有差忒。……天既不言而行，不为而成，圣人法则天之神道，唯身自行善，垂化天下，不假言语教戒，不须威刑恐逼，在下自然观化服从。"②"观"既是体察"神道"，又是"神道"本身。

复次，由于"观"意义重大，因而"观"的主体是"圣人"，"上为观主"，少数时候还包括"诸侯""君子"，但不包括"小人""童稚"。《象》曰："风行地上，观，先王以省方，观民设教。"这里，"观"的主体是"先王"："省视万方，观看民之风俗，以设于教，非诸侯以下之所为。"③朱熹《周易本义》："观者，有以示人，而为人所仰也。九五居上，四阴仰之。又内顺外巽，而九五以中正示天下，所以为'观'。"④《周易·系辞》"昔者伏羲氏之王天下"，"观鸟兽之文与地之宜"，"始作八卦"。"观"的主体是伏羲氏，他是八卦的创制者。因此，"九五之尊，为观之主"；"九五：观我生，君子无咎。"韩伯康注云："居于尊位，为观之主，宣弘大化，光于四表，观之极也。上之化下，犹风之靡草，故观民之俗，以察己道，百姓有罪，在予一人。……上为观主，将欲自观而观也。"⑤圣人之"观"不仅包括万物人事，还包括鬼神幽明，这样才能"协于上下，以承天休"。同时，这种"观"还要有持续性，"圣人久于其道而天下化成。观其所恒，而天地万

---

① 《周易正义》，中国致公出版社2009年版，第100—101页。
② 《周易正义》，中国致公出版社2009年版，第101页。
③ 《周易正义》，中国致公出版社2009年版，第101页。
④ （宋）朱熹著，廖名春点校：《周易本义》，中华书局2009年版，第98页。
⑤ 《周易正义》，中国致公出版社2009年版，第103页。

物之情可见矣"①。鬼神、天地、万物、人事有其恒久之道，圣人也要融入这种恒久之道，才能汇通变化，"同于天地之不已"，则教化可成。与"圣人之观"相对的是"童观"："初六：童观，小人无咎，君子吝。象曰：初六童观，小人道也。"韩康伯注云："处于观时，而最远朝美，体于阴柔，不能自进，无所鉴别，故曰'童观'。"②"童观"与"盛观"相反，它只关注细微之事，不能合于四时神道，因而"小人"可行此，君子不能行，如行之则"鄙吝"不堪。因而这种观"不能自进"，"无所鉴见"，"无所能为"，"唯如童稚之子而观望也"。

总之，"观"首先是个神学概念，"观"的主体、目的和对象均与神灵信仰、个体生死有关，"仰观俯察"的根本目的就在于把握鬼神万物运行的规律，实现以神道设教、天下化成，而不是普通意义上的"观察"，所以《周易·系辞上》说："易与天地准，故能弥纶天地之道。仰以观于天文，俯以察地理，是故知幽明之故。原始反终，故知死生之说。"③在先秦文献中，"幽明"向来是"鬼神"之代称，因而所"观"之"物"首先是指"鬼神"，"万物"是"鬼神"之显现，"观物"即"观鬼神"。下面详细述之。

第三节 "物"谓"鬼神"

作为神学概念的"观"，其对象、目的和主体等都有严格规定，这也决定了"物"指称的内容。人们通常将"物"解释为"万物""物象"等，这是因为：其一，《周易》卦爻辞多次使用"万物"，如"颐"卦"天地养万物"，"睽"卦"万物睽而其事类也"等；其二，在前人如王弼、孔颖达、程颐、朱熹、王夫之等人的注疏也较多使用"万物"义。即便如此，"物"

---

① 《周易正义》，中国致公出版社2009年版，第143页。
② 《周易正义》，中国致公出版社2009年版，第101—102页。
③ （魏）王弼著，楼宇烈校释：《周易注》，中华书局2011年版，第344页。

仍不能仅作"万物"解。与"万物"义并行的还有"鬼神"义，此义或较"万物"义更早。人们除用"鬼""神""精""怪""帝"等指称神灵外，多用"物"统称之，因而"物谓鬼神"观念的历史远较前者原始、久远。"观物"的作用不仅是为了认识自然万象，把握人事规律，而且还要通过对神灵形象和运行的认识，实现神人关系的和谐，规避恶神的危害，使人们的生产和生活平安顺利展开。《左传·宣公三年》提出"铸鼎象物"，"铸鼎"所"象"之"物"即为神物形象[①]，因此人们了解、掌握之后才可"入山林川泽，魑魅魍魉，莫能逢之；用能协于上下，以承天休"[②]。

下面以此为视角对《周易》"物"字的使用情况进行分析。在《周易》中，有时"万物""辨物"合称（如"颐"卦："天地养万物"，"同人"卦："君子以类族辨物"等），有时单独使用"物"字，其含义不一而足。有三种含义：其一，"物"指"万物"，如"无妄"卦："天下雷行，物与无妄。先王以茂对时育万物。"注云："天下雷行，物皆不可以妄也。物皆不敢妄，然后万物乃得各全其性，对时育物，莫盛于斯也。"疏云："今天下雷行，震动万物，物皆惊肃，无敢虚妄。……先王以此无妄盛事，当其无妄之时，育养万物也。此唯王者其德乃耳，非诸侯以下所能，故不云君子，而言'先王'也。"[③]"物"均指万物，同时指出"物"与"物"之间的互动关系，如《周易·系辞上》："方以类聚，物以群分。"注云："方有类，物有群，则有同有异，有聚有分也。"疏云："物，谓物色群党，共处一处，而与他物相分别。"[④]

其二，"物"与"事"同，有"物事""事物"之称，如"家人"卦："君子以言有物而行有恒。"疏云："物，事也。……言既称物，而行称恒

---

① 王怀义：《释"铸鼎象物"》，《民族艺术》2011 年第 3 期。
② 《十三经》，上海书店出版社 1997 年影印四部丛刊本，第 1015 页。
③ 《周易正义》，中国致公出版社 2009 年版，第 119 页。
④ 《周易正义》，中国致公出版社 2009 年版，第 251 页。

者，发言立行，皆须合于可常之事。"①因"物"与"事"同，因此"辨物"即为"辨事"，分辨事物变化的状态、规律，安排自己的行为处事，实现无往不利，由此可成"君子"。如"同人"卦："君子以类族辨物"。注云："君子小人，各得所同。"疏云："'辨物'，谓分辨事物，各同其党，使自相同，不间杂也。"②"未济"卦："君子以慎辨物居方"。注云："辨物居方，令物各当其所。"疏云："君子见未济之时，刚柔失正，故用慎为德，辨别众物，各居其方，使皆得安其所，所以济也。"③《孔子家语·辨物》《说苑·辨物》等篇章以孔子等人的大量事例证明了这种观念的普遍性。

其三，"物"指与"万物""人事"并列运行的"鬼神"。在《周易》中，"神"的含义主要有二：一是指万物运转之规律，"阴阳莫测之谓神"，这种变化玄妙难测，唯有以易象体察之；二是作为宗教信仰的"神"，乃"神灵""幽明""鬼神""游魂""神物"之类。因而，"鬼神"孕于"万物"之中，"万物"的运转、转化成为"鬼神"存在的显像，"物"由此成为"神物"，因而"知（万物）变化之道"即"知神之所为"，"兴神物以前民用""天生神物，圣人则之"④，"凡天地之数，五十有五，此所以成变化而行鬼神也"⑤。这层含义虽至关重要，但通常被忽略。《周易·系辞下》集中讨论了这个问题：

> 精气为物，游魂为变，是故知鬼神之情状。知周乎万物，而道济天下。乐天知命，故不忧。安土敦乎仁，故能爱。范围天地之化而不过，曲成万物而不遗，通乎昼夜之道而知。故神无方，而易无体。⑥

---

① 《周易正义》，中国致公出版社 2009 年版，第 158 页。
② 《周易正义》，中国致公出版社 2009 年版，第 77 页。
③ 《周易正义》，中国致公出版社 2009 年版，第 246—247 页。
④ 《周易正义》，中国致公出版社 2009 年版，第 274、276 页。
⑤ （魏）王弼著，楼宇烈校释：《周易注》，中华书局 2011 年版，第 353 页。
⑥ 《周易正义》，中国致公出版社 2009 年版，第 258 页。

此段文字集中论述了鬼神与易象之关系,也就是"物""鬼神""道"和"易"的联系。此处中"物""万物"非为同义,两者中间有"鬼神"为中介。"物"由"精气"所成,有"游魂"寓居于"物"之中,"万物"即有"万物"之"游魂",因而圣人作易象让这种"变"显现,"知鬼神之情状",达到对"万物"之认识。在殷周青铜器上,匠人花费大量时间和精力铸刻各种涡纹、水纹和云雷纹等,是"为了使铜器上的情景或神像中充满'气'"①,体现出"精气为物"的观念。可以看出,《周易》首先承认了鬼神与万物之间变动不居的关系,是以气论和万物有灵观为思想基础的。"游魂为变",言鬼神之事。"变"是指"游魂""鬼神"运行之规律:"物既积聚,极则分散,将散之时,浮游精魂,去离物形,而为改变,则生变为死,成变为败,或未死之间,变为异类。"②当时,人们似乎普遍认为鬼神的存在,但人并不能以视觉察其形象,它是一种幽隐的存在,因而只能通过仪式和图像去感知和验证它的存在。王中江说:"在东周子学中,'鬼神'一般被想像为幽隐之物,它们存在并出入于万物的'幽冥'之中。如,《礼记·乐记》有'幽则有鬼神'的说法,《庄子·天运》也有'鬼神守其幽'之用例。鬼神是无所不在的,但又'幽隐'难测。"③《礼记·中庸》:"子曰:'鬼神之谓德,其盛矣!'视之而弗见,听之而弗闻,体物而不可遗,使天下之人齐明盛服,以承祭祀。洋洋乎如在其上,如在其左右。"④亦为例证。鬼神为精气所化,随物赋形,变幻莫测,无所不在,其运行之规律就是无规律,故"神无方""阴阳不测之谓神"。"知周乎万物""曲成万物而不遗"之"万物",是天地万物之统称,言"易"能以抽象变化之卦象统摄万物,"知鬼神之情状",故"易则唯变所适"。圣人创制"易"的目的即在于把握之。

---

① 〔日〕林巳奈夫:《神与兽的纹样学——中国古代诸神》,常耀华等译,生活·读书·新知三联书店 2009 年版,第 13 页。
② 《周易正义》,中国致公出版社 2009 年版,第 259 页。
③ 王中江:《简帛文明与古代思想世界》,北京大学出版社 2011 年版,第 152 页。
④ 《十三经》,上海书店出版社 1997 年影印四部丛刊本,第 896 页。

此处"精气为物"论述中的神灵信仰内容具体而微，很难察觉，但在郭璞的论述中则极明了、显豁。郭璞《注山海经叙》："夫以宇宙之寥廓，群生之纷纭，阴阳之煦蒸，万殊之区分，精气混淆，自相喷薄，游魂灵怪，触象而构，流行于山川，丽状于木石者，恶可胜言乎？然则总其所以乖，鼓之于一响，成其所以变，混之于一象。世之所异异，未知其所以异；世之所谓不异，未知其所以不异。"①郭璞对《山海经》神物形象之形成的论述延续了《周易·系辞》的思路，由此可见这种观念绵长的延续性和深远强大的影响力。郭璞在宇宙生成论和本体论的基础上探讨神灵与万物之间相互转化、相互构成的一体性关系，认为万物之间以"精气"相互感发、彼此构成，"混之于一象"，很难将它们截然分开；由"精气"构成的"游魂灵怪"并无特定的形制，它们随物赋形，以万物之形象彰显自己的存在（"触象而构"），"流行于山川，丽状于木石者"，根本没有固定的形象和存在方式（"神无方"），因而世人或以之为异，或以之不异。只有那些通晓万物构成、精气运转之士（"圣人"）才能对《山海经》所记载神物形象有所理解。此处论述凸显了《周易》"精气为物"的观念。

由于"物""鬼神""游魂"相互包容、关联、指涉，圣人以变动不居之易象洞晓鬼神之事，形成它们之间复杂的转换关系："物之改变为鬼神，易能通鬼神之变化。……物既聚以生，以散而死，皆是鬼神所为，但极聚散之理，则知鬼神之情状。圣人亦穷神尽性，能知鬼神，是与天地相似，所为所作，故不违天地，能与天地合也。"②"神""鬼""物"三者之间相互转化、包容，不能分开而论，礼乐刑赏之制作均应与其相合。王夫之《周易内传》指出："神之为物而且为鬼者也。……鬼之为变而复为神者也。已成乎物者，吉凶之效；未成乎物者，吉凶之几；一聚一散，变化无穷，而吉凶不爽。以此知鬼神之情状，无心而自有恒度，则以事鬼神，应灾祥，

---

① （晋）郭璞：《注山海经叙》，见袁珂：《山海经校注》，北京联合出版公司2014年版，第399页。

② 《周易正义》，中国致公出版社2009年版，第259页。

而制礼乐刑赏之大用，无不与鬼神合其吉凶矣。"①因此，"鬼神"本就寓居于"万物"之中，造成"万物"的变化和运转，"万物"之变化、运转只是"鬼神"的显像而已（"物之改变为鬼神"），因而模拟、总括万物的卦象能"通神明之德""知鬼神之情状"。实际上，在古人眼中，"万物""百物"并非自然性的、物质化的存在，它以其存在确证着一种无可言说的神圣性，因而其本身即为"神"——"万物"本身就是一种神圣性的存在。《荀子·天论》："列星随旋，日月递照，四时代御，阴阳大化，风雨博施，万物多得其和以生，各得其养以成，不见其事而见其功，夫是谓之'神'。"②因此，在神话时代，人们"即以物象作为善恶、吉凶的征兆，推究神的意志的术数"③。总之，圣人所"观"之"物"包括很多神灵、鬼物、游魂等信仰内容，"观物"所"取"之"象"亦与此密切相关。

第四节 "器者鼎彝之属"

关于《周易》中"象"的分类，历来观点较多。章学诚将易象称为"人心营构之象"，是"察天地自然之象而衷以理"的结果。④刘纲纪将《周易》述及"象"的句子罗列分析，认为可分为"卦象"和"事物之形象"两种。⑤王明居认为"象是可见的事物，象是视觉所摄取的物象，象是视觉所摄取的具有象征意义的物象"⑥。汪裕雄认为："'易象'是一个多层级的符号系统。它的指涉内涵包括三个递升层级：一级是数，涵摄着宇宙信息；二级是与数相对应的自然物象、人文事象；三级是从'数'与'象'的联

---

① （清）王夫之：《周易内传》，《船山全书》第一卷，岳麓书社 2011 年版，第 521 页。
② 梁启雄：《荀子简释》，中华书局 1983 年版，第 222 页。
③ 赵霈林：《先秦神话思想史论》，学林出版社 2006 年版，第 116 页。
④ 章学诚：《文史通义》，上海古籍出版社 2008 年版，第 7 页。
⑤ 刘纲纪：《周易美学》，武汉大学出版社 2006 年版，第 236 页。
⑥ 王明居：《叩寂寞而求音——周易符号美学》，文化艺术出版社 2012 年版，第 66 页。

系、关系中'观象系辞',与语辞传达一定意义。"①这些解释大都成立,但不够全面。指出两层含义:其一,在《周易》中,"象"有时做动词使用,如"象其物宜""圣人象之"等。其二,"象"在很多地方特指天象,与乾道相应,《周易》以"悬象"称之,如"悬象著明,莫大乎日月""天垂象,见吉凶""在天成象,在地成形""成象之谓乾,效法之谓坤""仰则观象于天,俯则观法于地"等。因而"象"与"形"是有区别的。疏云:"谓雷风日月在天,故'观象于天'。然'在天成象'不独此也。天有八卦之象,如'震象出庚,兑象见丁,乾象盈甲'之类也。山泽在地,故取法于地。又地有五行,为八卦之形。"②《周易·系辞上》:"见乃谓之象,形乃谓之器。"荀爽曰:"谓日月星辰,光见在天而成象也。万物生长,在地成形,可以为器用也。"③刘勰《文心雕龙·原道》"玄黄色杂,方圆体分,日月叠璧,以垂丽天之象;山川焕绮,以铺理地之形"④,明确以"象"指天象,以"形"指地理。张岱年《中国古典哲学概念范畴要论》也指出"古典著作中的'象'字有两层含义,一指今日所谓天象,一指今日所谓象征"⑤。此"象"("悬象")带有更多自然崇拜的内容。此义历来被纳入自然物象范围,隐而不彰,需要重新指出、彰显。

由于"物"与"鬼神"相互指涉,因而"观物"所"取"之"象"更多为神物形象(神话意象)。这一点《周易·系辞》提出的"制器尚象"观亦可佐证。《周易·系辞上》:"《易》有圣人之道四焉:以言者尚其辞,以

---

① 汪裕雄:《意象探源》,文化艺术出版社2012年版,第87页。
② (清)李道平:《周易集解纂疏》,中华书局1994年版,第621页。《荀子·天论》:"所志于天者,已其见象之可以期者矣;所志于地者,已其见宜之可以息者矣。"见梁启雄:《荀子简释》,中华书局1983年版,第224页。这些论述虽可互文见义,但区分是明显的,《帝王世纪》《开辟原始》《文心雕龙》等文献对"成象"与"效法"、"象"与"形"、"象"与"法"有专门的区分,只不过后人在引述这些文献时忽略了这种区分,笼统使用。
③ (清)李道平:《周易集解纂疏》,中华书局1994年版,第600页。
④ (南朝梁)刘勰著,范文澜注:《文心雕龙注》,人民文学出版社1958年版,第1页。
⑤ 张岱年:《中国古典哲学概念范畴要论》,见《张岱年全集》第4卷,河北人民出版社1996年版,第561页。

动者尚其变,以制器者尚其象,以卜筮者尚其占。是以君子将有为也,将有行也,问焉而以言。其受命也如响,无有远近幽深,遂知来物。非天下之至精,其孰能至此?"①疏云:"象其物宜,言器皆有象。郑氏谓'存乎器象'是也。十二盖取,皆观象以造器。"②说明两点:其一,"器皆有象",言"器"上皆有"象",此"象"又称"法象",起到为民立法之作用;其二,"观象造器",言圣人观"卦象"而"制器",如观"离"卦而制网罟。但事实上圣人非"观""卦象"而"制器",而是"观""物象"和"事象"而"制器",因而"观象造器"是"制器尚象"之前提、基础,"制器"所"尚"之"象"与"观物"所"取"之"象"具有一致性,"观物取象"与"制器尚象"成为相继展开的活动。郑樵《通志》卷四十七《器服略·尊彝爵觯之制》:"古人不徒为器也,而皆有所取象,故曰'制器尚象'。器之大者莫如罍,物之大者莫如山。故象山以制罍,或制大器以刻云雷之象也。"③郑樵指出"制器"所取之"象"为自然物象。王夫之认为"上古圣作"和"后世所制之器"上的"象"不仅包括具体的自然物象,而且还包括虚实刚柔之象:"制器尚象非徒上古之圣作为然,凡天下后世所制之器,亦皆暗合阴阳刚柔虚实错综之象,其不合于象者,虽一时之俗尚,必不利于用而速敝,人特未之察耳。"④"阴阳刚柔虚实错综之象"指能够通达神明之德、万物之理的易象,器物之象不能随时尚创造,而应与这些"象"相合,否则"器"不但不利于使用而且还会"速敝"。

在《周易》中,所有有形制的物体都被称为"器"("形而下者谓之器"),这就将"器"的内涵无限扩大了,以至"器"的本义被遮掩起来。在当时语境中,"器"有专指,"制器"只能在特定的重大事件成功之后才能进行,"事成而制器",因而"器"非仅为有用之"器物","器"更多是

---

① 《周易正义》,中国致公出版社2009年版,第271页。
② (清)李道平:《周易集解纂疏》,中华书局1994年版,第589页。
③ (唐)郑樵.《通志》,中华书局1988年版,第607页。
④ (清)王夫之:《周易内传》,《船山全书》第一卷,岳麓书社2011年版,第552页。

指与政治、战争、祭祀紧密相关的礼器、戎器、祭器等。《管子》卷一"乘马第五":"诸侯之地,千乘之国者,器之制也。……事成而制器。"[①]这些器物中最重要的也最有代表性的是"鼎"。明确两点:其一,《周易·系辞》对"制器"的解读存在诸多误解,例如"作结绳而为网罟,以佃以渔,盖取诸离",认为"结绳而为网罟"取自离卦,正好颠倒了自然事象与卦象之间的关系,因而"《系辞下》将各种器物的制作与不同的卦象相联,当然是甚为牵强的"[②]。其二,在《周易》中,"形""器"并称,有"形器"之名,"形而下者谓之器",强调"器"的有用性、具体性、物质性,与"器"之本义不符。《周易·系辞上》:"备物致用,立成器以为天下利,莫大乎圣人。"疏云:"古者庖犠氏始作八卦,庖犠氏没,神农氏作,神农氏没,黄帝尧舜氏作,故圣人谓神农以下也。中古之世,草昧初开,民多否闭。乾为物,取乾之坤为'备物'。坤为用,以坤之乾为'致用'。乾为物者,'精气为物'也。坤为器用者,形下为器,致役为用也。天地不交,其象为否,故制器尚象,多因否来。"[③]"制器"的主体是圣人,所"制"之"器"为衣裳、书契、弦木、屋舍、舟车、网罟等,这些"器物"的制作给人们生活带来便利。在这些器物中,礼器、戎器、祭器更为重要,成为"制器"的重要内容,"制器尚象"中的"器"更多是指它们,其中"鼎"是核心。所谓"鼎器""彝器""国之重器"等称谓,就是指以"鼎"为代表的礼器等。容庚《商周彝器通考》"青铜器古称彝器","兵者戈戟之属,器者鼎彝之属"。[④]圣人所"制"之器物中,唯有以鼎为代表的彝器上有"象":各种神怪形象和纹样成为"象"的主体。"制器尚象"中的"象"就是指它们。

同时,"制器尚象"中的"制器"主要是指"制鼎",因为"革故鼎新""事成制器",圣人以所制之"器"(鼎)示新制法象,确保事件大成,

---

① (清)戴望:《管子校正》,中华书局 2005 年版,第 15 页。
② 刘纲纪:《周易美学》,武汉大学出版社 2006 年版,第 276 页。
③ (清)李道平:《周易集解纂疏》,中华书局 1994 年版,第 604 页。
④ 容庚:《商周彝器通考》,中华书局 2012 年版,第 1、227 页。

并以之引导、规范人们展开新的活动。《周易》"鼎"卦："鼎：元吉，亨。"王弼注："革去故而鼎取新，取新而当其人，易故而法制齐明，吉然后乃亨，故先'元吉'而后'亨'也。鼎者，变成之卦也。革既变矣，则制器立法以成之焉。变而无制，乱可待也。法制应时，然后乃吉。"① 当时，国家在重大事件完成后有制器取象之活动（"制器立法"），其代表是"铸鼎象物"。《左传·宣公三年》："昔夏之方有德也，远方图物，贡金九牧，铸鼎象物，百物而为之备，使民知神奸。故民入川泽、山林，不逢不若。螭魅罔两，莫能逢之。"② 九鼎所铸之"物"就是神物。③ 因此，鼎上的神物形象向世人昭示此事件的成功与重要性，同时为世人立法。鼎三足而立，中空以生火，烹饪食物，是食器之一种。鼎既是食器也是祭器和礼器，烹饪食物目的有二：一、"享上帝"；二、"养圣贤"。所谓《彖》曰：鼎，象也，以木巽火，亨饪也。圣人亨，以享上帝，而大亨以养圣贤。"鼎，象也"，此"象"即为鼎上所铸之象，"示物法象，唯新其制"，"祭祀则天神为大，宾客则圣贤为重"。④ 后世学者注疏《礼记·大同》"礼器"为"记礼，使人成器"⑤，言礼器作用有二：其一，"记礼"，礼器虽是物质形态，但其独特形制却与某种祭祀仪式配合使用，因而可以起到"记礼"之作用；其二，"使人成器"，参加、观看祭礼的人通过这种活动明白、知晓礼仪的重要性并掌握、实践之，从而可以"成人""成器"。这就是鼎彝"法象""示民"的作用。因此，"制器尚象"之"器"主要是指"鼎"，所"尚"之"象"主要是指神物形象，只有神物形象才能起到护佑垂训之功，才能称为"法象"。

---

① （魏）王弼著，楼宇烈校释：《周易注》，中华书局2011年版，第270页。
② 《十三经》，上海书店出版社1997年影印四部丛刊本，第1015页。
③ 张光直：《中国青铜时代》，生活·读书·新知三联书店2013年版，第446页；王怀义：《释"铸鼎象物"》，《民族艺术》2010年第3期；杨晓能：《另一种古史》，生活·读书·新知三联书店2008年版，第275页。此观点儿以林巳奈夫为代表，参见〔日〕林巳奈夫：《殷周时代的图像记号》，《东方学报》1968年第39册，第32—102页；〔日〕林巳奈夫：《神与兽的纹样学——中国古代诸神》，生活·读书·新知三联书店2009年版，第3—5页。
④ 《周易正义》，中国致公出版社2009年版，第201页。
⑤ 李济：《殷墟青铜器研究》，《李济文集》第四卷，上海人民出版社2006年版，第440页。

"鼎"以独特的物质形式和形象体系彰显了重要的精神力量。

在夏、商、周三代,"器"沟通神人的功能是一贯的,以实现圣人"以神道设教"的目的。可以看到,现今出土的殷周青铜器皿虽形制各异,但几乎都以"鼎"为基型而稍加改变而成——它们可能拥有共同的史前陶器器型的来源[①];虽名目众多,种类多样,但可统称"彝器"。据容庚考证,"商器铭文简质,不著器名,无复类别,只称共名曰尊,曰彝,曰尊彝。今之所见,以酒器为多。……周初之器,虽简仍殷旧,以尊彝称,然渐著器名。……春秋以后,形制渐变,无铭者亦多,于是定名复感困难"[②]。复杂的命名情况说明它们在制作时并没有众多的命名与分类情况,而以"彝""尊""彝尊"等统称之,这种"统称"透露出其功能的核心地位。这种功能就是"享上帝"和"养圣贤"。这两种功能虽一直并行不悖,但存在变动:在早期阶段,"享上帝"的功能占主导地位,以求鬼神降福祉于众民;随着政治统治和人文思想的发展,"养圣贤"逐渐变得重要起来,"器"的展示功能增强,"示民"的成分增加了,并成为它的主要功能。其实,无论是"享上帝"还是"养圣贤",其更大目的都在于"示民":以"彝器"为核心展开一系列宗教和政治活动,以起到垂训下民之作用。《礼记·檀弓上》:"仲宪言于曾子曰:'夏后氏用明器,示民无知也。殷人用祭器,示民有知也。周人兼用之,示民疑也。'曾子曰:'其不然乎,其不然乎。夫明器鬼器也,祭器人器也。夫古人胡为而死其亲乎'。"[③]器物制作具有鲜明的"示民"功能,它所"示"给"民"的既包括"器"本身的形式,也包括"器"上的"法象"或文字。柯马丁根据青铜器铭文书写和数量的变化发现:"向祖先展示器主功绩的长篇铭文的数量减少,更偏爱简短、现成的套语,更多面向生者言说,而非面向祖先神灵言说。一些内容更为丰富的

---

① 〔美〕巫鸿:《中国古代艺术与建筑中的"纪念碑性"》,上海人民出版社2009年版,第52页。
② 容庚:《商周彝器通考》,中华书局2012年版,第20页。
③ (清)孙希旦:《礼记集解》,中华书局1989年版,第219页。

文本，如中山王厝（约前 323—前 313 年在位）铸刻的铭文，其对世俗政治权威的诉求，很大程度上背离了宗教交流的早期形式。"[1] 殷商青铜彝器的制作者和拥有者并无意让更多人看到它们的形制、图样和铭文，因为它们象征了神权和政权的私有性；周人以青铜彝器"法象""示民"的观念正反映出"制器"观念的转变。这种转变与周人的统治和礼仪观念的变化正相适应。《礼记·表记》："殷人尊神，率民以事神，先鬼而后礼。……周人尊礼尚施，事鬼神而远之。"[2] "当新的信仰与祭祀理念形成后，青铜器上的图形文字和图像铭文退出历史舞台，青铜器纹饰的思想内容和艺术表现形式也发生了巨变。"[3] 这种变化造成青铜彝器的功能和服务对象随之发生变化：从为鬼神而作转向为人而作，"法象""示民"成为其主导功能。青铜彝器展示功能和展示对象的变化，最终背离了它最初的宗教属性，人们也更加关注它的物质性和功能性，"制器尚象"的原初含义在此过程中逐渐淹没。

先秦文献多强调"作"的神圣性，"非圣人不作"，因而任何器物制作在起始阶段都由圣人发明制作。无可否认的是，并非所有器物都需要圣人亲手制作，器物的最终完成则需要具体的匠人操作才能实现，"百工"之称由此而来。《周礼·考工记》："国有六职，百工居其一。或坐而论道，或作而行之，或审曲面执，以饬五材，以辨民器，或通四方珍异以资之，或饬力以长地财，或治丝麻以成之。……审曲面执，以饬五材，以辨民器，谓之百工。"[4] 因此，发明权和制作权的实际性分离，使"器"的神圣性（宗教功能）逐渐衰落，"器"上的图像逐渐丧失宗教力量而成为一种华丽的装饰。"器"的物质性和功能性，使"器"与"器"之间处于相互对立的关系，因为人们无法用网罟实现舟楫的功能，"器用"的单一性由此延伸出教条、刻板的意

---

[1] 〔美〕孙康宜、宇文所安主编：《剑桥中国文学史》（上卷）第一章"早期中国文学：开端至西汉"，柯马丁撰写，生活·读书·新知三联书店 2013 年版，第 42 页。
[2] （清）孙希旦：《礼记集解》，中华书局 1989 年版，第 1310 页。
[3] 〔美〕杨晓能：《另一种古史》，唐际根、孙亚冰译，生活·读书·新知三联书店 2008 年版，第 414 页。
[4] （汉）郑玄注，（唐）贾公彦疏：《周礼注疏》，上海古籍出版社 2010 年版，第 1520 页。

味。在孔子"君子不器"的教诲中,他高度否定了"器"的这一属性,而强调融会变通的君子精神。朱熹在他的注中明确指出了这层含义:"器者,各适其用而不能相通。成德之士,体无不具,故用无不周,非特为一才一艺而已。"[1] 正因如此,"制器尚象"观中"器""象"的初始内涵也逐渐为人遗忘,"神道存乎器象"的观念需要我们对之进行新的发掘和研究。

第五节 "神道存乎器象"

如前所述,以鼎彝为代表的青铜器的"示民"功能是后起的。在初始阶段,为了保持其神圣性和神秘性,鼎彝一般被藏匿在阴暗的宗庙之内,不为外人所见。根据《左传·宣公三年》对夏禹会盟诸侯"铸鼎象物,百物而为之备"的记载,可以知道,"铸鼎"事件是中国历史上第一个统一王朝夏代建立的标志,"鼎"及其图像带有至高无上的权威性,既为万民立法,又确证夏王朝统治的合理性,"神道存乎器象"之观念由此形成并流布天下。"器象"一词见于王弼的注文:"此四者存乎器象,可得而用也。"[2] 特指鼎彝之上的图像和纹饰等,它们是"神道"的体现者。林巳奈夫指出,"当时的人们在青铜器上装饰纹饰是为了渲染所绘怪兽的恐怖性,并借此来驱除邪恶","兽面纹在自然界中本不存在,这种组合定型之纹样,即兽面纹、人面纹,肩负着保佑一个家族幸福之使命"。[3] 因此,鼎彝的形制、图像、纹饰等内容属于"国家机密"或"家族秘史",不能、不许为外人所知,否则可能给国家或族民带来不可预知的危害。

"神道存乎器象"的观念让"鼎彝之器"变成神秘之物,必须秘密珍

---

[1] (宋)朱熹:《四书章句集注》,中华书局1983年版,第57页。
[2] (晋)王弼著,楼宇烈校释:《周易注》,中华书局2011年版,第354页。
[3] 〔日〕林巳奈夫:《神与兽的纹样学——中国古代诸神》,常耀华等译,生活·读书·新知三联书店2009年版,第3—4页。

藏，不能为外人观看，以保持其神力的专有性和稳固性，由此形成"器"与"神"之间互为因果、体用不分的合体关系，占有"器"即占有"神"，"神"去则"器"随之损毁、破败。《抱朴子·内篇》卷一"畅玄"："故玄之所在，其乐不穷。玄之所去，器弊神逝。"[1] 针对"九鼎"事件，巫鸿说："九鼎不仅仅是为了纪念过去的某一事件，同时也是对这一事件的巩固和合法化——即国家形态意义上的重要权力的实现和实施。……九鼎以及九鼎的变迁在很大程度上不再是历史事件的结果，而被看成是这些事件的先决条件。……一个统治者拥有了九鼎，他理所当然地是天命的所有者。"[2] 不仅储藏青铜器的宗庙是幽深、狭小的建筑场所，而且，它们的形制也很小，以便于携带、储藏或销毁。这些情况都证明占有青铜器其实质就是占有宗教和政治特权。最新的考古发现证明了这种观念："公元前十世纪中叶之后，出土的青铜器大多集中在西周核心的渭河流域一带，有的出自墓葬，有的则被精心包装藏于地窖。在西周政治、军事开始衰落的后半期，挖建这些地窖显然是为了藏埋青铜器，免得它们落入侵略者之手，主人希望日后安全时再重新掘出。"[3] 而且，"绝大多数的早期青铜器体积较小，直径不超过五十厘米，只有近观细玩才可感受其精美"[4]。在这种情况下，青铜彝器上精美、繁复、多样的纹饰与图案，尽管让人印象深刻，但除了接受祭拜的神灵之外根本不可能为他人所观看清楚，尤其是记载彝器制作的铭文："除少数例外，所有青铜器铭文都铸刻在内部，如容器内、盖子内。……祭祀祖先时，铭文被祭品覆盖，无法阅读。"[5] 显然，这些图像、纹饰和文字

---

[1] 王明：《抱朴子·内篇校释》，中华书局1980年版，第1页。
[2] 〔美〕巫鸿：《中国古代艺术与建筑中的"纪念碑性"》，李清泉、郑岩等译，上海人民出版社2009年版，第6—7页。
[3] 〔美〕孙康宜、宇文所安主编：《剑桥中国文学史》（上卷）第一章"早期中国文学：开端至西汉"，柯马丁撰写，生活·读书·新知三联书店2013年版，第35页。
[4] 〔美〕孙康宜、宇文所安主编：《剑桥中国文学史》（上卷）第一章"早期中国文学：开端至西汉"，柯马丁撰写，生活·读书·新知三联书店2013年版，第35页。
[5] 〔美〕孙康宜、宇文所安主编：《剑桥中国文学史》（上卷）第一章"早期中国文学：开端至西汉"，柯马丁撰写，生活·读书·新知三联书店2013年版，第35页。

的目的并不是为了观看,《左传·宣公三年》宣称的"使民知神奸"中的"民"有严格限制,或者"民"只有通过中介才能获知鼎彝图像的内容。鼎彝的宗教化和政治化,增强了它的神圣性,因此它上面的图像和纹饰也变得神秘起来,不能为人轻易观看,即使是诸侯也极少有机会看到它们。"楚子问鼎之大小"的行为被视为不轨之心的象征,"问鼎"也是政治和宗教上的禁忌。在楚王的问话中,可以发现,即使是当时最强大国家的首领也没有机会观看九鼎实物,因而即使是诸侯也无法知道九鼎的具体大小及九鼎的内容,这在当时是一种普遍现象。在《战国策》的记述中,周臣颜率无限夸大九鼎的规模,以至于齐王放弃了占有九鼎的想法。这一事件再次印证了这个事实。作为早期社会的知识图典,鼎彝之器的密藏,极大地影响了知识的传播,掌握知识成为极少数宗室成员的特权。孔子见老子总要询问周礼,原因在于作为平民之子,他根本没有任何机会进入宗庙观看礼器,因而他虽然天资聪颖也无法获得更多知识。[①] 于是,在周王室不能维持统治之时,"九流以兴,于是各执其一术以为学"[②]。

现今出土的青铜器一般统称为"礼器"[③],其中很多与人们的日常生活有关,学者以"用器"称之。"用器"的大量存在不能成为否定"神道存乎器象"观念的证据,因为人类祭祀从一开始就是以向神灵贡献食物的方式进行的,"殷周鼎彝多为食器""商周礼器多为酒器"的现象反而证明这一传统在中华文明中的一贯性和连续性。李济推测:"容器的发明与制造大半起源于日常生活的需要。这些需要中,以关于饮食的最多,晚期做礼器用的容器大半是早期用器的形制。到了周的时候,常把青铜礼器总称为'尊'或'彝'或'宝尊彝'。就这些名称的原始意义推敲,'尊'原为指贮酒容

---

① (汉)王充《论衡·知实篇第七十九》:"子入太庙,每事问。不知故问,为人法也。孔子未尝入庙,庙中礼器,众多非一。孔子虽圣,何能知之?"
② (清)孙诒让《墨子间诂》"汪中墨子后序述学":"昔在成周,礼器大备,凡古之道术,皆设官以掌之。官失其业,九流以兴,于是各执其一术以为学。讳其所出,而托于上古神圣,以为名高,不曰神农,则曰黄帝。"
③ 李济:《殷墟青铜器研究》,《李济文集》第四卷,上海人民出版社2006年版,第440页。

器的名字,而'彝'是两只手抱一只鸡的象形字。这些文字上的早期意义,可以说是很可靠的讲礼器原始用途的一条线索。"①李济先生"容器的发明与制造大半起源于日常生活的需要"的判断是准确的。确实,先民的日常生活的确需要大量这样的器具,因而人们常以"用器""养器""燕器"称之。但我们应把这种发明和制造的起源与目的分开,要把它们的使用对象分开:在先民的思想观念中,祖先神灵仍如生前一样生活,他们的世界也是一个日常生活世界。对它们的分析应充分考虑到这一点。

其实,我们很难对在礼仪语境中使用的器具的日常性和宗教性做出严格划分:"礼"本来就附着于日常生活而展开,对"礼"的践行是日常生活获得意义的基本方式,因而"器"既是日常性的也是宗教性的。例如"尊":作为贮酒的容器,它只为神灵或圣人准备,"玄酒在室,醴醆在户,粢醍在堂,澄酒在下。陈其牺牲,备其鼎俎,列其琴瑟管磬钟鼓,修其祝嘏,以降上神与其先祖"②,畅饮美酒、乐享美食是神灵与祖先的特权,普通民众无法在日常生活中享受这一乐趣。据说,巫师在祭祀中也常通过饮酒的方式在迷狂中与祖先神灵交流,酒醒之后再把交流的信息传达给人们。"彝"的字形是"两只手抱一只鸡",就说明它实际上是一种宗教祭祀形象——在《山海经》《左传》等文献中,"鸡"是人贡献给神灵的神圣物种之一,"其实质是关于太阳和生命的崇拜"③;"鸡"的鸣叫声是世界从黑暗转向光明的主要推动力,因而它也成为驱除邪神恶鬼的重要神物。"彝"字的原始内涵似更应落在此处。《风俗通义·祀典》引《青史子》语云:"鸡者,东方之牲也。岁终更始,辨秩东作,万物触户东作,万物触户而出,故以鸡祀祭也。"④在夏代礼器中有一种彝器专名为"鸡彝",是古代先民鸡崇拜的典型象征物。《周礼·春官·司尊彝》:"春祠夏禴,用鸡彝",《礼记·明

---

① 李济:《殷墟青铜器研究》,《李济文集》第四卷,上海人民出版社2006年版,第449页。
② (清)孙希旦:《礼记集解》,中华书局1989年版,第588页。
③ 王小盾:《中国早期思想的符号研究》,上海人民出版社2008年版,第501页。
④ 王利器:《风俗通义校注》,中华书局1981年版,第374页。

堂位》:"灌尊,夏后氏以鸡彝,殷以斝,周以黄目",等等。郭宝钧指出:"尊之作鸟兽形者谓之彝。……鸟兽尊是用于祼祭的特制品,其制大抵凿背纳酒,从口吐出,以灌于地。"[①] 在夏商时期,这种鸟兽形的彝尊尤以"鸡彝"为重要,它是《周礼》中"六彝"[②]之首。"在上述礼器中,鸡彝占有比较重要的地位。它是六彝中的第一彝,是夏代所用的灌器。事实上,作为青铜器铭文中的通用名,'彝'这个词包括了食器、盛酒器、温酒器、饮酒器等各种器形;而作为一种专门的灌器,'彝'就是指鸡彝。"[③] 因此,"食器""酒器"的大量存在证明"神道存乎器象"的观念仍是当时宗教信仰中的主导性观念,"食器""酒器"同时就是"礼器",可见"神道存乎器象"之观念的普遍性。

实际上,这些"食器"与现实生活中的用器仍有不小差别,无论是形制上还是材质上都是如此。人们不能为了满足日常生活的需要而使用礼器,即使它们可以作为日常生活用具使用。《礼记·曲礼上》所谓"君子虽贫,不粥祭器;虽寒,不衣祭服;为宫室,不斩于丘木"[④],严格将与礼仪相关器具的使用排除在日常生活之外,且不能以之获得直接的物质需求和利益。尤其在国家文化制度中,礼器与用器的区别更为严格。国家设有专门掌管、使用这些器具的官职(大宗伯、小宗伯);无论是集体还是个人,祭器和用器的制造顺序须按规定进行,人们甚至不能让祭器进入市场流通,否则便会成为"非礼"的行为,这与冒犯神灵是一样严重的。"凡家造,祭器为先,牺赋为次,养器为后"[⑤],"祭器未成,不造燕器"[⑥],"宗庙之器不粥于市,牺牲不粥于市,戎器不粥于市"[⑦];"宗庙之器,可用也,而不可便其利也。

[①] 郭宝钧:《商周青铜器综合研究》,文物出版社1981年版,第147页。
[②] "六彝"分别是鸡彝、鸟彝、斝彝、黄彝、虎彝、蜼彝。
[③] 王小盾:《中国早期思想的符号研究》,上海人民出版社2008年版,第499页。
[④] (清)孙希旦:《礼记集解》,中华书局1989年版,第588页。
[⑤] (清)孙希旦:《礼记集解》,中华书局1989年版,第117页。
[⑥] (清)孙希旦:《礼记集解》,中华书局1989年版,第389页。
[⑦] (清)孙希旦:《礼记集解》,中华书局1989年版,第374页。

所以交于神明者，不可以同于所安乐之义也"①。这实际上就是巫鸿所指出的"礼器"的内在悖论："一方面，作为一种象征物，礼器必须在材质、形状、装饰和铭文等物质形态上和实用器区别开来，人们因此可以清楚地识别和认识它所代表的概念。另一方面，礼器仍是'器'，在类型上与日常用器一致。换言之，礼器是一把斧头、一只壶、一只碗，但它不是'普通的'斧头、壶、碗。"②除了礼制的规定外，人们仍要通过各种手段将礼器和日常用器进行区分。比如，在加工上，礼器的制作往往使用更为"贵重"的材质，要耗费更多的时间和精力，雕刻更为精致，等等。总之，人们会使用一切方法将寻常物特殊化、礼仪化，从而将礼器和用器区别开来。③

如同彝器展示功能的转化和形成一样，在先秦譬喻思维的作用下，"器"所承载的神性也发生了转化：一方面，它成为一种高尚品质和德性的象征，"制器"的精细繁杂成为君子锻炼品性的象征；另一方面，器物上神物形象的装饰和审美功能进一步增强，使早期器物制作发展出"趋丽尚奇"的审美特点，形成古代以"百工"为基础的工艺美术。例如，人们以"制器"的精细、繁杂、困难比喻品格之锻炼、人格之养成、处事之周详、礼法之完备，以"藏器"比喻君子潜龙勿用、相时而动。④在这个转化过程中，

---

① （清）孙希旦：《礼记集解》，中华书局1989年版，第700页。
② 〔美〕巫鸿：《中国古代艺术与建筑中的"纪念碑性"》，李清泉、郑岩等译，上海人民出版社2009年版，第28—29页。
③ 巫鸿曾对彩陶的制作进行分析，发现先民为了实现礼器与用器的分离，最常使用的手段是对器物形制进行改造。"一小组陶器开始显露出一种精细纤弱的风格：容器的足或颈被逐渐拉长，还出现了镂空的装饰方法。这些器物的设计起点是追求复杂的外轮廓，而容纳食物或水的实际功用及体积感则被有意摒弃"，"对器壁厚度的减薄进一步突出了微妙而脆弱的印象"，"从其特别的形状和极薄的器壁来看，这些器物不可能用于日常生活"。〔美〕巫鸿：《中国古代艺术与建筑中的"纪念碑性"》，李清泉、郑岩等译，上海人民出版社2009年版，第33—34页。
④ 《礼记·学记》："玉不琢，不成器；人不学，不知道。"王充《论衡·卜筮第七十一》："始知古人立言之故，与制器之巧同。"王符《潜夫论·实边第二十四》："百工制器，咸填其边，散之兼倍，岂有私哉？乃所以固其内尔。先圣制法，亦务实边，盖以安中国也。"郭璞《抱朴子·外篇》"嘉遁卷第一"："故藏器者珍于变通随时，英逸者贵于吐奇拨乱。"《抱朴子·外篇》"任命卷第十九"："盖君子藏器以有待也，稽德以有为也，非其时不见也，非其君不事也，穷达任所值，出处无所系。"扬雄《法言》"修身卷第三"："君子藏器于身，俟时而动，何不利之有？"

器物的神圣性逐渐消退，器物上的神物形象逐渐转化为装饰性图案，"制器尚象"也逐渐成为中国古代工艺美术上的重要命题。此后器物制作工艺采用了大量神物形象，这些形象色彩斑斓、体态各异、生动活泼、富有表现力，它们的神圣性转向装饰性。如《淮南子·俶真训》对"牺樽"的描述："百围之木，斩而为牺樽，镂之以剞，杂之以青黄，华藻镈鲜，龙蛇虎豹，曲成文章。"① 贾谊咏"簴"云："妙雕文以刻镂兮，象巨兽之屈奇。戴高角之峨峨兮，负大钟而顾飞。美哉烂兮，亦天地之大式。"② 神话意象成为人们塑造奇丽、庄严之美的手段。即使是铸造一些常见的生活用具，他们也力求从材质、造型、命名等各方面进行塑造，以突显这些器物的奇特性质。其中，最突出的表现就是人们往往在日常生活用具上设置龙凤、怪兽等神物形象。比如，制造一盏灯，人们要在灯盏上雕刻"七龙五凤，杂以芙蓉莲藕"；做个香炉，也要将之分为九层，"镂为奇禽怪兽，穷诸灵异"，而且这些神物还能"自然运转"，达到活灵活现的逼真效果。③ 这里，神话世界与现实生活世界之间建立了相互转化的同构性关系，神话意象赋予日常生活以奇异之美，日常生活也赋予神话意象以生命性和现实性，"象"的神圣性建构着日常生活的意义和价值。

第六节 "以象媚道"的伦理观和艺术观

在中国艺术发展过程中，"观物取象"的初始内涵一以贯之，并深深影响了艺术家对艺术的认识。他们认为艺术并不是一种审美形态，而是通达"道"的载体或方式；"以象媚道"，是艺术家把握"道"的独特方式——

---

① （汉）刘安著，高诱注：《淮南子》，《诸子集成》第七册，中华书局2006年版，第26页。
② （汉）贾谊：《簴赋》，龚克昌主编：《两汉赋评注》，山东大学出版社2011年版，第21页。
③ 《西京杂记》，见《汉魏六朝笔记小说大观》，上海古籍出版社1999年版，第84页。

"观物取象"作为一种艺术和审美的思维方式,仍然保留着原初的宗教和形上内涵,赋予艺术家的创作行为和生活思想方式以至高无上之价值,神圣性由此成为艺术的本质规定性,而不是像启蒙思想家那样将艺术作为情感的产物,归属于情感领域,不仅与现实实践领域无涉,而且还与纯粹理性世界("道")之间存在无可弥补的裂痕。古人一般将伏羲氏仰观俯察而作八卦作为后世书画艺术的最早源头,"观物取象"由此成为中国古代历史悠久的艺术理论命题,它的神圣性内涵随之转化为艺术创作的思想基础,这也为神话意象向艺术意象(审美意象)的转化提供了基础。受此观念影响,与柏拉图排斥艺术的主张不同,中国古人一开始就将艺术("书""画")作为显现神圣真理的重要手段,体现出"观物取象"观所承载的神话基因。许慎《说文解字序》将书写的创制发明上溯至伏羲氏"观物取象"的传统:"古者庖牺氏之王天下也,仰则观象于天,俯则观法于地,观鸟兽之文与地之宜,近取诸身,远取诸物;于是始作易八卦,以垂宪象。及神农氏,结绳为治,而统其事。庶业其繁,饰伪萌生。黄帝史官仓颉,见鸟兽蹄迒之迹,知分理可相别异也,初造书契。……仓颉之初作书也,盖依类象形,故谓之文。其后形声相益,即谓之字。文者,物象之本;字者,言孳乳而寖多也。"[①]按照许慎的观点,后世绘画和文字的产生都是"观物取象"传统的延续。确实如此。在后人的讨论中,无论是书家还是画家,他们都在强调书画艺术既取法万物又表现万物因而获得神性的观点。这里,我们选择古人对绘画的讨论来解释这个问题,以发掘"观物取象"神圣内涵与艺术创作之间的内在关联,从而为思考、解决神话意象向审美意象转化问题提供一个角度。

如前所述,"观物"的"物"多为神物,所"取"之"象"多为神怪形象,因此,神话意象是绘画最早的也是最主要的表现对象。上古时期,绘有神人畏兽形象的图像是人、神之间建立交流关系的重要途径和方式,而为了保证这些图像的神圣性和神秘性,初民们多选择一些常人不易到的地

---

① (清)段玉裁:《说文解字注》,浙江古籍出版社2006年版,第753页。

方，冒着生命危险创制这些作品，"这似乎也说明了岩画的真正观者更主要的是作者心目中的神"①。这些图像，有的在悬崖峭壁，有的在岩洞深处，具有隐秘性和神圣性。而且，从王孙满对楚子的话中可知九鼎在当时也"被密藏在黑暗之处"②，不为一般人可见；即使是一般的祭祀礼器，也"不一定是下层群众能轻易看到的"③。神话图像的神秘性是为宗教、政治服务的。从夏代开始，神话图像在其宗教功能的基础上又衍生出政治功能，成为一种施政手段。与禹在九鼎上绘制神物一样，后来的统治者在建筑离宫别馆、铸造祭祀礼器时，也多刻绘神像，以威严其势，神化其权。其典型代表，在家族为祠堂，在国家为宫殿。而且，古宫殿上所刻图像，其内容多与古神话有关。根据王延寿《鲁灵光殿赋》可知，古宫殿的墙壁上杂物奇怪、山神海灵，无所不有；而且还托之以丹青，随色相类，具有丰富的色彩变化。这样，比翼的飞龙、九首的人皇、人首蛇身的伏羲和女娲都焕炳可观，上古时代的洪荒质朴也絜然可见。统治者之所以如此看重宫殿绘画，就是因为这些图像可以增加王宫的威严气势，给宫殿营造神秘高贵的气氛，以此宣扬君权神授的观念。此后，神话图像的宗教政治功能还扩张到伦理道德领域，成为成教化、助人伦的一种手段。这一点还影响到后代艺术家对绘画功能的看法。

历代画论家在论述画之起源时，大都要上溯到原始神话图像时代，强调图像对主体精神人格和道德伦理的形成所起的重要作用。《古画品录》《历代名画记》和《宣和画谱》等对此皆有述及。兴起于魏晋南北朝的"画赞"还常以诫语的形式向观者表达所画内容的鉴戒意义。《太平御览》卷七五一引曹植《画赞·序》："观画者，见三皇五帝，莫不仰戴；见三季暴主，莫不悲惋；见篡臣贼嗣，莫不切齿；见高节妙士，莫不忘食；见忠节死难，莫不抗首；见放臣斥子，莫不叹息；见淫夫妒妇，莫不侧目；见令

---

① 罗晓明、王良范：《山崖上的图像叙事》，贵州人民出版社2007年版，第262—263页。
② 〔美〕巫鸿：《礼仪中的美术》，生活·读书·新知三联书店2005年版，第54页。
③ 张光直：《中国青铜时代》，生活·读书·新知三联书店1999年版，第434页。

妃顺后，莫不嘉贵。是知存乎鉴戒者，图画也。"①曹植认为欣赏人物画并非欣赏其艺术手法，而是欣赏画中的人物及其所体现出的思想观念和道德准则。这样一来，绘画便成为一种教化手段，成为与儒学经典同样的社会政治、道德生活的准则。而且，与文字语言的说教相比，图像更为直观、形象、具体，更容易对人们形成情感渗透。《孔子家语》卷三《观周》："孔子观夫明堂，睹四门墉，有尧舜之容，桀纣之象，而各有善恶之状，兴废之诫焉。又有周公相成王，抱之负斧扆南面以朝诸侯之图焉。孔子徘徊而望之，谓从者曰：'此周之所以盛也！夫明镜所以察形，往古所以知今。人主不务袭迹于其所以安存，而忽忽所以危亡，是犹未有以异于却走而欲求前人也，岂不惑哉。'"②通过孔子的论述，我们可以看出上古时期的先贤神人图像在治政兴国、教化民众上所承担的重要作用。晋张收《周公礼殿益州学馆记》云："献帝兴平元年，陈留高朕为益州太守，更葺成都玉堂石室，东别创一石室，自为周公礼殿。其壁上图画上古盘古、李老等神，及历代帝王之像，梁上又画仲尼七十二弟子、三皇以来名臣。"③高朕此行为目的显明，就是要借上古神人、历代帝王及名儒贤臣之像来树立榜样，砥砺品格，此亦"图象古昔，以当箴规"（何晏《景福殿赋》）之义。明太祖朱元璋曾专令诸臣绘制《农业艰难图》《古孝行图》等教育皇子。这是因为四书五经所述之理，涉虚而难见，未易阐明，倒不如"图绘以象之，朝诵夕披，而观省备焉"（明焦竑《养正图解序》）。后来，即使这一观念受到了一些带有唯物倾向的思想家（如王充）的批判，但仍未削减这种观念对人们的影响，无论是知识阶层还是平民百姓都深信不疑，读书士人均以跻身画像为荣："凡有功德文学及义烈之足表颂者，往往为之图像。"④在汉宣帝时，这一情

---

① （宋）李昉：《太平御览》，中华书局1960年版，第3332页。
② 朱维铮编：《传世藏书·子库·诸子》第一册，海南国际新闻出版中心2010年版，第611页。
③ 黄休复：《益州名画录》，台湾商务印书馆影印文渊阁本《四库全书》第812册，第504—505页。
④ 郑午昌：《中国画学全史》，上海古籍出版社2001年版，第32页。

况竟达到了"画图汉烈,士或不在于画上者,子孙耻之"①的境地。有明一代,木刻版画与通俗文学相得益彰,其影响更为深远。②

张彦远提出"书画异名而同体"的观点,将"书""画"与伏羲氏"观物取象"一同论述,实际上就是确立艺术与神圣真理之间的联系:

> 古先圣王受命应箓,则有龟字效灵,龙图呈宝。自巢、燧以来,皆有此瑞,迹映乎瑶牒,事传乎金册。庖牺氏发于荣河中,典籍图画萌矣。轩辕氏得于温洛中,史皇仓颉状焉。奎有芒角,下主辞章;颉有四目,仰观垂象。因俪鸟龟之迹,遂定书字之形,造化不能藏其秘,故天雨粟;灵怪不能遁其形,故鬼夜哭。是时也,书画同体而未分,象制肇始而犹略。无以传其意,故有书;无以见其形,故有画。③

张彦远的观点具有代表性。在古代艺术家心目中,艺术从来都是通达神圣真理的途径,没有人对此产生过怀疑,因而张彦远的论述及其思维方式成为他们叙述的基本模式。直到明清时期,我们在石涛的论述中仍发现了这种模式的踪迹。在石涛的论述中,他把绘画的工具和技法(技)直接看成表现天地大道的工具(道或艺),或者说,在石涛的观念中,"技""道"之间根本就不具有本质的不同,它们同是"太古""太朴"时代的产物:"太古无法,太朴不散;太朴一散,而法立矣。法立于何?立于一画。一画者,众有之本,万象之根;见用于神,藏用于人,而世人不知所以。……盖太朴散,而一画之法立矣;一画之法立,而万物著矣。"④艺术由此成为"神""人"共享之物,画家通过对万物情态的领悟而达到创作的自由境界。

---

① 王充:《论衡》"须颂篇",《诸子集成》第七册,中华书局2006年版,第197页。
② 王怀义:《中国史前神话意象》,台湾里仁书局2016年版,第367—378页。
③ (唐)张彦远:《历代名画记》,浙江人民美术出版社2011年版,第1—2页。
④ 叶朗:《中国美学史大纲》,上海人民出版社1981年版,第532—533页。

第七节 "观物取象"神圣内涵的脱落

但是，随着西方现代哲学、美学思想的涌入，科学主义和实证主义世界观的流行，"观物取象"的神圣内涵逐渐脱落了。近现代学者抱着救国图存的愿望大肆批判传统中国的世界观，对古人的一系列话语进行现代化、西方式的解释，"观物取象"也同样被重新解释了。可以看到，"观物取象"初始内涵的脱落是近代以来思想变革的产物，学者对其所做的自然化、审美化解释不符合这个内涵。张汝伦指出："中国人个不是在正常的、和平的情况下接触和接受西方艺术的，如在近代之前接触印度艺术和其他域外的艺术那样，而是在国门被西方大炮轰开之后、在对西方列强屡战屡败的情况下接触和接受西方文化的。中国在接触到西方艺术的同时，更接触和接受了西方现代性思想、现代性哲学。……对中国人思想影响最大的，绝不是古希腊哲学和中世纪西方哲学，而是从启蒙到20世纪的近现代西方哲学。艺术恐怕也是这样，对我们中国现代艺术影响最大的，恐怕是近现代西方艺术。"[1] 在这种情况下，康有为、梁启超、蔡元培、王国维、胡适等均按照西方观念对中国古代艺术概念或命题进行了新的解释，如康有为将绘画与工商业放在一起论述等，其哲学基础就是"近代西方哲学的自然主义唯物论和实证主义"[2]，"唯物论的实证论和自然主义以及唯心论的主体主义，是中国人最心仪的西方近代哲学。而之所以接受这种哲学，是因为认为这种哲学才真正是认识世界、掌握世界、产生西方科学技术，导致西方富强的哲学。中国传统哲学虚幻玄远，不切实际，无从把握，纯粹是胡言乱语的玄学。而建立在此种哲学基础上的中国传统艺术思想，自然也就不再被人接受和理解"[3]。正是在这样的思想背景下，现代学者一方面敏锐感受到"观

---

[1] 张汝伦：《道还是技：中国艺术现代性的若干省思》，《文汇报》2016年1月22日。
[2] 张汝伦：《道还是技：中国艺术现代性的若干省思》，《文汇报》2016年1月22日。
[3] 张汝伦：《道还是技：中国艺术现代性的若干省思》，《文汇报》2016年1月22日。

物取象"与中国古代文学艺术之间的密切联系；但另一方面又对之做了西方化的解释，这种解释的思想依据主要是西方启蒙哲学和美学。

具体言之，近现代哲学、美学对"观物取象"所做的现代阐释，尤以对"观"和"物"的阐释影响最大：其一，"观"被置换为西方现代美学中的"直观"，"观"的宗教性、神圣性和永恒性由此被置换为个体的生活性、情感性和瞬间性，艺术与"神道"之间的联系被隔断了，成为无关现实的情绪的产物；其二，受唯物主义和科学主义思想之影响，"物"被置换为无机物，成为与神、人在性质上根本无关的自然物，"物"的神话内涵由此被抽空了，"万物"失去了神圣存在的可能，而成为外在于人的对象，与人的存在根本对立起来。这两种阐释从根本上改变了"观物取象"的内涵。

近现代以来，以"观"解释文学艺术而影响最大的，应该是王国维和他的《人间词话》。在这部小册子中，"观"无疑是最为核心的概念，而其思想基础则是叔本华的"直观"。《人间词乙稿序》："原夫文学之所以有意境，以其能观也。出于观我者，意余于境；而出于观物者，境多于意。然非物无以见我，而观我之时，又自有我在。"① 在《人间词话》第三则，"观我""观物"观念更加明晰，王国维提出"有我之境"与"无我之境"，"观"的内涵更为丰富："有我之境，以我观物，故物皆著我之色彩。无我之境，以物观物，故不知何者为我，何者为物。"② 罗钢认为王国维所使用的"观"是叔本华美学中的"直观"，而且"他提出的'无我之境'和叔本华的'纯粹无欲之我'是一脉相承的，后者构成了前者重要的思想来源"③。随着《人间词话》的持续传播，其影响日益深远，王国维提出的"观我""观物"思想也传播开来，加以宗白华等人助力，"观"逐渐成为一个审美概念，《周易》语境中作为宗教概念的"观"的内涵逐渐淹没了。

同时，在晚清工具论和科学主义思想的影响下，进化论、实用主义、

---

① 王国维：《王国维全集》第14卷，浙江教育出版社2010年版，第682页。
② 王国维：《王国维全集》第1卷，浙江教育出版社2010年版，第461页。
③ 罗钢：《传统的幻象：跨文化语境中的王国维诗学》，人民文学出版社2015年版，第95页。

唯物主义哲学观也迅速扩张开来，反映在哲学上，人们开始对世界做唯物的解释，神话世界观由此进一步衰落，"物"由此转变为纯粹的无生命的自然存在，"物谓鬼神"的观念彻底瓦解。经过20世纪20年代"科玄论战"的洗礼之后，中国传统以"万物一体"观为基础的带有神学气息的世界观基本处于被否定的地位。这方面的文章很多，这里我们选择张岱年于1933年发表的一篇小文章为代表，来看科学主义思潮对传统哲学观念的瓦解之功。这篇文章名为《辟"万物一体"》，原载于1933年2月23日《大公报·世界思潮》第26期。文章首先提出中西方哲学中普遍流传的"万物一体"思想的内涵："东方与西方的哲学史中，都有不少的哲学家，认万物一体的神秘经验为人生最高境界。在此境界，觉得与万物一体，与天地合一，与宇宙之全合一。觉得我没有了，同时又觉得一切皆我，我扩大至于极度。以为人如达此境界，便会得到无上至乐，解除了一切苦恼。并有些人由此可得不死，永生。"[①] 张岱年认为这种观点"虽不无可取，虽也颇可赞美，却难认作最高的理想生活"，原因在于：第一，"我觉得与万物一体，但万物并不觉得与我为一体"，因而"我的这种经验只是主观的、虚幻的"；第二，"我觉得与万物一体，我可以得到一种快乐。但于万物究竟有什么实益呢？万物之状态会因为我觉得与万物一体而变得好一点吗？"第三，"我觉得与万物一体，但万物中有许多不好的东西，秽恶可厌之物甚多；我既与万物为一体，则此类秽恶可厌之物亦在内，我假若想到与这些不好的东西合一，还好吗？"[②] 张岱年认为万物"冥顽不灵"，并不能真正与"我"合为一体，"万物一体"只是"我"的幻觉所致，因而这种"神秘境界并未有了不得的价值"，"人生的理想应是人的现实生活之趋于圆满，应是生活与世界之客观地改变，不应是内在的经验上的改变。……对于某一些物，我们更不应当思之为一体，而应与之斗争，企图克服之、否定之"。[③] 张岱年

---

① 张岱年：《辟"万物一体"》，见《张岱年全集》第1卷，河北人民出版社1996年版，第81页。
② 张岱年：《辟"万物一体"》，见《张岱年全集》第1卷，河北人民出版社1996年版，第81页。
③ 张岱年：《辟"万物一体"》，见《张岱年全集》第1卷，河北人民出版社1996年版，第81页。

在《中国古典哲学概念范畴要论》中专列"物"条,足以看出他也注意到这个概念在中国古典哲学中的重要性。他这样解释"物":"中国古代哲学中所谓'物',主要指具体的实物而言,亦即个体的实物。"《周易》中"有天地,然后生万物"中的"万物""都是指具体的实物"。① 这是对中国古典哲学概念所做的唯物论的解释,但这种观念在当时知识界有其代表性和一贯性,在古代中国流传两三千年的古老的"万物一体"的哲学思想就这样被斥为"神秘经验",并在短短几十年间土崩瓦解。1923年直接挑起科玄论战的丁文江直接将这种"神秘经验"称为"玄学鬼",追求精神超越的人被他看成是"玄学鬼附身"。这场持续十年的思想讨论使唯物论和科学主义合为一体传播,为广大青年接受,"物"也脱去了神学外衣而被还原为自然界、"无机物"、没有生命的存在,所以冯友兰甚至将孟子的"万物皆备于我""我善养吾浩然之气"等观念作为"神秘主义成分"来分析、批判。② 虽然在朱熹、程氏兄弟、邵雍等人的哲学中,"物"已具有自然含义,但这层含义是派生的,与"物谓鬼神"的观念之间并不存在冲突,人们仍然认为"体物"是"得道"的基础,"道""物"合体而不可分,即朱熹所说"道之外无物,物之外无道"(《朱子语录》卷四),因而不能"离物求道"。这种哲学致思方式类似于现象学倡导的"回到事实本身"的思路。南宋哲学家胡五峰《知言》:"道不能无物而自道,物不能无道而自物。道之有物,犹风之有动,犹水之有流也。夫孰能间之?故离物求道,忘而已矣。"③ 在他们的思想观念中不存在"道""物"二分,"物"本身即为"道","物"不是"秽恶可厌"之"物",不需要"与之斗争","克服之、否定之"。

---

① 张岱年:《中国古典哲学概念范畴要论》,见《张岱年全集》第4卷,河北人民出版社1996年版,第559页。
② 冯友兰:《中国哲学简史》,见《三松堂全集》第6卷,河南人民出版社2014年版,第70—72页。
③ 张岱年:《中国哲学大纲》,见《张岱年全集》第2卷,河北人民出版社1996年版,第47页。

第五章
神话事件与"道"之展开
——以《淮南子》为中心

神话是神的行动，神的行动产生系列事件，因而神话即由系列事件构成。因此以神话为基础衍生的人类文化与事件脱不了干系。最早的诗歌简洁凝练，是事件的集合体；最原初的哲学思想以"事"为载体，从"事"中抽绎出繁杂而系统的哲理、思想、观念等。因而对于早期中国来说，似可从神话事件抽绎出一个以"事"（"行动"）为核心的哲学、美学或诗学的思想体系。而这个思想体系又处处与神话意象的演变关系密切，或者说它在某种程度上影响了神话意象的变化，或者它直接地改变了神话意象的演进过程。还应看到，这个以"事"为基础的观念系统与以"道"为基础的观念系统一起构成了早期中国文化和思想的整体，而不是像传统研究所认为的那样仅仅存在后者。

还应看到，在中国古代哲学研究中，论者多重视以老子为代表的"道论"而忽略了其中的"事论"。这种情况的出现似与以下原因有关：其一，《老子》《庄子》《淮南子》等早期文献都在讨论"道"的问题，宋明理学家等后学也在讨论，这些讨论形成了古人丰富的关于"道"的言论、观点，因而可以作为专门的问题加以研究；其二，西方哲学一般把关于形而上学或本体论问题的讨论称为"道论",这一点中国学者是认同的,如杨国荣《道论》[1]等著作就是如此;而且,《周易》也认为"形而上者之谓道,形而下者之谓器",所以人们一般不将讨论主体具体的行动("事")的内容纳入本体论范围;其三,海德格尔等西方现代哲学家对老子"道论"的重视,似乎让中国古代哲学具备了与世界哲学融通、交流的可能,张祥龙《海德格尔思想与中国天道》[2]是这方面研究的代表作。实际上,正像道器观表明的那样,"道"并非一种孤立存在,它需要借助"器"("形式")显现自己,而"显现"本身就是一种"行动"。在中国哲学中,例如在《淮南子》《庄子》等著作中,"神""人""物"同质同构,都可以成为行动的主体,都可成"事"。所谓"事论",就是通过对"事"的讨论论证万物变化和主体行动如何显现"道"之运转的问题。以神话事件为思想根源的早期中国哲学,存在大量关于"事"的讨论的内容,我们有必要对这些内容进行整理,这样我们关于"道"的讨论或许会更全面、完善。本章以《淮南子》为中心,尝试对这个问题做出初步的解决。

第一节 "神""人""物":"事"之产生

从词性上看,在《淮南子》等早期文献中,"事"可作为动词和名词使用。做动词使用的"事",有从事、侍奉、行动之意,如"事其神者神去之"(《俶真训》)等。同时,"事"还是行动的结果、由主体行动而产生,即《氾论训》所说的"所为曰事"[3],"为"即为行动。行动需有主体,古人认为"神""人""物"都可成为行动主体,因而有"神"之"事"、"人"之"事"和"物"之"事"("神事""人事""物事")。神的行动创造世界,

---

[1] 杨国荣:《道论》,华东师范大学出版社2009年版。
[2] 张祥龙:《海德格尔思想与中国天道》,生活·读书·新知三联书店2009年版。
[3] 陈广忠:《淮南子译注》,中华书局2012年版,第726页。

为世间万物之行动建立秩序、环境，为其提供根本法则，由此形成神话事件。人的行动构成社会历史事件，并对自我、他人和社会产生直接的影响。随着年代的久远，这些历史事件逐渐与神话事件融合，成为"神话——历史事件"，同样为后人的行动提供参照。同此，神话事件也会因为其无可稽考而逐渐失去力量，神之行动之价值也会逐渐弱化。"物"也是一种生命性存在，因而同样有其行动，一切自然现象和万物荣枯之变化，都是"物"之行动的体现；某种程度上"物"之行动还支配、决定"人"之行动，因为"物"没有私心，其行动更贴近"道"，更能彰显"道"之本来面貌，例如《老子》就是这样认为的。

在三者中，人的行动以直观的形式当下存在、永恒在场，因而论者对"人事"的讨论更多一些。《淮南子》的作者认为所谓"人事"就是主体根据时事和自我意志而做出的举动、决策，有其原则（"仪表"）但并不是"道"本身："所谓人事者，庆信赏而刑罚必，动静时，举措疾。此世传之所以为仪表者，因也，然非所以生。仪表者，因时而变化者也。"①作者还对"事"进行了分类："事有可行而不可言者，有可言而不可行者，有易为而难成者，有难成而易败者。所谓可行而不可言者，趋舍也；可言而不可行者，伪诈也；易为而难成者，事也；难成而易败者，名也。此四策者，圣人之所独见而留意也。"②作者认为并非所有人类行动都可称为"事"，那些随意的举动、无聊的行为，不能称为"事"；能够称为"事"的行为有其内在规定性，即"易为而难成"，因而"事"的成功是有难度的，只有那些能够产生重要价值和影响的行动才能称为"事"——价值性是区分"事"与"非事"的标准。与此相关，人们把这类事件作为礼乐制作、文化创立、道理言说的基本载体。因而，在《淮南子》中，作者往往将"事"作为人类活动的统称，用"百事""万事"称之，如"百事有所出，而独知守其

---

① 陈广忠：《淮南子译注》，中华书局2012年版，第890页。
② 陈广忠：《淮南子译注》，中华书局2012年版，第756页。

门""前三后五,百事可举""出入于百事之门户"等。因此,"事"不仅包括主体的行动,而且包括以"事"为基础形成的礼仪制度、文化体系等内容,在作者看来,前者是后者的基础,后者是前者的结果,都属于"事"。但"人"的"事"与"神"的"事"毕竟有差别。神的不死性和人的必死性,造成"神事"与"人事"的差别。叶秀山指出:"'神仙'中的'事',在冥冥之中固然有'必然性',但就做'事'的神而言,都是'自由'的,这就是说,都是它乐意做的,是它的'自由的选择'。……希腊神话中的神祇从不'学习',从不'积累经验',它们所具有的'技能'都是'天生'的;而在它们做任何'事'时,也从不'审情度势',而是'想干就干','成败利钝'在所不计。然而'人'就不是一个'绝对的''无限的''自由者'。首先,'人'是要死的,它必然要'审慎地''聪明地'度过自己的'一生'。"①因此,人在"行事"时就要充分考虑到时事、环境、自我能力等各种因素,力求"成事",但神则不需要。这一点在《淮南子》中有更详细的讨论。

除主体行动形成"事"外,生命性的"物"也会有自己的行动、表现、变化,由此形成"物"之"事"("物事")。古人认为万物有灵,因而并不将"物"看成纯粹物理的、外在于人的存在,而是与人一样,有生命、有行动、有始终,因而"物"的生长荣枯、生死更替、阴阳转化等,也是以行动的方式展现自我的存在。因此,人们有时也将"事"与"物"合在一起使用,并称为"物事""事物"等,有时二者还可互文使用,"物"和"事"具有基本相同的含义。所以《淮南子》的作者往往将"百事""万物"并举使用,如"万物弗得不生,百事不得不成""万物之化无不遇,而百事之变无不应""万物之疏跃枝举,百事之茎叶条糵"等。因此,"事"的形成主体不仅是人,还有"物"。在《周易》中,"物""事"是并称的,有时作者也使用"物事"或"事物"。因而在早期中国人的观念中"物"也可以

---

① 叶秀山:《叶秀山文集·哲学卷》,重庆出版社 2000 年版,第 703—704 页。

成为"事"的形成主体。就"物"本身来说,它的硬度、光泽、色彩、形状、变化等都是"物"之"事"的构成部分,尤其是"物"本身的生长、变动、衰老、死亡等,也是"物"之"事"的反映。更重要的是,在"物类相应""同气相动"思想的基础上,人们认为"物"与"物"之间有一种相互感应的关系,"物"与"物"看起来是各自独立的,但它们之间不是隔绝的,而是互动的,这种互动形成"物事"的多样性、复杂性和变动性;尤其是形类较为相像的"物"之间,这种互动关系更为密切、显著、频繁。作者认为这种互动变化甚为玄妙深微,即使是"知者"也不能知道这种变化形成的原因,"东风至而酒湛溢,蚕咡丝而商弦绝;或感之也。画随灰而月运阙,鲸鱼死而彗星出,或动之也"①,等等,都是不可解释之现象。作者虽然使用了表示推测的"或",但是他并未将这种关系看成偶然性之关系,而是在"物类相应""同气相动"思想上将之作为必然性之关系加以认识和解释,进而过渡到"物事"对"人事"之影响的讨论。

作者认为,"人事"应与"物事"相协调,主体行动不能违背"物"本身的存在和运转规律,否则人的行动即会面临枯竭、灭亡:"先王之法,畋不掩群,不取麛夭;不涸泽而渔,不焚林而猎;獭未祭鱼,网罟不得入于山林;鹰隼未挚,罗网不得张于溪谷;草木未落,斤斧不得入山林;昆虫未蛰,不得以火烧田。"②先王根据自然物的生长规律对人类活动进行了限制,体现出"人物一体"之思想,带有可持续发展的观念。而且,与人的行动相比,自然万物的变动往往具有更为重要的"事件意义":日出、风暴、骤雨、地震、洪水、雷霆、猛兽等,它们都是行动的主体,它们的行动对人的生产生活往往有更直接、重要的影响,因而也更可以称之为"事件"。因此,"物事"和"人事"共同构成"事"的内涵。按照天人合一观,"物"与"人"之间具有同质同构关系,两者相互影响,因而"物事"和

---

① 陈广忠:《淮南子译注》,中华书局2012年版,第308页。
② 陈广忠:《淮南子译注》,中华书局2012年版,第486页。

"人事"也可相互影响、印证。作者说女娲治世,人们"卧倨倨,兴眄眄,一自以为马,一自以为牛;其行蹎蹎,其视瞑瞑;侗然皆得其和,莫知所由生;浮游不知所求,魍魉不知所往。当此之时,禽兽蝮蛇,无不匿其爪牙,藏其螯毒,无有攫噬之心"①。因此,人无心所求而禽兽鬼怪莫至所往,相安无事,和谐相处。而在夏桀之时,"主暗晦而不明,道澜漫而不修"则"犬群嗥而入渊,豕衔蓐而席澳"②,"日月失其行,薄蚀无光;风雨非其时,毁折生灾;五星失其行,州国受殃"③。"人事"与"物事"之间由此形成同质同构之关系,共同成为"道"存在的表现形式。因此,作为主体的"人"("圣人")应对"物"之变化("物事")有清醒认识,知晓"物"与"物"之间相互转化之关系,否则即难以知晓万物变化之规律(《齐俗训》:"不通于物者,难与言化。"),从而也无法知晓人事变化之规律。按照作者的观点,主体应具备内、外两方面能力才能做到这一点。其一是心理因素,主体"心平志易,精神内守",则"物莫足以惑之"。④但是,人往往会因为精神涣散而失去对"物"的正确认识,而将之作为神怪来惊吓自己。比如,由于内心胆怯,人们会把卧石当作老虎,在夜间看到立起的旗杆而将之作为鬼怪等等,这就影响了人对"物"的认识和掌握。其二,具备广博的见闻和识别能力,是主体识别"物事"的关键。这类人可称为"圣人""知者"。《氾论训》指出:"山出枭阳,水生罔象,木生毕方,井生坟羊,人怪之,闻见鲜而识见浅也。天下怪物,圣人之所独见。利害之反覆,知者之所明达也;同异嫌疑者,世俗之所眩惑也。"⑤ 因此,主体只有内心坚定、心智平和,又具备广博的见闻,才能洞晓万物的本原和规律,才不会被纷繁奇异的物象所迷惑,才能通达对"道"的认识和领悟。这是主体把握"物

---

① 陈广忠:《淮南子译注》,中华书局2012年版,第323页。
② 陈广忠:《淮南子译注》,中华书局2012年版,第326、327页。
③ 陈广忠:《淮南子译注》,中华书局2012年版,第339页。
④ 陈广忠:《淮南子译注》,中华书局2012年版,第778页。
⑤ 陈广忠:《淮南子译注》,中华书局2012年版,第779页。

事"、建立和谐物我关系进而领悟"道"的关键。

实际上,在《淮南子》总体的思想框架中,"气"是连接人与万物并使之结成一体的根本中介,"天地之和合,阴阳之陶化万物,皆乘一气"①,因而"人"与"物"并不具有对立关系,他们在本质上是一体的("一""一气"),所以作者说:"天地运而相通,万物总而为一。"②因而人与物之间不是对立的而是一体的,甚至是没有区别的:"吾处于天下也,亦为一物也。"而且"物"与"物"之间还可相互引类,喻事象形,难分彼此。作者指出,在天地之间"人"也是"物","人"虽然有自己的独特性,但最终仍与"物"一起消泯于无形之中,从而彻底消泯"人"与"物"的区别。这在起源论和本体论层面解决了心、物之关系。《精神训》指出:"吾生之于比有形之类,犹吾死之沦于无形之中也。然则吾生也物不以益众,吾死也土不以加厚,吾又安知所喜憎利害其间者乎?"③作者认为造化造人就像陶工用土做陶器,实际上陶器和泥土没有差别,陶器破碎,泥土又重新成为原来的样子,以此观之,盆与罐也就没有差别,人与物也就没有差别,所以作者又引用《庄子》"其生也行,其死也物化"的观点将人与物的关系进一步消泯("齐物")。起源和本质上的同一性是人物合一的根本所在,其区别仅在生的过程("行")。在这种情况下,"物事"与"人事"也就仅具有形式上的差别,而不具有本质区别。当然,这种观点并非不承认"人"与"物"存在不同,并非将"人"与"物"完全等同从而将"人""物"化,"人事"与"物事"毕竟还存在区别。"人"与"物"毕竟存在形式上的差别,因而在本质上也会存在差别。所以《咸池》《承云》等音乐,人听了感觉很快乐,鸟兽听了却感觉惊恐;深溪峭壁、森林溪谷,人无法居住、临之而惧,但它们却是动物的乐园:"形殊性诡,所以为乐者,乃所以为哀;所以为安者,乃所以为危。乃至天地之

---

① 陈广忠:《淮南子译注》,中华书局2012年版,第384页。
② 陈广忠:《淮南子译注》,中华书局2012年版,第345页。
③ 陈广忠:《淮南子译注》,中华书局2012年版,第345页。

所覆载，日月之所照诡，使各便其性，安其居，处其宜，为其能。"①因此，主体应根据自己的需要展开对"物"的认识、理解、选择，安排自己的生命活动。

根据作者征引的事例，可以看到，《淮南子》借以"言道"的"事件"多是已经发生过的神话—历史事件（《要略》所谓"言往事"），而不是尚未发生的。正像有学者所指出的，"人是按照'人'的样子想象'神'的，但'神'并不是'现时'的'人'的'变形'。乃是过去的'人'的'变形'，是远古的、'原始的''人'的'变形'"，而且"'神话'的'检验'标准在'过去'和'未来'，而不在'现在'"②，因而作者选择"往事"（"神话—历史事件"）作为"显道"之载体也是自然的。当然，并非所有"往事"都可进入作者的视野，作者选择的事件是被"道"验证过的事件，因而与"道"具有一致性。已经发生过的事件是固定的、可以整体观察的，因而是可以掌控、全面理解的，适宜用来论证"道"（"理"）。这样的事件一般是神话—历史事件。而尚未发生的事件不可预测，它对人类生产生活和自然的影响也是不可预测的，因而无法进行整体观照和理解，也不能将之与"道"（"理"）建立联系。但是，神话—历史事件既然已经发生，作者所使用的事件材料因而也就变成了片段的、偶然的材料，作者对这些事件的观照因而也是一种"先见"；而且，神话—历史事件看起来是确定无疑的，但实际上反而留下了广阔的、不稳定的可供补充的空间，所谓"整体的观照"只是看起来如此的，实际上也不存在。作者从事件生发出的"理"（"道"）因而只是主观思想的产物，进一步验证了事件对真理（"道"）产生的重要性。

---

① 陈广忠：《淮南子译注》，中华书局 2012 年版，第 571 页。
② 叶秀山：《叶秀山文集》（哲学卷），重庆出版社 2000 年版，第 603、605 页。

第二节 事件之最高境界:"无事之业"

主体行动形成事件("事"),主体是"行动者""事者""决策者",而事件为主体之存在提供基本的场所,由此形成主体与事件之间的相互构成之关系。但是,《淮南子》的作者并不主张"做事""成事",因为"道"本身运转自如,无需外力干涉;"事"的产生更多是因为"道"本然的运转方式受到了损害,因而需要"神""人"展开行动以匡扶之、矫正之。作者认为,在最早的时期,人们"心与神处,性与形调,静而体德,动而理通,随自然之性",因而一切行动如本然之"道",在这种情况下"虽神无所施其德""虽贤无所立其功"[1]——神不能将其高贵的德性施行于民间,贤人也无处施展自己的才华以建立功业。这是"无事"的神圣而辉煌的时代。尧时,"十日并出",怪兽"皆为民害",这时尧使羿"诛凿齿于畴华之野,杀九婴于凶水之上,缴大风于青丘之泽,上射十日而下杀猰貐,断修蛇于洞庭,禽封豨于桑林"[2],建立了不世功业。同样,舜时"洪水滔天"而禹得成其功,桀纣无道而汤武成其贤。无论是神还是人,他们的功业均通过事件而建立,而事件之产生却是因为社会发生了重大灾害,即所谓"乱世出英雄"。但是人们往往"不知道之所一体、德之所总要,取成之迹,相与危坐而说之,鼓歌而舞之"[3],而对那些钳口寝言之人不重视,以至于背离了"道"的本意。而且,"神劳于谋,智谲于事,祸福萌生,终身不悔"(《诠言训》),这是最大的轻狂、祸患。所以,《淮南子》的作者称颂"无事之业",带有对人为性事件的否定性评价。

但人生在世,毕竟要有些"事",因为事件是确立人生价值的根本手段。因此人们在行动("举事""行事")时要注意各种因素、条件,充分

---

[1] 陈广忠:《淮南子译注》,中华书局2012年版,第391页。
[2] 陈广忠:《淮南子译注》,中华书局2012年版,第393页。
[3] 陈广忠:《淮南子译注》,中华书局2012年版,第397页。

认识到自身的不足：首先，应认识到事件有自己本身的规律，并受到时势（"时"）的制约；而"时"是变动不居的，因而主体之"从事"也应依循这个规律，做到"举事""进退不失时"（《缪称训》），"事不须时，则无功"（《诠言训》）。而且，"事"是不断变动的，不存在一成不变之"事"。作者指出，"事者应变而动，变生于时。故知时者无常行"①，"世异即事变，时移即俗易。故圣人论世而立法，随时而举事"②，圣人"论世而为之事，权事而为之谋"③。在作者看来，只有天道、人事、时势相互配合，才能取得事件之成功，其中"时"是主体行动能否成功的关键，所以主体行动时要"进退不失时""应变而动""随时举事"。概言之，此即"事固有相待而成者"（《说山训》）的观点。这种观点内涵着变革的思想，带有一定的革命性，因为时代在变，"礼之不同""乐之不同"是自然而然，因而事件亦应随之而变："五帝异道，而德覆天下；三王殊事，而名施后世。此皆因时变而制礼乐者。……苟利于民，不必法古；苟周于事，不必循旧。"④其次，人在"举事"时还应做到"平意神清"，不可神智昏乱，否则即"坏事"："意平物乃可正，若玺之抑埴，正与之正，倾与之倾。……故水击则波兴，气乱则智昏；智昏不可以为政，波水不可以为平。"⑤主体意念平正则万物也会呈现为平正的形态，这样主体行动才能符合万物之本性规律从而获得成功，做到"事来而制，物来而应"（《诠言训》），所以"不同于和，而可以成事者，天下无之矣"（《说山训》）⑥，"以中制外，百事不废；中能得之，外能牧之"。最后，作者提醒读者要认识到，人是行动的主体，是"事"产生的最终根源，但人毕竟是有局限的，因而人的行动也是有局限的。人的局限性是人的生理条件所形成的，因而是先天的。这一点对于"神人"来说也是如此。

---

① 陈广忠：《淮南子译注》，中华书局2012年版，第658页。
② 陈广忠：《淮南子译注》，中华书局2012年版，第596页。
③ 陈广忠：《淮南子译注》，中华书局2012年版，第753页。
④ 陈广忠：《淮南子译注》，中华书局2012年版，第720、722页。
⑤ 陈广忠：《淮南子译注》，中华书局2012年版，第580—581页。
⑥ 陈广忠：《淮南子译注》，中华书局2012年版，第36页。

《淮南子·原道训》："离朱之明，察箴末于百步之外，不能见渊中之鱼；师旷之聪，合八风之调，而不能听十里之外。故任一人之能，不足以治三亩之宅也；脩道理之数，因天地之自然，则六合不足均也。是故禹之决渎也，因水以为师；神农之播谷也，因苗以为教。"①人需要不断向自然学习，以弥补自身的不足或缺陷，同时根据自然本身的规律安排自我的行动，也能促进自我行动的成功。

按照作者的观点，"事"既是主体行动的产物，就不可避免带有人为的成分，这在某种程度上也就与自然本性相背离；那些想要获得权力、利益的人往往会违背自然本性而"事"与愿违、走向自己意图的反面，再一次强调了作者对"事"的否定态度，"好事者未尝不中，争利者未尝不穷也"，"人无为则治，有为则伤"。②而且，日常生活中的"琐事""乱事"还会扰人心神，乱其本心，因此"真人""至人""圣人"是不"做事"的，"无事之业"才是最高的"事"的境界，也是最高的"德"（"道"）的境界："古之真人，立于天地之本，中至悠游，保德炀和，而万物杂累焉，孰肯解构人间之事、以物烦其性命乎？"③"闭九窍，藏心志，弃聪明，反无识，芒然仿佯于尘埃之外，而逍遥于无事之业，含阴吐阳，而万物和同者，德也。"④"所谓真人者，性合于道也。……芒然于尘垢之外，而逍遥于无事之业。……审乎无瑕，而不与物糅；见事之乱，而能守其宗。"⑤《淮南子·俶真训》进一步指出"无事"乃"真人之道"：

> 若夫神无所掩，心无所载，通洞条达，恬漠无事，无所凝滞，虚寂以待，势利不能诱也，辩者不能说，声色不能淫，美者不能滥也，

---

① 陈广忠：《淮南子译注》，中华书局2012年版，第15页。
② 陈广忠：《淮南子译注》，中华书局2012年版，第21、915页。
③ 陈广忠：《淮南子译注》，中华书局2012年版，第64页。
④ 陈广忠：《淮南子译注》，中华书局2012年版，第78页。
⑤ 陈广忠：《淮南子译注》，中华书局2012年版，第350页。

智者不能动也，勇者不能恐也，此真人之道也。①

主体精神纯粹而毫无掩饰，心无所载而逍遥自在，这样功名利禄、言辞辩术、智慧美色都不能对其产生影响，主体精神寂然凝虑而容纳万有，遨游宇宙，出入江海而无所凝滞。这才是最高的"真人之道"。这种观点进一步取消了"事"的人为性特点，即使是"神事"也不例外。而且，在作者看来，万物运转有自己本然的规律，人既不能改变它们的运转，也不能改变它们的本性，如果强力为之反而"事与愿违"，即"万物固以自然，圣人又何事焉"②，"形性不可易，势居不可移也"③，"圣人不以人滑天，不以欲乱情；不谋而当，不言而信，不虑而得，不为而成；精通于灵府，与造化者为人"④。由此，《淮南子》十分强调内在精神寂然宁虑之状态对"事"之成功的重要性。由于主体之"心"容易受到感官享受的影响而违背自然本性从而"失其所得"，"心乱"而"事废"，因此只有内心清净才能实现"心"对"事"的指导作用。《淮南子·原道训》："通于神明者，得其内者也。是故以中制外，百事不废；中能得之，则外能牧之。"⑤人没有贪欲，内心通达、清净、充实，就可以"通于神明"从而"百事不废"。作者将人的生命看成是"形""气""神"三位一体的结构（"形者生之舍也，气者生之充也，神者生之制也，一失位而二者伤矣"⑥），只要有一方受到外力干扰而失去合适位置，其他两方会同时受到伤害，这样主体的行动定然失败。

由此，作者强调作为"人主"在施政时要少欲望，要"省事"不要"生事"，充分考虑到社会环境和百姓的需求，以自己的行动为模范实现政治清明。《淮南子》强调主体行事要追求积极效果和较高效率，而不能

---

① 陈广忠：《淮南子译注》，中华书局2012年版，第93页。
② 陈广忠：《淮南子译注》，中华书局2012年版，第16页。
③ 陈广忠：《淮南子译注》，中华书局2012年版，第18页。
④ 陈广忠：《淮南子译注》，中华书局2012年版，第19页。
⑤ 陈广忠：《淮南子译注》，中华书局2012年版，第36页。
⑥ 陈广忠：《淮南子译注》，中华书局2012年版，第49页。

"劳而无功"、事倍功半。《淮南子·主术训》"民之化也,不从其言而从其行"①,指出"人主"行动的化民作用。这说明人主的行动带有示范性,具有模板作用,因而"人主""少欲""省事"对教化民众亦起到重要作用,作者由此强调"事"或"行事"的有效性。在《淮南子·主术训》中,作者反复论述了"人主"行事的有效性原则,即"省事"。作者以神农之治天下为例,指出"人主"不能"多事""多求",也不能"不事之本,而事之于末",而应"处无为之事""谋无过事"。在"末世"时,"人主""好取而无量",臣下"贪狼而无让",人民"贫苦而忿争,事力劳而无功",有司则"矫拂其本而事修其末",从而造成天下大乱,"故圣人事省而易治,求寡而易瞻;不施而仁,不言而信;不求而得,不为而成"。②"事"不"省"则"事"不"成","事"的有效性成为主体行动能否成功的关键因素。同时,"事"的有效性须建立在对环境时势、自然规律的正确认识的基础上,它们是成事之"势"、道理之"数"。作者借"大禹治水"之事说道:"禹决江疏河,以为天下兴利,而不能使水西流;稷辟土垦草,以为百姓力农,然不能使禾冬生。岂其人事不至哉?其势不可也。夫推而不可为之势,而不修道理之数,虽神圣人不能以成其功,而况当世之主乎?"③实现"事"的有效性必须遵循自然规律,谨守时势因果。司马迁《史记·太史公自序》亦指出:"与时迁移,应物变化,立俗施事,无所不宜,指约而易操,事少而功多。"④要实现"事"的有效性,行事时就应"与时迁移,应物变化,立俗施事",充分考虑到时机,根据行动各方的实际情况和所处地区的风俗人情等因素,这样才能"事少而功多",实现行事之目的,达到"省事"之境界。《淮南子》的作者强调的是"人主"不应多欲而实现"事"的有效性,司马迁则指出主体行动所处时代、地域环境对"事"的有效性的重要性,

---

① 陈广忠:《淮南子译注》,中华书局2012年版,第428页。
② 陈广忠:《淮南子译注》,中华书局2012年版,第423页。
③ 陈广忠:《淮南子译注》,中华书局2012年版,第446页。
④ (汉)司马迁:《史记》,中华书局2005年版,第2486页。

殊途而同归。

　　同时，事件是主体行动之结果，神作为主体也有行动，因而事件由"神事"和"人事"共同构成，而且也在共同的宇宙时空中展开。但在寂然清净的上古时代，"神无所施其德"，神也无事可干。因此，《淮南子》的作者还将"事件"与"自然"放在一个整体中加以考察、分析，这样"事件"与"自然"就成为互相影响的存在，两者之间存在某种神秘的感应互动关系。就"人事"来说，"人主"是"天子"，他的行动、情感与自然之间的关系更直接，也更容易引起人事与自然的互动："人主之情，通于上天。故诛暴则多飘风，枉法令则多虫螟；杀不辜则国赤地，令不收则多淫雨。"①按照作者的观点，天地万物都是阴阳二气交错而生成，虽形象各异但本质则一，因而人的生理结构与"天"的结构存在某种直接的相似性或相关性，因而人要"举事顺天"："天有九重，人亦有九窍；天有四时以制十二月，人亦有四肢以使十二节；天有十二月以制三百六十日，人亦有十二肢以使三百六十节。故举事而不顺天者，逆其生者也。"②"天有四时、五行、九解、三百六十日，人亦有四支、五藏、九窍、三百六十节。天有风雨寒暑，人亦有取与喜怒。故胆为云，肺为气，肝为风，肾为雨，脾为雷，以与天地相参也，而心为之主。"③"天地宇宙，一人之身也；六合之内，一人之制也。"④这种"人体"与"天体"的同质结构让二者具备了相互感应互动的基础，从而也说明人的行动（"事"）须符合自然之规律，就像天地四时运转一样不能发生丝毫错乱，否则即会造成严重的后果。同样，神话事件作为一种"事件"也须与天地四方、四时的构成相一致。也就是说，四方地域因气韵、水土构成之不同，相应存在不同的神物或神话事件。"南方有不死之草，北方有不释之冰；东方有君子之国，西方有形残之尸。寝居直梦，

---

① 陈广忠：《淮南子译注》，中华书局2012年版，第107页。
② 陈广忠：《淮南子译注》，中华书局2012年版，第179页。
③ 陈广忠：《淮南子译注》，中华书局2012年版，第339页。
④ 陈广忠：《淮南子译注》，中华书局2012年版，第384页。

人死为鬼；磁石上飞，云母来水；土龙致雨，燕雀代飞；蛤蟹珠龟，与月盛衰"，这是因为"土地各以其类生"，"皆象其气，皆应其类"①；"西方之极，自昆仑绝流沙、沉羽，西至三危之国，石城金室，饮气之民，不死之野，少皓、蓐收之所司者，万两千里"②。《淮南子》对神话事件或神物与四时、四方之关系的讨论，主要集中在《地形训》《时则训》中。

第三节 神、人之转化：个体行动与神明境界

按照神话世界观，行动的主体只能是"神"——"神"的行动建立了世界的秩序，创造了万物，世界才成为世界，因而"神"理所当然是行动的主体；"神"的力量通过行动展示给人看，因而与人相比，"神"通过自己的行动向人展示了自己的优越性。所以，一旦人在某些重大事件中愿意承担某种责任并决定自己的行动，"他"就成为像"神"一样的主体，"他"获得了意志和决定的能力。因而"行动"（"事件"）实际上是"人"表达自我的一种方式："一旦一个人面临选择，无论解决方法如何，他一定是以施动者的姿态在内心策划，也就是说，他作为责任主体和自主主体，通过无可厚非的行为进行自我表达。"③ 行动带来神性，自我行动是人获得神性的基本途径或方式。《淮南子》对"事件"（"行动"）的重视某种程度上催生了神、人关系的转化。当然，这种转化的过程是漫长的。

当然，这种自我选择的力量并非凭空产生，在将神之力量唯一性特点消解的同时，人们要寻找到能产生这种力量的源泉。经过长期的思考和经验累积，人们认为"德"可堪当此任。相比于孔子的"仁"，"德"具有更

---

① 陈广忠：《淮南子译注》，中华书局2012年版，第209—210页。
② 陈广忠：《淮南子译注》，中华书局2012年版，第290页。
③ 〔法〕让-皮埃尔·韦尔南、皮埃尔·维达尔-纳凯：《古希腊神话与悲剧》，张苗、杨淑岚译，华东师范大学出版社2016年版，第37页。

为强大而原始的力量，人们对它的认识和理解也更为久远。在最初阶段，人们认为仅有"神"拥有德性，人是没有德性的；人如果拥有德性，不是因为人本身就有，而是因为人通过某种特殊的途径分享了它。此即"得之于外"的方式。同时，"德"还可"得之于内"：在"默想通神"思想的指导下，静观是主体与神交流的重要途径，而此种方式也能使主体获得神的德性。① 此即《淮南子·原道训》所谓"执玄德于心，而化施若神""通于神明者，得其内者也"②。一旦后者脱离神的控制，"德"即成为内在于主体的一种能力或力量——"德"成为使凡人成为"圣人""真人"甚至"神人"的根本性力量。在《淮南子》中，主体及其德性的力量或地位得到大幅提升。在国家文化宗教生活中，对神灵的祭祀行为虽仍在继续，但一旦主体行为是出于"善"或"至德"之目的，则人们即可取消对神灵的祭祀，他们认为即使如此神灵也不会或不敢降灾祸于人类。人类的行动越来越不受"神"的节制，主体也无须考虑"神"对自我行动的影响，甚至"神"（神灵、神物）也会根据主体"德"之厚薄来选择其与主体的关系：一种外在于"神"的观念超越了"神"。在《淮南子·氾论训》中，作者甚至否定了鬼神的存在：圣人之所以"因鬼神禨祥而为之立禁，总形推类而为之变象"，原因在于圣人只不过是"托鬼神以申诫之"，对于鬼神对人魂魄的

---

① 王怀义：《中国史前神话意象》，台湾里仁书局2016年版，第202—206页。笔者并不否定"仁"等伦理化的道德观点对"人"成为"神"的重要性。孔子提出的"仁"等概念或观念到两汉时期才真正成为世界对个体评价的根本尺度，对符合这些伦理标准的人，世人将之作为"神"加以祭祀、崇拜，并镌刻、制作大量这类人物的图像并将之埋入墓葬。这方面更详细的论述，参见姜生：《汉帝国的遗产：汉鬼考》，科学出版社2016年版。

② 陈广忠：《淮南子译注》，中华书局2012年版，第22、36页。这种观念的发展导致人们对肉体的进一步忽视，否定肉体生理性存在的思想逐步加深并体系化，以至于在两汉时期（尤其是道教信仰）人们会认为通过"尸解"的方式可以得道成仙。这种观念进一步背离了此前的神话观念。就原始神话来看，人们并不否定"神"具有身体（如女娲之肠"一日七十化"、盘古的身体化身万物、日月星辰等），因此，"在神话的思想方式中，'精神'并不能'独立''存在'，'神祇'们都是'活生生'的，有血有肉的，而脱离了'肉体'的'灵魂'则常是无力的可悲的'影像'"。见叶秀山：《叶秀山文集》（哲学卷），重庆出版社2000年版，第706页。当然，这种观念在此后的宗教信仰中仍然存在，比如鬼魂需要借助肉体才能显现自己、使人感知等。在汉代以后的宗教中，这两种观念是并存的。

伤害之类的传言,"圣人之所不口传也"①,根本否定了鬼神对人生理或心理的影响作用。这也在某种程度上否定"神"对人类行动的影响。据《淮南子·缪称训》:"昔二凤至于庭,三代至乎门,周室至乎泽。德弥粗,所至弥远;德弥精,所至弥近。"②凤鸟与人关系的远近取决于主体是"德粗"或"德精"——主体内在之精神境界决定了自我与神灵的关系;而且,神灵对主体之精神也有自己的考量,因而主体之德虽是内在的,但也会被神灵感知,对外在世界产生影响。由此似可推断,"神"逐渐从至高无上之地位渐次下降而仅具有象征性。《淮南子·主术训》:"夫圣人之善也,无小而不举;其于过也,无微而不改。尧、舜、禹、汤、武王,皆坦然天下而南面焉。当此之时,馨鼓而食,奏《雍》而彻,已饭而祭灶,行不用巫祝,鬼神弗敢祟,山川弗敢祸,可谓至贵矣。"③在作者看来,尧舜等以"善"为自己行动的指南,因而对于鬼神的祭祀可忽略不计。因为有"善",所以他们在行动中可以不必再举行对神灵的祭祀,行动也不需要向巫祝请教;即使如此,山川鬼神也不敢降罪于他们:鬼神成为一种可有可无的摆设。作者认为主体内心对"善"或"德"的领悟、认可并在行动上反映出来,则其行动自然会成功("坦然天下而南面")。在作者看来,决定主体做出行动本身就显示出主体的意志和力量——行动不只是神才可做出,人也可自己对此做出决定——行动("事件")让人更清醒地认识了自己:"事实上,这个决定源于内心挣扎,也是深思熟虑的结果,使最终的抉择深入人物的灵魂。"④这种"通过事件显示自我"的思想与作者引用《诗经》"惟此文王,小心翼翼,昭事上帝,聿怀多福"的观念明显是冲突的。文王"小心翼翼""昭事上帝"以"聿怀多福"的行动,说明文王时代"福"来自"上

---

① 陈广忠:《淮南子译注》,中华书局2012年版,第781页。
② 陈广忠:《淮南子译注》,中华书局2012年版,第558页。
③ 陈广忠:《淮南子译注》,中华书局2012年版,第492页。
④ 〔法〕让-皮埃尔·韦尔南、皮埃尔·维达尔-纳凯:《古希腊神话与悲剧》,张苗、杨淑岚译,华东师范大学出版社2016年版,第38页。

帝"，因而文王要小心谨慎地举行祭祀仪典，他的行动受到了"上帝"的节制；但在《淮南子》作者心中这种观念已发生了根本改变——主体内心的精神力量取代了"上帝"的位置。

为此，《淮南子》的作者以"德"（"功""功德""事功"等）为标准对"神"的产生进行了新的解释，认为万物都可以成为"神"，只要它（他）对人类活动产生积极作用，这样人"不忘其功"就会将之塑造为"神"加以崇拜——"神"由此成为人类创造的产物。《淮南子·氾论训》："今世之祭井、灶、门、户、箕、帚、臼、杵者，非以其神为能飨之也，恃赖其德，烦苦之无已也。是故以时见其德，所以不忘其功也。触石而出，肤寸而合，不崇朝而雨天下，唯太山；赤地三年而不绝流，泽及百里而润草木者，唯江、河也。是以天子秩而祭之。故马免人与难者，其死也葬之；牛，其死也，葬以大车为荐。牛马有功，犹不可忘，又况人乎？此圣人之所以重仁袭恩。故炎帝死而为灶，禹劳天下死为社，后稷作稼穑而死为稷，羿除天下之害死而为宗布。此鬼神所以立。"[①] 作者认为人们之所以祭祀门、户等日常物品，原因在于它们整日为方便人们的生活而劳苦，它们对人是有恩德的；牛马为人类劳作奉献一生，因而它们死了也要像埋葬人一样对待；山河将时雨普降，润泽草木，所以天子要按照一定品级祭奠它们。炎帝、大禹、后稷、后羿等，他们都为人类生活幸福而劳苦一生，因而人们在他们死后将其奉为神灵。这种观念彻底转变了"神"先于人而存在的观念，"神"仅是人的产物——"神创论"被"人创论"所改变。由此，不是"神"创造了"人"，而是"人"创造了"神"。世间万物，无论是"人"还是"物"，只要对人类生存有重大帮助（"德""功"），人类就可以将之作为"神"加以崇拜。

因此，在《淮南子》中，作者以事件为基础彻底置换了神与人的关系：神不再是高高在上、凌驾于人之上的神圣存在，人通过一定的途径也可以

[①] 陈广忠：《淮南子译注》，中华书局2012年版，第784页。

转变为神。作者认为每个人都有"精神""神明",达到"神明"之境界,就可以"成事"("无不成也")。《淮南子·主术训》:"汤之时,七年旱,以身祷于桑林之际,而四海之云凑,千里之雨至。抱质效诚,感动天地,神谕方外。……古圣王至精形于内,而好憎忘于外。"[1]在作者的论述中,汤以身祷献祭的巫术仪式色彩退却,是其真挚的情感和精神感动天神而降雨。外在礼仪的神圣性被内在的诚挚精神所替代,从而实现将外在于主体的神灵置换为主观的内在精神,神灵的造物化育功能也被主体的精神教化所替代("太上神化")。反之,凡人如果仅仅学习王子乔、赤松子等神人呼气通天之技巧而没有达到他们清虚宁静的心灵境界,也根本不能乘云升天而通达幽深玄妙之境。可以看到,"神"转向内在并被主体本身置换,成为主体行动真理性力量获得的思想基础。由于人可以直接转变为神,而且人与天地都是"造化之所生""乘之于一气",因而人的生理结构本质上也与宇宙结构等同,人达至神明之境其实是对这种境界之复归。但是,如果天长日久地劳作而又不加节制,则人的生命就会枯竭、衰亡。只要人能保持"血气能专于五藏而不外越,胸腹充而嗜欲省",人就可以"耳目清,听视达",达到"明"的境界。同理,"勃志胜而行之不僻,则精神盛而气不散矣。精神盛而气不散则理,理则均,均则通,通则神,神则以视无不见,以听无不闻也,以为无不成也"[2]。"神""明"是两种精神境界,二者合一则可以实现"无不成"之境界,即"神"的境界,进而完成人向神的转化过程,人的行动进而也就转化为神的行动,甚而超越、凌驾于神的行动之上。作者认为这个过程的实现有其生理学基础,有些措施具可实践性,因而也容易让人信服。

同时,《淮南子》的作者在论述中经常使用庄子等著作中的"真人""圣人""至人"等名称,以指称那些德行高尚、心志专一的人,这样

---

[1] 陈广忠:《淮南子译注》,中华书局2012年版,第431页。
[2] 陈广忠:《淮南子译注》,中华书局2012年版,第341页。

的"人"也是"神"。所以他们可以把"神"作为自己的朋友交往："五帝三王，轻天下，细万物，齐死生，同变化，抱大圣之心，以镇万物之情，上与神明为友，下于造化为人。"① 这样的人没有仁义之心、耳目之宜，没有亲疏远近之人际关系，而让自己的心灵在和谐的精神世界中遨游；在生活中"无所甚疏，而无所甚亲；抱德炀和，以顺于天；与道为际，与德为邻；不为福始，不为祸先；魂魄处其宅，而精神守其根；死生无变于己，故曰'至神'"②。更有甚者，他甚至可以把蜚廉作为自己的坐骑，让十日为自己照明，把宓妃、织女作为自己的妻妾，役使夸父、雷公，而遨游于宇宙天地之间（《淮南子·俶真训》）。这些人虽然是普通人，但由于他们的精神达到了很高的境界，因此他们的能力和地位超越神人进而转化为神。这种状态中的"人"其实已经不是具体的、生理的"人"，而是抽象的、精神性的而又保留一定程度形象的、人格化的"精神"："居而无容，处而无所。其动无形，其静无体。存而若亡，生而若死。出入无间，役使鬼神。沦于不测，入于无间，以不同形相嬗也。终始若环，莫得其伦。"③ 就其本质看，这种观念将人的精神提升到至高的地位，是一种主体性精神哲学。在这种思想中，人将自我塑造成新的神灵，改变了原来神话意象体系的构成——"道"凌驾于具体的、形象的神物（神人）之上。

个体精神的发展、成熟，改变了人与神之间的关系，最直接的体现是人不再需要通过仪式、祭典、供奉、牺牲等方式"致神"，只要个体精神纯净中和、行为端正质朴，神就会降临主体之居所，为个体带来福佑。因此个体的精神和行动成为神明降临的依据、原因。《淮南子·道应训》："啮缺问道于被衣，被衣曰：'正女形，壹女视，天和将至；摄女智，正女度，神将来舍，德将来附若美，而道将为女居。'"④ 这就是说主体形象端正、内心

---

① 陈广忠：《淮南子译注》，中华书局2012年版，第596页。
② 陈广忠：《淮南子译注》，中华书局2012年版，第349页。
③ 陈广忠：《淮南子译注》，中华书局2012年版，第351页。
④ 陈广忠：《淮南子译注》，中华书局2012年版，第638页。

专一,"神"既可降临主体之居所,"道"和"德"自然内在其中。正因如此,《淮南子》的作者对当时贵族奢侈淫逸的生活方式进行了批判,对他们崇尚繁缛、绮丽的审美趣味进行了揭露,认为这是社会乱象产生的真正根源,而这样的生活方式让主体道德混乱、精神纷扰不安,"神"自然无由降临福佑,离"道"自然也越来越远:"声色五味,远国珍怪,瑰异奇物,足以变心易志,摇荡精神,感动血气者,不可胜计也。"[①] 这些声色珍怪以满足欲望为目的,都违背了"道"。所以作者倡议生活节俭、不事雕饰之文,"土事不文,木工不斫,金器不镂。衣无隅差之削,冠无觚蠃之理。堂大足以周旋理文,静洁足以享上帝,礼鬼神,以示民知节俭"[②]。所谓"静洁足以享上帝,礼鬼神",正是强调清净节俭的生活方式对主体精神的积极作用,认为这样即可实现与鬼神的沟通、交流,而无须使用外在繁缛的礼节、方物、贡品。这是神人关系的重大变革。在同一时期的图像资料中可以发现,人们的礼仪行为也存在一种简化的趋向:在空茫的原野上,供物简单,没有繁多的牺牲和宏大的仪仗,只有礼拜者虔诚的跪拜和祈祷,其身前的小香炉和其规整身姿说明这是一场严肃而虔诚的礼仪行为。这种趋向表明,纯净的个体精神本身就具备神圣性,因而可以实现与神灵之交流——主体行动和礼仪事件变得单 而纯粹。仪式外在形式的简化正是以主体精神的充实圆满为基础的,主体的外在行动获得了内在精神的支持。

第四节 "事""道"之关系:"以事显道"和"神道互置"

按照叶秀山的观点,神话以事件的方式呈现人们对"必然性""逻各斯"或"道"的认识,虽然两者之间存在某种程度上的差异:"事""道"

---

① 陈广忠:《淮南子译注》,中华书局2012年版,第410页。
② 陈广忠:《淮南子译注》,中华书局2012年版,第409页。

关系支撑了神话叙述的展开。只不过，单纯的神话事件体现出某种自由性，而依据逻各斯"编纂"而成的事件则受到前者的牵制、制约，有其严格的内在规定。叶秀山说："'神话'是把一段一段一块一块的'故事'按照生命、时间的方式'编纂'起来的；'逻各斯'则是把一些语词、概念按照一定的方式'编纂'起来的。就'神话'来说，'编纂'的方式不是首要的，要紧的是'故事'本身应是'活'的；但就'逻各斯'来说，'编纂'方式和所要说的'事'，则是不可分的，这种'方式'被认为反映、符合'事'之内在的联系。"[①]《淮南子》"以事显道"的述说方式显然属于后者，所以这些神话—历史事件的选择和重述也受到了这种结构的制约。

可以看到，《淮南子》的作者并不孤立追述往事，而是将对"事"的讲述与对"道"的认识和领悟并置，"以事显道"。当然，并非所有的"事"都可以显现"道"，所以《淮南子》对"事"进行了区分，能够产生重大影响的事件，作者称为"大事""大节"，微不足道的事件作者称为"琐事""微事""苛事"等。"大事"更直接地显现"道"的存在与运行规律；"微事"则繁杂凌乱，让主体深陷其中而不自觉，因而不仅不能使"道"明白显现，而且还阻碍主体对"道"的领悟和掌握。在作者看来，"道"是内涵于"事"的，因而个别性的"事"可以产生普遍性的"道"，关键在于"事"是否具有价值性。《淮南子·氾论训》指出："故圣人所由曰道，所为曰事。道犹金石，一调不更；事犹琴瑟，每终改调。故法制礼义者，治人之具也，而非所以为治也。故仁以为经，义以为纬，此万事不更者也。"[②]"所由"是最终的根据，是不变的；"所为"是行动的结果，是随时发生改变的。两者一静一动，互为表里，相互构成。"事"的展开必以"道"为根本，"事"的形成、运转本身就体现了"道"："举事而顺于道者，非道之所为也，道之所施也。"[③]因此，"道"与"事"虽名为二而实不可离：

[①] 叶秀山：《叶秀山文集》（哲学卷），重庆出版社2000年版，第702页。
[②] 陈广忠：《淮南子译注》，中华书局2012年版，第726页。
[③] 陈广忠：《淮南子译注》，中华书局2012年版，第69页。

"道"无"事"无以现象,"事"无"道"无以根据。这一点是全书的指导思想。《原道训》指出"万物之总,皆阅一孔;百事之根,皆出一门"①,此"孔""门"即"道"之孔、"道"之门。在全书布局上,"事""道"相协的思想贯穿始终,成为作者架构整部著作的基本思想。作者指出,《缪称训》"略杂人间之事,总统乎神明之德",《齐俗训》"通古今之论,贯万物之理,财制礼义之宜,擘画人事之终始",《道应训》"揽掇遂事之踪,追观往古之迹,察利害祸福之反,考验乎老、庄之术",《诠言训》"譬类人事之指,解喻治乱之体",《说山训》《说林训》"所以窍窾穿凿百事之壅遏,而通行贯扃万物之室塞",《人间训》"分别百事之微,敷陈存亡之机",《傣族训》"经古今之道,治伦理之序,总万方之指,而归之一本,以经纬治道,纪纲王事"等。②在作者的论述中,万物事件之变化、吉凶祸福之转化、天理人事之互动、道德阴阳之显明,无不通过"事"与"道"的方式实现,它们之间形成一种环环相扣、无始无终的内在结构。这个循环结构正类似于"道"的运转轨迹,谁知晓、掌握了这种结构("道"),谁就能成为最优秀的统治者("帝")。作者指出:"言帝道而不言君事,则不知小大之衰;言君事而不为称喻,则不知动静之宜;以称喻而不言俗变,则不知合同大指;已言俗变而不言往事,则不知道德之应。……已知大略而不知譬喻,则无以推明事。……故著书二十篇,则天地之理究矣,人间之事接矣,帝王之道备矣。"③作者正是通过对事件的举例分析,言说习俗之变、动静之理,从而上究天理、下备人事,以求实现政治治理之成功。

根据作者的描述,可以看到,《淮南子》所谓的"道"是一种无形之存在,可以为人所领悟、分享,"体道者"即可获得"道"的属性而成为"神",其行动无不与"道"相合,由此说明"事"与"道"可以一体相融。与人向神的转化相关,在《淮南子》中,"神"也逐渐脱去其形象

---

① 陈广忠:《淮南子译注》,中华书局2012年版,第32页。
② 陈广忠:《淮南子译注》,中华书局2012年版,第1249—1257页。
③ 陈广忠:《淮南子译注》,中华书局2012年版,第1259页。

性、具体性特征而向"道"转化,"神"不仅指神人、神物、神灵等带有神性的存在,而且还指一种抽象而无所不在的"道"。《说山训》就是《淮南子》的"道论",因为"山为道体,仁者所处。说道之旨,委积若山,故曰'说山',因以题篇"①。《说山训》开篇就假借"魂""魄"对话,指出了"道""视之无形,听之无声"的特点:"魄问于魂曰:'道何以为体?'曰:'以无形为体。'魄曰:'无有有形乎?'魂曰:'无有。''何得而闻也?'魂曰:'吾直有所遇之耳。视之无形,听之无声,为之幽冥。幽冥者,所以喻道,而非道也。'魄曰:'吾闻得之矣。乃内视而自反也。'魂曰:'凡得道者,形不可得而见,名不可得而扬。今汝已有形名矣,何道之所能乎?'魄曰:'言者,独何为者?''吾将反吾宗矣。'魄反顾魂,忽然不见,反而自存,亦已沦为无形矣。"②可见,《淮南子》中的"道"脱去《老子》中"道"的形象性、具体性而成为纯粹的抽象性存在,它反对任何形名形式,它甚至还反对自身;万物是它的显象,它是万物的根本。《缪称训》:"道至高无上,至深无下,平乎准,直乎绳,员乎规,方乎矩,包裹宇宙而无表里,洞同覆载而无所碍。"③"道"脱去了具体的形质,因而"上""下""高""深""平""直""员""方"等表示方位、形态的词都不能修饰、陈述它,因为它无方位形制,因而不能被描述,也不能被任何东西阻碍。同时,"道"的这种性质不是"道"所专有,它是可以流溢、分享的,因而"得道""体道"之人亦可具有"道"之特点而转化为"神"——人具有了神的属性、神被人所取代:"体道者,不哀不乐,不怒不喜,其坐无虑,其寝无梦,物来而名,事来而应。"④这里的"体道者"与《列子》描述的"华胥国之民"是一样的。他们"无嗜欲""不知乐生,不知恶

---

① 刘文典:《淮南鸿烈集解》,安徽大学出版社1998年版,第531页。
② 陈广忠:《淮南子译注》,中华书局2012年版,第912页。
③ 陈广忠:《淮南子译注》,中华书局2012年版,第505页。
④ 陈广忠:《淮南子译注》,中华书局2012年版,第505—506页。

死""不知亲己,不知疏物""不知背逆,不知向顺"①,完全超越了凡人的生理特点和情感属性。"体道者"超出了普通人,没有感情的波动,没有思虑之纷扰,外在世界的变化对他来说没有任何影响;他分享了神为万物命名、支配人事运转的能力。或者说,他本身就是神。

在此背景下,作者往往将"神"置换为"道",以"道"统摄神明、天地、人事之运转规律,由此形成"神"的抽象化。《淮南子·道应训》:

> 罔两问于景曰:"照照者,神明也?"景曰:"非也。"罔两曰:"子何以知之?"景曰:"扶桑受谢,日照宇宙;炤炤之光,辉烛四海。阖户塞牖,则无由入矣。若神明,四通并流,无所不极,上际于天,下蟠于地,化育万物而不可为象,俯仰之间而抚四海之外,照照何以明之?"②

在此处论述中,罔两(影子)由于自身的局限而把阳光("照照者")作为神明,景说太阳光并不是"神明",它看起来无所不在,但人只要关闭窗户即能把它挡在门外。真正的"神明"其光流溢,惠及天下而无所不在,"化育万物而不可为象",这正是"道"之为"道"的基本属性和特征。可见,在此处论述中,作者将"神明"与"道"进行了置换,"神明"已不是传统意义上的神或神物,而等同于"道"。同时,"道"的神秘性和神圣性让它无法脱离与"神"的关系,进而保留了神的某些特点,因为它本就从"神"演化而来,所以《淮南子》作者对"道"的描述同时又具有形象化、人格化的特点,这是神话世界观在早期哲学中的遗存。"道"是形象化、人格化的,因而"道"也会像人一样有自己的行动和事迹,这也在某种程度上说明"道"和"事"本就是一体的。在书中,作者时常将"道"称为"大丈

---

① 叶蓓卿:《列子译注》,中华书局2015年版,第28页。
② 陈广忠:《淮南子译注》,中华书局2012年版,第694—695页。

夫"，天地是他的专车，而四时为他驾车；雨师风伯为他洒扫，风雨雷电也为他驱使——"道"完全是一位神人或帝王形象："大丈夫恬然无思，澹然无虑；以天为盖，以地为舆；四时为马，阴阳为御；乘云陵霄，与造化者俱；纵志疏节，以驰大区；可以步而步，可以骤而骤；令雨师洒道，使风伯扫尘；电以为鞭策，雷以为车轮；上游于霄雿之野，下出于无垠之门；刘览偏照，复守以全；经营四隅，还反于枢。"①因而"道"实际上就是万物众神之"王"，由他主宰，受其节制。由此万物之变化同时也就成为"道"之"行动"（"事"）——"事"本身就是"道"运转的结果。因此，在《淮南子》的论述中，作者往往通过万物变化和神话事件来说明"道"的存在及其重要性。"道"在事件中显现，事件在"道"的支配下运转，两者体用不二、相与为一，作者用"道应"二字来指称两者之间的关系，所以作者还利用"捶钩者"捶钩之事证明《老子》"从事于道者，同于道"②的道理，"事"与"道"不能须臾分离，或者说两者本就是一体的。

由此，在《淮南子》的论述中，神话的表述方式发生了显著变化，神话意象的内涵也随之发生转折：与《庄子》等著作一样，作者已不单纯记述某一神话，而是通过对神话的记述阐明至深的道理，由此形成"事"向"理"的转化：神话事件成为"道"的载体或说理的工具。在这种情况下，神话的原初内涵就会被作者所要阐明的"理"（"道"）掩盖，神话也被赋予了新的含义，神话意象在形象和内涵等方面均出现了较大改观。这是《淮南子》作者讲述神话的基本方式。这一点与作者对"神"与"道"的置换正相表里。

例如，《淮南子·道应训》所记"周鼎著倕"："夫言有宗，事有本。失其宗本，技能虽多，不若其寡也。故周鼎著倕，而使龁其指，先王以见大巧之不可也。"③"倕"是帝尧时的能工巧匠，作者认为周代统治者将其形象

---

① 陈广忠：《淮南子译注》，中华书局2012年版，第8页。
② 陈广忠：《淮南子译注》，中华书局2012年版，第677页。
③ 陈广忠：《淮南子译注》，中华书局2012年版，第703页。

铸刻在鼎彝之上并改变了他的形象：让他咬着自己的手指而不能再施展那些技能，以说明"大巧之不可也"。但实际上周鼎上倕"龁其指"的形象并不是惩罚，而是倕沉思之动作，制作者以此对倕伟大功勋的建立进行肯定和纪念。相传倕发现了使用火的方法，让人们吃上了熟的食物，所以人们说"倕火"；倕还发明了耒耜、弓箭等生产工具，提高了生产效率和食物产量，促进了人类社会的发展。但《淮南子》的作者却以倕"龁其指"的怪异形象说明"言有宗，事有本"的道理，不仅改变了倕神话的原始内涵，而且还对倕进行了污名化的解释。作者还说："昔者仓颉作书，而天雨粟，鬼夜哭；伯夷作井，而龙登玄云，神栖昆仑。能愈多而德愈薄。"[1]"仓颉作书""伯夷作井"是人类文化和生产中的重要事件，故而需以神话的方式记载，"天雨粟，鬼夜哭"和"龙登玄云，神栖昆仑"是这两件事情的神圣表征。但作者却把这种神圣表征看成是天地鬼神对这两件事情的否定：鬼在夜晚哭泣以表明自己对"仓颉作书"的反对，"伯夷作井"之后"龙"和"神"离开了原来的居所而寻找新的地方，说明伯夷的举动违背了神的要求。作者由此证明了自己"能愈多而德愈薄"的观点。

再如后羿、嫦娥神话。《览冥训》记载："譬若羿请不死之药于西王母，姮娥窃以奔月；怆然有丧，无以续之。何则？不知不死之药所由生也。"[2]与羿相关的事件很复杂，屈原《天问》中记述的淫逸的羿与作为射日英雄的羿是两个不同的神人。《淮南子》的作者为表达"至德"的重要性，对这则神话进行了重大改动：其一，"后羿射日"与"姮娥奔月"原本是两个互不相干的神话，作者却将嫦娥与羿确立为夫妻关系，至今研究者尚未找到《淮南子》此处记述所依据的文献或图像资料；其二，羿具有了凡人的特点：他不仅不知道不死药的来源，而且在姮娥窃取不死药之后"怆然有丧"，情绪低落到极点，又无法再次获得不死药，只得独自留在人间。作者

---

[1] 陈广忠：《淮南子译注》，中华书局2012年版，第703页。
[2] 陈广忠：《淮南子译注》，中华书局2012年版，第333页。

说羿就像小水潭，看起来很广阔，一旦旬月不雨就很快干涸，因为它没有自己的"源头"。其三，作者以此得出"是故乞火不若取燧，寄汲不若凿井"的道理，认为要想获得成功应该"时至而弗失"，至虚纯一而不被"苛事"扰乱心神。显然，羿神话和嫦娥神话都已不是原本的面貌，作者用这两个著名的神话事件表达了自己想要阐述的"理"（"道"）。由于神话事件本身蕴含了丰富的内容，因而《淮南子》的作者对神话事件的这种再阐释，无疑背离了其原初含义，使神话事件的丰富性变得狭隘。

可以看到，在《淮南子》中，"事"向"理"的转化遵循这样一种基本的逻辑过程：神话事件（过去）—"事"的消逝（当下）—"理"（普遍性）的产生。神话事件是往古遂初之事，这些事件在当下已不存在，人们只能通过记述或谈论的方式（语言、言语）对之重新表述。正像帕尔默所指出的那样，"言说"本身就是阐释的过程，也是意义生产的过程[1]，"理"正是在这个过程中产生的。由此可以看出，"理"内含于"事"，"事"是"理"的永恒存在场所，不管"事"消失与否，它对"理"的基始性、场所性的价值是永在的。与之相反，作者有时还以预先之"理"为指导来重述神话—历史事件，体现以"理"叙"事"的方式。例如，在《精神训》中，作者预先提出"轻天下""细万物""齐死生""同变化"四种精神状态的重要性，然后以尧"粝粢之饭""布衣掩形"之事以证"轻天下"，以"禹南省，方济于江，黄龙负舟，舟中之人无色无主"而禹"熙笑而称"之事证"细万物"，以郑国神巫相壶子林之事证"齐生死"，以子求貌丑年老而自辩之事证"同变化"。这种论说方式是"理"对"事"的剥夺。实际上，通过对神话—历史事件的重述以表达至高无上的"理"（"道"），正是《淮南子》一书的意指所在。在《淮南子》作者心中，"事"与"道"体用不分，是结合在一起的，不能离开"事"讨论"道"，也不能离开"道"讨论"事"："事"是"道"的基本载体，"事"的变化运转是"道"的显像，诉

---

[1] 〔美〕帕尔默：《诠释学》，潘德荣译，商务印书馆2012年版，第28页。

说着"道"的存在;"道"是"事"运行的基本规则,"道"使"事"获得意义和价值,而不至于零散、空洞。因此,处理"事""道"之关系,既是全书所要昌明的根本思想,又是作者创作的指导思想。《淮南子·道应训》专门论述神话—历史事件与"道"之间的征应关系,体现"以事显道"之思想,故曰"道应"。刘文典释"道应"云:"道之所行,物动而应,考之祸福,以知验符也,故曰'道应'。曾国藩云:此篇杂征事实,而证之以老子道德之言。意以已验之事,皆与昔日相应也,故题曰'道应'。"[1] 在全书的总结性篇章《要略》中,作者说:"夫作为书论者,所以纪纲道德,经纬人事,上考之天,下揆之地,中通诸理。虽未能抽引玄妙之中才,繁然足以观终始矣。总凡举要,而语不剖判纯朴,靡散大宗,则为人之惛惛然弗能知也,故多为之辞,博为之说。又恐人之离本就末也,故言道而不言事,则无以与世浮沉;言事而不言道,则无以与化游息。"[2] "纪纲道德,经纬人事"是作者创作的指导思想。在作者看来,书中所举之"事","繁然足以观终始",明确道出"事""抽引玄妙"之功能,所以作者说"言道而不言事,则无以与世浮沉;言事而不言道,则无以与化游息"。作者认为只言说抽象的"道"不能使人们真切感受到"道"的迫近和必要,因而需要借助"事"来说明"道"如何参与、支配万物之变化;同样,如果仅仅着眼于"事",人们又可能会仅仅关注眼前所见,而不能将之与根本的"道"相联系,以至于心智混乱而不能明白"事"与"道"共同运转的道理。

---

[1] 刘文典:《淮南鸿烈集解》,安徽大学出版社1998年版,第384页。
[2] 陈广忠:《淮南子译注》,中华书局2012年版,第1239—1240页。

第六章
神话事件与诗境之生成

鲁迅在《中国小说史略》中将神话作为小说的源头加以论述，这种做法延续了日本学者和西方人类学家的思路。按照这种思路研究神话意象的演变过程，就要将神话意象在后世文学作品中的存在样态进行归类、分析和总结。按照文学体裁的不同，神话意象在小说、诗歌、戏剧、散文等文类中的存在形态也存在不同，鲁迅的著作其实就是对神话与小说的关系进行了初步的研究，袁珂的《中国神话史》[1]、罗永麟的《中国仙话研究》[2]等著作，以及文学人类学、神话—原型批评等，都是按照这一研究思路展开的。闻一多《神话与诗》则是最早将神话意象与早期诗歌的生成之关系进行研究的专著，《歌与诗》系统研究了神话事件和意象对早期诗歌创作和观念形成的影响。[3]本章所要解决的，则是通过神话事件与早期诗歌生成之关系的探讨，分析先秦两汉诗歌及其观念形成的思想基础和价值取向，及其对中国古典诗学思想所造成的深刻影响，为早期神话意象演变研究提供一个新的思路。笔者将这种诗歌传统称为"诗缘事"传统，这个诗歌传统以战国

---

[1] 袁珂：《中国神话史》，上海文艺出版社1988年版。
[2] 罗永麟：《中国仙话研究》，上海文艺出版社1992年版。
[3] 闻一多：《神话与诗》，华东师范大学出版社1997年版。

秦汉诗歌创作和演变为基础,催生了一系列新的诗歌观念的产生。①

神话与诗之关系,是神话学和文学研究中的重要问题。文艺神话学家甚至直接将神话作为文学(诗)的前身,神话向诗的转化是其发展研究的路径之一。他们认为神话意象往往成为诗人创作的重要资源,其独特形式和意蕴成为诗人灵感产生的重要源泉。鲁迅指出:"神话不特为宗教之萌芽,美术所由起,且实为文章之渊源。"②黑格尔《美学》亦指出:"对于艺术家来说,在民族信仰、传说以及其他实际情况里愈易找到现成的绝对自由的内容,他也就愈能集中精力去替这种内容塑造恰当的外在艺术显现形式。"③因此,艺术家在创作时首先会想到借助"民族信仰、传说"(神话)等内容作为表达自我精神的载体并赋予其新的艺术形式。在以往研究中,人们多从神话意象与诗歌意象的一致性关系入手,探讨两者之间的承续关系和演变轨迹。这种研究方法无疑有其可取之处,但显见的问题是,意象

---

① 对于中国古典诗歌的"诗缘事"传统,此前亦有学者论及。曹胜高《论汉晋间"诗缘事"说的形成与消解》一文认为:"两汉'诗缘事'说的提出,政治根源是出于强调诗歌对现实政治的干预作用,艺术根源在于总结《诗经》、汉乐府对'哀乐之事'的反映。……可以说,'诗缘事'是两汉诗学最重要的结论之一。"(曹胜高:《论汉晋间"诗缘事"说的形成与消解》,《文史哲》2008年第1期)但是,随着魏晋之际士人政治热情的消退,士人由崇尚"事功"转向"立言",将精力投入到学术研究之中,关注现实的热情淡化、消失,"诗缘事"传统逐渐弱化,抒情作品大量出现。在这种情况下,"诗缘情"最终取代了"诗缘事"。作者由此得出结论说:"上古诗歌'缘事而发'的创作实践未能全面展开就被窒息,'诗缘事'的创作经验尚没有得到系统总结就被忽略,从而导致中国诗歌叙事意识的淡薄和叙事作品的缺乏。""诗歌的叙事功能进一步被剥离出去,遂使抒情言志成为了中国诗歌的内在追求。"(殷学明:《诗缘事辨》,《北方论丛》2013年第5期)这个结论基本准确,但有两点需要指出:其一,该论揭出政治因素对于"诗缘事"传统形成的决定性作用,忽略了《汉书·艺文志》"感于哀乐,缘事而发"表述中的情感维度,进而忽略了"诗缘事"对"诗缘情"观念所具有的奠基作用;其二,该论认为中国诗歌的"诗缘事"传统自两晋以后则湮没无闻、被人遗忘亦并不完全准确。虽然"诗缘事"传统由于种种原因一直处于被遮蔽的状态,但其观念则持久存在,并影响了此后中国诗歌创作和诗学理论的发展,叶燮对诗歌意象"理""事""情"等问题的讨论是"诗缘事"传统的总结形态。殷学明《诗缘事辨》则揭橥了"诗缘事"传统的历史发展脉络:"中国诗缘事传统当滥觞于远古,萌发于汉代,发展于唐代,成熟于宋代",认为"诗缘事的讨论,实际是对历史文化记忆以及诗歌叙事、创作内在规律和基本机制的揭示"。此论视野宏阔,既阐明"诗缘事"传统的发展历程,又彰显其当代价值,但对"诗缘事"传统何以隐而不彰等问题未作阐述,留下了可供进一步探讨的空间。

② 鲁迅:《中国小说史略》,中华书局2010年版,第6页。
③ 〔德〕黑格尔:《美学》第二卷,朱光潜译,商务印书馆1979年版,第172页。

之重合并不能说明两者之间具有某种内在联系,因为诗中的神话意象其含义和情趣是诗人本身的,而不是神话意象本来所有的。李商隐诗句"嫦娥应悔偷灵药,碧海青天夜夜心"中的"嫦娥窃药奔月"神话与其本来含义大相径庭。也正是在这个层面上,鲁迅认为"诗人为神话之仇敌":"惟神话虽生文章,而诗人则为神话之仇敌,盖当歌颂记叙之际,每不免有所粉饰,失其本来,是以神话虽托诗歌以光大,以存留,然亦因之而改易,而消歇也。如天地开辟之说,在中国所遗留者,已设想较高,而初民之本色不可见,即其例矣。"① 鲁迅指出的神话与诗之对立亦固然存在,但似乎又将二者完全对立,将此前的承续关系斩断了。实际上,上述两种相互联系相互对立之情况都是存在的。之所以对立,原因在于研究者多从神话意象及其意蕴与诗歌意象及其意蕴的相似性入手,因而不能真正揭示两者之间的联系到底何在。本章将从神话的事件性质入手,探讨神话意象对诗歌意境生成的影响,为全面考察早期神话意象演变提供新的路径。

第一节 亚里士多德《诗学》:事件与行动、神话与诗

实际上,鲁迅所指出的两者间的断裂仍只是形式上或表面上的,他没有充分考虑神话向诗歌转化或者神话催生诗歌的根本并不在形式和意蕴方面,而在于神话的事件本质。诸神的行动构成神话事件,行动("事件")是神话之为神话的内在规定,考察神话对诗的影响亦应从这个角度入手。值得注意的是,中国古人将"风""雅""颂""赋""比""兴"均称为"事",诗之"六义"亦即诗之六事。孔颖达《毛诗注疏·关雎序》:"风、雅、颂者,诗篇之异体;赋、比、兴者,诗文之异辞耳。大小不同,而得并为六义者,赋、比、兴是诗之所用,风、雅、颂是诗之成形。用彼

---

① 鲁迅:《中国小说史略》,中华书局2010年版,第6页。

三事，成此三事，是故同称为义，非别有篇卷也。"① 可以看到，神话事件所蕴含的行动模式及基本结构，深刻影响了诗人的创作并以隐含的方式存在于诗中。而且，无论中西，论者讨论诗的时候，都是从事件（行动）入手的，诗（文学）成为系列事件的集合体；而且，最早的诗记述的都是神或英雄的事件，或者与初民生活密切相关的重要事件。诗的这个特点与神话事件具有同质性，因而中外关于诗的最早的讨论都是从事件或行动开始的。为了更清晰地呈现这一点，我们可以把眼光放远一些，从古希腊哲学家亚里士多德的《诗学》开始。或问：亚里士多德讨论的是戏剧而不是诗，如何将二者等同？实际上，诗、戏剧等体裁都是后人划分的，而且人们一般也会把抒情诗与诗等同，而它们实际上是两个截然不同的概念。最初的文学都可称为"诗"，我们很难把古希腊悲剧与诗进行区分。《诗学》的旨意其实正是通过"诗是关于行动的艺术"的界定，指出诗的创造性和情感性特征，重建诗与神话之间的关联，并为人的自我肯定提供思想基础。

亚里士多德《诗学》开篇对诗的本质进行了界定：诗既是一种"制作"或"编织"的技艺，也是一种模仿世界和行动的手段，并指出是否用韵与诗并无更多关系。戴维斯（Michael Davis）指出，在《诗学》诞生的语境中，"诗"的本意是"制作"，而诗是"关于行动的艺术"（On the Art of Action）。② 而人类（诗人）制作诗歌的过程既是一种行动，同时也是一种模仿，其模仿对象"是行动中的人"③。因此，"诗"与"行动"之间具有同质性："就所有人类行动始终业已是行动之模仿说来，其本性恰好就是诗的。……无论何时我们选择做什么，我们都为自己设想了行动，仿佛我们正从旁打量着似的。意图不是别的，意图就是想象的行动——将外在的东

---

① （唐）孔颖达：《毛诗注疏关雎序》，《毛诗注疏》，上海古籍出版社 2013 年版，第 15 页。
② 〔美〕戴维斯：《〈诗学〉微》，陈陌译，见刘小枫、陈少明编：《诗学解诂》，华夏出版社 2006 年版，第 4 页。
③ 〔古希腊〕亚里士多德：《诗学》，罗念生译，人民文学出版社 1962 年版，第 7 页。

西内在化。因而,所有的行动都是对行动的模仿,是诗性的。"① 行动本身的诗性化和诗歌模仿行动之间亦具有同质性——诗人通过行动将外在行动作为对象加以模仿、省视。而且,模仿这一行动本身就可以产生快感和自我意识。婴儿通过模仿行为实现走路、吃饭、操作等,这些都是乐趣和创造产生的源泉。因此,"对人来说,模仿是这世上最自然的事。所有人儿时首先要学的就是,如何通过模仿与这个世界融洽相处。没有人会不熟悉从一次成功的模仿中所获得快感"②。作为"关于行动的艺术",模仿与诗的创作互为表里,就像人类学家经常将每一位原始人类或婴儿称为伟大的诗人一样。

当然,在最初时期,人们也会把使用韵律写作的人称为"诗人",这似乎说明"韵律"可成为诗的本质规定,但亚里士多德指出:"历史家与诗人的差别不在于一用散文,一用'韵文';希罗多德的著作可以改写为'韵文',但仍是一种历史,有没有韵律都是一样;两者的差别在于一是叙述已发生的事,一是描述可能发生的事。……与其说诗的创作者是'韵文'的创作者,毋宁说是情节的创作者;因为他所以成为诗的创作者,是因为他能模仿,而他所模仿的就是行动。"③ 这是通过诗与历史的比较将押韵等形式特点从诗中排斥掉,而将诗与事建立联系,同时肯定了模仿和行动对诗的重要性。④ 当然,历史与事也有联系,它与诗的区别在于历史只表现个别性,

---

① 〔美〕戴维斯:《〈诗学〉微》,陈陌译,见刘小枫、陈少明编:《诗学解诂》,华夏出版社2006年版,第7—8页。
② 刘小枫、陈少明编:《诗学解诂》,华夏出版社2006年版,第33页。
③ 〔古希腊〕亚里士多德:《诗学》,罗念生译,人民文学出版社1962年版,第28—30页。
④ 在早期中国作品中,使用韵律是一个十分重要的问题。有人认为使用韵律可能与舞蹈的节奏有关,但也有人认为在口传时代,韵律使用是为了方便记忆、抵抗遗忘,以便传播。同时,我们也可看到,在《老子》《山海经》《淮南子》等散文文献中,韵文的使用时常可见,但使用韵文描述的对象或事件都带有神圣性,节奏整齐划一、有秩序感的语言似乎只能用在神圣的对象身上。这种现象在《山海经》中特别明显,例子很多。如《西次三经》写黄帝种玉神话:"黄帝乃取峚山之玉荣,而投之锺山之阳。瑾瑜之玉为良,坚粟精密,浊泽而有光。五色发作,以和柔刚。天地鬼神,是食是飨;君子服之,以御不祥。"这是早期文本中一种独特的现象,应专门研究。闻一多指出:"韵文产生又必早于散文,那么最初的志(记载)就没有不是诗(韵语)的了。"见闻一多:《神话与诗》,华东师范大学出版社1997年版,第203页。

而诗表现普遍性。正是这种"普遍性"的存在，让诗成为一种艺术。在以往观念中，模仿是一种蹩脚的行为，甚至不能成为创作。这种观念显然与柏拉图对模仿的贬低有关，但更是现代以来个性化美学运动的产物。在亚里士多德看来，模仿既是一种行动，也是一种创作，更是一种发现美的事物的过程："模仿自然并不是复制我们碰巧发现的实存。在亚里士多德看来，自然之物具有某种发展的能力。一事物越实现其自然，就越能发挥这种能力，越接近其自身的某种完美。……艺术家受限于模仿自然说，去细看他周遭的现实世界，不是为了复制它，而是为了了解它，他将描绘的理想特征或完美状态在现实世界具有某种基础，它们是实存诸可能的发展，因而它们更令人信服。"[①] 因此，模仿和行动的诗性和创造性特征都指向了"诗"，或者说，这些特质比形式上是否使用韵律更能让一个文本具有诗的特质。

　　实际上，如果将亚里士多德"诗模仿行动中的人"更换为"诗模仿行动中的神"，那么这似乎更符合早期诗产生的实际情况。就像早期中国文本中韵律的使用被用来呈现神圣性一样，诗最早的模仿对象其实就是神的行动，神话就是最早的诗。在古希腊时期，悲剧作品模仿的对象仍是神或神性英雄，正体现出神话与诗之间的这种关联。所以，古希腊悲剧的目的并不是仅仅激发观众的情感，而是通过诗的欣赏建立人对神或英雄的敬畏。艺术欣赏带有鲜明的宗教属性。有学者指出："伟大的悲剧家关注情感怜悯和恐惧，原因之一是，他们意识到，这两种情感比其他情感更好地顺应于对道德和宗教的捍卫及改善。有什么情感比恐惧更易打动多数人？什么或谁是那些令人恐惧的存在？从古希腊悲剧与《李尔王》来看，答案是神。神是公共道德的担保人。通过表明神能够把更高的事物或人拉下来，史诗和悲剧有助于培养人们对神适当的恐惧。怜悯则倾向于逐步培养我们对其他人受难的敏感，从而使我们不太会去伤害其他人。"[②] 此外，这种激发情

[①] 〔美〕戴维斯：《〈诗学〉微》，陈陌译，见刘小枫、陈少明编：《诗学解诂》，华夏出版社2006年版，第22页。

[②] 刘小枫、陈少明编：《诗学解诂》，华夏出版社2006年版，第30—31页。

感的观点很容易把"情"纳入诗中,以为诗的目的即在于此而忽略其原初的功能。实际上,我们可以看到,在主体欣赏诗的过程中,"情"在其内心世界中也存在一个行动的过程:激发恐惧进而让主体产生怜悯,但恐惧和怜悯本身不能提升人的精神或灵魂,还需要一个净化过程使主体免于从恐惧过渡到狭隘、从怜悯沉溺于感伤,进而达到精神或心灵的净化并对对象(神)、他人和自我产生崇敬感。这个情感不断变动的过程与事件的发展过程相始终,情感由此被事件化、神圣化,自我精神和人格的提升是人将自我神化的第一步。对于主体来说,诗的作用即在于此。

主体行动(事件)与诗所具有的这种内在关联,根本在于行动积累了主体的经验,事件激发出主体的情感。正像塞缪尔·亚历山大所指出的那样,"诗人的诗是由使他刺激的主题从他身上挤压出来的"①。杜威对这个论断进行了四点评述:其一,"真正的艺术作品是由来自一个有机体的与环境的状况与能量相互作用的整体经验的建构";其二,"所表现的事物是由客观事物施加在自然的刺激与倾向之上而从生产者那里挤压出来";其三,"构成一件艺术品的表现行动是时间之中的构造,而不是瞬间的喷发";其四,"当对于题材的刺激深入时,它激发了来自先前经验的态度和意义。它们在被激活以后,就成了有意识的思想与情感,成了情感化的意象"。②我们似乎可以将塞缪尔对诗的产生概括转述如下:诗在本质上是身体行动的结果,这是因为:第一,构成诗的经验是身体与环境相互作用的结果;第二,使诗人受到刺激的主题是客观事物施加在自然上的结果;第三,诗人创作他的作品是在行动的时间中完成的;第四,刺激主题激活了主体由行动而累积的经验进而转变为"情感化的意象"(诗)。所以,诗(艺术)本质上是行动与事件的产物。实际上,不仅诗是如此,几乎所有艺术创作都是在行动经验中产生,无论是创作还是欣赏:"聪明的技工投入到他的工作

---

① 〔美〕杜威:《艺术即经验》,高建平译,商务印书馆2010年版,第74页。
② 〔美〕杜威:《艺术即经验》,高建平译,商务印书馆2010年版,第74—75页。

中，尽力将他的手工作品做好，并从中感到乐趣，对他的材料和工具具有真正的感情，这就是一种艺术的投入。无论是在工场里，还是在画室里，这样的工人与无能而粗心的笨蛋间都同样有巨大的差别。"① 同样，"要对体现在帕台农神庙上的审美经验进行理论化的人，必须在思想上意识到该神庙所介入其生活的人，即它的创造者和欣赏者，与我们的家人和街坊的共同之处"②。行动产生艺术（诗），而经验与经验的融合才能让这种艺术（诗）得以在欣赏中实现，而这正是一种新的行动——内在主体间的行动。

第二节 "诗合为事而作"：早期中国诗的产生及其观念

可以看到，《诗学》提供了神话与诗之间关联的基本结构：诗人通过对神（人）行动的模仿创作诗，读者通过对行动的欣赏产生感情，重建对神灵与道德的崇敬进而净化自我精神，提升人对自身的肯定性认识。这种情况，在早期中国文化（诗）制度形成中同样明显。在《易传》的论述中，庖羲氏"仰则观象于天，俯则观法于地，观鸟兽之文与地之宜，近取诸身，远取诸物，于是始作八卦，以通神明之德，以类万物之情"，指出主体行动（"观"）对宗教和艺术体系产生的重要性。在东汉学者许慎的解释中，中国汉字基本上也是以"事"（行动）为基础建构而成："周礼八岁入小学，保氏教国子，先以六书：一曰指事。指事者，视而可见，察而见意，上下是也。二曰象形。象形者，画成其物，随体诘屈，日月是也。三曰形声。形声者，以事为名，取譬相成，江河是也。四曰会意。会意者，比类合宜，以见指伪，武信是也。五曰转注。转注者，建类一首，同意相受，考老是也。六曰假借，本无其字，依声托事，令长是也。"③ 可以看到，指事、象

---

① 〔美〕杜威：《艺术即经验》，高建平译，商务印书馆2010年版，第6页。
② 〔美〕杜威：《艺术即经验》，高建平译，商务印书馆2010年版，第5页。
③ （汉）许慎：《说文解字》，中华书局2009年版，第314页。

形、形声、假借四种造字方法，均与"事"（行动）密切相关。而且，有些字形不仅是对自然物象的模拟和抽象，而且是对某些人事活动进行抽象、概括的结果，杨树达将前者称为"以形表物"，将后者称为"状事象形""因事以表形"①，指出文字创设与"事"的关联性。有学者对古文字进行考察，发现"那些描述名物和叙述动作的实字，往往出现得早"，认为这种注重"事"的思维方式对中国文学有根本性的影响。② 由此可见，早期中国文化制度之建立，就是《淮南子》所说"权事而立制"的过程——"事"对于包括文学在内的文化制度之建立具有基始性价值。对于早期中国诗歌来说，情况也是这样。

然而，自"诗缘情"观念盛行后，将诗的起源与表现对象彻底情感化的倾向在不久即引起一些学者的反对，因为这种观点并不符合诗产生和发展的实际情况，同时也弱化了诗的功能价值。白居易，这位中唐时期的著名学者和诗人，就对这种倾向表达了自己的不满。针对六朝诗华丽的辞藻和空洞的内容以及初、盛唐诗的抽象化，他倡导重回两汉乐府传统，提出"文章合为时而作，歌诗合为事而作"的观点。这个传统正是早期中国人将事件与诗融为一体的创作实践所形成的诗歌创作观念。在白居易看来，诗不能仅是情感的抒发，具有感染力，而更应直指时事，具有穿透力——诗的力量正来自于它所依托的"事"，"情"只是"事"的衍生物。可以看到，白居易已明显感受到以汉诗"缘事而发"为基础的诗歌传统正在被抒情论者逐渐遗忘。实际上，正像闻一多所考证的，最早的记述都是神话，亦都是诗，它们都凭口耳传播，都用韵语，随着文化滋繁两者才逐渐分开，但"诗的本质是记事的"③，这一观念直到汉初时期仍是如此。虽分开，但两者对事件之关注的精神实质仍在较长时间内是一致的，情与诗建立联系是很晚时期的事。就中国的情况看，"诗""事"一体的观念最迟在两汉时

---

① 杨树达：《文字形义学》，上海古籍出版社2007年版，第52、77页。
② 董乃斌等：《中国文学叙事传统研究》，中华书局2012年版，第32—33页。
③ 闻一多：《神话与诗》，华东师范大学出版社1997年版，第204页。

期仍占主流。其本质是人们相信事件的力量。就像孟子所说,"孔子作《春秋》,而乱臣贼子惧",这就是强调事件的力量,以及"事"的真理性价值:真实呈现"事"之过程,无须逻辑的推演和情感的渲染,"事"本身就是真的,因而也是真理性的,所以古人强调"直书其事""直笔",其实就是强调"事"本身的无可辩驳、否定、迫切的力量。相反,如果某种书写"事每凭虚,词多乌有,或假人之美,藉为私惠,或诬人之恶,持报己仇"①,那么这种书写就是虚假的、没有力量的、惹人鄙弃的。"诗"也是这样:在它诞生时,它就属于前者,直录其事,因而它被宗教借用、被政治借用、被最真挚的情感借用。在"六艺"中,"诗"是根本,就是对事件的重视,而不是强调诗中情感的重要。因此,在早期中国诗学中,"诗缘情"是后起的,关于它的形成过程后文再做讨论。在"诗缘情"之前,"诗言志"的观念占主导地位,人们对它的讨论已经很充分了。实际上,在"诗言志"前后还有其他诗学观念与之并行,这些观念都指向"事"("物"),只不过其最终走向则差距很远。下面分别陈述之,以呈现当时诗学观念的复杂性与多样性。

　　首先是"诗是记载的工具"的观念。"诗言志"之"志"亦有记载之意,由此产生"诗以记物""诗以记理"和"诗以记事"等三种观念。闻一多《歌与诗》:"无文字时专凭记忆,文字产生以后,则用文字记载以代记忆,故记忆之记又孳乳为记载之记,记忆谓之志,记载亦谓之志。……承认初期的记载必须是韵语的,便承认诗训志的第一个古义必须是'记载'。"② 而"记载"分为"记物"与"记理"两方面:"《管子·山权数篇》'诗所以记物也',正谓记载事物,《贾子·道德说篇》'诗者志德之理而明其指,令人缘之以自戒也',志德之理亦记德之理。前者说记物,后者说记

---

① (唐)刘知幾:《史通》,引自董乃斌等:《中国文学叙事传统研究》,中华书局2012年版,第107页。

② 闻一多:《神话与诗》,华东师范大学出版社1997年版,第202—204页。

理。"① 这两种观念在"诗言志"观念形成前后都是较为重要的诗学观念,但多被中国诗学研究者所忽略,尤其是《管子》"诗所以记物"的观点更是湮没无闻。孔子说:"小子莫若学乎诗。诗可以兴,可以观,可以群,可以怨;远之事君,迩之事父,多识于鸟兽草木之名。"这正说明诗同时具有"记物""记理"两种功能:诗既是知识图典,同时又是行为准则。就前者看,诗与神话一样,作为最早的知识系统,记述万物及其性能、特点,是其基本的功能,所以《山海经》可以看作是最早的"诗集",而《诗经》对山川、植物、动物、神物的记述也占据了重要内容。正像笔者曾经指出的,这些内容正是"物事"。就后者看,诗所提供的行为准则是通过对"往事"的记述和引申而产生的,它成为个体处理自我行为立身的准则。在赵岐的注释中,"志"不仅有记录之意,而且专为记"作者所欲之事"②,从而将"事""诗"统一起来。朱东润《诗心说发凡》指出,《诗经》"自文王诸篇,言周室之起原者以外,莫不切于人事","盖诗三百篇之作者,其言皆切于人事,有及日月山川草木虫鱼者,无往而不融景入情,故问有类似歌颂自然之句,其实所写者仍为人情"③,并引欧阳修《梅圣俞诗集序》"凡士之蕴其所有而不得不施于世者,多喜自放于山巅水涯之外,见虫鱼草木风云鸟兽之状类,往往探其奇怪"④,进一步指出了《诗经》与"物""事"之密切关系。

其次是"诗缘政"思想。孔颖达《毛诗正义》提出"诗缘政"的思

---

① 闻一多:《神话与诗》,华东师范大学出版社1997年版,第204页。实际上,"事"与"文"("诗")并行的记述方式,在古代一直很重要。尤其是一些类书的编撰,"事"都占重要位置,还有专门的类书《事类》一百三十卷。欧阳询等编撰《艺文类聚》时,认为"《流别》、《文选》,专取其文;《皇览》、《遍略》,直书其事",将"文""事"分离,不符合古人之传统,因而将《艺文类聚》采取了"事居于前,文列于后"的编撰方式。就诗来说,《本事诗》《唐诗纪事》《宋诗纪事》《清诗纪事》《乐府诗集》等也都采取了"事居于前,诗列于后"的方式,逯钦立《先秦汉魏晋南北朝诗》也采取了这种方式。此即所谓"附事以见义":通过"事"而让读者领略"诗意"。

② 彭锋:《诗可以兴》,安徽教育出版社2003年版,第87页。

③ 朱东润:《诗心说发凡》,见刘小枫、陈少明编:《诗学解诂》,华夏出版社2006年版,第187页。

④ 朱东润:《诗心说发凡》,见刘小枫、陈少明编:《诗学解诂》,华夏出版社2006年版,第203页。

想:"风、雅之诗,缘政而作,政既不同,诗亦异体。""诗者,缘政而作。风、雅系政之广狭,故王爵虽尊,犹以正狭入风。"①这种观点凸显了诗与政事之间的联系:诗缘政而作,而政事的变化同时引起诗体的变化。作者认为《诗经》中的"风""雅"之作都是"缘政而作"的产物,"颂"更多是对神圣仪式的记述,在某种程度上也与政事相关。这种观点将《诗经》中"风"的部分也纳入政事当中,而未将之作为民间诗歌,与后来者差别较大。实际上,把《诗经》中"风"的部分看作民间作品是晚近学者和现代以来学者的观点,与当时情况有所龃龉。朱东润《国风出于民间论质疑》:"《诗》三百五篇,论者以为出于民间,然考之于《诗》,有未敢尽信者。《雅》《颂》之诗,除少数篇什有疑议外,其余多为朝廷郊庙乐歌之辞,自古迄今,未有异论,然论者犹可诿为《雅》《颂》诸篇,不及全《诗》二分之一,自可举其大凡,谓《诗》三百五篇为民间之作。今果能确然指认《国风》百六十篇或其中大半,不出于民间者,则《诗》出于民间之说,自然瓦解,而谓一切文学来自民间者,至此亦失其一部之依据,无从更为全称肯定之主张。"②作者认为,《诗经》"国风"中的作品是当时处于统治阶层边缘的士人看到社会秩序崩溃而作的作品,是政治变动给人造成了盛衰之感进而发言为诗。这个论断有力支撑了"诗缘政"的诗学思想。其实,无论《国风》出自民间还是出自统治阶层边缘的士人,都可以说明《诗经》与政事的联系。汉代儒家学者将《诗经》奉为"经",其目的也是要重建

---

① 孔颖达:《毛诗正义》,北京大学出版社1999年版,第12、251页。关于"诗缘政",还可参见黄贞权:《〈毛诗正义〉"诗缘政"的历史语境及理论内涵》,《贵州文史丛刊》2010年第1期;曹胜高:《"诗缘政"与唐宋诗学的价值重估》,《中国文学的代际》第七章第一节,商务印书馆2013年版。

② 朱东润:《国风出于民间论质疑》,见刘小枫、陈少明编:《诗学解诂》,华夏出版社2006年版,第205页。此论自宋代开始出现,因朱熹、方玉润等人的反复申说而影响甚众。至20世纪初,胡适等发起白话文运动,撰写"白话文学史"而从《诗经》"国风"开始,进一步强化了"国风出于民间"的观点。所以朱东润说:"仅谓《国风》出于民间之说为不可信,此言不特获罪于古之论师,并获罪于今之君子。"(刘小枫、陈少明编:《诗学解诂》,华东师范大学出版社2006年版,第228页)至今,各种文学史教材仍持这种观点,可见影响之深远。

"诗""政"之间的联系;所谓"美刺"者,就是将《诗经》当作"谏书",希望统治者能通过诗聆听民生疾苦的方式关注民生,实现政通人和。据《汉书·武五子传第三十三》,汉初,昌邑王刘贺无道,国中多怪异之事,郎中令遂屡次进谏,言"大王诵《诗》三百篇,人事浃(洽),王道备,王之所行中《诗》之一篇何等也"①。这些例子说明"诗缘政"的思想是有悠久传统的;反之,《诗经》所呈现的各种自然、人事、妖异等现象也会以特定的方式对诸侯王政产生影响,对统治阶层的行为方式起到规范作用。

再次是"诗言道"思想,而所谓"诗言道"即"诗言神""诗言志"。此观点首见于《孟子·公孙丑上》:"仁者荣,不仁则辱。今恶辱而居不仁,是犹恶湿而居下也。如恶之,莫如贵德而尊士,贤者在位,能者在职。国家闲暇,及是明其政刑,虽大国必畏之矣。《诗》云:'迨天之未阴雨,彻彼桑土,绸缪牖户。今此下民,或敢侮予。'孔子曰:'为此诗者,其知'道'乎!能治其国家,谁敢侮之?'"②萧华荣认为此前"《诗》以导志、以《诗》导志"的观念已经内含"诗言道"的思想③,《孟子》所记孔子言论无论是不是孔子自己所说,都说明人们(最起码孟子)已将"诗"与"道"联系在一起,认为"诗"可以言"道"(国家治理之"道")。荀子也说"诗言道",但荀子所谓"道"为"一"、为"神",从而揭示了诗、道、神之间的一体关系。荀子在论述圣人之道"出乎一"时说:"曷谓一?曰:执神而固。曷谓神?曰:尽善挟治之谓神,万物莫足以倾之之谓固。神固之谓圣人。圣人也者,道之管也,天下之道管是矣,百王之道一是矣,故《诗》《书》《礼》《乐》之道归是矣。《诗》言是其志也,《书》言是其事

---

① 《汉书·武五子传第三十三》:"初贺在国时,数有怪。尝见白犬,高三尺,无头,其颈以下似人,而冠方山冠。后见熊,左右皆莫见。又大鸟飞集宫中。王知,恶之,辄以问郎中令遂。……既即位,后王梦青蝇之矢积西阶东,可五六石,以屋版瓦覆,发视之,青蝇矢也。以问遂,遂曰:'陛下之《诗》不云乎?"营营青蝇,至于藩;恺悌君子,毋信谗言。"陛下左侧谗人众多,如是青蝇恶矣。'"见(汉)班固:《汉书》,中华书局 2005 年版,第 2089—2090 页。
② 方勇:《孟子译注》,中华书局 2015 年版,第 56—57 页。
③ 萧华荣:《中国诗学思想史》,华东师范大学出版社 1996 年版,第 12 页。

也,《礼》言是其行也,《乐》言是其和也,《春秋》言是其微也。"① 荀子的圣人之"道"出于"一","一"出于"神""固",圣人即"神固"之人,《诗经》言说这些内容就是"志"。这种观点不仅把"诗""神""道"统和在一起,而且还把"诗言志"和"诗言道"连接在了一起。只不过,这几处文献所言之"道"更多是指"圣人之道",也就是儒家学者所谓的"道"("礼"),体现出以"道"代替"志"的倾向,也与上面提到的"诗以记理"的观点取得了同构。如众多学者所看到的,"情、志一也",一旦"诗言志"被"诗言道"代替,"道"代替"志",则普遍性的"道"就取代了活生生的"情"和"志","诗"被进一步普遍化和哲学化了。这也为后来学者从"诗"中寻找形而上学性质("境")奠定了基础。

可以看到,上述先秦诗学观念存在一个"诗"与"事"逐渐疏远而与"道"逐渐接近的发展过程。"诗以记物"强调诗的知识储备功能,为主体行动提供行为法则,是人事展开的基础和标准。根据先秦"理由事出"的说理方式②,"诗以记理"某种程度上是"诗以记事"观念的转化,强调"事"对"理"的基础价值。"诗缘政"观念强调国家政事、社会变动与"诗"之间的互动性,以及诗对政治生活的影响,其本质也是"事"与"诗"之关系。而"诗言道"不仅将"诗"中的"事"加以剥离,而且剥离了"诗"中的"情","道"("理""礼")成为"诗"言说的核心。例如,子夏和孔子讨论《诗经》"巧笑倩兮,美目盼兮,素以为绚兮"时,孔子即将"礼"作为"诗"的根本,认为知"礼"是言诗的基础。③ 实际上,这几种观念是并行发展的,很难说哪种观念占主流地位,以至于人们无法对这一时期的诗学

---

① 梁启雄:《荀子简释》,中华书局1983年版,第88—89页。
② 所谓"理由事出"的言说方式,是指先秦时期人们对"理"的说理、讨论、辨析,往往结合相关的"事"加以进行,而从不空言说"理"。这样的人才可称为"圣人"。宋儒卫湜《礼记集说》:"古者谓圣人,虽缘人情制为五礼,然皆稽考前古,事循厥始,不敢创作也。或损或益,乘时之宜,然亦弗敢忘其初也。"见刘小枫:《重启古典诗学》,华夏出版社2010年版,第41页。
③ 《论语·八佾》:"子夏问曰:'巧笑倩兮,美目盼兮,素以为绚兮,何谓也?'子曰:'绘事后素。'曰:'礼后乎?'子曰:'起予者商也,始可与言诗已矣。'"见杨伯峻:《论语译注》,中华书局1980年版,第25页。

观念进行集中、统一的解释以建立体系严整的诗学思想体系。但是，并行发展的过程同时也是选择的过程：新的大一统时代的出现提出了新的问题，时代的任务和使命需要选择适合时代的观念来解决这些问题以推动社会之进步，这样，这些观念就会出现分化、凝聚、统一，进而凝结为新的观念，其他观念则消失不见，或以潜在的方式继续发展。因而可以推断，"诗言志"观念之所以广泛流行，"诗言道"等观念之所以湮没无闻，很大程度上是因为"诗缘情"观念的流行、深入人心。后来者往往以后起的带有普遍规律性的命题、概念解释前期的作品，这就造成人们用"诗缘情"来解释早期诗歌的情况，这同时覆盖了其他重要的诗学观念，进而确定了"诗者，吟咏情性者也"的命题——"情"成为诗之为诗的唯一标准，而"情"在诗中地位的确立一方面拓展了诗的情感想象空间，同时也拓展了诗的阐释空间，诗重新具备了进一步向其他方面转化的潜质，并为后来学者以"境"说"诗"做了充分准备。一旦内外因素具备，意境观自然由此诞生。

第三节　汉诗"缘事而发"的内在机制

汉代诗歌是对以《诗经》和《楚辞》为代表的早期中国诗歌的发展，体现出综合的态势：它一方面吸取了前者的优点，同时又结合新的时代而对前者进行了发展，无论是在创作上还是在观念上都形成了自己的特点。概括说来，这个特点就是它延续了以《诗经》为基础的先秦时期"事""史""诗""思"合一的诗歌致思方式，形成了汉诗"缘事而发"的创作方法和思想。这种诗歌致思方式最终催生了"诗缘情"观念的产生和意境概念的形成，然而这个问题除闻一多有零星论述外他人尚未注意到。究其实，这个传统是神话事件向诗歌领域转化的成果，是神话意象演变的路径之一，值得深入探究。

一、"缘事而发"的内在机制

"缘事而发"的提法首先见于班固所撰《汉书·艺文志》："自武帝立乐府而采歌谣，于是有代赵之讴、秦楚之风，皆感于哀乐，缘事而发，亦可以观风俗、知薄厚。"[1]汉武帝成立乐府官署，以李延年为协律都尉，既采录旧曲，亦创制新曲，"采诗夜诵"，负责皇家祭祀、娱乐等工作，且其机构庞大、人员众多。据统计，汉哀帝下诏解散乐府官署时，机构人员共有824人，罢撤人数451人，保留人数373人。[2]汉乐府官署采录的歌辞遍布全国，代、赵、秦、楚等地均十分兴盛民间俗乐，它们多是民众"感于哀乐，缘事而发"的结果。汉诗的来源主要有采录和创作两种途径，采录和创作完成后，由李延年等人配乐歌唱。我们现在所见到的汉诗多是这些作品。

所谓"缘事而发"，是指汉诗不是作者本人的凭空创作，而是作者在某些事的触发之下创作而成。"事"既可是个人之事，也可是集体国家之事。就汉诗所反映的情况看，能被作歌传唱的"事"一般是在某一个特定的社会团体中影响较大的事，并引起了民众的共鸣。其中，只有很少的作品是为一己之私情而作；诗中的"一己之情"应具有代表性和普遍性，能够引起多数人的共鸣和同情，因而有传唱的必要和可能，也才能流传开来，产生重大的影响，进而被官方采录到。这说明汉诗的根本起源在于生活现实："事"对于汉诗来说具有本体论的意义。"事"是人的生命活动的构成，是活生生的，不是僵死的，是情和理依附、展开的场所；"事"具有极强的包容性，人类的物质活动和精神追求都需要借助"事"展现出来，因而它可以引发人们的各种情感和思想。可以看到，汉代人对自己的生活和现实具有超乎寻常的敏感和热爱，在这敏感和热爱中，他们感受到生命的真诚与可贵，所以刘邦在征战过程中路经沛县而歌《大风歌》时，仍不由泪下沾襟，他似乎在这歌诗中感受到自己生命经历中别样的焦虑与痛

---

[1] 吉联抗：《春秋战国秦汉音乐史料译注》，台湾源流出版社1982年版，第194页。
[2] 吉联抗：《春秋战国秦汉音乐史料译注》，台湾源流出版社1982年版，第184页。

苦。"缘事而发"的"发"是指情感,这样才能呼应上文"皆感于哀乐"的界定。由此可以发现,在汉诗的创作过程中,存在着这样一个时间结构:"事"→"情"→"诗";反之,读者要进入诗境就需要逆之而行,形成两种时间结构:"诗"→"情"→"事",或者"诗"→"事"→"情"。

  在班固的另一处记述中,"发"还有另外的含义,因为仅有"情"还不能成为诗,诗中的"情"还含有理性评价的成分。从民间采录的诗歌需要经过慎重的选择才能配乐传唱,并非所有的"情"都可以传播,因而由"事"到"情"的过程必有其他环节以补充之。《汉书·礼乐志》:"至武帝定郊祀之礼,乃立乐府,采诗夜诵。有赵、代、秦、楚之讴。以李延年为协律都尉,多举司马相如等数十人,造为辞赋,略论律吕,以合八音之调,作《十九章》之歌。"[①]这条文献证明了汉诗"以乐从诗"的特点,后期的加工制作是关键环节。争议的焦点是"采诗夜诵"的"夜"字作何理解。聂石樵《先秦两汉文学史稿》:"'夜诵'之'夜'字,有三种解释:其一,唐颜师古认为所采诗'其言辞或秘不可宣露,故于夜中歌诵也。'其二,清钱大昭认为'夜'同'掖',乃'诵于宫掖之中'。其三,清周寿昌认为'盖夜时清静,循诵易娴',因此'置官选诗合于雅乐者,夜静诵之。'然则此三种解释皆不可取,我们试从训诂方面求之。按:'夜'从'夕','夕'亦声。'夕'者绎也,即抽绎之意。'夜'在此用为动词,意为抽绎诗中之含义。'诵',为歌诵以合律吕。"[②]颜师古等三人的解释皆牵强扭捏,不合常理,聂石樵的解释颇合符契。之所以要"抽绎诗中之含义",是因为这些采自民间的诗歌非凭空所生,皆是人们生活事件的真实记录,人们通过诗歌的方式对这些事件进行情感性评价。这些评价代表了民众集体的认识,反映了他们的需要和心声。由于年代久远或本事淹没等原因,诗中情感并非一望可知,必须揣摩品味才能把握,才能实现"观风俗,知薄厚"的目的。

---

  ① 吉联抗:《春秋战国秦汉音乐史料译注》,台湾源流出版社1982年版,第167页。
  ② 聂石樵:《先秦两汉文学史稿》,北京师范大学出版社1998年版,第211页。

这些环节既是统治阶层体察民情民意的过程，同时也是国家机构对民间诗歌的审查过程。因此，通过诗歌追溯诗歌的本事以及确认诗中"缘事而发"的"情"和"理"就变得至关重要。对于统治者来说，对诗歌中"理"的准确把握比对"情"的欣赏更加重要。

于是，汉诗"缘事而发"的创作机制与"采诗夜诵"的加工机制相互构成，形成自己独特的思想传统和学理机制："理""情""事"通过"诗"而统一起来，前述三种结构由此变得更加丰富："事"→"情"和"理"→"诗"，"诗"→"情"和"理"→"事"，或"诗"→"事"→"情"和"理"。这三种结构是理解汉诗的关键。可以看出，"事"既是"情"和"理"的载体，又是"情"和"理"的起源，"情"和"理"也让"事"获得"意义"，是一种"生命之存在"，由此"事"成为"诗"的真正本体；"理""事""情"相互构成，统一于"诗"。按照这一思路，我们可将汉诗所依循和开创的传统称为"诗缘事"传统。

汉诗"感于哀乐，缘事而发"的创作机制，既强调"事"对"诗"的基础性作用，同时也强调"情"对"诗"的本体性价值。"事"在"诗"完成后即退居幕后，读者首先面对的是"诗"本身，他需要进入诗境领悟诗中独特的"情"。读者如能知晓"诗"后之"事"则有利于他领略其中的"情"；如不能知晓，"诗"中之"情"也已获得独立的存在价值，同样可以感染读者。只不过，这种进入诗歌境界的过程就从"事"→"情"或"理"→"诗"的顺序转变为"言"→"情"或"理"→"诗"。陈胤倩评《鸡鸣》曰："当时必有为而作，其事不传，无录可知，但觉淋漓古雅。古雅，辞也；淋漓，情也。彼自有情，即事不传而情未尝不传。'鸡鸣'二句，太平景象如观；'黄金'以下，繁华之状写得曲象；'桃生'以下，比兴之旨，曲折人情。"[①] 作者虽有否定汉诗本身的重要性以强调"情"在诗中的独立性倾向，但在这里可以发现两种接受过程的差异：前者即事达心，

---

① 黄节：《汉魏乐府风笺》，中华书局2008年版，第21页。

很容易进入诗境;后者需通过对言辞用语的玩味来再度重建诗境,但它所依循的本事却无由知晓,因而对诗境的体悟变得曲折、外在。因此,无论是创作还是接受,"事"的重要性都不言而喻。

汉诗"缘事而发"的特征影响了汉诗的记录方式和读者的阅读方式。与唐宋诗的单纯记录诗作本身不同,人们在记述汉诗时一般要将与本诗相关的本事一同记述,有些曲调歌辞的创作背景也被记述下来。虽然有些诗作的本事已湮没无闻,但记录者仍力求对之钩沉辑录,以恢复诗作创作时的具体情境。在这种情况下,知晓本事,就成了读者理解汉诗的基础性条件。需要指出,汉诗"缘事而发"的特点与其叙事特点之间不具有因果联系,虽然"缘事而发"为叙事提供了更多可能性。反映在汉诗研究方面,人们往往以汉诗中有一些叙事诗而赞扬其叙事性特点。游国恩等人的《中国文学史》这样概括汉诗(他用的是"汉乐府民歌"):"汉乐府民歌最大的、最基本的艺术特点是它的叙事性。这一特殊性是由它的'缘事而发'的内容所决定的。"[1]这个观点的逻辑矛盾是明显的,因为同样"缘事而发"的汉诗不具备这种叙事性特点的作品在汉诗中占绝对多数。中国古人所说的"叙""事"或"叙事",带有更多的礼仪化色彩。西方所谓"叙事",与《周礼·春官》、刘克庄《后村诗话》前集卷一、许学夷《诗源辨体》卷三所使用的讨论乐府诗的"叙事"概念并不是一回事,因而用之解释中国文学传统会出现许多不适应的情况。"叙"在《说文》中与"序"同,为"次第"之义,转移到文学领域后则带有"呈现""表达"之义。王世贞《艺苑卮言》卷二:"《孔雀东南飞》,质而不俚,乱而能整,叙事如画,叙情如诉,长篇之圣也。"[2]"叙事"和"叙情"并列,即为记述、呈现和表达的意思,与西方强调虚构性、情节性的"叙事"差距很大。汉诗中虽有不少叙事诗或叙事成分,但其重点并不在所"叙"之"事",而在所"发"之

---

[1] 游国恩:《中国文学史》,人民文学出版社1983年版,第165页。
[2] (清)王世贞:《艺苑卮言》,见(清)丁福保辑:《历代诗话续编》,中华书局1980年版,第980页。

"情"。袁行霈《中国文学概论》:"'缘事而发'常被解释为叙事性,这并不确切。'缘事而发'是指有感于现实生活中的某些事情发为吟咏,是为情造文。'事'是触发诗情的契机,诗里可以把这事叙述出来,也可以不把这事叙述出来。'缘事'和'叙事'并不是一回事。"①这个区分同时暗含着一个重大问题,即"诗缘事""诗缘情"和"诗言志"三者之间的复杂关系。这是后文要讨论的问题。

汉诗"感于哀乐,缘事而发"的观念蕴含两种诗歌生成观:"事"→"情"→"诗"和"事"→"志(礼或理)"→"诗"。前者接近"诗缘情",后者接近"诗言志"。就汉诗的整体情况看,它更偏向于前者,带有以情抗礼的特点,也为后来"诗缘情"观点的提出奠定了基础。在整个汉代,除了极少延续《诗经》"颂"的传统的作品外,大多数诗作都含有浓烈的抒情意味,其质朴、真实、深切、哀伤的情感氛围至今仍让人慨叹不已。汉诗"缘事而发"的特征含有自己的情感向度,"感于哀乐"成为诗歌生成的关键环节。根据"缘事而发"的内在机制可以看到,相比于"事","情"与"诗"的距离更近一些。同时,也并不是所有的"事"都可以成为"诗",只有那些能够唤醒主体内心潜藏的情感的"事"才能起到"缘事而发"的作用。因此,汉诗"缘事而发"一方面肯定"事"对"诗"的本原价值;另一方面也肯定"情"对"诗"的重要性。

这种情感生成向度说明:"事"内涵着"情","情"依附于"事","事""情"之间的转换、互动形成"诗",其中介是主体的身心感受:主体的行动构成"事",主体"缘事而发"生成"情",然后通过语言的方式将之创作成"诗"。郑毓瑜通过对屈原《九章》"抽思""悲回风"的分析,发现在《楚辞》中存在一种"较早的抒情说":"首先,没有任何心情表达是完全内在的,屈原的忧愁总是伴随唏嘘涕泣、永夜不寐的身体动作展现出来;其次,忧愁也不完全展现在个体上,长夜漫漫、秋风动容,这是与身

---

① 袁行霈:《中国文学概论》,高等教育出版社1990年版,第116页。

体交缠共作的处境;第三,所谓'忧''愁''苦'这些后世视为心情写照的字眼,因此需要从身体处境的角度重新阐释。换言之,这些心情字眼并不抽象,是由人身'体现'出来的可见可感的空间性气氛。"① 这种细密的分析明显呈现出"事""身""心"之间的复杂结构,昭示出主体行动与情感抒发通过诗而再度凝结、呈现的过程。如果将主体从"我"转换为"物",则"事"的范围亦可扩大,万物的兴衰荣枯则是"物"之"事",同样可成为诗歌"缘事而发"的诱因或对象。叶燮《原诗》:"草木气断而立萎,理、事、情俱随之而尽,固也。虽然,气断则气无也,而理、事、情依然在也。草木气断则立萎,理也;萎则成枯木,事也;枯木岂无形状?向背、高低、上下,则其情也。由是言之,气有时而或离,理、事、情无之而不在。"② 叶燮以气统领万物,将万物的存在形态和变化过程概括为"理""事""情"三者的统一。这种思想视野更开阔,虽然其具体含义与汉诗"缘事而发"传统有不同之处,但仍可对照来看。

汉诗"缘事而发"的观念赋予诗以无限的生命力,"诗"的境界随着"事"的变化而不断变化,进而获得自己的生命。"事"是"诗"的源头活水,经过"诗"提炼、加工后的"事"也与那些散漫、琐屑的"事"区别开来,而成为"诗中的事",具有诗的质量;"事"是"诗"的基础,"诗"是"事"的升华。即便是像王国维所说的李煜、纳兰性德这样的"主观诗人",虽生活经验不多,但也不能否认生活事件对其诗作的基础性价值。那些少而刻骨铭心的事件,以及在这些事件经历中产生的独特情感,成就了他们的精致诗作。朱光潜说:"诗的境界是理想境界,是从时间与空间中执着一微点而加以永恒化与普遍化。"③ 诗必须从生活中产生("时间和空间"),又对这生活和人生进行剪裁和选择("执着一微点"),然后才能形成永恒新

---

① 郑毓瑜:《从病体到个体 ——"体气"与早期抒情传统》,见《中国抒情传统的再发现》,台大出版中心 2008 年版,第 78 页。
② (清)叶燮:《原诗》,见(清)丁福保辑:《清诗话》,台湾明伦出版社 1971 年版,第 576 页。
③ 朱光潜:《诗论》,见《朱光潜全集》第 3 卷,安徽教育出版社 1987 年版,第 50 页。

鲜的诗境("永恒化与普遍化")。总之,汉诗"缘事而发"的创作和抒情传统并非孤例,它实际上存在于中国古典诗歌的整个历史当中。

二、"诗缘事"的历史与传统

在中国古典诗歌史上,"诗言志"和"诗缘情"是相互对立又相互补充的两大诗学传统,后世诗论无论怎么发展,都无法跳出此范围。但事实并非如此。如前所述,在这两个传统之间还存在"诗缘事"的传统。只不过,这个传统由于各种原因被遮蔽罢了。无论是"诗言志"还是"诗缘情",都未在本体论层面解决诗歌的起源和本质问题:"诗"所言之"志"外在于诗,是社会习俗、制度、礼仪所赋予的,并不内在于诗,因而在这条路上,诗很容易沦为说教的工具;"诗"所缘之"情"是主体内心所固有,是外在人事与自然相互磨荡、触发而产生,因而相比于"志"来说更贴近诗的本体,但"情"不能凭空产生,它需要在个体的生活经验中酝酿而成。刘勰《文心雕龙·明诗》所谓"人禀七情,应物斯感;感物吟志,莫非自然"[①],似乎解释了"情"产生的缘由,但并不准确。根据上下文看,他所谓的"自然""物"即通常所说的自然物象。秋叶悲风、春华秋实可以感发主体的情感,但主体的情感却并非从它们当中产生,并非每个人面对相同的自然景象都能产生同样的情感。主体的情感是主体生活经验的结晶,它一经形成就沉淀在主体的生命之中,在因缘际会之时迸发出来而成为诗。所谓"日久生情","日"就是指生活经验,是彼此共同经历的事件,有了这些东西,"情"才能逐渐产生。因此,"诗缘情"可以往前推进一步而达到"诗缘事"。

可以明确,"诗""事"结合是汉诗基本的创作方式和存在样式。郭茂倩《乐府诗集》收录148首汉诗,有65首诗记载了本事,说明他已注意到汉诗的这一特点。其他虽未记载,但不代表没有本事。逯钦立《先秦汉魏晋南北朝诗》辑录汉诗12卷,是研究汉诗弥足珍贵的资料。[②] 在编撰方式

---

① 范文澜:《文心雕龙注》,人民文学出版社1958年版,第65页。
② 逯钦立:《先秦汉魏晋南北朝诗》,中华书局1983年版,第87—344页。

上，作者先引述作者数据，后标诗名，再引文献注明此诗缘由、事件，然后再著录正文并随文注释，体现出汉诗"诗""事"合一的特点。这种编订顺序暗合了上文总结的汉诗的"事"→"情"和"理"→"诗"的基本结构。其实，若将逯著合看，可以发现，这种结构几乎贯穿了整部著作。这似可说明，汉诗"缘事而发"的特点并非孤立，它成为早期中国诗歌创作、传播的基本模式，因而称其为"传统"应是合适的。

进入唐代，诗歌创作的专门化和专业化水平提高，随机作诗的情况有所增多，但"缘事而发"的情况仍普遍存在。"诗""事"融合的现实情况促成了诗话的诞生。成于唐光启二年（886）年的孟棨《本事诗》，以事记诗、以诗证事，用丰富的例证证明了这个传统的存在。书中所记"人面桃花""破镜重圆"和"灵隐续诗"等轶事，颇具人文情趣和诗歌意境，是诗歌与纪事完美结合的好例子。孟棨提出的"触事兴咏，尤所钟情"[①]的观点与汉诗"缘事而发"传统是一致的：两者均立足于个体的人生际遇和情感体验，情因事起，辞以情发。孟棨之后，晚唐处士范摅所撰、成书于唐僖宗年间的《云溪友议》，也延续了《本事诗》的写作方式，是这种传统的延续。南宋计有功的《唐诗纪事》进一步凸显了"诗""事"之间的一致性关联。明代学者孔天胤在《重刻唐诗纪事序》中明确而深刻地论述了"诗""事"之间的同一性关系，以及"事"对"诗"的基础性价值。[②]孔天胤明确提出了诗、事、情、辞等四者之间的密切联系，提出了"在事为诗""得事则可以识情，得情则可以达辞"，唐诗"皆情感事而发抒""情事合一"等观点。这些观点是对中国诗歌创作"缘事而发"传统的接续和总结。厉鹗《宋诗纪事》、邓之诚《清诗纪事初编》、钱仲联《清诗纪事》、钱钟书《宋诗纪事补正》等，都是这个传统的产物。

春秋时期人们"借诗言事""以事明诗"的诗歌使用方式，说明

[①] （唐）孟棨：《本事诗序》，见《唐五代笔记小说大观》，上海古籍出版社1999年版，第1237页。
[②] 孔天胤：《重刻唐诗纪事序》，《唐诗纪事》"序二"，上海古籍出版社2008年版，第2页。

"诗""事"合一在此时就已普遍存在。在《左传》《论语》等著作中,"诗言志"的例子经常出现。此后,《墨子》《孟子》等也都承续了这个传统,《韩诗外传》则是典型的例子。《韩诗外传》为西汉学者韩婴所撰,其体例与《说苑》《列女传》等相似,都是先讲一个故事,然后引《诗经》为证,实现了"诗"与"事"的统一。清代学者陈乔枞《韩诗遗说考序》论述《韩诗外传》:"今观《外传》之文,记夫子之绪论与春秋杂说,或引《诗》以证事,或引事以明《诗》,使'为法者章显,为戒者著明'。虽非专于解经之作,要其触类引申,断章取义,皆有合于圣门商赐言《诗》之义也。"[1]《韩诗外传》"引《诗》以证事""引事以明《诗》"写作方式背后的思想基础就是"诗""事"合一。

从创作角度看,见载于《周礼》等书的"孔子赋诗"的材料,也说明"缘事而发"的创作方式在当时是普遍的。这些诗作都是因事而作,同时排遣郁结心中的情感。孔子六艺皆通,他在周游列国的过程中常感事而发,创作了不少诗篇,同时他还配乐歌之,是典型的"感于哀乐,缘事而发"的创作。这些作品虽属琴曲,在当时也可归入诗歌的范围。在蔡邕集录的《琴操》中,《将归操》《陬操》《猗兰操》《龟山操》四篇为孔子作,每篇皆"缘事而发"。如《将归操》:"《将归操》,孔子之所作也。赵简子循执玉帛以聘孔子,孔子将往。未至,渡狄水,闻赵杀其贤大夫窦鸣犊。喟然而叹之,曰:'夫赵之所以治者,鸣犊之力也。杀鸣犊而聘余,何丘之往也?夫燔林而田,则麒麟不至;覆巢破卵,则凤皇不翔。鸟兽尚恶伤类,而况君子哉!'于是援琴而鼓之。曰:'狄之水兮风扬波,船楫颠倒更相加,归来归来胡为斯'。"[2]后孔子又因此事作《陬操》,自卫返鲁、隐居山谷因"贤者不逢时"作《猗兰操》,因"鲁君闭门不听朝"作《龟山操》。这些作品都是"缘事而发"的结果。不仅孔子诸作如此,文王被拘而作《拘幽操》、周公得白雉而作《越裳操》、独沐子无妻而作《雉朝飞操》,牧子无子而作

---

[1] 陈乔枞:《韩诗遗说考序》,上海古籍出版社影印《续修四库全书》经部76册,第494页。
[2] 逯钦立:《先秦汉魏晋南北朝诗》,中华书局1983年版,第299—300页。

《别鹤操》,等等,无不是"缘事而发"的结果。因此,汉诗"缘事而发"的创作方式非为独创,实是恢复了这个被"诗言志"遮蔽的古老传统。

我们还可以从社会形态与艺术创作之间关系的角度考察"诗"与"事"在起源上的一致性。陈世骧说:"任何文类的萌芽和开花都有赖于它当时民生形态的荣养,也要看此一文类和该社会之间有无密切共存的可能性,此一文类必须要满足当时社会想象力的要求。"[①] 原始先民几乎所有艺术都是模仿性的:在特定思维的基础上,通过模仿他们生活所见的事与物来实现解释世界、理解世界并掌握世界的目的。他们所模仿的是已经发生或将要发生的"事":神话、诗歌、舞蹈、巫术、岩画等,都在呈现这些事件。相对于虚幻性的"情"或"志",对于他们来说,事件本身才最具有力量,"杀死野牛"这一事件本身就是意义,构成事件的人与物,以及人与物在事件中的状态,都明白无误地呈现在那里,无需论证,不要感悟,人们就可通过事件直接把握。这似乎可以解释最早的诗歌为何一般是叙事诗的缘故。在"断竹,续竹,飞土,逐肉"[②] 这样简洁有力的叙事中,作者无需通过音乐的辅助或添加"兮""噫"之类的字词以延续、渲染情感,这些都是晚起的技巧。对于原始先民来说,事件本身才是最真实的,也是最神圣的,而真实的力量是无限的。就个体来说,主体对自我生命的认识与反思也应先从对自我生命历程中的事件的反思开始。在这些事件中,我们的生命经验一一呈现,"我才是我",或者"我成为我",我们的思想、情感、追求获得了存在;我们也需要用歌、用乐、用舞、用诗等将之保留下来。因此,无论集体还是个体,事件的意义都是本原性的,"诗"必须"缘事而发"。

实际上,汉诗"缘事而发"的关节点在"发"的过程,"事"只有通过这个环节才能转变为"诗",因而"发"是一个观察、发现、感触、抽绎、反思的过程,"发"既是"情"也是"思"。经过这个过程,"事""思"

---

① 陈世骧:《原兴:兼论中国文学的特质》,见《中国抒情传统的再发现》,台大出版中心2008年版,第37页。

② 逯钦立:《先秦汉魏晋南北朝诗》,中华书局1983年版,第1页。

和"史"才能统一于"诗"。这个过程类似于圣人伏羲"观物取象"作八卦的过程。《易传·系辞下》:"仰则观象于天,俯则观法于地,观鸟兽之文,与地之宜,近取诸身,远取诸物,于是始作八卦,以通神明之德,以类万物之情。"[1]天地万物以"象"的方式呈现自身及其法则("事"),伏羲对此"仰观俯察"("发")而作八卦("诗"),这是事件、行动和沉思三位一体的结构,"这是带来另一种形式的洞见,这洞见深入了行动与礼仪法典之间相互构成的关系"[2]。因此,不仅"诗"有"缘事而发"的传统,有着悠久历史的史学和经学传统也是"缘事而发"的结果,它们构成了"缘事而发"的一体两面。"事"在《说文》中有两"史""职"二义,其重点在"行动""职责"。所以王国维认为"事"与"史"本为一字,"古之官名,多由史出。……古之六卿,《书·甘誓》谓之六事。司徒、司马、司空,《诗·小雅》谓之三事"[3]。在此基础上,"诗""事""史"获得了一致性。

与此相关,在经、史领域,人们经常讨论"本事"对历史书写和经义理解的重要性。所谓"闻其末而达其事者,圣也"[4],是说那些能够通过对具体细节的思考而领悟、通达其本质的人就是"圣人","事"具有本原性和本质性。桓谭《新语·正语》评述"春秋三传":"《左氏传》遭战火寝毁。后百余年,鲁人谷梁赤为《春秋》,残略,多所遗失。又有齐人公羊高,缘

---

[1] 张文智等:《周易集解》,巴蜀书社2004年版,第235页。
[2] 〔德〕卫德明(Hellmut Wilhelm):《〈易经〉中的天、地、人》(Heaven, Earth, and Man in the Book of Change),引自郑毓瑜:《引譬连类》,台湾联经出版事业股份有限公司2012年版,第53页。
[3] 王国维:《释史》,《观堂集林》,中华书局1959年版,第269—270页。
[4] (汉)韩婴:《韩诗外传》卷五第七章。又作"闻其末而达其本"。原文:"孔子学琴于师襄子而不进,师襄子曰:'夫子可以进矣。'孔子曰:'丘已得其曲矣,未得其数也。'有间,曰:'夫子可以进矣。'曰:'丘已得其数矣,未得其意也。'有间,复曰:'夫子可以进矣。'曰:'丘已得其意矣,未得其人也。'有间,复曰:'夫子可以进矣。'曰:'丘已得其人矣,未得其类也。'有间,曰:'邈然远望,洋洋乎,翼翼乎,必作此乐也!黯然而黑,几然而长,以土上卜,以朝诸侯omething,其惟文王乎?'师襄子避席再拜曰:'善!师以为文王之操也。'故孔子知持文王之声知文王之为人。师襄子曰:'敢问何以知文王之操也?'孔子曰:'然。夫仁者好韦,和者好粉,智者好弹,有殷勤之意者好丽。丘以是知文王之操也。'传曰:'闻其末而达其事者,圣也。'"见许维遹:《韩诗外传集释》,中华书局1980年版,第175—176页。

经文作传，弥离其本事矣。《左氏传》与经，犹衣之表里，相待而成。经而无传，使圣人闭门思之，十年不能知也。"①桓谭此论强调了"本事"对于解经的重要性：即使是圣人如不知"本事"（"经而无传"）也很难明白"经"的意义何在。这实际是强调"事"对"礼（理）"的重要性，也说明"礼（理）"对"事"的依附。班固《汉书·艺文志》也表达了这个意思："丘明恐弟子各安其意，以失其真，故论本事而作传，明夫子不以空言说经也。"②对于中国早期诗歌（包括汉诗）来说，这种情况同样存在：这些作品多为"缘事而作"，如果不明白背后的"本事"，读者同样不能知晓"诗意"。也正因此，"以事解诗"传统在中国诗歌发展过程中一直未断，上举《本事诗》《唐诗纪事》等著作都是这个传统的产物。在诗学领域，"本事批评"同样占据重要位置。在乐府传统中，后人在编订诗集时，一般均对早期流传下来的作品或篇名、曲调等进行本事解说。③如果没有这些本事解说，"诗意"虽不能像桓谭所说那样"十年不能知也"，但知晓本事对于领悟真正的诗意显然十分重要。例如，如果我们不知道杜牧在湖州"得垂髫者十余岁"的经历，我们也很难知道《怅诗》中"绿叶成荫子满枝"的感慨所"怅"为何。④这是孟棨收集各种资料创作《本事诗》的原因所在。他用"触事兴咏"概括这种"诗缘事"的传统，是很有见地的。

对于汉诗来说，"缘事而发"传统解决了诗的起源和本体问题，是一个独特、独立的诗学传统。叶燮《原诗》对这个传统做过精辟的总结和阐述，他直接将"事"作为诗歌的起源和本体："原夫作诗者之肇端，而有事乎此也，必先有触以兴起其意，而后措辞、属为句、敷之而成章。"⑤叶燮强调"事"对主体的感发作用（"触"），及其对诗歌创作的基础性作用。他还举上古诗歌为例，认为原始先民在最开始时对一饭一食、一砖一瓦的制作都

---

① （汉）桓谭：《新论》，上海人民出版社1977年版，第36—37页。
② （汉）班固：《汉书》，台湾史学出版社1974年版，第1715页。
③ 向回：《乐府诗本事研究》，首都师范大学文学院2008年博士学位论文。
④ （宋）计有功：《唐诗纪事》，上海古籍出版社2008年版，第849页。
⑤ （清）叶燮：《原诗》，见（清）丁福保辑：《清诗话》，上海古籍出版社1978年版，第567页。

感到惊喜,因而可以发而为诗,后人的诗歌创作不过是对这些作品的铺陈、敷衍;只不过年代久远,后来作品越发繁复、发达,反而忘记了诗最开始时"缘事而发"的简朴形态。在随后的论述中,叶燮将"理""事""情"概括为宇宙运行和万物存在的基本模式:"曰理、曰事、曰情三语,大而乾坤以之定位,日月以之运行,以至一草一木、一飞一走,三者缺一则不成文。"①而且,最早的、最根本的诗实际上都是对这种结构的模仿。在此基础上,叶燮又论述了诗歌意象中的"理""事""情"的特殊性:"幽渺以为理,想象以为事,惝恍以为情,方为理至事至情至之语。"②叶燮的理论是对"诗缘事"传统的系统总结,将"诗缘事"与中国古代的气化哲学结合在一起,上升到宇宙本体的层面,解决了诗之所以为诗的根本问题。

三、"诗缘事"与"诗缘情""诗言志"

按照朱自清的分析,"诗言志"观点的提出,在某种程度上是诗乐分离的结果,背后是先秦礼乐思想的崩溃,以及与此相伴的社会结构和阶层的变化。此前,国家主要通过音乐的方式施行教化,即乐教传统;刘勰用"乐本心术……能情感七始,化动八风"③概括之,强调音乐对人心的教化作用。但是,自东周开始,各地诸侯肆意妄为,这些举动瓦解了乐教传统维系社会秩序的功能。在这种情况下,"诗"必然要与"乐"决裂,同时也需重新寻找合适的方式实现其功能,"志"由此成为它的选择对象,"诗言志"随之被提出。

众多文献表明,"志"的内涵极为丰富,既可指情感,也可指义理,同样也可包含礼仪的内容;但在《诗大序》将"性情"纳入"志"的范围之前,"志"的含义是固定而明确的,而且"性情"含义处于绝对从属的地位。有些学者力图从《礼记》的"六志"谓之"六情"、孔颖达《毛诗正

---

① (清)叶燮:《原诗》,见(清)丁福保辑:《清诗话》,上海古籍出版社1978年版,第576页。
② (清)叶燮:《原诗》,见(清)丁福保辑:《清诗话》,上海古籍出版社1978年版,第587页。
③ 范文澜:《文心雕龙注》,人民文学出版社1958年版,第101页。

义》"情、志一也"的角度以"情"统摄"志",并将之纳入预先设定的所谓"抒情传统"之中①,实际上却忽略了"志"的本源含义:"志"的核心含义在于"止"。闻一多《歌与诗》:"志……从'止'下'一',象人足停止在地上,所以'止'本训停止。……'至'从止从'心',本义是停止在心上,停在心上亦可说是藏在心里。"② 因此,"志"本义的着重点在"停止":将包括情感在内的心理内容"停止"在心里,而不能随心所欲、不加节制地宣泄出来——这样的宣泄会对稳定、和谐的社会规范和伦理秩序造成巨大冲击。由此反观孔子所说"乐而不淫,哀而不伤",可以看出其中所蕴含的节制情感的思想:无论是喜悦还是哀伤都不能过度宣泄,而应该将之藏在自己的内心深处,"停在心上"。

因之,"作诗止心"自然成为"诗言志"的意旨所在,以节制主体流溢的情感。"作诗止心"的观念见载于《左传·昭公十二年》:"昔穆王欲肆其心,周行天下,将皆必有车辙马迹焉。祭公谋父作《祈招》之诗以止王心。王是以获没于祇宫。……其《诗》曰:'祈招之愔愔,式昭德音。思我王度,式如玉,式如金。形民之力,而无醉饱之心。'"③ 在诗中,作者以金玉比穆王的高尚品德,劝他保全自己的百姓,而不要有"醉饱之心"。周穆王读到此诗后反思了自己,终止了"周行天下"的计划,最终在自己的离宫中寿终正寝,有了好归宿,体现出"诗以止心"的作用:诗以其所蕴含的贞正之义理节制主体内心狂放不羁的情感,从而实现主体身心的和谐;对于统治者来说,做到这一点还可以实现河海清宴、国泰民安。在这则故事的结尾,作者说道:"仲尼曰:'古也有志:克己复礼,仁也。'信善哉!楚灵王若能如是,岂其辱于乾溪?"④ 楚灵王有"乾溪之辱",是因为楚灵王

---

① 陈世骧:《原兴:兼论中国文学特质》,见《中国抒情传统的再发现》,台大出版中心2008年版,第30页。
② 闻一多:《神话与诗》,华东师范大学出版社1997年版,第185页。
③ 杨伯峻:《春秋左传注》,中华书局1981年版,第1341页。
④ 杨伯峻:《春秋左传注》,中华书局1981年版,第1341页。

作为当时的霸主意欲挟持周天子以王天下,群臣以为不可,大臣子革却极力恭维,以满足楚灵王好大喜功之心。楚灵王在乾溪听到谋父之诗后,闷闷不乐、茶饭不思,虽有所悔悟,但仍不能克服自己纵情声色的生活习惯,结果第二年其弟暴动,楚灵王在荒野自杀而死。这件事与周穆王事一正一反,证明"以诗止心"对自我与国家的重要性。孔子所谓"古也有志"的"志"在此显示出它的本义:"克己复礼",以"礼"节制自我情感,从而实现身心与行动的和谐一致。因此,"诗言志"的传统是以"志"代"乐",其目的在于以"礼"维持自我身心和社会的伦理规范。

可以看出,"诗言志"传统与"诗缘事"传统存在着某种扺触;或者说,"诗缘事"是要修复"诗言志"所忽略、过滤掉的某些东西,突显那些"止于心上"的、被"礼(理)"节制的"情"——两汉四百年间雅乐衰而民乐兴,就是这种情况的反映。因而,我们读汉诗很自然地感受到其中涌荡着的各种情感。这种情感更多表现为对生命和生活不能把握的哀伤情绪,以及在此基础上衍生的乐享当下、羽化登仙的享乐情绪,明显体现出诗由"言志"向"叙事"再向"抒情"转化的痕迹。在这个层面上,"诗缘事"成为"诗言志"和"诗缘情"之间的过渡形态,它既改变了诗歌的创作方式和表现内容,也催生了"诗缘情"观念的诞生。"诗缘事"向"诗缘情"的过渡和发展,同样在诗歌语言的变化上体现出来。刘熙载《艺概》卷二《诗概》:"五言上二字下三字,足当四言两句,如'终日不成章'之于'终日七襄,不成报章'是也。七言上四字下三字,足当五言两句,如'明月皎皎照我床'之于'明月何皎皎,照我罗床帷'是也。是则五言乃四言之约,七言乃五言之约。"[①]据刘熙载的分析,四言诗向五言诗、五言诗向七言诗的发展,实际上是诗歌形式日益简化的过程。可以看到,这种简化有利于压缩诗的叙事成分,更有利于情感的表达。这也从一个侧面说明"诗缘事"向"诗缘情"转化乃诗歌本身发展的一种必然趋势。因此,由

---

① 袁津琥校注:《艺概注稿》,中华书局2009年版,第340页。

"诗缘事"向"诗缘情"转化的过程实现得并不轻松,经过几代人小心而持久的努力才告完成。"诗言志"传统的强大力量束缚了人们的思维,没有人能够随意用"情"来取代"志"。"诗言志"传统在春秋时转为这样四种形式:"献诗陈志""赋诗言志""教诗明志"和"作诗言志"。① 无论哪种"志"都指向集体共识,而不是个体的意志或情感;虽然"赋诗言志"某种程度上可以表达赋诗者独特的思想和认识,但仍以集体共识为基础。因此,当时的"诗意"是社会共同体共同明确和遵守的礼仪准则的代表,因而才能做到"献诗"可以"陈志","赋诗"可以"言志","教诗"可以"明志","作诗"可以"言志",同时也才能起到"事君""事父"积累知识的作用,"以意逆志"只有在这个层面上也才可能实现。因而"诗缘情"在当时没有可供存在的空间,虽然诗可以表现情感。

朱自清认为从"诗言志"到"诗缘情"是"诗言志"经过两次引申而实现的,即"诗缘情"内涵于"诗言志",毕竟,"情"对诗的本体性价值是客观存在的。第一次引申出现在诗乐分离的时刻,因为"诗乐不分家的时代只着重听歌的人;只有诗,无诗人,也无'诗缘情'的意念","诗乐分家以后,教诗明志,诗以读为主,以义为用;论诗的才渐渐意识到作诗人的存在。他们虽不愿承认'诗缘情'的本身价值,却已发现了诗的这种作用,并且以为'王者'可由这种'缘情'的诗'观风俗,知得失,自考正'。那么,'缘情'作诗与'陈志'献诗就殊途同归了"。② "诗言志"的第二次引申是"赋"和"楚辞"的创作。因为周礼崩溃,"诗言志"传统随之出现了松动,同时诗人的地位逐渐突显,"诗"表现自我情感的功能进一步加强。《汉书·艺文志》:"春秋之后,周道浸坏。聘问歌咏不行于列国,学诗之士逸在布衣,而贤人失志之赋作矣。大儒孙卿及楚臣屈原,离谗忧

---

① 朱自清:《诗言志辨》,见《朱自清古典文学论集》,台湾源流出版社1982年版,第183—234页。
② 朱自清:《诗言志辨》,见《朱自清古典文学论集》,台湾源流出版社1982年版,第216页。

国，皆作赋以讽，咸有恻隐古诗之义。"[1]这时，"诗"既有古义又包含情感，以前狭义的"志"显然不能适应此时的创作需要，因而"不得不再加引申了"[2]，结果是《毛诗序》在论述中用"情动于中而形于言""吟咏性情"之类模糊的表述来讨论诗，"情"逐渐获得了在"诗意"中的存在地位。到东汉末和魏晋时期，诗歌在创作上渐趋成熟，"诗缘情"的观念自然提出。但"言志"传统事关重大，诗论家一般不敢抛弃之而仅言"缘情"，并力图调和两者的矛盾，这一点在刘勰《文心雕龙·明诗》中已很明显。

朱自清的分析准确、细致，但有两点需要补正：其一，在"诗言志"向"诗缘情"发展的过程中，除了诗歌创作主体地位提升的因素外，汉代天人关系思想的发展影响了人们对自然物象的认识，此前被《月令》《夏小正》归纳出的典型物候现象与人事活动之间的多种关系，在屈原等人的创作中逐渐被审美化，"感物动情"思想逐渐形成，开拓了"诗缘情"中"物"的路向；其二，虽然诗人的地位得以变化，但诗人的创作往往是针对自我生命中或社会上有代表性的事件而发，由此形成汉诗"缘事而发"的创作传统，突出了"事"对情感生成和诗歌创作的重要性，开拓了"诗缘情"中"事"的路向。这一点两汉学者多有讨论，如韩婴《韩诗·伐木》"《伐木》废，朋友之道缺。劳者歌其事，诗人伐木，自苦其事"[3]，指出了"事""诗""情"之间的统一性关系。这些言论都在强调感事而发对诗歌创作的重要性。他们的立论基础仍根源于"事"本身的包容性和可延展性："情"和"志"都需要依附于"事"而存在，而且被写入诗歌的"事"在情感的基础上同时具有较强的再生能力，具有代表性和典型性，可以完整呈现诗人所感之事。因此，"感物动情"和"缘事而发"共同为"诗缘情"观念的形成奠定了基础。

如前所述，汉诗"缘事而发"的特征是汉代学者对此前和当时诗歌创作实践的总结，与当时哲学家对"事"与"道""史"之关系的理解一致：

---

[1] 班固：《汉书》，台湾史学出版社1974年版，第1756页。
[2] 朱自清：《诗言志辨》，见《朱自清古典文学论集》，台湾源流出版社1982年版，第220页。
[3] 王先谦：《诗三家义集疏》，岳麓书社2011年版，第593页。

在他们眼中，单一的"事"固然失之浅薄，但宇宙万物之"道"却从中产生，与之同步、同息，"事"与"道""德"之间构成体用合一之关系。刘安《淮南子·要略》：

> 观天地之象，通古今之事。权事而立制，度形而施宜。原道之心，合三王之风，以储与扈冶。玄眇之中，精摇靡览，弃其畛挈，斟其淑静，以统天下、理万物；应变化，通殊类；非循一迹之路，守一隅之旨，拘系牵连之物，而不与世推移也。①

这种思想发展了前述《周易》所记伏羲"俯仰观察"而作八卦的思想并将之扩展、推演到人事制度的设立。在作者看来，自然物象和人事的变化演进之所以成为统治者设定政治文化制度的基础，是因为二者均处于永恒流动的过程中；对这种变化进行观察、学习并施行到具体的治理活动，做到"与世推移"，则可打破事物之间的界限和某些学说的固陋、偏见，实现政治和文化的不断更新、发展。可以看到，"事"的流转变动不仅成为文化制度创立之基石，同时还与天地变化同步，成为"道"的体现者。所以，作者又说："言道而不言事，则无以兴浮沉；言事而不言道，则无以与化游息。"②"言帝道而不言君事，则不知小大之衰；言君事而不为称喻，则不知动静之宜"③。因而"事"的兴衰变化可以成为"道"不断变化的体现者，"道"的流溢充实则成为"事"与天地大化同步变化的基础。"事"与"道"之间由此转换为"体""用"与"道""器"之间的合体关系，包括诗在内的人间一切文化制度的创立、制作都成为"缘事而发"的结果。

同此，当时所谓"抒情"之"情"非仅指个体情感，同时还包含与主体情感相伴而生的认知与沉思，所以屈原、司马迁等人"发愤抒情"之作

---

① 何宁：《淮南子集释》，中华书局1998年版，第1462页。
② 何宁：《淮南子集释》，中华书局1998年版，第1439页。
③ 何宁：《淮南子集释》，中华书局1998年版，第1454页。

才具有历史的深度和批判性价值,以及较强的感染力,"情"更多是指抒情主体对当时历史事件的"情势""情形""情态""情境"的体察和理解。刘安《淮南子·要略》:"夫通论至深,故多为之辞,以抒其情;万物至众,故博为之说,以通其意。"① 这里所说"以抒其情"之"情"的内涵乃是"至深"之"通论",是对"至众"之"万物"的体察、认识与理解之后的产物。由此可以看出,此时所谓"抒情"与当时"缘事"的致思方式有着密切的深度关联。以此反观与《淮南子》几乎同时而略早的《毛诗序》提出的诗歌"情事"观,则"抒情"一词的此种含义更为显豁:"国史明乎得失之迹,伤人伦之废,哀刑政之苛,吟咏性情,以讽其上,达于事变而怀其旧俗也。一国之事,系一人之本,谓之风;言天下之事,形四方之风,谓之雅。……颂者,美盛德之形容,以其成功告于神明者也。是谓四始,诗之至也。"② 可见,作者将《诗经》中"风""雅"之作看作是"一国之事"和"天下之事"的真实反映,"事"对"诗"的基础性作用所在斑斑;所谓"吟咏性情",首先针对的是"国史得失""人伦之废""刑政之苛"的社会现实,是"缘事而发"而非主观抒情。因此,后文"情动于中而形于言""变风发乎情""吟咏性情"中的"情"的内涵与我们传统所谓"抒情"之"情"差距甚大,前者包含的内容更为丰富、多样:它不仅包含通常所谓之主体情感,同时还包括"至深"之"通论"、"宇宙"之"大道"。"达于事变而怀其旧俗"与《淮南子·要略》中"言俗变而不言往事,则不知道德之应"③ 的观点一致;"诗""事""情"之间再次获得了同一性,它们同为"道德兴衰""国史得失"的体现物。总之,作为宇宙和人事结构最终演化过程的总结和显现方式,"诗言志""诗缘情"均将诗的气象格局狭隘化,使之失去在人类文化体系中的核心地位和作用。因此,以重探汉诗"缘事而发"特征为契机,重倡中国古典诗歌的"诗缘事"传统,即是要重新显

---

① 何宁:《淮南子集释》,中华书局1998年版,第1455页。
② 张少康:《先秦两汉文论选》,人民文学出版社1996年版,第343页。
③ 何宁:《淮南子集释》,中华书局1998年版,第1454页。

现"诗"作为天地人文之总结方式的崇高地位,将宇宙秩序和人事法则的运转过程统一于"事",强调中国古典诗歌传统在中华民族历史发展过程中所应承担或已经承担的重要使命。

第四节 "诗"与"思":事件向意境之转化

关于意境观研究的论著已经很多,论者多指出其受老庄哲学、玄学的影响而在佛学思想的推动下最终形成。[1] 这种观点指出了意境观形成的各种外在推动力量,然并未深入其本质。总体来看,意境观的形成过程是人们在诗歌讨论中有意压缩诗中"事"的成分、逐渐凸显"情"的成分,最终达到对形上境界("境")领悟之目的的过程。这一过程受到创作实践和理论总结两方面力量的推动而最终在王昌龄时期完成,刘勰、钟嵘等人则是中间起到过渡作用的助推力量。这种做法的根源则在于"诗"与"道"(哲学)的临近——人们借欣赏诗而"以诗悟道",同时在批评上则提倡"神合体道""大象无形",最终以"道"剥夺"诗"。但诗毕竟是诗,因而不能用"道"直接评论"诗"。在"诗"与"道"之间有广阔的空间——言("诗")→事→象→情→境("道")——以供缓冲,而不会让"道"直接剥夺"诗"。就其实质来看,这个过程就是逐渐压缩有形的、时间性的"事"而凸显无形的、抽象的"情"进而通达抽象的、空间性的"境",最终实现"以诗悟道"。因而"意境"是个空间性概念,而非时间性概念——"事"被压缩就

---

[1] 据古风《意境探微》一书统计,仅 1978—2000 年,"约有 1452 位学者,发表了 1543 篇'意境'研究的论文,平均每年约有 69 位学者发表 73 篇论文"。见古风:《意境探微》,百花洲文艺出版社 2001 年版,第 16 页。21 世纪以后有大量相关论文发表,较有代表性的讨论参见童庆炳:《"意境"说六种及其新说》,《东疆学刊》2002 年第 3 期;古风:《关于当前意境研究的几个问题》,《复旦学报》2004 年第 5 期;刘成纪:《重谈中国美学意境之诞生》,《求是学刊》2006 年第 5 期;蒋寅:《原始与汇通:"意境"概念的古与今》,《北京大学学报》2007 年第 3 期;罗钢:《意境说是德国美学的中国变体》,《南京大学学报》2011 年第 5 期;童庆炳:《中国当代文学理论的经验、困局与出路》,北京师范大学出版社 2014 年版等。

是压缩"事"的时间性因素,"情"被凸显就是凸显由"事"而生的"情"的独立性,"情"的独立性的获得使"境"的永恒性得以存在。因此,"境"有典型的将时间与空间剥离的倾向,这正与永恒不变的"道"相适应。李白"凤去台空江自流"之句,向我们说明事件、时间之流逝("凤去台空")正彰显空间之永恒("江自流"),前者形成的感伤性情感被后者的无情而永恒之存在消解,其"言外之意"(诗境)正是在这种永恒存在的空间场所中生成。王维"雨中山果落,灯下草虫鸣"之境,本身已然独立,时间性对于这一境界之存在无关紧要;它在时间中发生,但此时间并非我们的日常时间,此时间是过去、现在还是未来,都不影响这种境界的存在。因而诗之"境"独立自足,无须通过时间获得意义;它只是一个空间场景,是"永恒存在之物",因而是超越时间的,或者说,它的时间性是从读者此时此刻的存在中吸纳而来的。而且,我们更应注意到,无论是《说文解字》传统,还是梵语传统,"境"("竟")之本义均指"空间""边境""界限"之义,"意境"之"境"与此虽有指称对象的区别,但其本义则正相同。正像黑格尔指出的,诗仅借助语言这一非物质性的材料来塑造形象以为纯粹精神提供对象,并最终使绝对精神回复到它自己——"意境"概念的产生亦大致如此。

首先,从诗本身演进的过程看,"事"在诗中所占的比例逐渐减少而最终被其所触发的"情"取代,这是"事隐"而"情显"的过程。这个过程通过诗的语言的变化最终成为现实,并被后人认为"事"好像与"诗"并无多大关联,声律、节奏和情感的表达成为"诗"的本质属性。其一,认为"诗在声不在义",凸显声律和节奏而否定了"事"对诗的基础性价值。郑樵《通志·乐略·乐府总序》:"呜呼!诗在声不在义。犹今都邑有新声,巷陌竞歌之,岂为辞义之美哉,直为其声新耳。"[1] 这种"以声代义"的极端看法既是诗乐合一观发展的高峰,也是它的终结,"诗"被"乐"剥夺而失去存在之价值,诗的物质载体("语言")被更为虚化的声律所代替,

---

[1] (唐)郑樵:《通志》,中华书局1987年版,第626页。

诗从语言艺术转化为音乐艺术。其二，诗从四言向五言、七言发展的过程，就是逐渐压缩"事"而凸显"情"的过程。刘熙载《艺概》卷二《诗概》："五言上二字下三字，足当四言两句，如'终日不成章'之于'终日七襄，不成报章'是也。七言上四字下三字，足当五言两句，如'明月皎皎照我床'之于'明月何皎皎，照我罗床帏'是也。是则五言乃四言之约，七言乃五言之约。"① 据刘熙载的分析，四言诗向五言诗、五言诗向七言诗的发展，实际上是诗歌形式日益简化的过程，而这种简化的本质就是压缩诗"事"的成分，从而更有利于"情"的表达。按照叶维廉的分析，中国诗独特的语法使用所形成的"传意方式"，也让诗境的空间因素增多，从而让实体性的"事"进一步虚化："中国古典诗里，利用未定位、未定关系或关系模棱的词法语法，使读者获致一种自由观、感、解读的空间，在物象与物象之间作若即若离的指义活动。"② 这个"自由观、感、解读的空间"就是"境"。无论这种趋势是诗本身发展之必然，还是人为因素使然，都在说明"事"被压缩而"情"被凸显——"诗"呈现的形迹逐渐由"有"向"无"转化进而被精神化、虚化，从而为主体欣赏诗开拓了更广阔的空间。③

因而诗歌"意境"之"境"正是在这个过程中逐渐产生的。正像闻一多所指出的，"诗的本质是记事的"，但是汉魏诗歌创作的进一步发展逐渐

---

① （清）刘熙载著，袁津琥校注：《艺概》，中华书局 2009 年版，第 340 页。
② 叶维廉：《中国诗学》（增订版），黄山书社 2016 年版，第 18 页。
③ 实际上，汉儒在对《诗》进行经学化释义的同时，往往采用比附的形式，以至于他们所阐释的"诗义"根本不是"诗"本身所具有的，这引起纯文学观念者的批评和反对，继而反对这种解诗方法；但是"诗义"为何他们也不能确定，因而只能将对《诗》"义"的解释转移到对《诗》"情"的感受。例如，《文选》行世后，人们囿于传统解释方法，专门对文章中的"事"进行索解，以至于忘却了文章本身所言之义。这种做法受到了后来者的批评。《新唐书》卷一二七《李邕传》："邕少知史。始善注《文选》，释事而忘意。书成以问邕，邕不敢对，善诘之，邕意欲有所更，善曰：'试为我补益之。'邕附事见义，善以其不可夺，故两书并行。"见（宋）欧阳修、宋祁：《新唐书》，中华书局 2005 年版，第 4405 页。"释事忘意"强调"事"的决定性价值，但导致"事"对"意"的剥夺；"附事见义"强调"事"对"义"的补充、启发价值，较为辩证。从李善的态度看，"释事忘意"是其有意为之，所以他没有采用儿子李邕的看法。但他同时也认同"附事见义"，认为二者可以互相补充，故让"两书并行"。无论如何，这都说明在古人心目中，"事"对"意"（"义"）具有重要作用。

使"事"从"诗"中脱离出去而转移到"情"。闻一多指出，这与"歌"对"诗"的侵占密切相关，而"歌"的本质是抒情的。早期诗作，很多是"歌"的对象，因而"兮""噫"等语气词使用较为频繁；当"诗"从"史"中分离而与"歌"结合，就诞生了《三百篇》（《诗经》），因而《诗经》中的作品"事""情"结合相当匹配，两者和谐共生，"事"变成了情感性的"事"，"情"也有了"事"的依托。但是，"情"一旦进入"诗"便大幅增长而逐渐压倒"事"在"诗"中的地位，"事隐"而"情显"，到《古诗十九首》时，"事"消隐不见而被"境"取代。闻一多说："诗与歌合流真是一件大事。它的结果是《三百篇》的诞生。……一种如《氓》《谷风》等，以一个故事为蓝本，叙述方法也多少保存着故事的时间连续性，可说是史传的手法；一种如《斯干》《小戎》《大田》《无羊》等，平面式的纪物，与《顾命》《考工记》《内则》等性质相近，这些都是'诗'从它老家（史）带来的贡献。然而很明显的上述各诗并非史传或史志，因为其中的'事'是经过'情'的炮制然后写下来的。这情的部分便是'歌'的贡献。由《击鼓》《绿衣》以至《蒹葭》《月出》，是'事'的色彩由显而隐，'情'的韵味由短而长，那正象征着歌的成分在比例上的递增。再进一步，'情'的成分愈加膨胀，而'事'则黯淡到不合再称为'事'，只可称为'境'，那便到《古诗十九首》以后的阶段，而不足以代表《三百篇》了。"① 闻一多对早期中国诗歌三个阶段的划分，其实质正指出了早期诗歌从"事"到"情"再到"境"的发展过程，论证了"意境"观与诗歌创作实践之间的大致关联。可以看到，在《古诗十九首》前后，诗歌批评发达，玄学盛行，佛学进入并与前者交融，几乎全部使用实字的格律诗形成并有自己的内在标准，在批评上则出现了"意会""悠长""韵味""玄远之境"等概念和说法与之适应，并被此后的批评家继续使用。即使如此，也不代表"事"对"境"的生成没有价值，毋宁说它发生了转移：经过"情"和"言"的压

---

① 闻一多：《神话与诗》，华东师范大学出版社1997年版，第207—208页。

缩，它以潜隐的方式影响着"境"的产生。可以发现，"情""言"所压缩的正是"事"的时间属性，"事"由此被空间化："事"已不是物理时间上的"事"，因而也不具有时间性，而仅留下"事"发生时的基本场所、境遇构成等，这些因素正是"境"的基本构成要素。这个过程可以概括为"因事成境"的过程——"境"的生成为意境观念或概念的提出进一步奠定了基础。①

其次，汉魏文学创作发达、繁荣，各种文体都涌现了大量优秀作品，从而改变了此前诗歌一统天下的格局，这刺激了前后时期文学批评的繁荣，刘勰、钟嵘、曹丕等关于审美感兴和文艺思维的认识与前人相比深化很多，形成了系统的理论。这些理论的旨趣多在强调"情"对文学（诗）的重要性，而贬抑"事"对文学情感的基础性作用，"事"对文学创作，尤其是对诗歌创作的作用进一步弱化、消隐。这一时期的文学批评针对各种问题而展开，同时带有鲜明的理论化倾向，而以刘勰《文心雕龙》、陆机《文赋》和钟嵘《诗品序》为代表，而这三者在讨论诗的时候，都带有否定"事"而凸显"情"的共同倾向。除了陆机《文赋》明确提出"诗缘情"的观点，钟嵘《诗品序》也提出"直寻说"，明确主张优秀诗歌作品的创作与"事"无关："'思君如流水'，既是即目；'高台多悲风'，亦唯所见；'清晨登陇首'，羌无故实；'明月照积雪'，讵出经史。观古今胜语，多非补假，皆由直寻。"② 这一观念与陆机《文赋》"诗缘情而绮靡"的观念一表一里，在加固"诗缘情"观念的同时贬抑了"诗缘事"的诗歌传统，并使前者进一步

---

① 闻一多认为将"事"从"诗"中排除，"诗言志"观念起到了很重要的推动作用，同时对钟嵘"直寻说"提出了批评："《三百篇》时代的诗，依上文的分析，是志（情）并重的，所以定义必须是'于记事中言志'或'记事以言志'方才算完整。看《庄子·天下篇》'《诗》以道志，《书》以道事'及《荀子·儒效篇》'《诗》言是其志也，《书》言是其事也'，都把事排出诗外，可知他们所谓志确是与'事'脱了节的志。诗后来专在《十九首》式的'羌无故实'空空洞洞的抒情诗道上发展，而叙事诗几乎绝迹了，这定义恐怕不能不负一部分责任。"见闻一多：《神话与诗》，华东师范大学出版社1997年版，第209页。当然，闻一多所使用的"抒情诗""叙事诗"等概念，是从西方诗论中借用的。

② （南朝梁）钟嵘：《诗品序》，见《全上古三代秦汉三国六朝文》，中华书局1958年版，第3277页。

流传。

　　此外，与"诗言道"的久远观念有关，人们一直有"借诗言道"的习惯，魏晋时期独特的思想环境重新激活了这个古老的观念，从而让诗与道的关系更加亲近了。对于"意境"，论者大多认为这个概念是古代学者综合老庄哲学和佛学而成，具有形上特质。[①] 叶朗指出："'境'是对于在时间和空间上有限的'象'的突破。'境'当然也是'象'，但它是在时间和空间上都是趋向于无限的'象'，也就是中国古代美学家常说的'象外之象''景外之景'。'境'是'象'和'象'外虚空的统一。……所谓'意境'，实际上就是超越具体的、有限的物象、事件、场景，进入无限的时间和空间，即所谓'胸罗宇宙，思接千古'，从而对整个人生、历史、宇宙获得一种哲理性的感受和领悟。这种带有哲理性的人生感、历史感、宇宙感，就是'意境'的意蕴。因此，'意境'可以说是'意象'中最富有形而上意味的一种类型，而'意境'给人的感兴则是一种形而上的慰藉。"[②] 虽然有学者对叶朗划分的"意象"与"意境"的关系尚有不同意见[③]，但其对"意境"形而上性质的界定是符合实际情况的，因而并无争议。就古人来说，"意境"的形上性质符合了他们"以诗悟道"的需求。因此，意境论之产生，存在一个诗向哲学转化的过程，所解决的是"诗"与"道"的关系问题。无论中西，人们似乎都认为诗是最接近哲学的艺术，因而由诗通向哲学是自然而然的。在古代中国，诗人、学者、哲学家、艺术家，这些身份往往统一在一人身上，在对诗的品评方面，他们也不满足仅仅停留在对诗歌意象的玩味和情感的涵咏方面，他们更希望通过对诗作的批评、对诗境的领悟而通达对天地宇宙之"道"的领悟和认识。可以看到，后来学者一般将汉魏古诗作为中国诗歌境界最高的作品，严羽甚至认为这种境界浑然天成、

[①] 刘成纪《重谈中国美学意境之诞生》，《求是学刊》2006 年第 5 期。
[②] 叶朗：《现代美学体系》，北京大学出版社 2002 年版，第 131—132 页。
[③] 古风：《关于当前意境研究的几个问题》，《复旦学报》2004 年第 5 期。

非人力可致，因而不能成为学习的对象。① 究其原因，乃在于汉魏古诗尚处于诗与哲学尚未分化的时期，诗与哲学是一体的，因而读诗在某种程度上就是对"道"的领悟，后来"情"的成分渗入诗中，造成诗与哲学的分化，带有玄思趣味的哲人在读诗时不得不首先面对"情"，然后才能超越"情"而通达"道"之境界。显然，"情"进入诗歌造成"诗"与"道"的分离，从而给读者由诗入道造成某种阻碍。但是，追寻玄理至境，乃神思者的本性，因而他们不断寻找各种思想资源重新弥补由"情"所造成的"诗"与"道"的分离。显然，强调此世实践的儒家思想不能满足"神思之士"（鲁迅语）的需求，他们转而寻求以论"道"著称的老、庄，将老庄哲学对"言""象""意""道"相关问题讨论的内容转移到对"诗"的讨论中，魏晋玄言诗的大量出现与这种思潮不无关系。正当他们致力于此的时候，带有更为强烈形上色彩的佛学进入中国，后者对"象"彻底否定的思想旨趣更加符合人们的思想需要，于是人们援佛入诗，借用佛家对"象""境"等问题讨论的思想资源进行诗歌批评，最终在王昌龄《诗格》中出现了"意境"概念。可以看到，"意境"概念诞生之过程也是原始儒家、老庄哲学和佛学衰落之过程，所以梁启超认为"隋唐之后无佛学"②。因此，"意境"概念的诞生，某种程度上完成了人们对诗进行哲学化批评的任务，并在后世批评家的长期使用中成为中国诗学的核心概念之一。在这个过程中，有形迹的以事件为依托的人、物及其行动逐渐弱化，并以虚幻而不乏真实的"情"替代之，成为诗歌呈现的主要对象。这个过程正是一个逐渐超越物质性、形象性而向精神化、抽象化转化的过程。这个过程可以简化为"神话→事件→情感→意境（道）"的过程。而在早期文本的论述中，人们直接讨论"神话"向"道"转化的问题，其过程可简化为"神话→事件→道"。这也是神话意象在文学艺术作品（诗）中逐渐被情感化的原因所在。总之，诗

---

① 郭绍虞：《沧浪诗话校释》，人民文学出版社1964年版，第11页。
② 梁启超：《佛学研究十八篇》，上海古籍出版社2009年版，第15页。

歌意境观的产生就是压缩有形迹的事件、凸显无形迹的情感进而走向无所不在的"道境"的过程。

第五节 "诗可以兴"：由"事"而"境"的思维基础

其实，"意境"或"境界"成为古代诗学的核心范畴而不是哲学的核心范畴，其原因在于诗歌意境向形上境界的过渡并不是过程之终止，而只是过程之一端：主体通达意境之后仍要回到诗的世界中，回到诗本身，这样对诗的欣赏、领悟、创造才是"诗"的，而不是"哲学"的——"诗"是这个过程的真正核心，诗歌意象由此成为整个思维过程的唯一载体。这个过程是由"事"而"境"的过程，即具体的、时间性的事件过程转化为抽象可感的空间化的过程。正像有学者指出的那样，"中国美学为了强调审美境界与物理世界的区别，往往着重突出'象'中所蕴含的'道'或'境'的维度，常常用'意象''意境'来表示这种境界。……中国思想之不同于西方主客二分的思维，就在于'象'不是'道''器'中间的一个过渡环节，最终因必定会被'道'或'器'所扬弃而缺之独立价值。中国思想刚刚相反，它遵循的是由两极的'道''器'向中间的'象'聚拢、拓深式的路径。'象'不仅具有独立的价值，而且具有最高的价值，是二分的'道''器'共同追求的目标"[①]。这种独特的思维运作方式也是诗歌意境生成的思维方式，其核心在"象"，依靠它、始终不脱离它而以它为根本。这也是由"事"到"境"的思维基础。从"意境"概念形成的历史看，"诗乐分离"与"诗可以兴"对此作用巨大。"诗乐分离"是早期诗歌发展的一个阶段、过程，"诗可以兴"是诗的思维方式、功能，但两者均指向一点：在诗的创作与欣赏方面，对主体想象力的要求提高了，而这正是诗的本质："因

---

① 彭锋：《诗可以兴》，安徽教育出版社2003年版，第20页。

为凡是意识所能想到的和在内心里构成形状的东西,只有语言才可以接受过来,表现出去,使它成为观念或想象的对象。所以就内容来说,诗是最丰富、最无拘碍的一种艺术。"①

在早期诗歌的发展过程中,从"诗乐一体"到"诗乐分离"是非常重要的现象:它不仅改变了诗的功能,而且也改变了人们对诗进行阅读、赏析、批评、交流的态度、观念,进而根本上改变了人们对诗的看法和对诗的欣赏方式。"诗乐一体"的本质是作为感官的听觉凌驾于作为思维之载体的语言之上,"诗乐分离"的本质则是作为思维之载体的语言摆脱作为感官的听觉的束缚而获得自己独立性的过程。可以看到,无论是创作还是欣赏,诗与乐对主体精神的要求程度差别巨大:音乐以声音的方式传达自己,对于欣赏者来说,它带有明显的强制性——只要它处在演奏中,无论你听或是不听,它都对你的感官起作用,精神是否参与并不是先决的条件。实际上,一切以感官接受为主的艺术都是如此。诗则不然。主体对于语言的使用和接受不是被动式的,而是主动式的;或者说,它只能以主动的方式展开,一旦主体不能将自我精神与语言协调,诗的创作和接受都无法完成。因而,诗在最初时借助听觉感官,一旦它形成自己的特性后则需要摆脱这个早期的拐杖而走向自己的路途。在古代,最起码在《诗经》时代,"诗乐分离"的现象即已出现,但是,包括古代和现代在内的很多学者对此视而不见,仍以"诗乐合一"为逻辑前提来讨论早期诗歌问题。"诗乐合一"观点发展到极致,就是以音乐取代诗歌,生发出"诗在声不在义"的观点。②这种"以声代义"的极端看法既是"诗乐合一"观发展的高峰,也是它的终结:"诗"被"乐"剥夺而失去存在之价值。这显然不符合早期诗歌发展的实际情况。闻一多和朱自清都曾对此进行过细致、准确的分析。闻一多甚至直接将这一过程看成是诗歌意境产生的直接原因:"事"逐渐被压缩、被"情"炮制而以潜隐的方式存在诗中,因而只剩下"境",从"情"对

---

① 〔德〕黑格尔:《美学》第三卷(上),朱光潜译,商务印书馆1979年版,第19页。
② (唐)郑樵:《通志》,中华书局1987年版,第626页(上)。

"事"的影响角度阐述了"诗乐分离"对诗境产生的重要性。朱自清则根据社会历史之变动从乐教和礼教更替的角度,指出两者分离的根本原因在于春秋战国的混乱致使"乐"无法继续行使其教化功能①,因而"诗"要与它决裂,寻找新的对象,重新实现以诗教化的传统,在这种情况下,"礼"成为选择对象,"诗言志"观念由此产生。这样诗便变得不合乐,因而也不能唱而只能读或颂了。所谓"诗者,志之所之也,在心为志,发言为诗",就说明诗从歌向读(言、颂、诵)的转化。朱自清说:"诗不合乐,人们便只能读,只能揣摩文辞,作诗人的名字倒有了出现的机会,作诗人的地位因此也渐渐显著。"②可以看到,这种情况的变化引起两种后果:其一,从创作角度看,作诗人的地位提升,促进了诗人尤其是个体性诗人的出现,这为"诗者,吟咏情性者也"的观念提供了基础;其二,从欣赏角度看,诗由唱转向读,对音乐的抛弃,不仅是对"礼"的靠近或接近,更重要的是诗借以表达自己的载体发生变化:放弃声音而选择语言,虽然此前也使用语言(文辞),但直到此时,语言才成为诗的真正载体。其实,"诗乐分离"的过程也是诗本身独立的过程:作为一种语言艺术,诗必然要脱离音乐的限制。根据陈世骧的分析,在公元前八九世纪,《诗经》中的三首《雅》诗使用了"诗"字,这正是诗努力获得自己独立性的反映;没有大规模使用,说明这时诗的独立尚处于"挣扎中":"'诗'字当时特有的用意,在表示诗之为语言艺术之意识渐渐觉醒,它虽作来仍是歌的形式而可入乐,但已觉有超乎音乐的本身独立性。但还可以想象这时代距音乐、舞蹈与诗三者为综合艺术,融而未明的时代不远,诗的独立意识犹在挣扎中渐渐独立。"③当然,

---

① 《周礼·大司乐》:"以乐语教国子:兴、道、讽、诵、言、语。"朱自清说:"这六种'乐语'的分别,现在还不能详知,似乎都以歌诗为主。'兴''道'似乎是合奏。'讽''诵'似乎是独奏;'言''语'是将歌词应用在日常生活里。这些都用歌词来表达情意,所以称为'乐语'。"见朱自清:《诗言志辨》,广西师范大学出版社2004年版,第6页。
② 朱自清:《诗言志辨》,广西师范大学出版社2004年版,第24页。
③ 陈世骧:《中国诗字之原始观念试论》,见《中国文学的抒情传统》,生活·读书·新知三联书店2015年版,第88页。

脱离的过程是复杂的、艰难的，以至于在很晚时期乃至于当下，人们仍将格律、押韵作为诗的本质特点之一而加以肯定和谈论。然而，脱离毕竟成功了，诗作为语言艺术的特征获得了独立，这促使人们变革对诗的欣赏和思考方式，即语言作为思维及其运作的载体，对诗的欣赏和领悟必然融入更多思维和精神的内容，否则我们无法通过语言进入诗的内部，也无法领略诗中无可言说的"至境"。于是，人们欣赏诗的方式从感官转向内心，随之在诗或歌中属于"观念性的""脱离具体内容的"抽象情感也转化为生活中的、具体性的情感；诗中虽有韵律、节奏等音乐要素，但它们已失去了独立价值。这种转换对主体读诗过程中想象力的要求提高了——诗开始从外在于主体的声音性存在转向内在于主体的精神性存在。

此外，"兴"这个古老文字被使用到对《诗经》的讨论，助推了人们诗歌观念的改变。根据陈世骧的分析，可以看到，"兴"在两个方面对诗境之产生起到重要影响，而且它还是神话与诗建立联系的根本思维方式；或者说，在"兴"的基础上，神话与诗一同产生。其一，"兴"作为诗的技法可以在各种题材的诗作中使用，可以增强关联，建立联想，同时利用韵律营造"全诗的氛围"："'兴'的因素每一出现，辄负起它巩固诗型的任务，时而奠定韵律的基础，时而决定节奏的风味，甚至于全诗气氛的完成。'兴'以回覆和提示的方法达成这个任务，尤其更以'反覆回增法'来表现它特殊的功能。"[1] 其二，从起源论角度看，"兴"是最为原始淳朴的歌舞活动的综合，"是初民合群歌乐的基础"，神话与诗歌在其过程中一同产生。"'兴'保存在《诗经》作品里，代表初民天地孕育出的淳朴美术，音乐和歌舞不分，相生并行，糅合为原始时期撼人灵魂的抒情诗歌"[2]，"所谓只可意会，不可言传，其实也就是诗所流露的精神或情绪的'感动'，此物不

---

[1] 陈世骧：《原兴：兼论中国文学特质》，见《中国文学的抒情传统》，生活·读书·新知三联书店 2015 年版，第 112 页。

[2] 陈世骧：《原兴：兼论中国文学特质》，见《中国文学的抒情传统》，生活·读书·新知三联书店 2015 年版，第 118 页。

可割离，分布于全诗；所以我们称之为'气氛'，并以为我们已经体会到某种'诗情'，一般《诗经》里的作品要达到这个境界都靠错综丰富而自然的音响布置，独特却不牵强的节奏，外加动人而新鲜如大自然万物初生时浑朴的意象"[1]。这"只可意会，不可言传""不可分割"的"气氛"其实就是诗的"意境"，是浑朴的情感和自然的声音综合而成，因而可以很容易获得读者的共鸣。从"兴"的原初起源和起"兴"的自然对象看，自然而淳朴的物事，"新鲜原始世界的因素"，最易于形成诗意，"在那种世界里，初民的敏感自然觉得他们'兴高采烈'的言语必定和音乐舞蹈不可分离，而且他们对现世万物的观察力灵捷异常，向活泼的思想和感受并行成长的方向辐射。当前的事物即融入一套和谐的韵律和适当的节奏，如此以表达他们圆觉的思想和感受"[2]。可见，"兴"是初民抒发情感、创作艺术的最为基础的活动和思维方式，神话事件与诗境之生成的关系，亦应从这里开始。

与"诗乐合一"伴随而生的是"诗乐分离"，由此"兴"——这个在甲骨文中即已出现的古老文字，作为一个十分重要的诗学概念重新登上历史舞台，并为人们重新理解、阐释诗提供了新的思路。就其本来目的看，"兴"之提出是为了解决诗中"物"与"人"之关系到底为何的问题：如此众多的鸟兽虫鱼的活动与人的情感活动之间到底具有怎样的关系？人们注意到，诗将大量自然物与人事活动和情感结合在一起描写，以至于使人觉得诗的功能之一就在于记述它们（"诗以记物"）。陈世骧指出："《毛传》所标示的'兴'句有一特色，即诗人借以起兴的对象不外乎以下数类：大自然的日月山川，原野飞禽，草木虫鱼，或为人为的器具如船舶、钓竿、农具；外加野外操作的活动如采拾野菜、砍伐柴薪、捕捉鸟兽，以及少数

---

[1] 陈世骧：《原兴：兼论中国文学特质》，见《中国文学的抒情传统》，生活·读书·新知三联书店 2015 年版，第 125 页。

[2] 陈世骧：《原兴：兼论中国文学特质》，见《中国文学的抒情传统》，生活·读书·新知三联书店 2015 年版，第 129 页。

的制衣织布等。"[①]"《诗经》中凡兴句之处，几乎皆以自然物象为兴起之句，扑面而来的是原野清风的淋漓酣畅。"[②]可见起"兴"之物事均与朴实的自然和人事现象有关，给人"浑朴而动人心魄之美"。实际上，这种现象源自人与自然本来就有的一体关系，诗只不过呈现了这个事实，战国至两汉的学者开始用"兴"来指称、讨论这种现象。然而在如郑玄、孔颖达之类儒家学者的注疏家眼中，"兴"的方式是以古喻今、以美刺丑，目的在于美刺、讽谏，其着眼点和立足点在"人事"。[③]在现代学者的研究中，人们无一例外地将"兴"的含义追溯到原始巫术活动，进而将这种活动中人体上举的姿势与内在情感之升腾的状态类比，从而将"兴"情感化、艺术化和审美化。[④]实际上，这种推原式解读反而忽略了人们当时使用这个词所指称的诗中简单而又常见的事实，而这正是诗境之产生的最终根源："我们与外物的接触是一个'事件'，是具体事物从整体现象中的涌现，是活动的，不是静止的，是一种'发生'，在'发生'之'际'，不是概念和意义可以包孕的。因为，在我们和外物接触之初，在接触之际，感知网绝对不是只有

---

① 陈世骧：《原兴：兼论中国文学特质》，见《中国文学的抒情传统》，生活·读书·新知三联书店2015年版，第123页。

② 傅道彬：《诗可以观——礼乐文化与周代诗学精神》，中华书局2010年版，第14页。

③ 据陈世骧的统计，《毛传》在三百零五首诗里提出一百十六首注上'兴也'，有时指句，有时指章，不一而足"（见《中国文学的抒情传统》，生活·读书·新知三联书店2015年版，第109页）。从郑玄标注"兴也"的诗句看，郑玄——这位汉代学者，他对"兴"的理解和使用是相当宽容的，在他笔下，"兴"既可以作为修辞手法使用，也可涵盖广泛的内容。然而，孔颖达认为郑玄将"兴"解释为"见今之美，嫌于媚谀，取善事以喻劝之"，而将"比"解释为"见今之失，不敢斥言，去比类以言之"，是将两者分裂，而它们的目的皆在美刺（"其实美刺俱在比兴者也"），没有必要将二者区分（见《诗经注疏》，上海古籍出版社2013年版，第13—14页）。孔颖达将比兴合一的思路有可取之处，但将比兴看成是"美刺"，显然失去了二者的原初含义，是强制阐释的结果。与孔颖达这位儒家学者类似，朱熹在他重新注释《诗经》的过程中"减少前人所注的'兴'句"，无论这种做法是出于学术商榷的目的还是出于表达自己思想的需要，我们都可看到朱熹对"兴"的贬抑态度。在这一点上他远离了郑玄而更接近孔颖达——刘勰感慨的"兴义销亡"至此可以明确其原因了。陈世骧说："兴义销亡正是因为后代释诗者太执着于讽刺之'道'了；这种执着是两周断章取义赋诗进退的习惯，加上汉人以'经'尊诗所演变下来的必然结果。"见陈世骧：《原兴：兼论中国文学特质》，《中国文学的抒情传统》，生活·读书·新知三联书店2015年版，第133页。

④ 彭锋：《诗可以兴》，安徽教育出版社2003年版，第62—67页；陈世骧：《原兴：兼论中国文学特质》，见《中国文学的抒情传统》，生活·读书·新知三联书店2015年版，第101—140页。

知性的活动，而应该同时包括了视觉的、听觉的、触觉的、味觉的、嗅觉的和无以名之的所谓超觉（或第六感）的活动，感而后思。……'思'固可以成为作品其中一个终点，但绝不是全部。要呈现的应该是接触时的实况，事件发生的全面感受。"① 正像论者指出的，"我"与"物"之"接触"（"兴"）是一个"事件"，而诗是记述整个事件的成果；这种"接触"带有整体性，五官感受和"思"都参与其中，都在确证这种"接触"，单个感觉（如听觉）不能完整呈现它，我们也不能把这种"接触"单独让一种感觉来完成。在这种情况下，"在整体现象中涌现"的"诗"就是一个整体性、包容性的存在（"境"），而如何拓展这种存在就成为欣赏者的任务，或者说，这种有多种感觉参与建构的、带有"思"成分的存在，正为诗的欣赏者参与、品味、悟解、重建诗境留下了空间。这一点立即为公元五世纪的批评家钟嵘注意到：他不仅只字不提风、雅、颂，甚至将它们排除诗的范围而仅留下赋、比、兴；而且他还对后三者进行重新排序，使之形成"兴、比、赋"的新的序列——"兴"被提高到理解诗的首要位置。他甚至还更进一步，将"兴"看成是"文"之为"文"的根本方法，认为"文已尽而意有余，兴也"。实际上，钟嵘以"文已尽而意有余"界定"兴"，就是充分认识到诗在利用"兴"将性质不同的物事与人事连接成一个整体的过程中形成了无限广阔的可供领悟、补充的空间——"兴"成为诗之为诗、文之为文的根本标志。显然，"兴"的包容性和联想性为"言外之意""象外之象"（"境"）的生成奠定了基础。

第六节 "兴义销亡"：神话与诗的分离

根据上述分析，笔者认为，关于中国古典诗学意境观念之形成，一方

---

① 叶维廉：《中国诗学》（增订版），黄山书社2016年版，第21—22页。

面应选择新的角度，从实际出发，在鲁迅、闻一多等前辈学者研究的基础上对神话与诗之关系这一古老问题进行新的分析；另一方面应从早期中国诗歌起源和发展的角度，分析早期中国"诗事合一""诗乐一体""诗乐分离"等现象的内在逻辑，凸显此过程中发生的重要变化，为意境论思想之形成提供新的阐释。有以下五点暂时性结论：第一，作为实践活动和思维方式的"兴"，是神话事件与诗歌意境之形成与连接的根本和基础，"兴"以独特的方式所营造的淳朴而新鲜的情感氛围是最初的神话，也是最初的诗境，行动与诗的本质关联于此奠定；第二，以《诗经》为代表的早期中国诗歌为学者论诗提供了最重要的文本基础，周秦两汉学者各取所需，对《诗经》文本进行了符合自己需要的解释，然后通过对早期诗歌起源和发展的分析，发现诗境之形成乃其原初之思维方式所致，"只可意会，不可言传"之情感氛围是诗境之基本特征；第三，诗乐分离之完成，诗从感官艺术转变为语言艺术，为想象力的参与和诗境之再生提供了更广阔的空间，与此同时，人们开始使用"兴"字讨论诗的各基本问题，拓展了人们对诗的本质的理解向度，为情（意）进入诗提供了契机；第四，随着诗从四言诗向五言诗、七言诗的发展，诗歌语言的凝练逐渐压缩了事在诗中的位置，致使情和意在诗中的地位提升，玄学和佛学对空无之境的推崇适逢进入诗的讨论，推动了意境观的形成；第五，意境观蕴含着丰富的形上内容，因而它不是时间性概念，而是空间性概念，所指为永恒存在之空间场景，但又始终不脱离诗歌意象，对形上之境的追求仍以象为最终归宿，由此形成意境独特的诗性品格。

　　总之，神话意象及其事件之演变发展与早期中国诗歌创作和诗学思想之发展有一种此消彼长之关系：意境观的形成最终将神话（事件与行动）从诗中排除而仅剩下些微的外在痕迹（如诗对神话意象和情节的借用等），刘勰所痛惜的"兴义销亡"，究其实是神话特质在诗中的销亡——神话与诗最终分道扬镳了。

第七章
早期绘画：神话意象向艺术的转化

神话意象向艺术领域转化是其发展演变的主要方式之一，绘画又是艺术领域中直接呈现这种演变的最重要的艺术载体，由此形成艺术、宗教、神话和文化观念合一的早期绘画形态。它集各种功能于一身，成为现实世界、精神世界和理想世界的物质载体，具有实用性和审美性的双重特点，形成了以"动"为核心的审美特征。中国早期绘画的"动"与它所蕴含的生活真实与生命真实紧密相关，包括艺术形式的灵动与生命精神的生动两层含义。这个特点尤其体现在汉代绘画上。汉代绘画综合了此前的图像设计和题材，形成了自己的特点，将神话意象与日常生活场景相融合，推动了绘画艺术的发展，是早期中国神话意象演变的重要形式之一。还可看到，在战国秦汉瓦当图像中，神话意象同样占据了主体地位，在这些图像上，除了保持神话意象的基本形态外，这些神话意象在整体上体现出生活化、世俗化的倾向，这是神话意象演变的又一重要方向。本章以早期中国绘画和秦汉瓦当图像（尤其是战国秦汉时期的绘画）为对象，对神话意象演变的艺术化和生活化问题进行研究。

第一节 技艺、宗教与政治：早期绘画的兴盛

汉代是绘画兴盛的时代。张彦远《历代名画记》"图画之妙，爰自秦汉。降于魏晋，代不乏贤"[①]，将中国真正的绘画定位于秦汉时期。陈师曾《中国绘画史》："图画之鉴赏，实自汉始。盖汉代之绘事，于种种之点大为发达。"[②] 郑午昌《中国画学全史》："中国明确之画史，实始于汉。盖汉以前之历史，不免有一部分之传疑；入汉而关于图画之记录，翔实可征者较多云。"[③] 三人所论虽有贬抑汉前绘画的嫌疑，但他们将中国绘画之兴盛定位为汉代的观点则一致。汉代绘画遍布社会各个领域，数量之多，实属罕见；即使汉代绘画多已焚毁，今人只能通过考古资料管中窥豹，但传世文献所记录的汉代绘画之盛况仍斑斑可见。汉代绘画是汉代精神的重要载体，也是秦汉时期中国人审美取向和审美理想的载体。究其成因，主要有以下四个方面：

首先是春秋战国时期绘画的工艺、技巧得到了长足发展，为秦汉绘画尤其是两汉绘画的兴盛奠定了基础。汉代人在宫殿、墓室之上绘制图像的传统在战国时既已盛行。王逸《楚辞章句》即认为屈原《天问》就是依据楚国先王宗祠中的壁画而作："（屈原）见楚先王之庙及公卿祠堂，图画山川神灵。周流罢倦，休息其下，仰见图画，因书其壁，何而问之，以泄愤懑，舒泻愁思。"[④]《天问》记述的天地开辟、女娲补天等神话故事和殷商时期的历史事件，多具有片段性特点，体现出依图而作的特点。结合和林格尔等墓葬发掘和史籍文献记载来看，战国秦汉时期，在祠堂、墓室、宫室等处绘制图像从南到北普遍流行，且技艺已十分精湛。《韩非子·外储说左

[①]（唐）张彦远：《历代名画记》，浙江人民美术出版社2012年版，第4页。
[②] 陈师曾：《中国绘画史》，中华书局2010年版，第14页。
[③] 郑午昌：《中国画学全史》，上海古籍出版社2001年版，第25页。
[④]（汉）王逸：《楚辞章句》，岳麓书社2013年版，第83页。

上》所记画筴者和买椟还珠两个故事是典型的例子。画筴者三年所制之筴表面上看与普通之筴没有区别，但在阳光下看，小小的筷子上"尽成龙蛇禽兽车马，万物之状备具"①；郑人买椟还珠向来被人嗤笑，但郑人之所以"还珠"是有原因的，因为盛放珠的"椟"是这样做成的："为木兰之柜，薰以桂椒，缀以珠玉，饰以玫瑰，辑以羽翠。"②此椟艳丽炫目、装饰精致，具有很高的工艺和美术价值，其价值可能超过珠。《庄子·达生》亦记载："梓庆削木为鐻，鐻成，见者惊犹鬼神。"③"鐻"是一种木制乐器，类似夹钟，形状似虎，上刻诸物，并雕饰彩绘。梓庆的技艺之高由此也可见一斑。这里提到的"鐻"和"筴"今不可见，但其他同时期的作品可以提供佐证。图 7.1 是 1988 年在湖北当阳赵巷四号墓出土的木俎，长 24.5 厘米，宽 19 厘米，高 14.5 厘米，在其四只脚和两边绘制了 24 只形态各异的小兽，它们或蹲或伏或立或坐，生动逼真、惹人喜爱④，印证了《韩非子·十过》中"觞酌有采，而樽俎有饰"⑤的记载。可见，战国时期的器物制作和绘画实践十分繁盛，为汉代绘画提供了技术上和艺术上的支持。

其次是两汉异常繁盛的宗教信仰的促进。两汉四百年间，宗教信仰巨变，西汉以神仙信仰为主，东汉以谶纬思想为主，它们都借助绘画来宣传自己。以神仙信仰为例，秦始皇和汉武帝为了

图 7.1　战国木俎

---

① （清）王先慎：《韩非子集解》，《诸子集成》第五册，中华书局 2006 年版，第 202 页。
② （清）王先慎：《韩非子集解》，《诸子集成》第五册，中华书局 2006 年版，第 198—199 页。
③ 陈鼓应：《庄子今注今译》，中华书局 1983 年版，第 489 页。
④ 摘自《楚秦汉漆器艺术·湖北》，湖北美术出版社 1996 年版，图版 3，第 16 页。
⑤ （清）王先慎：《韩非子集解》，《诸子集成》第五册，中华书局 2006 年版，第 49 页。

致神成仙,在方士的鼓动下,在宫殿墙壁上画上各种画像。据《史记》记载,秦始皇营造的宫殿和墓室里绘有天地山川万物图像;《史记·封禅书》记李少翁对汉武帝说:"上即与神通,宫室被服非象神,神物不至。乃作画云气车,及各以胜日驾车避恶鬼。又作甘泉宫,中为台室,画天、地、太一诸神。"① 神仙信仰和人们对死后世界的设想结合在一起,构成了汉代信仰的主体,支配着汉代人对生命的理解。这种思想非仅为帝王诸侯所有,两汉时期的神仙信仰和谶纬之学成为人们思想中的主要信仰观念,即使在偏远地区,人们也深受其影响。他们通过绘画的方式,将这些想象世界加以呈现,并绘制在宫殿、居室、朝堂、学屋、墓室、祠堂、生活器具等处,极大促进了汉代绘画的发展,也形成了格局、主题、形象较为固定的图像表现方式。它们是汉代绘画的主体。

第三,汉代人的人生观十分奇特,它既容纳了原始道家修道成仙的思想,也含有儒家积极用世的思想;而且,前者为后者服务——前者只是将后者无限延长的工具或途径;他们既享受生活的乐趣,又立志在生活中建功立业,实现自己的人生价值和理想。享乐和用世很好地结合在一起,成为汉代人普遍信奉和践行的人生准则。余英时将这种思想观念概括为"此世精神"②。因此,两汉期间高度关注现实生活和人生价值的思想观念深入人心,人们希望能将一生的功业以图画的方式记录下来。这种容纳了道家成仙长生思想和儒家经世致用思想的人生观在两汉时期甚为流行。汉代初兴,高祖就将开国元勋的图像绘制在自己的宫殿中;东汉明帝在云台设画馆,雕饰三十余著名人臣图像供他人观览学习。在东汉中后期,这种需要极度膨胀,甚至达到了"士或不在画像者,子孙耻之"的地步。《三国志·蜀书·诸葛亮传第五》"景耀六年春,诏为亮立庙于沔阳",裴松之注引《襄阳记》云:"自汉兴以来,小善小德而图形立庙者多矣。"③ 在画像旁侧,人

---

① (汉)司马迁:《史记》,中华书局1959年版,第458页。
② 余英时:《东汉生死观》,上海古籍出版社2005年版,第9页。
③ (晋)陈寿著,裴松之注:《三国志》,中华书局2005年版,第690页。

们同时还撰写赞语,以表彰图像上的人物所做出的举世功业,"画赞"文体亦随之兴起。有人将之汇编成册,曹植还为此撰写过序言。对实现以道德、功业为基础的人生价值的极度渴望,促进了汉代绘画的发展。此习上承孔子观周之意,下启列女诸传,由此所形成的

图 7.2　丁云鹏《养正图解》(局部)

鉴戒绘画传统贯穿了整个封建时代:从《女史箴图》到《养正图解》①(见图7.2),从《孔子圣迹图》到《帝鉴图说》,可谓源远流长。据文献记载,当时稍具经济能力、在社会上有一定地位的个人和家族都要在墙壁上雕饰绘画,以将自己与普通平民区别开来。②因此,居室建筑是否具有彩绘图像以及这种图像的规模大小、种类多寡,都成为居住者是否具有高贵社会地位的象征和标志。③

与此相关,两汉皇帝和王侯贵族的大力支持,极大促进了汉代绘画的

---

① 丁云鹏绘,"寝门视膳"出自《养正图解》,1a,故事一,焦竑版,约1595年,木刻版画,黄奇雕刻,高约 24 cm。摘自孟久丽(Julia Murray):《道德镜鉴——中国叙述性图画与儒家意识形态》,何前译,生活·读书·新知三联书店 2014 年版,第 159 页。

② 《汉书》卷六十四上《严朱吾丘主父徐严终王贾传》第三十四上:"今陛下昭明德,建太平,举俊材,兴学官,三公有司或由穷巷,起白屋,裂地而封。"颜师古注"白屋"云:"白屋,以白茅覆屋也,寿王言此者,并以讥公孙弘。"颜师古认为"白屋"是白茅所建之屋,指贫民百姓居住的地方。同样的观点还见于《汉书》卷七十八《萧望之传》。颜师古注"致白屋之意":"白屋,谓白盖之屋,以茅覆之,贱人所居。"颜师古所解释的只是表象,因为能否在自己屋子墙壁房梁等处绘制图像在当时有着严格规定,普通百姓的屋子是不允许修饰彩画的,因而被称为"白屋"。

③ 汪涛:《颜色与祭祀》,上海古籍出版社 2013 年版,第 164 页。

发展。从秦始皇"写放宫室"到汉高祖刘邦采纳萧何建筑宫室的建议，从汉武帝的甘泉宫、麒麟阁到汉明帝的云台，从皇室宫殿到地方行宫、地方政府和民间的祭祀祠堂，这些所在都在绘制图像。没有政治力量和宗教信仰的支持，要达到这种程度是不可能的。郑午昌说"盖汉代绘画，虽极富美，以累代帝王用以章饰典制，奖崇风教之故"[1]，指出了汉代绘画"富美"背后的政治原因。据记载，汉代宫廷设有专门的绘画机构"少府"，内设"黄门署长、画室署长、玉堂署长各一人"[2]，以负责皇家所需图像的制作工作。张彦远《历代名画记》"叙画之兴废"条云"汉武创置秘阁，以聚图书；汉明雅好丹青，别开画室。又创立鸿都学，以集奇艺，天下之艺云集"[3]，道出了汉代绘画兴盛的情况。在偏远落后地区，地方长官还以图像的方式对人民进行教化，是夏商时期以图设教方式的延续和发展。这种施教方式至三国时期仍在流行。《华阳国志·南中志》："诸葛亮乃为夷作图谱，先画天地、日月、君长、城府。次画神龙，龙生夷，及牛马羊。后画部主吏，乘马幡盖，巡行安恤。又画牵牛负酒，赍金宝诣之之象，以赐夷，夷重之。"[4]在这些因素的促进下，专职画工大量涌现：宫廷画家、民间画家和文人学者画家都在汉代相继出现，他们互相切磋，推动了汉代绘画的发展，其高超艺术造诣在当时就引起了大家的注意。王延寿《鲁灵光殿赋》说鲁恭王灵光殿的壁画"千变万化，事各缪形，随色异类，曲尽其情"[5]，是对当时壁画艺术的赞扬。

总之，汉代绘画的勃兴是多方面因素共同作用的结果。两汉之前的艺术实践在技术层面为它提供了支撑，两汉期间的宗教信仰、政治制度和哲学思想等都在某一方面促进了汉代绘画的发展，汉代绘画也很好地履行了

---

[1] 郑午昌：《中国画学全史》，上海古籍出版社2001年版，第42页。
[2] （南朝宋）范晔著，李贤注：《后汉书》，中华书局2005年版，第2451页。
[3] （唐）张彦远：《历代名画记》，浙江人民美术出版社2012年版，第4页。
[4] 饶宗颐：《〈楚辞〉与西南夷之故事画》，见《饶宗颐二十世纪学术文集》第十三卷，中国人民大学出版社2009年版，第198页。
[5] 龚克昌：《两汉赋评注》，山东大学出版社2011年版，第801页。

自己悦神悦人、施政化民的任务。由此也可看出，汉代绘画并非纯粹的艺术形式，审美功能作为附属功能而存在，在汉代的宗教、政治和社会生活的交织中而存在，绘画成为各种意识形态的交汇之地，神话意象也成为各种意识形态的中介，并将它们连接成一个整体，建构了汉代人的精神世界。

第二节　图像的占有者：秦始皇与汉代诸王

在魏晋山水画和人物画兴起之前，作为纯粹审美形式的绘画尚不存在。在这些绘画作品中，色彩、线条的运用虽能营造出美轮美奂的审美情境，其图像设计和各种艺术手法的运用极其灵活、高超，但其目的仍偏重于实用性，礼仪功能占主体地位，但这并不妨碍它同时具有丰富的精神价值：绘画由此成为知识图典、政治疆域空间和人们信仰世界的统一体。在神圣性和礼仪性的双重规范下，图像制作过程变得极其严肃而慎重。正是在这种情况下，那些精美的作品才被制作出来，以至于被后人称为难以企及的艺术范本。十分明显，这些器物图像中审美因素的渗透或参与只是为了强化其神圣性，以将图像所呈现的事物或世界既与日常事物相关又将其区别开来。在特定思维方式的影响下，人们将绘画所呈现的图像世界与真实世界等同，由此，绘画以其实用性和礼仪性而成为知识的载体、现实空间的具体化以及精神世界的形象呈现物。于是，占有图像在某种程度上也就占有了图像所包含的内容，无论是物质的还是精神的。这与西方《圣经》文化传统贬抑图像的做法截然不同。秦始皇和张良由此进入我们的考察视野：在社会政治关系中，两人虽然相互对立，欲杀彼此而后快，但在对图像世界的重视方面两人却具有惊人的一致性。各种文献证明，在历史发展的紧要关头，他们对占有图像都有极其鲜明、强烈的需求，在将这种精神需求转化为具体行动的过程中，他们也改变了秦汉社会文化和艺术的历史进程。

秦始皇对图像的嗜好程度非常人所及：他力求通过以占有图像的方式将世界万物占为己有。如前所述，在这一时期中国人的思想观念中，图像从来都不是虚拟性的，其真实性甚至超过它所表现的事物本身，以至于占有图像成为极少数特权阶层的专属权力。秦始皇将这种专属权力发展到极致——这位以武力将天下疆域纳入一统的中国始皇帝，在六国城破之时，"写放其宫室，作之咸阳北阪上，南临渭，自雍门以东至泾、渭，殿屋复道周阁相属"[①]。可以看到，伴随着秦始皇统一战争的是庞大和持续的图像仿写工程：六国诸侯的知识集成、社稷礼仪、精神信仰、疆域辖区等，都被秦始皇以图像的方式真实记录、呈现并占为己有。秦始皇将六国诸侯宫室以图像的方式复制到自己生活的宫殿中，这是一项庞大的图像制作工程，难以计数的画工、石匠、乐工参与其中，历经数十年仍尚未完成。[②] 无论这项工程的初衷具有多么强烈的政治色彩，但这项耗费无数时间、人力、物力的工程无疑也是一项对此前艺术进行总结、汇集的文化工程：雕塑、绘画、篆刻、乐舞等各种艺术被交替、综合使用；为了彰显新帝国的宏大气象，这些形式亦需要打破此前孤立单一的使用方式而被综合化。同时他还修建了自己的庞大陵墓，以与地面上的宏伟富有的宫殿相媲美。于是，"我们从司马迁的记述中认识到，秦始皇把自己安全地置于一个可以被理解为图谱的宇宙中。他认为自己处于这一空间的中心，是四方宇宙的轴心"[③]。这些活动无疑促进了早在春秋和战国时期就极为兴盛的绘画与其他各种艺术形式的交流与融合，并使之发展到一个新的阶段。

同样，以高祖、武帝和张良、萧何为代表的汉代皇帝与诸侯对图像在政治统治方面的重要性亦有深刻认识。张良，这位因刺杀复仇而与汉代开国皇帝刘邦结为同盟的韩国贵族，对秦始皇有着极其深刻的了解。在因复

---

① （汉）司马迁：《史记》，中华书局1959年版，第239页。
② 段清波：《秦始皇帝陵园考古研究》，北京大学出版社2011年版，第23页。
③ 〔英〕杰西卡·罗森：《图像的力量——秦始皇的模型宇宙及其影响》，见《祖先与永恒》，生活·读书·新知三联书店2011年版，第220页。

仇而耗尽家财的过程中,具有隐忍性格特点的张良在一次偶然的机会中遇到了传说中的黄石公。在对黄石公所付予的"一编书"《太公兵法》的诵读记忆和灵活运用并取得成功的过程中,张良深刻认识到图书的重要性,刘邦也在他的帮助下取得了成功。萧何,这位沛县的低级文官,对图像文书却有着超乎寻常的敏感。与秦始皇对图像的重视一样,他也深刻认识到图像典册在国家统治中的核心作用:这些图像文本不仅是疆域、知识和信仰的载体,同时也是国家政权获取合法性存在的基础力量。根据史籍记载,萧何对秦始皇的图像收集和制作活动了然于胸:六国文化集成都被秦始皇收归己有并封藏在自己的宫殿中。所以,当刘邦率先进入咸阳时,与其他人忙于劫掠财富和美色不同,萧何独自率众来到秦始皇的国家图书馆,将这些图书一律封存并收归汉王。① 这为汉代学者对先秦典籍进行大规模地整理、编订和创新以建立新的意识形态的工作提供了文献基础。天下初定后,萧何建议高祖大兴宫室,并以"天子以四海为家,非壮丽无以重威"② 的理由打消了刘邦的顾虑。记载甘泉宫、麒麟阁、云台二十八将的同时期的各种文献证明,两汉宫殿建筑都伴随着大规模的图像创制活动。由于两汉贵族在创制画作之前就有明确的记述意识,因而各种神灵和人物画像在这些画作中占据重要位置,人物画首先得到长足发展。后世绘画中的山水、宴饮、娱乐、花鸟、人物等绘画类型都可在此找到渊源。汉代诸王对绘画艺术的发展厥功甚伟,无论他们的目的是出于宗教、政治还是娱乐、学习,他们以其独特的特权地位及其强大影响力,改变、加固了人们对图像的认识,也塑造了整个时代的审美趣味,改变了它的发展过程。至东汉时期,这种以图像彰显宇宙规则和人生价值的做法在整个社会中普遍盛行,以至

---

① 司马迁《史记·萧相国列传》:"沛公至咸阳,诸将皆争走金帛财物之府分之,何独先入收秦丞相御史律令图书藏之。沛公为汉王,以何为丞相。项王与诸侯屠烧咸阳而去。汉王所以具知天下阨塞,户口多少,强弱之处,民所疾苦者,以何具得秦图书也。"见(汉)司马迁:《史记》,中华书局1959年版,第2014页。

② (汉)司马迁:《史记》,中华书局1959年版,第386页。

于王充在《论衡》中花费大量篇幅对这些图像的虚假性进行批判，但效果甚微，并引起了后代画家和理论家"对牛鼓簧"（张彦远语）的嘲讽。与之相伴的是人们对墓室壁画和帛画的创作活动，现今发现的大量精美的墓室画作体现出两汉时期人们对图像制作的热情。可以想见，如果没有强大的功利驱动和宗教似的情感需求在起作用，这种图像制作活动不可能持续四百年之久。

古代中国的统治者对绘画重视的历史可上溯至传说中的夏代。人们发现，图书的转移往往伴随着王朝的兴衰、更替。张彦远《历代名画记》："昔夏之衰也，桀为暴乱，太史终抱画以奔商。殷之亡也，纣为淫虐，内史挚载图而归周。燕丹请献，秦皇不疑。萧何先收，沛公乃王。图画者，有国之洪宝，理乱之纪纲。"[1]这个历程有力证明，人们的各种实用需求对艺术的发展有极大的促进作用。秦汉时期人们对自己生命价值的追求尤其强烈，正像曹操所感叹的那样，"人生不满百，常怀千岁忧"，人们对短暂的生命有着敏感的觉察和体悟，希望通过各种方式延长自己的生命过程，以实现对政治功业的追求，并将这种功业永恒化而被后人敬仰、缅怀。这种强烈的人生愿景带有宗教和世俗的双重成分：它既是一种热烈而持久的宗教情感，带有超越性特点，同时又具有鲜明的世俗化特点，功利性追求（如施行教化、巩固统治、得道成仙等）始终是其核心目的。无论哪种情感都指向一点：它们需要一种旺盛、热烈、沉着的生命活力才能实现。相对于纸质文献所呈现的无声无形的秦汉盛世，图像资料为我们展现了有声有形的世界，这个世界充满了生命活力，以至于此后的人们往往以"汉"来指称自己的归属。绘画及其意象世界，最直观、最典型、最形象地呈现了这个奇异、充满魅力和活力的时代。

根据汉代绘画的发展历程，可以看出，实用性成为其根本属性。这也从侧面说明，那些蕴含道德鉴戒意义的绘画在当时应该普遍流行，最伟大

---

[1] （唐）张彦远：《历代名画记》，浙江人民美术出版社2012年版，第3页。

的画家和最优秀的作品应该属于这些世俗绘画,更何况,儒家文化的思想和价值观也为这些绘画的流行提供着坚实的理论基础。《汉书》等史籍关于两汉王侯对绘画重视的记载也证实了这一点。只不过,由于时过境迁,岁月的侵蚀、战火的焚毁、私人的占有欲等等,让它们很难在两千年的时间中再保存下来,哪怕是断片残稿现在也很难觅见;除了考古出土的墓葬绘画之外,我们几乎很难再见到它们。因此,下面我们对汉代绘画与神话意象之关系的描述和概括只能依靠后者,虽然这些概括只能是片面性的,但也足以让我们认识到神话意象对后世社会和艺术的重要价值。

第三节　秦汉绘画:"动态艺术"

秦汉时代——这个充满生命活力的世界,孕育了它的独特艺术,这种艺术可用"动态艺术"来指称,绘画是它的典型代表。汉代绘画的"动",既指人与万物的生命活动,也指艺术形式的生动特点。可以看到,在这个形象世界中,人、神和万物都处于一种生命勃发的状态:漆画和帛画中的神灵、怪物和自然云气,都跃然欢腾、流动不居;画像石和画像砖中的日常生活细致、逼真、多样,就像它的拥有者仍在存活——这些场景中的各种人物都以极其认真的态度从事着自己的工作。在墓室壁画中,那些看似静止的形象也在以沉默的方式表明一种生命关系:门吏手拿仪仗,似乎在等待着从远方来访的客人;高大的墓主端坐在仪台上,似乎正向伏地而拜的来访者或他的后人交代着极为重要的事情。一句话,万物与人事结构中的人与物构成了这种"动"的基础:在汉代绘画中,只要有人存在,人就处于一定的生活结构中;只要有物存在,物就显示出它作为物的生命特点;即使没有人物和他们的活动,那些盘旋跃动的装饰纹饰也是生生不息的宇宙的象征。

以此比照可以看到,从魏晋时期的人物画、山水图卷到明清时期的工笔绘画，虽然在表现对象方面与秦汉绘画有共同之处，但总体上是"静态艺术"——在这些画作中，我们无法体味到一种盎然的生机，秦汉时期青春、鲜活的生命活力转化为沉静、寂然的生命之思，就像一个活力四射的青年已成长为成熟的中年和老年一样。在艺术表现方面，秦汉绘画中的繁复铺张的线条使用方式也向简约、节制发展，朴拙、稚气转化为精细、典雅。图 7.3 是东汉时期的渔猎画像石，它所呈现的是一幅生动热烈的捕猎场面[①]，但后世文人画中，这样的场面却成为主体跃身大化、实现身心自由的精神象征：活力四射的生活场景转化为洒然自适的精神境界，"鸢飞鱼跃"由此具有两种完全不同的含义。这种转变是一种由"动"至"静"的转变：它们是古人生命精神和审美趣味的不同呈现方式。即使与同一时期或稍微不同时期的古希腊和古埃及的艺术相比，汉代绘画这种"动"的特点也极为明显：古希腊艺术对比例和秩序的追求使其显示出"静"的艺术特点；在古埃及的壁画中，所有事物和活动都在一条直线上展开，这种刻板

图 7.3　渔猎画像石

[①] 中国画像砖全集编委会编：《中国画像砖全集·四川汉画像砖》，四川美术出版社 2006 年版，图版 109，第 80 页。

和严谨显示出人对神的绝对臣服,因而也属于静态艺术。刘纲纪《周易美学》将秦汉绘画与古希腊瓶画进行了比较,指出早期中国绘画"动"的特点:"一个在精确符合数学比例的形式中显示其明晰的宏大、秩序、单纯、稳定之美,另一个则在颇难把握的错综变化中显示其运动、气势、力量之美。而且,即使在它看上去是很稳定的情况下,它也似乎要冲破这稳定而飞动起来。"① 当然,古希腊的瓶画和古埃及的壁画中的"静"与中国后期绘画追求的精神之"静"有很大不同。

汉代绘画与后世绘画的动、静之分,与中国绘画总体发展趋势是一致的:汉代绘画的"动"转变为不同形态的"静"在后世不同时代的绘画中存在。黄宾虹《古画微·总论》对中国不同时期绘画的特点概括得很准确:"周秦汉魏画法,石刻图经,犹是形象","两晋六朝,顾恺之特重传神",唐代吴道子"尤以气胜","宋开院体,画专尚理","元人又尚意,显有不同","明初研习宋元"而"稍变旧法","清代之画,卒不及于前"。② 中国绘画的这个历程正牵涉一个重大问题,即绘画艺术形象与意蕴的分离过程。这个过程也是中国绘画由"动"趋"静"、由"形"向"意"转化的过程。可以看到,从两晋六朝传神论开始,人们已将形象与意蕴分开,无论是"传神""以气胜",还是"尚理""尚意",他们都把绘画形象本身作为工具或手段,"得鱼忘筌",中国绘画逐渐由"形"向"神""气""理""意"转化,逐渐由"实"化"虚"、由"动"趋"静":汉代绘画专注于形象塑造("犹是形象"),特别强调动态之美;后世绘画强调形象之外的神、气、理、意,它们需要主体拥有"神合体道"的精神状态方可把握,因而它力求通过形象引导主体进入冥思的精神状态中,以静态之美取胜。因此,汉代绘画中的万物形象都处于动态的结构关系中,是动态的形象,人"惟于动中得之";后世绘画强调"象外之象""象外之意",因而人"惟

---

① 刘纲纪:《周易美学》,湖南教育出版社 1992 年版,第 296 页。
② 黄宾虹:《古画微》,浙江人民美术出版社 2013 年版,第 1 页。

于由动趋静中得之"。造成这种分裂的原因是多样的，审美意识的变化在此过程中的作用不可小觑。在神话世界观中，"形""神""理""意""气"等，原本都是一体的，最起码在汉代绘画中还是一体的。刘勰《文心雕龙·神思》："神用象通，情变所孕，物以貌求，理以心应。"[1]这就是强调"神""象""理""情""物""心"之间的一体性关系，它们原本不能分开，在审美感兴的过程中，它们相互作用、彼此构成，最终形成玲珑剔透的艺术形象。但是，随着神话世界观的变化，人们的兴趣、关注点或着眼点也发生了变化，由此也使它们从一体性关系逐渐分化而向不同方向发展，形成了后世绘画或尚意、或求理、或以气胜的不同特点，一旦这些追求完结，绘画就只能在模仿之中重复前人而毫无创意了。由此似可得出结论：先秦两汉以神话世界观为基础绘画才是后世绘画真正的源头活水，它的形象、结构、技法和境界为后世绘画提供了基本蓝本，后世绘画只是它们的不同变体。宗白华说"中国的画境、画风与画法的特点，当在此种钟鼎彝器盘鉴的花纹图案及汉代壁画中求之"[2]，说的也是这个意思。

下面，我们通过对汉画像石中的一幅嫦娥奔月图像和明代画家唐寅的《嫦娥奔月图轴》[3]的比较来说明这个问题（图7.4）。嫦娥奔月见载于西汉文献《淮南子》《归藏》等书，并被同一时期及其前后的图像资料所证实，其较早原型是《山海经》记载的常羲神话。图7.5是河南南阳西关出土的一块嫦娥奔月画像石。[4]在图像中，常羲是人首蛇身的样子，在她的下身还有两只脚，以显示她实际上是龙的一种。在云气缭绕的星空中，她飘然飞跃，正向前方的月亮飞去；在她的前方是一轮圆月，一只健硕丰满的蟾蜍伸展其中，似乎正在水中浮动。这幅图像所展现的是常羲奔月即将到达月

---

[1] 范文澜：《文心雕龙注》，人民文学出版社1958年版，第495页。
[2] 宗白华：《论中西画法的渊源与基础》，见《宗白华全集》（第二卷），安徽教育出版社2008年版，第100页。
[3] （明）唐寅：《嫦娥奔月图轴》，台北故宫博物院藏，46.1cm×23.7 cm。摘自朱良志：《南画十六观》，北京大学出版社2013年版，第237页。
[4] 中国画像石全集编委会编：《中国画像石全集》第6卷，图版205，第168—169页。

第七章　早期绘画：神话意象向艺术的转化　| 283

亮之上的情景，是奔月过程即将完成的瞬间。为了说明这是一个正在进行的过程，图像作者一方面将常羲的身体刻绘成向前倾斜飞动的样子——她身后长长的尾翼正在摆动当中；周围的云气以盘旋的状态显示出星辰与圆月之间的运行关系。因此，奔月事件本身的运动过程通过图像中各种富有生动气韵的要素加以呈现。在这款图像中，嫦娥奔月的各种构成要素多已齐备：常羲、蟾蜍、圆月、人首蛇身，成为后世相关文学艺术作品的基本构成要素。可以发现，在这幅图像中，它的每一个形象和细节都处于不断流转的整体结构中。

　　与此不同，无论是诗歌还是绘画，后世文人作品中的嫦娥均变为寂寞、孤独的美人形象，蛇身的特点不再出现。就像李商隐在他的诗句中所猜测的那样：嫦娥窃取仙药之后，独自生活在寂冷的月宫中，因为不能忍受这种寂寞，

图 7.4　唐寅《嫦娥弈月图轴》

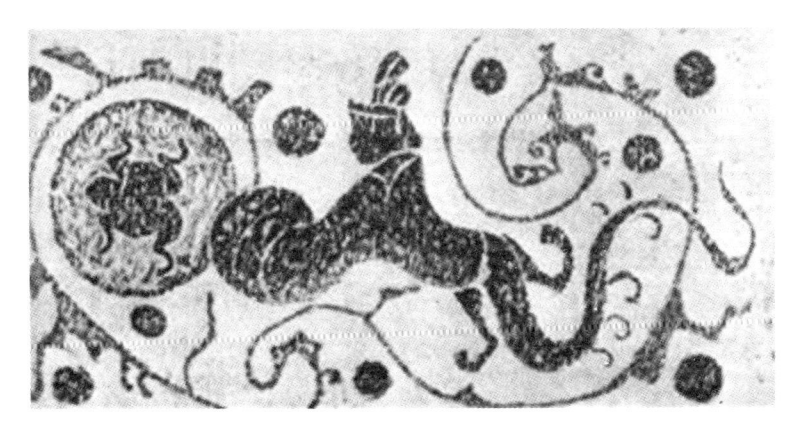

图 7.5　嫦娥奔月画像石

她每夜都在为自己的鲁莽行为而懊悔。① 为了表明她的寂寞，人们还将神话中担负捣药任务的玉兔作为嫦娥的唯一伴侣加以咏叹。唐寅的《嫦娥奔月图轴》延续了这个传统。在这个寂寥的画面中，一轮金黄的圆月在云层中若隐若现，一位装扮精致的女子被命名为嫦娥，她轻拢双手静静地站在一棵古松下，天上的圆月没有引起她丝毫的兴趣，她似乎只沉浸在自己难解的思绪中，就像云层对明月的掩盖一样。与画像石对"奔月"情节的呈现不同，在这幅作品中，唐寅改写了嫦娥与月的合体关系，圆月成为一种点缀，那位无声沉思的女性的寂寥思绪成为整幅画作的灵魂。在作者的题诗中，他虽然使用了神话中的各种意象，但均与其本意无关，女子无尽的忧伤或者作者无可排遣的抑郁成为这幅画面的主体色调。因而，在这种雅致的图像中，其情境与艺术家曲微幽深的心灵正相映衬，不断将观者也引向虚无、悠远而沉寂的意境之中。

与嫦娥奔月图像一样，两汉绘画的内容多集中在宗教、政治活动领域，神话思维脱落后，它们就成为人物画和风景画的表现对象，后者在创作时从前者那里吸取了有益成分并加以改造，使之成为较为纯粹的审美对象，因而两者蕴含的生命特点由此呈现出较大的不同。即使是在高度写实的生活场景中，秦汉绘画所呈现的时人精神状态仍与后者有较大差距。在世俗生活的表现方面，北宋张择端的《清明上河图》历来堪称佳作（图7.6）②，它真实呈现了北宋时期汴梁的繁荣景象：各种商人和农人小贩络绎不绝，人们或步行或乘车来到这里，进行各种各样的商业交易。其繁忙程度令人惊讶，城郊来往的马匹都在急匆匆地赶往城中，几个似乎正在郊游的人让运河两岸显得极为空旷。但是，在这幅容纳814个人物的长卷中，几乎没有人对汴梁城外美丽的春色进行欣赏活动。可以发现，张择端所呈现的画面虽然极富动感——各种人物都在进行着自己的活动，但其精神意蕴却乏

---

① （唐）李商隐《嫦娥》："云母屏风烛影深，长河渐落晓星沉。嫦娥应悔偷灵药，碧海青天夜夜心。"

② （宋）张择端：《清明上河图》（局部），原图藏北京故宫博物院，25.2cm×525 cm。

善可陈，因为在如此繁忙的景象背后，人们对物质的追求超越了日常生活的本色之美。这实际上也是人与物的分离，因而与汉代绘画相比，它也属于"静态艺术"：人与自身的关系被人与物的关系所取代，那种对日常生活的热情和从容态度消失不见了。

图 7.6　张择端《清明上河图》（局部）

相似的生活场景是汉代绘画的重要组成部分，数量可观，它所反映的人们对自己生存状态的认识，与《清明上河图》有重大区别：汉代人似乎并不思考生活之外的事情，在他们眼中，日常生活的本色之美成为图像制作的根本追求。落实在整个汉代的信仰、伦理和政治体系中，它们似乎也都是围绕着日常生活而展开，绘画形象所呈现的生活世界就是他们的生活本身。可以看到，人们将乐舞百戏、车马出行、赌博行令、迎送往返、庖厨制作等内容全部以高度写实的方式加以记录，全方面展现汉代人们的日常生活景观。在这景观中，我们可以感受到汉代人对生命和生活的热情，这种热情让这些画面具有生气。一旦对比例秩序和玄冥之境的追求代替了对生活和生命状态的呈现，绘画艺术也就从动态转向静态，虽然后者仍然属于生活的一部分。

第四节　两种真实：汉代绘画的内容与精神

无论中西，人类祖先对生命和死亡的态度，决定一切早期艺术的表现形式和形象构成。汉代绘画"动"的审美特征，在形式上崇尚飞举灵动，在内容上注重表现生活的乐趣与生命的活力，它们都指向一点：抵抗和消解死亡，维系自我生活和生命的永恒存在。抵抗死亡是先民热爱生命的一种表现形式。这影响了早期艺术的形象呈现方式。卡西尔说："即使在最早最低的文明阶段中，人就已经发现了一种新的力量，靠着这种力量他能够抵制和破坏对死亡的恐惧。他用以与死亡相对抗的东西，就是他对生命的坚固性，生命的不可征服、不可毁灭的统一性的坚定信念。"[1]抵抗和消解死亡、展现生命的灵动之美，成为汉代绘画"动"的审美特征的内涵和特质，是这一时期生命意识和生命精神的真实呈现。这种对待生命的态度又分为两种形式：一是表现生活真实，一是表现生命真实。表现生活真实，是指主体将自我的日常生活过程神化和永恒化，让观者通过对图像的观赏，体悟到生活本身的美和价值；表现生命真实，是指主体并非孤立的生活与生存，与生活相关的每一个事物都具有独特的生命形态，正是这些生命形态让主体的生活更加真实可感。

汉代绘画的内容很丰富，包括人类生活的每个方面，这为汉代绘画提供了充实、多样的基础。因此，汉代绘画的生活真实性也包含着这样一层含义：人的生活与天地万物之间结成互动结构，彼此之间相互影响、相互制约，鲜明体现出两汉时期人们普遍信奉的"天人合一"与"天人感应"的世界观。在后者的影响、制约、支配下，汉代绘画必然将所有对象包含其中，以体现这种一体性关系。因而，汉代绘画中的"生活真实"与"生

---

[1]〔德〕卡西尔：《人论》，甘阳译，上海译文出版社1985年版，第110页。

命真实"是一种"真实"的两个方面,有着共同的思想基础和实践基础。这种一体两面的真实观,决定了汉代绘画的内容构成:它必定包含万物,并将人类活动置于万物的结构之中。

在表现生活真实方面,受当时思想观念和社会现实的影响,汉代绘画对日常生活的呈现独具特点:细致、全面、多样,甚至达到事无巨细、一概呈现的地步。汉兴之初,刘邦即施行休养生息之政,鼓励人们安心农桑生产,过幸福的生活。大约七十年左右,这一政策使社会财富迅速增加,人民安居乐业,生产、生活、狩猎、农事、娱乐、锻炼等等,开展得有声有色。《史记·货殖列传》对此有详细记载。这在某种程度催生了人们对自己生活的重视的思想,也让"人"的观念获得了萌生的条件。《吕氏春秋》《淮南子》《春秋繁露》等著作无一不表明:在天、地、人结成的统一结构中,人处于核心地位,"举凡一切,皆归之以奉人"。这种思想建构了当时人对自我生存和生活方式的理解。当然,这些内容必然也会通过民俗、艺术、文学等各种方式体现出来,绘画对此有着丰富、形象的记录,以至于后人多将汉代视为一个"视死如生"的时代:人们为了无限延续自己的世俗生活,通过各种方式消解死亡对生活的终结价值,甚至直接否定死亡的存在——它只不过是人换了一个生存的空间而已。生活真实,就这样成为汉代绘画的主体:"学界普遍同意,汉代墓葬图像艺术的特色在于它生动反映了时代的日常生活。时人,尤其是上层人士,享受世间荣华富贵,而将这些世间快乐延伸到来世乃是他们的愿望。因此在墓葬的图像艺术中,尽现他们生前所享受的各种社会生活。"①人们似乎就是在日常生活的享乐中确定自我的生命存在及价值实现。这种观念在道教和养生思想的影响下被进一步强化,只不过,后来佛教信仰的传入在某种程度上消解了它的影响。

当然,汉代绘画如此注重表现生活真实,非仅汉代一世形成,它有着

---

① 余央时:《东汉生死观》,上海古籍出版社2005年版,第92—93页。

深厚的历史渊源。古代中国追求不朽的现实生活的观念在殷商时期就已达到令人惊讶的程度。董作宾通过对殷商甲骨记录分析发现，商代末期的三代帝王，每一年中祭祀的次数竟然达到三百六十多次。[①] 人们不禁会问：是什么力量让殷人如此频繁地与死去的祖先的神灵进行交流？各种证据表明，死去的祖先仍像生时一样，需要食物和美色以继续生活，而且他们很害怕孤独，希望能不断地与后世子孙交流，同时伴以宴饮、娱乐、政治、伴侣等以克服这种孤独感。这实际上是活着的人自己的需要，毕竟，每个人都必将走向这里。因而，这种频繁祭祀活动的背后，所蕴含的是华夏先民对生活的执着和迷恋。而且，殷王朝覆灭后，人们对其指责最多的也是殷王醉生梦死的生活方式，人们多以"酒池肉林"指代这种以娱乐与食物、美色享受为主要内容的生活。此后的统治者和学者虽然对此多有警戒，但对生活之乐的追求从没停止过，而且它还转变为礼仪制度，建构和强化人们的这种观念：在对祖先的祭祀过程中，精美的食物、精致的器具、美丽的侍女和强健的仆役，都在说明祖先需要这些生时的物品；人们往往使用"享"来指称祖先神灵对这些祭品的使用。这里似乎暗含这样一种观念：祖先的灵魂如此贪图享乐，他们似乎有着不能被满足的欲望，以至于活着的人要不停地献祭于他们。可以看到，汉代人对现实生活的执着其实是对这种思想传统的接续，并将之发展成为一种全民认同的人生观。享受人生、满足对乐趣的追求，就这样在汉代变成一种哲学观念、宗教信仰而内化为每个人的人生行为准则。只不过，与现代社会满足欲望而缺乏礼制约束不同，汉代人在满足现实生活乐趣的同时，将之发展成一整套的礼仪制度和伦理原则，将这种人生与形而上的价值追求结合在一起，因而形成一种以生活真实呈现生命真实的时代精神：人们既在生活真实中完成自我对功业、声望和乐趣的追求，又在这种追求中将自我生命的价值追求与社会发

---

① 胡适：《中国人思想中的不朽观念》，见《"中研院"历史语言研究所论文类编·思想与文化编》（一），中华书局2011年版，第856页。

展结合在一起以实现人生之不朽。这些内容同时成为汉代绘画的主要表现对象。

在表现生命真实方面，汉代绘画有自己的特点：它善于抓住表现对象的独特生命特点，以动态的方式将之呈现，从而体现出表现对象的生命活力。因而，有些动物和神灵形象，虽是单个出现，但由于制作者能通过特定的手法将之独特的生命特点呈现出来，因而显得活灵活现，充满生命活力；有时，图像制作者为了表现对象的生命特点，还会使用各种手法改造对象在现实生活中的形态，将之改造、转化为其他状态，以突显其生命特点。图7.7是西安北郊坑底寨村出土的汉代白虎纹瓦当图像。① 瓦当本是用来遮挡屋檐椽头的东西，往往单独使用。为了使屋檐外观富有装饰性，人们多在上面绘制各种图像，实现实用与审美的统一；尤其是秦汉瓦当上的图像，具有很强的艺术表现力和价值。随着北宋金石学的兴起，它也逐渐引起相关学者的注意。这只瓦当直径19.4厘米，是一只飞跃中的翼虎形象：它是静止的，却给人十足的动感。这只白虎身长双翼，气势威猛，伸展中的四肢孔武有力，向上扬起的尾翼和身上的双翼也表明它正处于快速的运动之中，它张开的大口蕴含着无上神威，充分体现出它作为神物所应具有的威武而不可侵犯的特点。可以看到，

图7.7 白虎纹瓦当

---

① 赵力光：《中国古代瓦当图典》，文物出版社1998年版，图版108，第128页。

在现实生活中，老虎跃动时的姿态与此并不相同，为了表现出白虎的神性，作者对现实生活中老虎的肢体语言进行了夸张和改写：线条运用极为自由、灵动、虚化，它的四肢和头部、颈部都被抽象化，体现出高度写意的特点，体现出生活真实向生命真实转化的过程。由此可以发现，为了表现生命真实，汉代绘画还可以对表现对象进行变形，以极度写意化的线条使用将对象最为独特的生命特点表现出来。如果将类似图像集中在一起，可以发现，汉代绘画中的各种图像体系多有从现实向写意发展的趋向。这种趋向就其本质来说也是生活真实向生命真实转化的过程。一旦支配这种技法使用的思想基础发生转变，绘画艺术也就走向新的路途。例如，从后汉开始，人神一体的宗教思想逐渐脱落，人的自由思想随之兴起，这种对表现对象生命特点的追求就逐渐转化为对人物生命精神的追求。这个转变为后来绘画对"神""意""理""气"的追求奠定了基础。

现存的汉代绘画资料多为考古发掘，宗教绘画居多，这从一个侧面反映出绘画在当时人们生活中所占有的重要位置：它们承担着政治、礼仪、信仰和宗教、艺术等各种职能。职能的多样化决定了汉代绘画内容的多样化。东汉末年王延寿《鲁灵光殿赋》真实记录了当时宫殿壁画的内容。鲁恭王刘余是汉景帝刘启的儿子，于公元前155年被封为淮阳王，后来徙于鲁地，是为鲁恭王。因其好治宫室苑囿，喜爱声色犬马而建立灵光殿。根据王延寿的描述，可以看到，到东汉末年，灵光殿的壁画历经三百年仍保存完好，虽然赋家之文每多夸饰，但王延寿的描述仍具有可信度：灵光殿的壁画在当时流传极广，其内容广为人知，作者如果全凭虚构，几乎是不可能的。另据王延寿的经历可知，他年轻时随父亲到山东泰山向鲍子真学习算术，后来到鲁地得观灵光殿盛迹。他的父亲王逸是著名的楚辞研究者，有意作赋赞颂灵光殿，"命延寿'图其状'，延寿即作此赋。父见此赋后，以为无以复加，遂辍"[1]；"后蔡邕亦造此赋，未成，及见延寿所为，甚

---

[1] 龚克昌：《两汉赋评注》，山东大学出版社2011年版，第799页。

奇之，遂辍管而已"①。王逸、蔡邕是当时的著名学者，也是见载于史籍的著名画家，他们对王延寿赋文的肯定证明王延寿赋作描写的真实性和准确性。灵光殿崇高宏大，达到"周行数里，仰不见日"的程度，每一座宫殿都彤彩周章、琉璃烂漫，十分绚丽；宫殿与宫殿之间阁道连接，组成独立的空间。其间均雕以彩绘，内容无所不包："图画天地，品类群生。杂物奇怪，山神海灵。写载其状，托之丹青。千变万化，事各谬形。随色象类，曲得其情。上纪开辟，遂古之初，五龙比翼，人皇九头，伏羲鳞身，女娲蛇躯。鸿荒朴略，厥状睢盱。焕炳可观，黄帝唐虞。轩冕以庸，衣裳有殊。下及二后，淫妃乱主。忠臣孝子，烈士贞女。贤愚成败，靡不载叙。恶以诫世，善以示后。"②王延寿描绘的神灵形象，与同时期墓室壁画中的神灵形象是一致的；其对颜色的使用（"托之丹青""随色象类"）也与这些绘画作品一致。图7.8是1976年河南洛阳卜千秋墓室脊顶出土的阳神伏羲图像。③这是一位老者的形象，头戴黑冠，身着紫衣，两撇小胡子使他显得很有人情味；红白相间的长长的尾巴，显示了他的神灵身份。类似的伏羲女娲形象在汉代图像资料中十分常见，与王延寿的描述也是一致的。通过赋文，可以看到，灵光殿壁画的内容包括自然万物、神

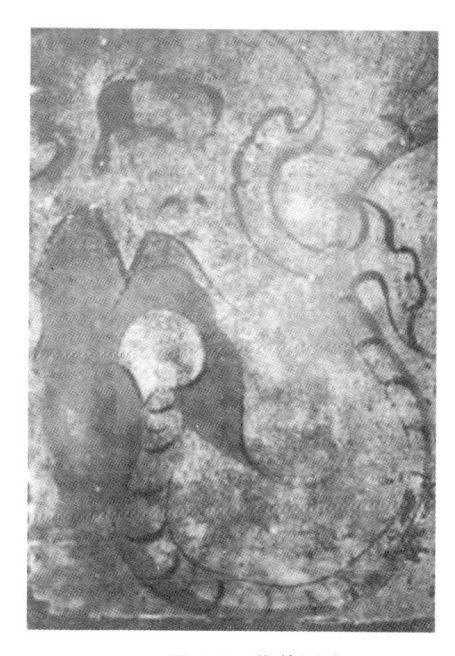

图 7.8 伏羲图像

---

① （南朝宋）范晔著，李贤注：《后汉书》，中华书局 2005 年版，第 1766—1767 页。
② 龚克昌：《两汉赋评注》，山东大学出版社 2011 年版，第 801 页。
③ 金维诺主编：《中国墓室壁画全集·汉魏晋南北朝卷》，河北教育出版社 2011 年版，图版 4，第 3 页。

话传说、历史人物，是宗教、政治、礼仪和艺术的综合体。在艺术、宗教和政治尚未完全分离的两汉时代，这种综合性绘画符合当时意识形态的要求，并将各种功能融为一体。

从中国绘画的发展历程可以看到，表现真实是中国绘画的一贯传统，只不过，不同时代人们对真实的理解是不同的，这样绘画在形态上也会随之产生相应的变化。就早期礼仪艺术的独特职能来看，它们必然以真实准确呈现对象为主要目的，即所呈现的对象就是对象本身；如果图形所呈现的对象给观者造成误解，那么它就不能实现其功能，这是图像制作者和使用者都不允许的。虽然它们的表现技法可能还很稚嫩，但呈现真实的对象却是其根本追求。无论是对动植物和神灵、神物的表现，还是对历史人物的表现，都需遵从这一原则。从人物画这个角度看，与印度等东方美术直到公元前1世纪左右因受到古希腊艺术的影响才开始对人物进行表现的历史不同，中国绘画在一开始就将动植物和人物一起加以表现，对人物画的要求也以真实为第一标准，这是神话意象向绘画领域转移的重要证据。据《史记·殷本纪》记载，商代初年，伊尹就以"九主"①图像劝诫成汤以治理国家。这是人物图像承担政治和教化功能的最早记录。《尚书·商书·说命上》："王庸作书以诰曰：'以台正于四方，唯恐德弗类，兹故弗言。恭默思道，梦帝赉予良弼，其代予言。'乃审厥象，俾以形旁求于天下，说筑傅岩之野，惟肖，爰立作相。"②可以看到，殷商统治者对图像及其真实性是高度信奉的：武丁将梦中所见到的贤人形象画出命人依图寻找，并在现实中找到了在"傅岩之野"干建筑的奴隶"说"，让他治理国家。这说明图像与图像所呈现的对象之间应保持高度的统一，才能实现它所应承担的功能。这是早期中国绘画崇尚真实的典型体现。这个艺术传统，也成为汉代绘画的基本特点。除了现存的现实性汉

---

① 《史记集解》引刘向《别录》说"九主"分别是法君、专君、授君、劳君、等君、寄君、破君、国君、三岁社君等。长沙马王堆汉墓出土的帛书《老子》附录亦记"九主"，分别是：法君、专授之君、劳君、半君、寄君、破邦之主二、灭社之主二。两种记录有同有异。

② 江灏等：《今古文尚书全译》，贵州人民出版社1990年版，第176页。

代绘画外，我们也能找到相关记载证明这个传统在东汉时期仍然存在。据《西京杂记》卷二"画工弃市条"记载，毛延寿"画人形，丑好老少必得其真。元帝时后宫既多，不得常见，乃使画工图形，案图召幸之"①。这里的"真"应是生活真实和生命真实的统一体：因为如有"失真"，其后果是极其严重的——毛延寿的失职让他与其他几位画工一起受到了死刑的惩罚②。这个记载说明，在东汉元帝时期，当时以人物为表现对象的画作仍以真实为第一标准；人们仍然相信画像可以真实表现对象，以至于将图像上的人物和现实中的人物相等同，人们对图像的真实性是高度肯定的。

第五节　线条与颜色：构成要素分析

汉代绘画是此前绘画艺术的汇总，因而其艺术表现方式既与此前绘画有着明晰的承续关系，同时又表现出自己的时代特点。大体而言，汉代绘画在线条和颜色的运用等方面有自己的特点。这两方面的繁复变化、交相融合，形成了汉代绘画"动"的审美特点：线的柔和多变适合表现多种多样的生命形态，颜色的协调使用让生活和万物的本色生命形态更加真实地呈现出来。

在这方面，汉代绘画有着深厚的历史根源。使用线条勾勒出万物的轮廓，然后施以彩绘，是中国古人传统的作画方式。现存的原始岩画、陶器画给我们提供了很好的实例。裴文中、饶宗颐和法国考古学家步日耶（Abb

---

① 《西京杂记》，见《汉魏六朝笔记小说大观》，上海古籍出版社1999年版，第86页。
② 《西京杂记》"画工弃市条"说毛延寿等受到了"弃市"的惩罚。按："弃市"原指受到刑罚的人站在街市之上示众，让人们鄙弃之。《周礼·王制》"刑人于市，与众弃之"，即为此意。在汉景帝二年，弃市被改为死刑。《汉书·景帝纪》："二年春二月，……改磔曰弃市，勿复磔。"颜师古注云："磔，谓张其尸也。弃市，杀之于市也。"由此推测，毛延寿等人所受刑罚应为死刑。

Henri Breuil）等认为中国绘画最早可以追溯到石器时代，它所留下来的绘画资料已体现出用笔与着色相结合的特点。饶宗颐说："中国新石器时代的绘画，已有相当造诣。这无疑是绘画史上最古老的资料，尤其是用色方面，更值得我们研究哩。……可想见毛笔的发明，已有相当悠远的历史，这对于绘画，自然有莫大的帮助。"① 即使是用刀笔作画，人们的线条使用技术也达到了很高的水准；那些对物象形式的抽象模仿和提炼，可看作早期的绘画资料；中国文字以象记事的书写方式成为"书画同源"理论的有力证据。图7.9是刻在商代子渔尊上的图像②，真实呈现了"渔"字的原初含义：人们在河边打鱼的情景。可以看到，一人站在河边观察良久，各种成群结队的鱼儿让他手舞足蹈，似乎今天将要有大收获。在技法方面，作者用粗细变化有致的线条将渔人标明，两条曲线代表流动的河水，鱼儿则用点线结合的方式加以呈现。线条的功能展露无遗：它不仅可以模写物象，而且还可以记录场景。其技法已很娴熟、富有变化，将朴拙的线条向流动方面发展，成为此后艺术家的任务。

而华夏先民对于颜料（如漆、有色矿石等）的使用，至今已有近万年历史，颜色是先民辨识世界和万物的基本手段，因而在各个领域中也被广泛使用。例如，

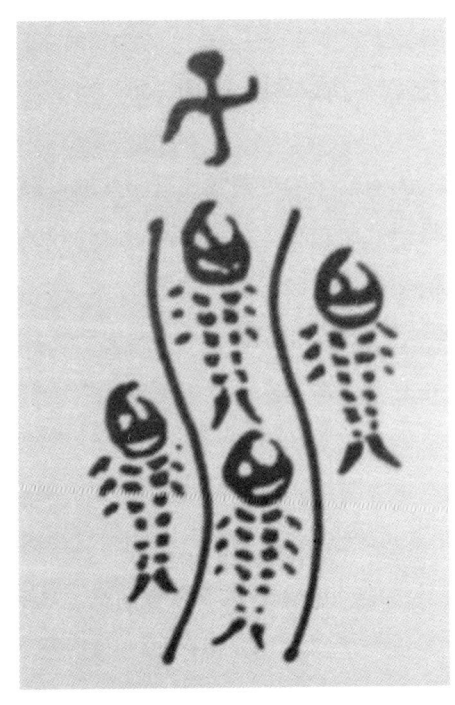

图7.9 商代子渔尊"渔"字

---

① 饶宗颐：《饶宗颐二十世纪学术文集·艺术卷上》，中国人民大学出版社2009年版，第137页。

② 李松：《中国美术：先秦至两汉》，中国人民大学出版社2010年版，第238页。

北京周口店山顶洞人对赤铁矿石的使用，反映出他们对颜色与生命之间关系的认识。发现于浙江萧山跨湖桥遗址的距今约八千年的漆器实物[1]，证实了《韩非子·十过》中所记载的尧舜禹时代对漆的使用情况："尧禅天下，虞舜受之，作为食器，斩山木而财之，削锯修之迹，流漆墨其上，输之于宫以为食器，诸侯以为益侈，国之不服者十三。舜禅天下而传之于禹，禹作为祭器，墨漆其外，而朱画其内。"[2] 从这个记载可以看出，在尧舜时代，人们已开始通过使用朱红墨漆的方式雕饰生活用品；由于有人认为用这样精致的器具作为生活用品太过奢侈，所以在禹的时代，人们将之改为祭器使用。正因如此，考古发现的战国精美漆器多属于祭器，当然也包括一些生活用具。石器时代的漆器使用多在江浙一带，殷商时期扩展到河南等中原地区，战国时流传至全国，可见其传播速度之快、覆盖范围之广。在这个过程中，颜色的使用技术也得到了长足发展。[3]

在这个过程中，线条与颜色的结合使用，由此成为中国绘画的显著特点延续下来，并成为中国画和西方画的重要区别之一。张彦远《历代名画记》甚至将绘画颜色的使用上升到"工欲善其事，必先利其器"的高度[4]，以强调绘画用色的重要性。人们甚至认为形象与色彩是构成绘画的两个基本要素，是绘画之所以成为绘画的本质规定性。张彦远《历代名画记》"叙画之源流"引《释名》云："画，挂也。以彩色挂物象也。"[5] 因此，人们常用"丹青"这两个表示颜色的词汇来指代绘画艺术。当然，随着时代精神的发展，用笔与着色的方式及其所内含的意蕴也会发生相应的变化。历代绘画虽然都在使用它们，但真正达到气韵生动和情感饱满之境界者却并不多见。对于汉代绘画来说，线条的繁复使用和色彩的相互搭配，将汉代充

---

[1] 蒋铮：《中国古代漆器艺术》，上海书店出版社2012年版，第29页。
[2] （清）王先慎：《韩非子集解》，《诸子集成》第五册，中华书局2006年版，第49页。
[3] 于非闇：《中国画颜色的研究》，北京联合出版公司2013年版，第31—43页。
[4] 张彦远：《历代名画记》，浙江人民美术出版社2012年版，第27—28页。
[5] 张彦远：《历代名画记》，浙江人民美术出版社2012年版，第2页。

满活力的生活世界和精神世界真实地呈现了出来。汉代绘画也是在这个传统中而逐渐形成、发展和繁荣起来的。它的很多技法、形象和构图方式都与这个传统密切相关。

下面，我们首先通过对殷商、战国和东汉三幅射鸟图的分析来说明线条在表现场景方面的变化情况，以探讨它在早期中国绘画中的演变过程，并说明它对汉代绘画所形成的重要影响。图 7.10 是商代母乙觯上的铭文[①]，呈现的是三只小鸟正栖息在一棵大树上，顾盼有致，富有动感；在小鸟的上方，是一个符号标记，至今人们尚未明确它所指何意；树下有一少女直身、盘膝而坐。这是"集"字的最初原型。在《说文解字》中，"集"字仍以这种形象方式被书写下来——只不过，图像上方的"十"字形标记和跪坐树下的少女不见了——许慎以"群鸟在木上也"释之。可以推断，母乙觯铭文"集"字呈现的实际上是这样的场景：一名少女正端坐树下，似乎在静静地祈祷着什么；她是一名未婚或者尚未有孩子的女子，她的这一举动似乎含有祈子的意味，毕竟，鸟在上古文化中一直是雄性的象征。在随后的图像和绘画中，这样的构图方式既延续下来又发生了变化：人在群鸟聚集的树下活动的场景反复出现，但树下之人却由女子变为男子：女子祈祷图转化为男子射鸟图。自春秋战国至两

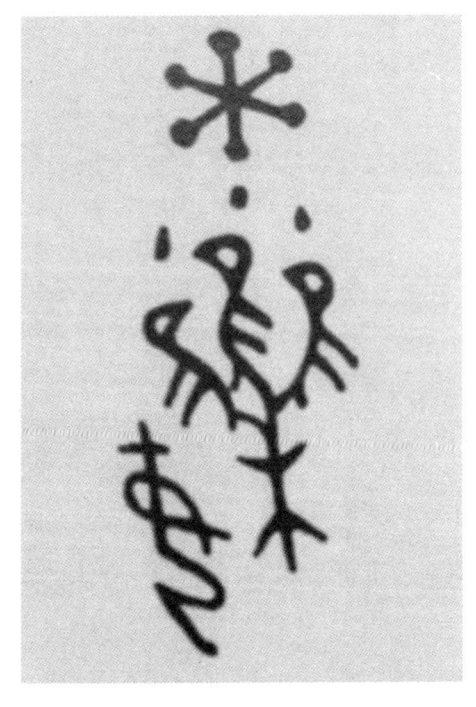

图 7.10　商代母乙觯"集"字铭文

---

① 李松：《中国美术：先秦至两汉》，中国人民大学出版社 2010 年版，第 238 页。

第七章　早期绘画：神话意象向艺术的转化 | 297

汉，这一构图模式和内容成为绘画的重要资源。

图 7.11 是 1978 年湖北随州曾侯乙墓出土的彩绘衣箱，是公元前 5 世纪早期的作品。[①] 考古学者根据图像呈现的内容将之命名为"彩绘后羿射日衣箱"。由于衣箱出现于墓葬中，是宗教艺术，因而图像中的内容也与神圣事件有关。在一棵茁壮茂盛的神树上，栖息着硕大的两只鸟，另外一只被树下之人射杀，正落向地面；在主干树枝的顶端，是一轮散发出耀眼光芒的太阳；其他八个枝丫上分别有一个类似的太阳。这些迹象说明树上的鸟儿就是神话中的"乌"。这个场景与商代母乙觯铭文"集"字所呈现的场景既有联系又有区别；相同的场景和母题建立了两者之间的一致性关系。类似的图像在汉画像中频繁出现，值得注意，而事件与人物的变化又显示出某种新变的痕迹。图 7.3 是 1972 年在四川大邑县安仁乡出土的东汉画像砖上的图像，呈现的是繁忙的渔猎场景[②]：河中众多肥美的大鱼惹人艳羡，似

图 7.11　后羿射日彩绘

[①]　《楚秦汉漆器艺术·湖北》，湖北美术出版社 1996 年版，图版 48，第 65 页。
[②]　中国画像砖全集编委会编：《中国画像砖全集·四川汉画像砖》，四川美术出版社 2006 年版，图版 109，第 80 页。

乎正等待着人们的捕捞,几只野鸭正在莲池间游玩;但河边二人对此似乎并无兴趣,他们正隐蔽地盘坐在树下,专心致志地射杀群飞的鸟雀;在他们身后各放着四颗"磻"。许慎《说文解字》释"磻"为"以石箸隿缴也"。这种独特的射鸟方式在汉代被称为"缴射"或"弋射"——一种将锋利、坚硬的细小石子系在生丝之上射杀鸟雀的捕猎方式。这种射鸟方式与曾侯乙墓彩绘衣箱上的方式是一样的:落向地面的巨鸟的脖子上有长长的细线,它的脖子显然被一个锋利的物件射穿,以至于从树端落下。

这种迹象说明长期流传、广泛盛行的射鸟图像有其自身发展演变的内在逻辑:在内容方面,在保持场景和主题基本一致的基础上,其内容逐渐增益;在线条使用方面,线条逐渐由单一转向繁复,并被用来表现更为复杂多样的对象和内容;在构图方面,整幅图像的构成逐渐由静止向动态转化——线条在表现"动"方面的功能逐渐增强的趋势相当明显,图3的画面由近及远,逐渐层深,给人视觉上的动感,显示出汉代绘画在技法方面的变化。还可以通过三幅图像中人的姿态变化来说明这一点。作为青铜器铭文,商代母乙觯"集"字场景主要是一种静态的呈现方式:树下祈祷的盘坐或跪坐的女子给人沉静安详的感觉,似乎她正沉浸在自己的思想中。当然,对于动态的要求仍成为图像的基本要素:顾盼有致的三个鸟首,显示出它们的生机和活力。图7.11呈现的是一个神异的场景,怪异的鸟首、纠缠的修长巨蛇和参天古木给人一种现场感;从人、树、鸟的比例可以看出,这实际上是一个恐怖异常的情景,人在其中显得极为渺小,但英雄后羿在树下搭弓射箭的姿势清晰可见。图7.3中的人物由一个变为两个,他们射箭时的身姿有了显著变化:为了显示他们射猎过程中的专心程度,作者对两人的姿态进行了区别性表现,以说明他们正在射杀不同的对象;他们的肢体动作表明这是一个正在进行的生活场景,而不是人们对往昔生活的回忆。在同时期的其他画面中,射者的人数或一、或二、或三不等,射猎的场景多在树下进行,有的也在屋檐上展开,呈现出多元发展的态势。这个过程实际上是线条功能多样化的过程,几乎所有的物象和场景都可以用线的方式加以表现。线的灵动多变，最终造就了汉代绘画独具特点和生气的"动"的审美特征。

　　下面再来讨论颜色使用问题。如前所述，华夏先民对颜色的使用历史悠久。在他们眼中，颜色从来就不具有科学的意义，颜色是生命体表征自我存在的显著特点，因而他们将颜色与生命之间建立了同一性关系。这种观念在五行说和五德说确立后被更加系统化，并将之与四方对立，建立了一个完整的宇宙结构体系。五色不仅具有了生命含义，同时也具有了宇宙论的价值。虽然老子哲学中"五色令人目盲"的观点，有压抑以视觉为代表的感官体验的倾向，但"目击而道存"的传统肯定了视觉感官体道的可能性，因而颜色的使用仍在中国文化发展过程中占有重要地位。况且，在老子之前，华夏先民对颜色的使用已颇为规整、严格，有自己的系统。有学者结合人类学、民俗学等资料，对甲骨文中颜色词的使用情况进行了细致深入的考证、分析，发现在殷商时期，人们在祭祀过程中就已十分重视对颜色的使用，不同的颜色与不同的祭祀对象和方位、时间、地点等都有着呼应关系。[1]《周礼·冬官·考工记》对"画缋之事，杂五色，东方谓之青，南方谓之赤，西方谓之白，北方谓之黑，天谓之玄，地谓之黄""杂四时五色之位以章之，谓之巧"的记述[2]，说明这时人们对颜色的使用更加讲究、系统。明代学者杨明在《髹饰录》序中对人类使用漆的历史进行总结后得出了"漆之为用也其大哉"[3]的结论。从人类开始使用漆艺开始，漆艺技术就被广泛使用在各种重要器物的制作上，以此彰显器物的神圣属性："漆之为用也，始于书竹简。而舜作食器，黑漆之。禹作祭器，黑漆其外，朱画其内，于此有其贡。周制于车，漆饰愈多焉。于弓之六材，亦不可阙，皆取其坚牢于质，取其光彩于文也。后王作祭器，尚之以着色涂金之文，

---

[1] 江涛：《颜色与祭祀——中国古代文化中颜色涵义探幽》，上海古籍出版社2013年版，第14—30页。
[2] （汉）郑玄注，（唐）贾公彦疏：《周礼注疏》，上海古籍出版社2010年版，第1605、1607页。
[3] 王世襄：《髹饰录解说》，生活·读书·新知三联书店2013年版，第19页。

雕镂玉珧之饰，所以增敬盛礼，而非如其漆城、漆头也。然复用诸乐器，或用诸燕器，或用诸兵仗，或用诸文具，或用诸宫室，或用之寿器，皆取其坚牢于质，取其光彩于文也。"① 对漆的广泛使用就是对颜色的重视。在生活领域中，人们力求通过颜色的运用来表现某物所具有的特殊含义和功能。刘安《淮南子》说"色之数不过五，而五色之变，不可胜观也"②，指出了色彩运用变化无穷的特点。《西京杂记》卷二"画工弃市条"记载东汉有专以"布色"闻名的画工，"下杜阳望，亦善画，尤善布色。樊育亦善布色"③，反映出汉代绘画在颜色使用方面取得长足进展，神话意象被进一步艺术化了。对多样色彩的有意追求和使用，正是审美意识从自发向自觉发展的典型标志。所以，真正见诸史籍的漆工出现在汉代，反映出以漆器为代表的绘画艺术在汉代也取得了辉煌的成就。汉代绘画，尤其是墓室壁画、漆画和帛画，它们的色彩构成方式和颜色使用情况具有较高的一致性，形成了汉代绘画色彩运用的主要特征。

由于秦汉时期的居室和宫殿绘画早已焚毁，这里所讨论的只能是墓葬绘画及其颜色构成的特点。总体上看，汉代绘画可用"色彩斑斓，精彩绝艳"该之，黑色、红色和白色、黄色的搭配和使用是最常见的。这与"天地玄黄"的宇宙观有关。对艳丽色彩的追求和享受成为汉代绘画基本的审美特点。有学者说："只有（秦汉）漆器艺术发展起来以后，才形成了中国人的色彩体系，创造出一种极为热烈、丰富而又和谐的色彩效果。"④ 这个评价是正确的。这些色彩运用创造了一种热烈、奔放、丰富、多样、自由的美，具有较强的情感表现力，体现出当时人们对生命的热爱。

这种情况的出现与战国时期既已形成的颜色政治学观念有关。人们认为日常使用的器服颜色具有区别的作用，不同阶层的人可以通过颜色被加

---

① 王世襄：《髹饰录解说》，生活·读书·新知三联书店2013年版，第19页。
② （汉）刘安著，高诱注：《淮南子》，《诸子集成》第七册，中华书局2006年版，第11页。
③ 《西京杂记》，见《汉魏六朝笔记小说大观》，上海古籍出版社1999年版，第86页。
④ 刘纲纪：《楚秦汉漆器艺术·导言》，湖北美术出版社1996年版，第8页。

以分层和区别。由此,作为统治阶级的帝王贵族特别重视对自己居室器服的雕饰,"为人主上者,不美不饰不足以一民也"①。雕饰由此具有了政治的含义与功能,落实到艺术上即荀子所说的"不全不粹,不足以美也"。前引《韩非子·十过》亦说明,在当时,人们对一个盛放珍珠的盒子都极尽工巧,通过其精致的装饰来说明它非常人所有。这种风气通过秦始皇的实践而流传到秦汉时期。秦宫规模宏大,且都绘有色彩各异的图像。考古发掘的秦宫壁画的残片,至今仍具有鲜亮的色彩,给考古人员留下了深刻的印象:"(壁画)残块四百四十多块,其中最大的一块高37厘米,宽25厘米。壁画五彩缤纷,鲜艳夺目,规整而又多样化,风格雄健,具有相当高的造诣,显示了秦文化的艺术特色。……壁画颜色有黑、赭黄、大红、朱红、石青、石绿等,以黑色比例最大,赭、黄其次,饱和度很高。用的是钛铁矿、赤铁矿、朱砂等矿物质颜料。"②这不仅证明了史籍中"秦人尚黑"的记载,也说明秦宫绘画对颜色的使用已达到很高的水平。这为汉代绘画的发展提供了很好的技术经验以供借鉴。秦宫壁画的内容我们虽只能见到一鳞半爪,但现今留存的秦代瓦当和画像砖等图案仍给我们了解当时的图像构成提供了资料。《淮南子·俶真训》记述了当时人们对器用百服的雕琢功夫:"百围之木,斩而为牺樽,镂之以剞,杂之以青黄,华藻镈鲜,龙蛇虎豹,曲成文章。"③其华丽程度可想而知!这类精致描绘在汉代咏物赋中大量出现。这类日常生活用具颜色鲜明,艳丽逼人,可用"明丽"概括之。毕竟,生活在世俗社会中的人,要充分享受艳丽的色彩所带来的视觉享受。因此,汉代绘画对华靡艳丽之美的追求与当时社会对美丽的追求是一致的。

现存的汉代绘画热烈而沉静的审美特点,与它作为宗教美术的功能有关。这些图像多出现在宫殿、祠堂、墓室中,具有政治功能和宗教功能。毕竟,黄泉世界和天堂世界,都应该既是沉静的又是明丽的。老子虽然对

---

① 梁启雄:《荀子简释》,中华书局1983年版,第127页。
② 陕西社会科学院考古研究所:《秦都咸阳故城遗址的调查和试掘》,《文物》1976年第11期。
③ (汉)刘安著,高诱注:《淮南子》,《诸子集成》第七册,中华书局2006年版,第26页。

颜色使用有过否定，但他也说"玄之又玄，众妙之门"，他所强调的实际是黑色所有的独特哲学价值：幽深而不可猜测，就像宇宙尚未形成、开辟之前一样。由于这些器物太过精致，后来人们多将之用作祭祀礼器埋在墓葬之中，这影响了墓葬绘画颜色的整体使用情况。追求深沉、幽玄而又热烈、鲜明，是其总的特点。《韩非子·十过》云："禹作为祭器，墨漆其外，而朱画其内。"[1]这说明当时作为祭器使用的物品的颜色有着严格的规定：就漆器来说，应该在外表使用黑色，在内部使用红色。现在出土的战国秦汉时期的漆器证明《韩非子》的描述是真实的。朱色、黑色和黄色的搭配、使用，让这些作品呈现出一种幽深、沉静之美。

　　就墓室壁画来看，它的颜色使用更有特点。通过这些至今仍色彩绚丽的墓室壁画，可以看到，在汉代人的思想观念中，墓室绝对不是漆黑的死气沉沉的世界，而是一个色彩斑斓、充满动感、力量和生命的世界，颜色由此具有了生命性特点。图7.12是2003年在河南洛阳宜阳县丰李镇尹屯村发现的新莽时期的壁画墓中室西壁内景情况。[2]可以看到，在阔大的墓室墙壁上，人们先用较粗的红线分隔为很多区域，然后根据区域功能和方位的不同再绘制各种神物和神灵的图像，它们多以淡青色绘出。根据图像，可以看到，匠师们先用毛笔勾勒出神物和神灵的大致轮廓及其典型特点，然后再在相关区域内填充色彩，于是神态各异、神采飞扬、色彩鲜明的神像就绘制完成。这是当时墓室壁画创造的基本模式。根据现今发掘的不同地区的壁画墓来看，每一座墓葬的壁画绘制都会选取一种主流颜色，然后再以其他颜色作为辅助颜色；就某一个具体神像看，也是以一种或两种颜色为主体色彩，然后再以其他颜色为补充。就绘画的风格看，汉代墓室壁画基本一致。

---

[1]　（清）王先慎：《韩非子集解》，《诸子集成》第五册，中华书局2006年版，第49页。
[2]　洛阳市文物管理局编：《洛阳古代墓葬壁画》，中州古籍出版社2010年版，第119页。

图 7.12　洛阳尹屯村墓室内壁

　　值得注意的是，在众多的颜色使用中，红色、黑色和白色三种基本颜色占据主流地位，其他颜色成为这几种颜色的补充。主体的颜色和补充的颜色，在一幅神像中的作用和地位是不同的。图像制作者对颜色的使用十分精通，他清楚该在何处使用何种颜色，以将对象的精气神呈现出来，哪怕只使用一点点，他也能将对象的生命特点表现出来。在这种情况下，辅助色彩瞬间就转化为核心色彩。2002 年发现于河南洛阳新安县磁涧镇里河村的西汉壁画墓室是一座以使用红色为主体的墓葬，然后以青色、白色和黑色为辅。壁画中的各种神像多以红色绘出其突出特点，然后再用青色等补充、点缀。图 7.13 是同一墓室第三组壁画中的一只白虎图像[1]，其颜色使用很有特点。这只行走中的白虎绘制在三块方砖之上，长长的尾巴向上扬起，刚劲有力；四肢健硕，身体矫健，张开血盆大口做怒吼状，似乎在向想要侵入墓葬的危险之物发出警告。可以看到，这只虎以方砖的白色为底色，再用墨色线条绘制出虎的整体形态和花纹。引人瞩目的是其对红色的使用：作者使用红色点出了白虎的两只眼睛和张开的大嘴，瞬间让这只白虎获得了神性和生命力，具有了无上

---

[1] 洛阳市文物管理局编：《洛阳古代墓葬壁画》，中州古籍出版社 2010 年版，第 86 页。

神威。因此，在这个图像构成中，虽然白色和黑色是主体色调，红色是辅助色调，但三处红色却点燃了虎的生气，起到了"画虎点睛"的作用。

图 7.13　洛阳尹屯村墓室白虎壁画

这种颜色使用方式在其他墓室壁画中同样存在。1991 年在河南洛阳偃师高龙乡辛村出土的新莽时期的墓室壁画以浅黄色为主体色调，同时兼用白色、黑色、青色、紫色等。它的大多数神像，都是在浅黄色的基础上稍加点染而成。虽然所有颜色的使用均以淡色为主，但其画面景观却颇具活力。图 7.14 是该墓室勾栏门上的辟邪神像。① 图像中间是一个张开大口的辟邪神的面部，从形貌上看，像是一个带有人面特征的虎首。它居于门栏中央，是一种守护神。在它左边是捧月的女娲，右边是捧日的伏羲，月用白色表示，日用淡红色表示。当然，这里女娲和伏羲分属的左右位置与同一时期的其他图像恰好相反，这是何种原因造成的尚待考察。为了将其神性显示出来，作者在用白色和红、黄相间的颜色勾勒出其整体形象的轮廓后，突然使用颜色较深较重的黑色表示它的两只眼睛，并在眼眶上方用淡淡的青色加以衬托，瞬间让这只神物获得了生命力，彰显了它的神性。这里的颜色使用亦可谓"点睛

---

① 洛阳市文物管理局编：《洛阳古代墓葬壁画》，中州古籍出版社 2010 年版，第 107 页。

之笔"。在遵从统一使用红、黑、白三基色的基础上——当然，例外的情况也是存在的——汉墓室壁画的颜色使用亦带有很多的灵活性，从而使这个形象世界多姿多彩、生动逼真。图 7.15 是 2008 年发现于河南偃师新莽时期的汉墓壁画中的一幅。[①] 这座汉墓壁画以白色为主体颜色，以淡红、淡青和淡黄等色做点缀，与其深灰色的砖石底部正相映衬，色彩对比鲜明。可以看到，一位身形巨大、处于人兽之间的巨人赫然占据图像正中位置，其双手揽握伏羲和女娲蛇躯的姿势说明这是一位超越时空界限、出入幽冥与人世的特殊神灵或力士。它长着一对长长的耳朵，还有两撇细长的小胡子，它张嘴、瞪眼的形象只是为了证明它的凶狠与崇高。从颜色构成看，它通体素白，身着灰色裤子，作者用浅红色呈现它的舌头和耳朵，用墨点代替圆睁的眼睛，使之显得很传神；红点同样成为伏羲和女娲蛇形躯体的点缀。可以看到，作者颜色的使用亦十分讲究。

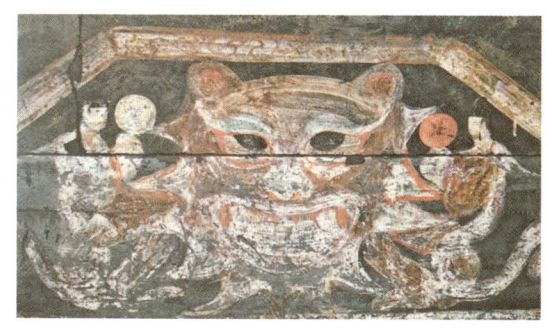

图 7.14　偃师汉墓壁画　　　　图 7.15　洛阳辛村汉墓壁画

总之，就一幅墓室壁画来说，神像能否获得神性，能否以生动的方式获得生命的存在，和谐、合理的颜色使用具有极其重要的作用，颜色使用成为生命、神性和威严的本质性规定；这样的图像组合在一起就形成具有生机活力的事件场景和逼真情境，天、地、人三个世界也在图像中获得真实存在的价值。英国学者柯律格在分析秦始皇兵马俑的颜色使用时说："有

[①] 洛阳市文物管理局编：《洛阳古代墓葬壁画》，中州古籍出版社 2010 年版，第 179 页。

可能存在给各部件涂上几层颜料的处理方法，增添了特殊效果，其目的不是为了单纯的美感，因为这些人像绝不是打算呈现给活人看的。让人欣喜的逼真性是为了获得人的基本功能的效果。他们越是逼真，在地下世界里扮演守护君主的角色就越出色。"[1]指出了颜色使用与其生命特点之间的关系。举世闻名的马王堆汉墓出土的帛画，是另一个典型的代表。它繁复多变、深沉绚丽的色彩运用在汉代绘画中独具特色，至今为人称颂。关于它的研究已有很多成果，多集中在对画中场景和意象功能的探讨，对于它在中国绘画史和艺术史上的重要地位至今还缺乏相应的研究和评估。

第六节 线条与纹饰：动态形象的呈现方式

作为一种动态艺术，汉代绘画注重线条的使用和色彩的搭配，以表现各种生命形式的动态生命特点，由此形成其独特的精神意蕴。绘画是以形象的方式表达主体思想和情感的艺术。在汉代绘画中，这些形象都是动态的。为了将这种动态呈现出来，图像制作者通过各种方式和途径，充分运用了线条、色彩和纹饰的表现力。运用线条的多变性，将万物形象置于特定的事件和情境中，对生命体的活动瞬间加以表现，是其主要的表现方式。可以看到，线条的表现功能在汉代绘画中几乎达到了极致：无论是自然物象、神灵和人物形象，还是想象的虚幻空间，它都能用线的方式将之完美呈现。

这是汉代绘画的典型特征。可以看到，在汉代以后，中国绘画的线条运用向两个方向发展：一方面，一些新的时代精神和画风的出现，往往是从对线的改造开始的；另一方面，那些力求创新的画家会以各种方式改造对线的使用，同时他们还创造新画法，来代替传统绘画对线的依赖。因此，虽然中国绘画向来被认为是线条的艺术，以此与西方绘画相区别，但同时

---

[1] 〔英〕柯律格：《中国艺术》，刘颖译，上海人民出版社2013年版，第26页。

也可发现，经过佛教艺术在魏晋六朝时期的盛行，线的表现功能有逐渐减弱的趋势，而仅仅成为勾勒物象轮廓线的工具。尤其是水墨画和禅画，以及皴染法、泼墨法等新画法的兴起，更推进了这个过程。因而，与中国画作为线条艺术一同发展的（尤其是文人画对神似和意境的追求）是不同时期对线的表现功能的压制和改造的趋势。

在汉代绘画中，为了营造特定的情境，形成流动而充满生机的宇宙境界，让万物有一个存在的场所，图像制作者往往使用各种装饰性纹饰，创设出神圣的空间和情境云雷纹在这些纹饰中占据重要位置。可以发现，花纹、水纹、夔纹、鸟纹和植物纹等，都有向云雷纹靠近或转化的倾向。《史记》《汉书》等文献都记载当时皇室宫殿绘有云气图案的事情，亦可佐证。这些纹饰多通过线条的方式加以表现，线条在表现动态世界和营造情境方面的功能得到最大限度的实现。图 7.16 是 1996 年在江陵老家园 1 号墓出土的西汉彩绘圆盘变形鸟纹圆盘上的线条纹饰。[①] 在这里，线条纹饰出现组合形态，人们将植物纹、云纹和鸟纹结合，以各种曲折、润滑且相互循环缠绕的线条表示宇宙空间。从其构图看，这里所呈现的场景是理想中的宇宙空间：边缘上有系列直线段，它们被圆点连接在一起，这是当时典型的表示星辰的方式。这种方式在明清版画中仍被继续使用。

汉代绘画对云纹的重视和大量使用，与春秋时期即已形成、在汉代形成体系的

图 7.16　西汉彩绘圆盘

[①] 摘自《楚秦汉漆器艺术·湖北》，湖北美术出版社 1996 年版，图版 162，第 211 页。

元气自然论思想和阴阳思想有密切关系。这一思想不仅残留着万物有灵的原始思想的成分，同时还将包括人在内的万物容纳到同一个宇宙模式之中，而将万物连接成一个整体的东西就是"气"。《淮南子·天文训》以系统而严谨的思维论证了万物与气之间的内在关联："天地未形，冯冯翼翼，洞洞灟灟，故曰太昭。道始于虚廓，虚廓生宇宙，宇宙生气，气有涯垠，清阳者薄靡而为天，重浊者凝滞而为地。清妙之合专易，重浊之凝竭难，故天先成而地后定。天地之袭精为阴阳，阴阳之专精为四时，四时之散精为万物。积阳之热气生火，火气之精者为日；积阴之寒气为水，水气之精者为月。日月之淫为精者为星辰。天受日月星辰，地受水潦尘埃。"①这种宇宙观念将"道"作为宇宙的本源，"气"既是宇宙的产物，又证实宇宙的存在；宇宙中的万物由不同程度的"气"凝结而成：天、地由其形成，日月星辰、青山绿水、虫蛇草木都是如此。人与气的关系同样如此：人活着要呼吸气体，人死了通常称为"没气"，这是对人的生命与"气"之间关系的通俗化表述。在许慎《说文解字》中，他将人的生命看成是由阴、阳二气组合而成，"魂"代表阳气，"魄"代表阴气。无论如何，"气"都是万物生命的根本。除《淮南子》外，《春秋繁露》《黄帝内经》等著作对此也有较为充分的论述。可见，"气"不仅是万物的本体，万物也以其多样的形象证明"气"的存在。"气"充塞天地之间，流动不居、容纳万物，它可以存在于任何地方，人也以呼吸的方式直接感受到它的存在与重要，但它并无形象可见，偶尔可见的就是变幻莫测的"云"。于是，有形象的"云"自然成为"气"的替代物，云纹也成为将万物统一成有机整体的重要手段——云纹不仅是一种纹饰，同时还是宇宙整体的象征。图7.17是湖南马王堆汉墓出土的西汉棺椁上的云纹图饰。棺材四面均绘制了这样繁复缭绕的云纹，以此说明死者处于一个独立而完整的宇宙结构中，并成为宇宙的一员。可以看到，这些相互缠绕、彼此连接的纹饰处于永恒运动的状态，既没有起点也没有终点。它想要表明这里是一个永恒运动、往复循环的宇宙空间，在此

---

① （汉）刘安著，高诱注：《淮南子》，《诸子集成》第七册，中华书局2006年版，第35页。

第七章　早期绘画：神话意象向艺术的转化 | 309

长眠的死者同时具有这一性质。如果再仔细观察，可以发现，在这些盘旋无止境、象征永恒性的纹饰中间，还存在一些奇异的神物：它们的形象处于人、兽之间，有的手挥长袖，有的手持仪节，有的正在奔跑，有的翩翩起舞，它们是活跃在这个宇宙空间里的神灵，既守护着死者免受侵犯，同时也表征着这一空间的永恒（见图 7.18[①]）。

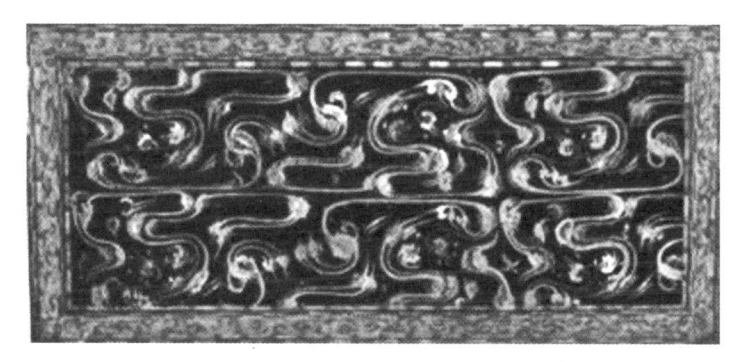

图 7.17　马王堆汉墓棺椁云纹

图 7.18　马王堆汉墓棺椁纹饰

[①] 中国美术全集编委会编：《中国美术全集 2·绘画编·原始社会至南北朝绘画》，人民美术出版社 2006 年版，第 75 页。

与此相关，在汉代绘画这个庞大的形象世界中，几乎不存在独立于情境之外的形象。即使是表现单个的神物形象，它也要将之置于特定的氛围中，即在其周围绘制感动十足的云纹，以说明它并不是一个孤立的存在物，而是一个处于循环往复的宇宙结构中的存在物。当然，这种情境或背景的创造仍通过线条加以实现。类似的造型在汉代图像资料中十分常见。图 7.19 是 1998 年在江苏扬州邗江西湖山头 2 号西汉墓出土的彩绘云气几何纹漆奁底部的图像。[①] 可以看到，在黑色而有限的奁盒底部，作者用一只圆圈将底部分为内、外两个部分。在圈内，一只昂首前行、展翅欲飞的凤鸟处于中间位置，姿态悠闲、神骏；它的身型由细而多变的线条构成，更显灵动多姿。在它的周围，是从圈壁伸展而出的云气纹饰，以说明这只凤鸟并非人间之物——云气纹饰作为宇宙空间成为凤鸟遨游的场所；有限空间由此转为无限空间，并形成一个独立自足的生命世界。可以看到，凤鸟的线条化呈现也有向云气纹转化的倾向。不仅凤纹如此，在汉代绘画中，各种动植物纹饰都有向云气纹转化的倾向，以说明图像中的万物是处于宇宙结构中的，图像所呈现的世界也是一个独立自足的生命世界。

因此，在汉代绘画中，将人物、神灵和神物形象放置在特定情境中使之获得生命性特点，是汉代绘画表现对象的主要方式。同时，还可看到，与后代画家以纸张和绢帛作画不同，这些图像的作者能够很好地利用铺设于墓室墙壁的方砖的质地和色彩，以及它们之间的相关结构关系。有时，他们直接将方砖或墙壁作为底色，来表现一些事件或场景，

图 7.19　西汉彩绘漆奁纹饰

---

① 扬州博物馆编：《汉广陵国漆器》，文物出版社 2004 年版，第 41 页。

在此空白也具有了提供情境背景的功能，它与线条的使用结合在一起，使图像获得动态的特点。图 7.20 是 1916 年至 1924 年间在河南洛阳八里墓出土的交谈壁画，为西汉后期的作品，现藏于美国波士顿艺术博物馆。这幅画像位于墓室迎面隔梁横面，是五个男子交谈的场景。对于其内容，现在还不能确定。贺西林认为这可能是孔子见老子的图像[①]，但他们身着的衣服和头饰很显然不是孔子时代的东西；苏利文、高居翰等人对此不做猜测，而从形式分析的角度作出自己的判断：苏利文认为这幅作品用"完全忽略场景"的方法来"超越真实画面的空间延伸感"，其"由右向左的读画顺序"成为"以后中国长卷画的基本特征"[②]；高居翰则认为这幅画作通过自己的独特方式将人物连接成了一个整体[③]。可以看到，这五位男子均身着长衫、气宇轩昂，第二，四位手中还拿着节杖或笏板之类表明自己身份的东西。线条是呈现这五位男子的主要工具，它不仅勾勒出人物的形貌、轮廓和他们正在进行的动作，在某些地方还起到刻画人物形象和姿态的作用。最左边的男子双手拢在袖中，左边第二位手持节杖的男子抬起下巴边说边伸出手，似乎在向他质询什么；他身后的男子则在认真听着他的叙述，第四名男子正在向这边赶来，边走边回首招呼第五名男子，似乎嫌他走得过慢。五位男子之间是"散漫的空白"，每一个人都是独立的人，"但是画家已经找出两种统一画面的方法：经由象征性的动作，所有人物好像共同摇晃在一阵韵律中；经由眼神的交流，一种相互的觉察意识把人物连贯在一起"[④]。相互间无声而又具有内在关系的神态，将他们结成一个生活整体，因而空白不仅不妨碍人们对这幅作品意义的直接领悟，反而凸显了这些人物的不同个性，并使他们获得了自己的独立性，进而让整幅画面形成一个生活或生命的统一整体。

---

① 贺西林、郑岩：《中国墓室壁画全集·汉魏晋南北朝卷·图版说明》，河北教育出版社 2011 年版，第 8 页。
② 〔英〕苏利文：《中国艺术史》，徐坚译，上海人民出版社 2014 年版，第 91 页。
③ 〔美〕高居翰：《图说中国绘画史》，李渝译，生活·读书·新知三联书店 2014 年版，第 4 页。
④ 〔美〕高居翰：《图说中国绘画史》，李渝译，生活·读书·新知三联书店 2014 年版，第 4 页。

图 7.20　河南洛阳八里墓交谈壁画

这种以空白提供空间场景的技法很有价值，它不仅提供人物或事件活动的背景，而且还让他们的活动获得广阔的存在空间。同一时期的其他绘画证明，这些壁画的作者是有意在使用这些空白，以凸显世界的动态特点。图7.21是2003年发现于陕西定边县郝滩1号墓墓室后壁的狩猎图像。[①]画面直接以青灰色墙壁为背景，以说明它是发生在空阔草原上的活动；作者用几笔有力的线条刻画出起伏的丘陵，同时将画面分为几个部分。在丘陵中间，一位身着红色衣服、手执弓箭，骑着黑色骏马狂奔的猎手正在射杀一只小鹿；这只小鹿身中两箭，正在惊慌失措地逃跑，边逃边向后方张望；它的前面是两只疾飞的燕子，它们也受到了捕猎者的侵扰。为了表现小鹿的奔跑速度，线条使用极为奔放并被虚化。在其他的丘陵间，一只猛虎正在追着一只绵羊，一只狐狸正在追着两只小兔。这幅画生机勃勃，动态十足。空白背景的营造和衬托，线条的表现张力，都运用得恰到好处。

由于极力追求和表现形象的动态特点，汉代绘画不像埃及墓室壁画那样，在刻板平直的直线上来展开活动，而是将对象独特的生命特点呈现出

---

① 贺西林、郑岩：《中国墓室壁画全集·汉魏晋南北朝卷》，河北教育出版社2011年版，图版51，第8页。

图 7.21　陕西定边县汉墓狩猎图

来，在形式表现方面体现出极大的自由度。无论是线条的使用，还是纹饰的绘制，都体现出这种开放自由的构图特点。上面所讨论的是线条和纹饰对形成汉代绘画"动"的审美特征方面的作用。颜色的使用在这方面也具有重要的作用，尤其在表现不同的生命真实方面，颜色更为重要。就像江苏扬州邗江西湖山头 2 号西汉墓出土的那个彩绘凤鸟奁盒，其深黑色底部正像深邃的宇宙，在它的衬托下红黄相间的深色越发显得耀眼，盒底那只昂首奋发、展翅欲飞的凤鸟亦显得尤具神采。这种黑、黄、红颜色相互映衬的使用方法在墓葬美术中被经常使用，马王堆漆棺上的彩绘也是典型代表。总之，汉代绘画"动"的审美特征，主要是通过线条、纹饰和颜色的混合恰当使用而实现的，并让这个时代显得生机勃勃，神话意象被艺术化的特点更加明显了。

第七节　秦汉瓦当图像：神话意象的生活化

秦汉瓦当的图像纹饰是自古以来整个绘画和雕刻艺术的组成部分，神话意象是秦汉瓦当图像的重要内容。从瓦当作为饰品的角度看，它的制作延续了传统玉器、青铜器等器物的刻绘方式，尤其在图像和图案纹饰的使用方面具有内在的联系，它们同属于一个艺术系统。同时，历经长期发展后，秦汉瓦当在纹饰使用上又有了一些新的变化，在保留此前纹饰造型写实浑厚特点的基础上更加注重线条使用的婉转流动，神话意象由此呈现出进一步的艺术化倾向。图 7.22 左边是秦雍城出土的瓦当上的蟾蜍纹，右边是商代青铜器上的蟾蜍纹。[1] 可以看到，青铜器上的蟾蜍纹饰具有较为明显的写实特点，而雍城瓦当上的蟾蜍在保留蟾蜍基本形态特征的基础上更加注重线条的灵活和变化；同时，雍城瓦当上的蟾蜍四周有一个圆圈，而青铜器上的蟾蜍则没有，这是"月中有蟾蜍"这一神话观念在雍城瓦当上的体现，其灵动轻浮的身姿似乎在月中浮动一般，体现出两者在造型和思想意蕴等方面的差异。

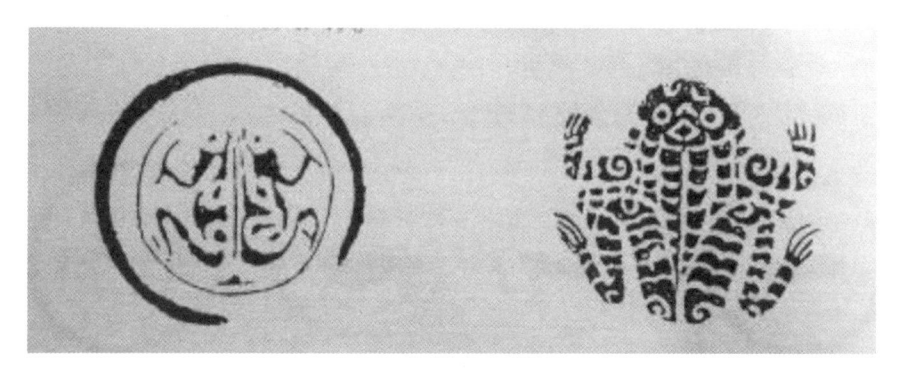

图 7.22　秦雍城瓦当蟾蜍纹（左）与商代青铜器蟾蜍纹（右）

如前所述，瓦当不仅仅是作为建筑中的"零件"来使用的，而且其性质与传统的玉器造型比较接近，因而人们也认为瓦当是玉珰的一种。在传统的思想观念中，玉器及其纹饰造型从来都是沟通神人（或天人）的重要途径，瓦当的制作在某种程度上也具有这样的特点；它不仅仅是一种建筑器具，同时也具有独特的象征含义与功能。因此，瓦当的制作也具有独特

---

[1] 见申云艳：《中国古代瓦当研究》，文物出版社 2006 年版，第 14 页；陕西省考古研究所秦汉室编：《新编秦汉瓦当图录》，三秦出版社 1986 年版，图版 31，第 31 页。

的思想基础。在神权下落的几百年间,中国哲学关于神人关系或天人关系的讨论在战国时期出现了变化:在保留传统神话宇宙观的同时,人是宇宙秩序重要组成部分的观念逐渐成为学者和大众的共识。这种宇宙观念通过各种方式体现出来。即使是小小的瓦当的制作,也与这种宇宙观形成紧密的呼应关系。不能说瓦当多为圆形或半圆形的造型特点与人们对天体形状的认识没有关系,或者应该说,瓦当圆形或半圆形造型与人们天圆地方的宇宙观正相吻合。那些生动精致的图像和图案设置,说明人们一直就将瓦当的尺寸天地看作是无限宇宙的缩影,因而其构图和造型也力求达到以有限体现无限的目的:这个尺寸空间是一个独立自足的宇宙空间或生活空间。这几乎成为绝大多数秦汉瓦当的共有特征。对无限的宇宙空间、繁复多样的万物组成和生动精彩的日常生活空间,秦汉瓦当均有自己独特的呈现方式,形成其独特的构图方式。我们以此为根据将秦汉瓦当的图像和纹饰分为四种类型:其一,表现无限的宇宙空间的;其二,表现世间万物构成的;其三,表现人类生产和生活的;其四,文字和图案并重的文字瓦当。其中,前两类和第四类瓦当在数量上占据了主体。毕竟,瓦当受其尺寸空间的限制,很难对繁复多样的人类活动进行表现。这类作品在数量上很少。

其一,表现无限宇宙空间的瓦当图像和纹饰,多以云纹、云气纹、蛙纹、涡纹为主,同时还有树叶纹、莲叶纹和一些几何纹饰,有时还会辅以鸟纹,以呈现宇宙空间生生不息和流转不居的特点。气化宇宙观经过邹衍等战国思想家和《吕氏春秋》《淮南子》等著作的细致讨论和建构已逐渐成为这一时期基本的宇宙观念和哲学思想。如何表现生生不息、永恒存在的宇宙是人们的一项重要任务。除了逻辑上的玄思之外,通过形象的方式呈现这个世界成为器物制作的重要任务。这个任务同样也落到了瓦当的头上,小小的尺寸空间也就变成了宇宙的缩影。可以看到,几乎所有瓦当的图像纹饰,无论表现对象多少,几乎都是在一个圆形的世界中展开的。这个圆形世界就是浩瀚无边的宇宙的体现,所以云纹、涡纹、蛙纹、鸟纹均逐渐抽象化且转变为流动不息的云气的象征。图7.23是秦瓦当图案,面径15.5

厘米，边轮宽 0.9 厘米，厚 2.4 厘米，瓦色纯灰色，出土地点不详，现藏于陕西省考古研究所。[①]可以看到，这块瓦当图案对称，几乎全是云纹；居于正中小圆圈内的一只神鸟，说明此处是宇宙空间：云纹与鸟纹合用表示生生不息的宇宙，是秦汉及其前后时期图像的典型特点，由此图案中用线条勾勒而成的云纹就成为充盈于宇宙间的云气的象征。图 7.24 是陕西凤翔县南古城遗址出土的太阳纹瓦当图案，有的称其为车轮纹或辐射纹。这块瓦当面径 13.4 厘米，边轮宽 0.8 厘米，现存咸阳博物馆。[②]我们认为应该称其为太阳纹，因为无论是辐射纹还是车轮纹，它所呈现的都是太阳纹的特点；而且，居于图案中心的黑点应该就是光芒万丈的太阳。图案的刻制者通过三十余条射线代表太阳的光芒。这是一种有意识的对"光"进行表现的艺术，虽然"光"很难进行准确的表现。古人认为，太阳是宇宙中最耀眼的星体，它给人间带来光明和温暖，是光明和希望的象征，因而它可以成为整个宇宙的代表。这类图案在秦汉瓦当中大量存在，反映出当时人对宇宙的认识。

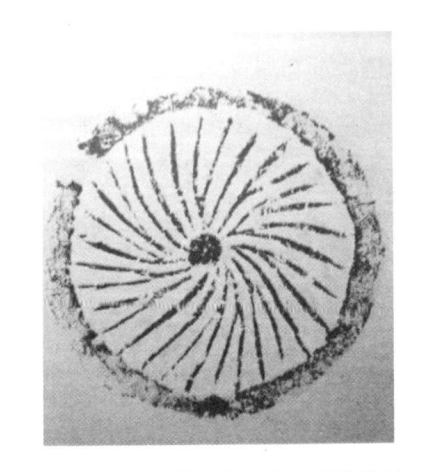

图 7.23　云鸟纹瓦当，秦，出土地点不详　　图 7.24　太阳纹瓦当，秦，凤翔遗址

---

① 陕西省考古研究所秦汉室编：《新编秦汉瓦当图录》，三秦出版社 1986 年版，图录 44，第 44 页。

② 陕西省考古研究所秦汉室编：《新编秦汉瓦当图录》，三秦出版社 1986 年版，图录 41，第 41 页。

其二，表现世间万物构成的瓦当图像和纹饰，多以动物纹和植物纹为主，有的以动物纹和植物纹组合的方式出现。这类图像和纹饰带有鲜明的世间性特点，同时也保留着神话宇宙观的特点。因为整个图案中动植物形象的选择显然是根据某种特定的思想观念做出的，有些动物也根本不是世间所具有的，有些虽是世间常见的，但由于它们同时也经常出现在神话世界里，因此成为沟通神话时空与现实时空的象征物，体现出上古神话宇宙观向秦汉时期以天地人一体为主的气化宇宙观转化的迹象。因此，这些动物形象与其说是生物学的，不如说是人类学的。图 7.25 是陕西凤翔县铁沟遗址出土的秦瓦当上的图案。该瓦当面径 14.7 厘米，边轮宽 0.8 厘米，当厚 2 厘米，瓦色黑灰相间，现存凤翔县雍城文管所。[1] 可以看到，整个瓦当底部没有任何其他纹饰衬托，由此形成这一空间的茫然之感。这里似乎成为荒原式的存在，但由于有鹿、雁、犬、蟾蜍存在而又显得生机勃勃。整个画面以一只长角健硕的小鹿为主体，雁、犬、蟾蜍分绕在它的周围，显得主次分明。鹿占主体地位不是偶然的：在众多秦汉瓦当中，这类健硕飞动的鹿的形象多次出现。在赵高主持的朝会上，鹿还成为另一种具有象征性含义的动物；在"逐鹿中原"的说法中，它还成为疆域和王权的象征；"鹿"与"禄"的谐音，使人们将二者等同起来；在《诗经》的描写中，它的鸣叫声还成为友好和善的象征，这与鹿温驯的性格特点紧密相关。这些象征含义的产生首先因为鹿可为人类提供丰富鲜美的肉食，鹿由此成为这一时期及其前后图像中十分常见的动物形象，它既是生物学的，也是文化学的，同时也是美学和艺术的。当然，它既是神话中的同时也是人间的。与鹿类似，犬和雁的象征意义也十分丰厚：雁的来去出现可以成为时令变化的标志，它所提供的卵与肉，是人们常常吃到的食物；它们迁徙的叫声往往引起人们无限的遐思，它们对配偶的忠贞不贰也让人敬仰。据说，狗

---

[1] 陕西省考古研究所秦汉室编：《新编秦汉瓦当图录》，三秦出版社 1986 年版，第 6 页，图录 6。

是人类最早驯服的野生动物之一，它成为人类战胜自然的忠实伴侣；甚至，在某种极端环境下，人们还杀死它以满足自己的生存需要。与鹿、犬和雁不同，蟾蜍既不能给人类提供食物，在视觉感受上也不美观，它与前三者在一起出现的原因显然不同：它更多是作为神话中的动物出现的，它死而复生的特点成为不可解释的谜，也成为人们不懈追求的目标。在这种情况下，蟾蜍由此成为神话时空的代表物。这样，这个小小的空间由此成为神话时空和现实时空混合的空间。其实，它们都是人类对宇宙和万物认识的物化形式，表现的仍然是当时人们的思想情感和对生活与生命的体验。

图 7.25　鹿、犬、雁、蟾蜍瓦当，秦，雍城

如果说图 7.25 尚具有神话的氛围或因素，那么图 7.26 表现的则纯粹是世间的场景。这块瓦当是秦咸阳宫的文物，现存咸阳市博物馆。[①] 可以看到，图案中的动物只有雁和鹿，同时多了一棵树。一只雁在空中翱翔，另一只在

---

① 陕西省考古研究所秦汉室编：《新编秦汉瓦当图录》，三秦出版社 1986 年版，图录 19，第 19 页。

树下休憩，似乎正在欢快地鸣叫；两只小鹿也处于休闲的状态中：一只正吃着树上鲜嫩的树叶，一只似乎吃饱了，正在旁边欢欣雀跃。这棵树的出现，说明这里呈现的场景是原野中的一幕，树、鹿和雁的同时出现，也似乎说明这里出现的一切都处于某个观察者的视野中，因而可以对之进行全方位的描绘。当然，这个观察者只是整个人类群体的缩影，"他"既可能是一位守候很久的猎人，也可能是正在为写生做准备而在这里蹲守观察的雕刻家。无论如何，都说明它们是人类生存活动中不可或缺的重要组成部分。同时，圆周左边上的三处刻纹，似乎说明这里呈现的场景只是某个更大背景的一小部分。可以发现，这里的图像呈现与上一幅图虽然内容大致相同，但体现出的思想意蕴却有很大差别，它们一同成为当时人们生存状况和思想意识的体现物。

图 7.26 树、鹿、雁瓦当，秦，咸阳

其三，表现人类生产和生活活动的瓦当数量极少，可能以后会陆续有所发现。这与瓦当尺寸小、刻绘面积有限有关。这类瓦当的图像和图案设计由于受到有限空间的限制，因而画面设计较为疏朗简洁，线条质朴而有表现力。图 7.27 是陕西凤翔石家营乡河北里出土的遗物，面径 14.5 厘米，边轮宽 2.5

厘米，瓦色深灰，现存于陕西雍城考古队。①这块瓦当图案所呈现的是人类生活的场景：上面两条折线勾勒出屋顶的形状，在屋顶上有一个凸起，是当时房屋建筑普遍使用的东西，类似小兽之类。与其说这是一个屋内的场景，不如说是一个院落更为合适：在庭院中央的位置是一棵小树，树上挂着风好的腊鹅之类的东西；腊鹅的另一边应该是储存酒酿或米面之类的陶罐，陶罐旁边是一只支架，不知做何使用，支架左边是一个伸展双臂站立的主人；主人旁边是几株植物，从其低下的姿态看，好像是成熟等待收割的稻子或小麦。主人好像正在注视着院中的食物，打算烧一顿好吃的，然后再喝点自己酿造的米酒。无论这里的场景所示为何，我们都可以感受到一种浓烈的生活气息。当然，单从技法上看，它的画面构图还很稚嫩，作者仅采用平面方式处理各种事物的关系，也不讲究画面的立体感和比例的协调；或许，他还不懂得如何处理远近事物之间的关系，但他能将瓦当主人生活中的一个片段在方寸之间呈现出来已是难得：由于各种原因，用瓦当表现生活场景是一个大胆的尝试，在现今的瓦当遗存中很少见到类似的表现。这足以证明它的价值。

图 7.27　房屋建筑纹瓦当，秦，凤翔

---

① 陕西省考古研究所秦汉室编：《新编秦汉瓦当图录》，三秦出版社 1986 年版，图录 40，第 40 页。

其四，秦汉文字瓦当数量惊人，尤其是西汉中后期以来，文字和图案并存、以文字为主的瓦当使用得越来越多，成为瓦当艺术的主流形态，动物图像和植物纹饰则逐渐类型化。文字的使用虽然以吉祥语和记录使用地点居多，但这些文字多被改造、变形，体现出较强的图案化和装饰性特点。与此相关，为了便于表现和纹饰化，瓦当上的文字几乎全是篆字，很少见到其他字体。这与篆字的书写方式和笔法特点有密切关系。战国中晚期以前，带文字的瓦当极为少见，此后则逐渐增多。就现今发现所见，文字瓦当在秦时使用较少，两汉时期逐渐增多并成为主流。但这并不代表秦瓦中没有文字当，秦咸阳遗址发现的多枚十二字瓦当说明对文字的重视和使用在秦瓦的制作中也是常见的。此处说秦的文字瓦当少是与汉瓦相比较而言的。瓦当上的文字主要有以下三类：其一，祝福语，如"千秋万岁""长乐无极"等；其二，表明瓦当所用建筑和地点，如"八风寿存""长乐未央""羽阳千岁"等；其三，表明使用人的身份、官阶等。前两类是文字瓦当的主体。秦瓦在文字使用方面已十分重视文字书写的装饰化，力求达到文字形式与含义和谐一体的效果。这一特点延续到汉瓦。这些瓦当中有的以文字为主，文字书写比较正规，同时配有其他的纹饰；有的以文字为主，但文字书写纹饰化，因而就没有其他纹饰的衬托。纹饰的使用及多寡与否，主要看两者何者居于主导以及文字本身纹饰化程度而定：有的文字较多，以表达意愿为主体，则会使用较多的其他纹饰；有的文字较少，文字本身纹饰化程度较大，则使用的其他纹饰就较少，或者不使用其他纹饰。在文字使用的数量上，秦汉瓦当上的字数有十二字、十字、八字、六字、四字、三字、二字、一字不等，以偶数为主，以四字当为多数。字数的选择与刻制时方便对称的构图和布局有关。在布局上，这些文字当多采取对称原则，文字分布合理均匀，几乎占满整个当面，给人充实圆满、铺排繁复的美感。在线条使用上，大多数文字的线条流畅而富有变化，随着瓦当形制和当面的空间而发生相应的变化；也有一些文字的线条古拙凝重缺少变化，艺术水平不甚高明。

秦汉时期带文字的瓦当众多，其文字刻制总体上体现出"随形为之，不取方正"的原则：这些文字的篆刻依据瓦当的形制而发生相应的改变，并不按照传统文字书写讲究方正的法则。在这一原则的支配下，秦汉瓦当上的文字在造型和线条使用等方面均体现出鲜明的装饰性特点。最早指出秦汉瓦当文字造型特点的是宋代学者王辟之。据王氏《渑水燕谈录》卷九记载，北宋哲宗元祐六年（1091）正月，陕西宝鸡权氏得到五块古瓦："得古筒瓦五，皆破，独一瓦完，面径四寸四分，瓦面隐起四字，曰'羽阳千岁'，篆字随形为之，不取方正，始知羽阳宫旧址也。"① 根据描述，权氏所得"羽阳千岁"瓦当上的文字为篆字，这与后来发现的带字的秦汉瓦当（尤其是汉代瓦当）是一致的。王氏根据这块瓦当推测文献记载的秦羽阳宫旧址即在宝鸡附近。王辟之虽然是第一次看到秦汉瓦当，但其对瓦当用字造型和书写原则的概括十分准确。西汉中后期开始大量出现文字当。与此前的图像和图案相比，这些文字不仅具有鲜明的装饰性，同时还更直接地表明自己的含义。

图7.28是陕西咸阳长安汉城遗址出土的秦瓦，面径17厘米，由右自左而刻"维天降灵延元万年天下康宁"十二字。② 十二字按每行四字分布，上下四方分别刻有雕饰性纹饰，并有十枚乳丁均匀分布其间。这样的乳丁装饰在秦汉瓦当上是常见的，它们并非简单的点缀之物。如果将之与相同时期发现的众多乳丁纹璧对照来看，或许更能明白它的含义。图7.29是南越王墓出土的乳丁纹玉璧，乳丁与乳丁之间有细微的纹路连接。③ 由于圆形玉璧一般被认为是宇宙或通天的象征，这样，这些乳丁和细纹自然也获得了宇宙论的意义。处于同一文化中的瓦当上的众多乳丁造型，其意义应该与此一致。有的同类玉器上方还雕刻有龙与凤的形象，乳丁的意义更为显

---

① （宋）王辟之：《渑水燕谈录》，《四库全书》"小说一"第1036册，上海古籍出版社1987年版，第520页。
② 陕西省博物馆编：《秦汉瓦当》，文物出版社1964年版，图录19，第19页。
③ 叶庆良：《汉代玉器》，台北震旦文教基金会2005年版，第40页。

豁。再看这些文字运笔圆润，笔法简奥，带有鲜明的秦篆特点。从其使用的十二字"维天降灵延元万年天下康宁"看，这是咸阳秦宫的瓦当，以表达秦国统治能够得到上天护佑而延续万年的祝愿。表达这一意愿或理想是这块瓦当的主要意图所在，文字书写比较规范，容易辨认，装饰性和图案化现象不太明显，因而它的四周同时加上了其他纹饰。与此不同，图 7.30 四字瓦当上的文字图案化、装饰化的程度很彻底，与一般的云纹和鸟纹几乎是一样的。这块瓦当出自秦咸阳宫，面径 15.8 厘米，是建造咸阳宫殿时使用的瓦当。① 整块瓦面以"十"字平均分为四个部分，每个部分上刻一字，分别为"永受嘉福"四字；采用的篆刻笔法为秦篆中常见的鸟虫篆写法，因而几乎全部纹饰化，观者只能通过纹饰之间的布局和关系知道这四个字所书内容。这里的文字与装饰性纹饰几乎没有区别，因而文字周围没有使用其他纹饰。

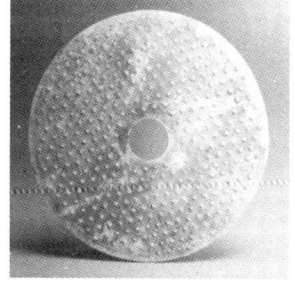

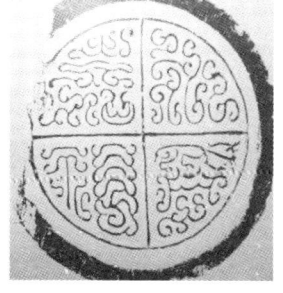

图 7.28　秦十二字瓦当　　图 7.29　乳丁纹玉璧　　图 7.30　秦四字瓦当

除了文字与纹饰的搭配使用外，图像与文字的搭配虽然不多，但很有特点，体现出制作者处理图像构成的独特艺术手法。在这类作品中，文字既可以图像化，成为图像的一种，图像也可以被文字化，成为文字的组成部分，或者直接代替文字，履行文字的功能。这类瓦当图文之间相互转化的关系在此前是极为少见的。虽然在甲骨文中会出现象形字，有的文字几

---

① 陕西省博物馆编：《秦汉瓦当》，文物出版社 1964 年版，图录 23，第 23 页。

乎就是图像，但极少出现图像与文字相互转化的情况，在一个文字内部不可能既是文字的笔画又是图像。秦汉文字当的这一点尚未引起文字学、书法篆刻和考古学研究的注意。图7.31、7.32、7.33三幅图片是这种情况的典型代表。这三幅图片代表了秦汉文字当中图像与文字关系的三种类型：其一，以图像代替文字的笔画，图像成为文字的组成部分；其二，图像直接代替文字，履行文字的功能；其三，文字图像化，同时履行文字和图像的功能。这类瓦当上的图文造型具有很强的创造性和艺术性。这种图文之间的相互转化，不仅扩大了图像与文字的表意功能，使构图能够容纳更多的思想内容，而且还开拓了新的构图方式，打破了文字与图像之间的森严界限，实现了图像与文字的良性互动。

图7.31　汉，冢字当　　图7.32　汉，鹿甲天下当　　图7.33　汉，千秋万岁当

图7.31为汉人墓冢用瓦，面径16厘米，边轮宽1.2厘米，陕西临潼附近出土，现为私人收藏。[①] 从线条使用看，"冢"字几乎全用直线或折线刻画而成，与当时篆书和隶书所使用的圆润流畅的线条完全不同，其目的显然是要使用直线勾勒出墓室的形状：作者用三条直线形成墓室形状及其内部空间，然后再用几条直线刻画出"冢"字的其他笔画构成，文字的左右和上方同时配有装饰性线条和乳丁。值得注意的是"冢"字的最后一笔，

[①] 陕西省考古研究所秦汉室编：《新编秦汉瓦当图录》，三秦出版社1986年版，图录208，第208页。

制作者没有使用直线或点，而用了一只鸮鸟的图像。鸮是猫头鹰的一种，常在夜间出没，在荒凉无人、草木旺盛的墓葬附近可时常看到它的身影。在上古文化中，它是沟通阴阳两界的神鸟，有起死回生的神力。制作者在这里使用它的形象作为墓主的守护神，可谓独具匠心、神来之笔，具有很强的形象性和画面感。这里的"冢"首先是一个字，表明瓦当所使用建筑的性质，同时又是一幅生动的画面：鸮鸟用简单几笔勾勒而成，形象逼真传神，正站立在高大威严的屋檐之下圆睁双目，静静地守护着墓中的主人。整个画面和谐有致，不觉生涩。这个创造，不仅用图像代替了文字的笔画、使图像成为文字的组成部分，而且将神话信仰内容纳入文字之中，丰富了文字的思想内涵。图7.32为汉瓦，陕西临潼出土，面径16厘米，边轮宽1.4厘米。① 瓦当的中间是常见的原点，它和周围的圆圈结合在一起既起到分隔当面空间的作用，又是宇宙空间的象征。下半部是"甲天下"三个篆文，用笔简练直接，容易辨识；上半部分则是两只小鹿的形象，质朴可爱。其中一只长着长角，类似于梅花鹿，另一只的角不太分明，似乎是麋鹿的一种。这两只小鹿的形象代替了"鹿甲天下"中的"鹿"字，图像在这里完全代替了文字，不仅履行了文字的功能，而且还很形象地表达出当时流行的"鹿甲天下，所从表端也"的观念。这种图文使用方式的瓦当在其他地区也有发现，不是个别现象，值得注意。图7.33是华阴华仓遗址出土的一块瓦当，面径12厘米，边轮残破。② 其文字造型极为独特，充分体现出文字图像化的特点。从构图布局看，当面中心是一个圆圈，圆圈内是一只展翅欲飞的鸟儿形象。由此可以推测，这里的圆圈实际上是太阳的化身，而且圆圈四周以直线排列而成的四个条形既将整个当面空间平均分为四块，而且还表示它是太阳四射的光芒。在圆圈外四个区域内自上而下、自右而

---

① 陕西省考古研究所秦汉室编：《新编秦汉瓦当图录》，三秦出版社1986年版，图录293，第293页。
② 陕西省考古研究所秦汉室编：《新编秦汉瓦当图录》，三秦出版社1986年版，图录229，第229页。

左书写着"千秋万岁"四字。"千秋万岁"四字用笔古朴而不失流动,更重要的是,制作者显然有意要将这四个字图像化:它们流动的线条像是跃动不已的生灵,很少按照传统篆书的书写方式进行书写。尤其是立于当面正上方、与观者正对的"千"字,被制作者刻绘成一只展翅飞翔的鸟儿形象,不能不说是一大创举。这样的图像表现方式或文字书写方式是极少见的,充分体现出汉代瓦当艺术所具有的独特艺术特点。可以说,文字的图像化,是秦汉文字瓦当发展的极致,也是它的终结:自此以后,瓦当文字没有出现新的表现方式,瓦当艺术也逐渐衰落了。

除了上述表现内容和图文构造的基本格局外,秦汉瓦当纹饰造型和图像体系也处于不断的变化中,时代审美观念和其他思想观念的变化往往在这些纹饰的变化中体现出来。这种变化既是渐进式的,也是突变式的,一旦社会文化和思想环境变化,无论是制作方法还是纹饰图像,均会得到及时的反映。在由秦入汉的短短几十年间,秦瓦与汉瓦在各方面均体现出明显不同。例如,在形制方面,"秦代瓦当一般面积都较汉代的小,边棱亦较窄,瓦质色青而坚;汉代的面积较大,边棱亦略宽,瓦质似不及秦代的坚密,呈灰色"[①]。其他方面的变化和区别还有:纹饰风格方面,秦瓦滞重朴实,汉瓦则流动富有变化;秦瓦多图像和纹饰,只有较少有文字,而汉瓦图文并重,文字当的数量远远超过秦瓦,等等。有学者经过细致地统计和对比,对秦器物纹饰和楚器物纹饰讲行了比较,认为:"秦人务实而楚人富于幻想,表现在几何类纹饰上,秦人使用的纹饰线条简单、形象粗犷、变化较少,基本上保留了周人的传统风格,只是加以简练用于自己的器物之上。在器物上施纹于秦人看来只是一种单纯的模仿行为,没有什么创造,也没有其他过多的内涵。而楚人的纹饰则富有想象力和艺术的创造力,细观其纹,总给人一种飘逸、流畅的动感,能让人体会到楚人浪漫、脱俗的超凡个性。就其几何纹饰的发展来看,楚人正是力图从纹饰的各种变化中寻求一种洒脱的美感。在器

---

① 陕西省博物馆编:《秦汉瓦当》"编后记",文物出版社1964年版,第1页。

物上施纹于楚人看来，除了增加器物的艺术感染力外，还是一种情感的表达。"[1] 这些变化与时代精神和地域文化均有密切关系，秦人也像他们的艺术一样并不懂得如何细腻、真实地表达自己的情感。当然，这种变化并不是直线前进的，秦瓦纹饰中也有极为灵动的，汉瓦纹饰中也有秦瓦的某些特点，而且云纹、涡纹均是秦汉瓦当中常见的纹饰。这种交织共存的现象说明它们在前后相续的过程中也存在相互影响的情况。

秦国经过长期征战，逐渐使天下一统，各种艺术形式在秦代均存在重大变化，就瓦当来说，情况也是这样。实际上，这种变化在战国时期即已开始。随着周室王权的衰落，神权分散，各地诸侯通过各种方式表达自己思想和文化的特点，在这种情况下，青铜器纹饰造型由深沉、神秘、威严逐渐向写实、朴拙、逼真转化，体现出鲜明的世俗化倾向，动物和神人造型越来越接近现实生活，给人亲切之感。秦代艺术在保留战国艺术造型的同时又出现复归现象：天下一统要求重新树立皇权的威严。秦始皇陵出土的瓦当造型大气，运笔简古，图案匀称，气象博大，神物形象真实而又神秘，体现出秦始皇的无上威严，这种气象格局是此前瓦当纹饰造型所不具备的。而且，秦国地处北方，崇尚实用精神，治国理政以法家思想为指导，因而其艺术造型多写实直接，体现出雄浑大气而沉重古拙的特点。因此，秦代瓦当的这些造型特点是秦历经数百年而形成的民族精神的典型体现。

秦代砖瓦除了常见的鹿、虎、雁等图像外，有时也会出现一些神奇的动物或神物图像。但这类图像在现今发现的秦代壁画、瓦当、空心砖等纹饰图案中所占比例很少。20世纪70年代考古工作者在秦都咸阳遗址发现的一块空心砖上的凤鸟图案比较别致，在秦代图案纹饰中很少见，值得注意（见图7.34）。[2] 虽然图像所存仅为一部分，但仍能窥见大致内容：画面中央

---

[1] 彭文：《从出土器物的纹饰看秦文化与楚文化的交流》，见秦始皇兵马俑博物馆编：《秦俑秦文化研究》，陕西人民出版社2000年版，第280页。

[2] 梁云：《秦咸阳"水神骑凤"空心砖纹内容浅析》，见秦始皇兵马俑博物馆编：《秦俑秦文化研究》，陕西人民出版社2000年版，第51期。

图 7.34　水神骑凤，秦，空心砖纹饰

是凤鸟衔珠的常见意象，凤鸟的前方应是另一神物，据其展开的形状看，好像是神物的翅膀之类；在凤鸟身上是一位珥蛇的神灵，其伸开的右手类似于鸟类尖锐的爪子，他的头上戴着只有神人才有的"三维冠"。图像的线条使用变化有致，简洁流畅；几何图形与线条交叉使用以呈现对象的不同特点，体现出一定的表现力。从图像内容看，它所呈现的显然是当时流行甚广的神话信仰内容。这些神物形象带有更多楚文化的特点，与秦国地区长期流行的鸟信仰也有一定的联系。《山海经》中记述了诸多类似的神灵形象，可以对比参照。总之，将如此繁复的内容表现出来在秦瓦中值得引起注意。

总体上看，秦瓦呈现的动物形象，多为鹿、雁、狗、獾、龟等日常生活中较为常见的动物形象，神人骑凤之类的图像造型极少出现，以至于让人怀疑这块砖是否为秦的遗物。秦地处北方，务实尚用，很少描绘神话中才会出现的神物形象，虽然龟、鸟、凤等也多作为神物形象出现，但在秦瓦上却更多世俗化的特点。而且，这些神物图像之间尚未组成严密的内在关联。它们虽然有时会在同一幅画面中出现，但多是比较外在化的临时组合，鸟纹与太阳的组合延续的是上古时期的固定组合，神物之间新的组合方式在秦瓦中尚未出现。这说明务实的秦国统治者尚未对神话体系进行有意识地整理和系统化，神权在其政治体系中也尚未起到应有的作用。在这些动物形象中，神话中的动物以夔凤为代表，现实生活中的动物以鹿最为常见，体现出鲜明的地域特点。例如，以长角为典

第七章　早期绘画：神话意象向艺术的转化 | 329

型特征的鹿的形象在秦汉时期大量出现，既有秦的地域特点，同时也有自己的历史和文化传统。鹿作为吉祥神物，不论是对人的现实生活还是其象征性含义，都值得人们对其加以表现。图 7.35 是 1978 年湖北随县擂鼓墩曾侯乙墓出土的木雕漆绘神鹿，高 86.8 厘米，通长 50 厘米。在颜色使用上，神鹿通体以黑漆为主，用黄漆绘出梅花的斑纹，十分形象逼真。[①]可以看到，它正

图 7.35　神鹿，战国，现藏湖北省博物馆

跪伏在地，微微昂首凝视，给人沉静温和之感；它长长的鹿角既是现实性的，也是夸张之后的产物，它经常出现在秦瓦之上。作为一件雕塑作品，它的表现对象似乎只能以静止的方式呈现。如何在静中显动，利用雕塑形象的格局将静止的立体空间转化为生动多样的生命空间，是雕塑艺术必须解决的问题。可以看到，这只小鹿温驯安静，似乎正在卧地休息，其动态的生命特点没有体现出来。这或许与制作者呈现的鹿的活动状态有关，但这种呈现方式在当时是普遍的而非个案。这种情况在秦汉雕塑中有了转变，秦瓦中的凤鸟、神鹿等形象初步体现出这种努力，汉瓦中的四灵形象则是化静为动的极致。

如前所述，秦瓦上的动物形象已经初步体现出制作者对动态形象追求的努力，云纹、莲叶纹、水纹、鸟纹等纹饰均体现出动态的特点，但最明显的还是它对动物形象的呈现。图 7.36 是陕西凤翔县豆腐村遗址出土的卧鹿瓦当，面径 14.3 厘米，边轮宽 1.1 厘米，当厚 2.2 厘米，瓦色青灰，现

[①]　刘兴珍、郑经文主编：《中国古代雕塑图典》，文物出版社 2006 年版，第 59 页，图 3—10。

存凤翔县雍城文管所。① 这是一只卧地休息的小鹿，它四肢强健，体型健硕。虽然它正卧地休息，但从其顾盼的姿态可以看出，它仍保持高度的警觉，以防遭遇不测。它长长的鹿角让人想起前见雕塑中的鹿形象，以至于让人怀疑它们应该出自于同一文化母体。它只是秦瓦上众多小鹿中的一个。在秦瓦上存在众多与此类似的鹿的形象：它们或卧或立，或急速奔跑或挺身跳跃，或在树下悠闲地吃着青嫩的树叶，或在草地上自在地散步，无不体现出动态特点。这显然是秦瓦制作者有意创制的结果，体现出他们追求动态形象的努力。这对质朴实用的秦人来说无疑是一大进步，也是对此前雕塑艺术的一大推进。类似的追求还体现在他们对夔凤形象的刻绘上，它是秦瓦上又一常见的动物形象。夔凤形象的大量出现，不仅说明战国及其以前的神话意象影响到秦雕塑形象的制作，而且说明秦人开始有意识吸收相关内容来丰富自己的神话体系。只不过，这一工作刚开始没多久就中断了，而只能由漫长的汉王朝加以完成，并真正形成政权、神权和皇权高度统一的神话意象体系。② 同样，秦人在制作夔凤形象时仍在追求动态的效果。为此，制作者将夔纹、凤纹、龙纹相结合，努力使凤鸟呈现出龙翔虎跃的运动身姿。在这些组合中，我们不时可以看到秦本土动物的影子，例如，獾的形体、神态等因素就经常被融入这些神物形象之中。图7.37是凤翔县铁沟遗址出土的秦瓦，面径14.6厘米，边轮宽1厘米，当厚2.2厘米，瓦色青灰。③ 这是一只凤鸟的形象，但与其说是凤鸟，不如说是现实中的某种鸟类更合适：除了某些细部能被纳入凤鸟的形象之外，我们几乎感受不到神话时空中凤鸟翱翔宇宙、自由潇洒的气息，它给我们的更多是现实生活的朴实感。

---

① 陕西省考古研究所秦汉室编：《新编秦汉瓦当图录》，三秦出版社1986年版，图录11，第11页。
② 王怀义：《论汉代神话意象的审美特征》，见《中国美学研究》2014年总第三辑，第67—75页。
③ 陕西省考古研究所秦汉室编：《新编秦汉瓦当图录》，三秦出版社1986年版，图录24，第24页。

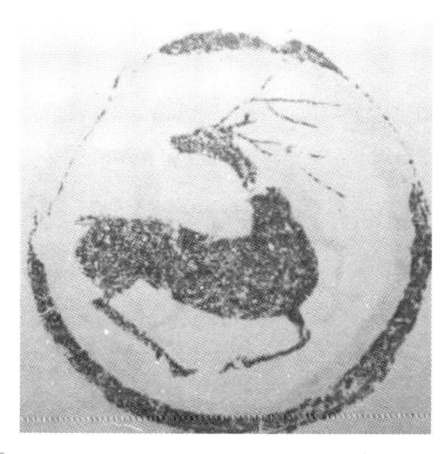

第七章　早期绘画：神话意象向艺术的转化 | 331

图 7.36　卧鹿瓦当，秦，凤翔县遗址出土　　图 7.37　夔凤瓦当，秦，铁沟遗址出土

可见，在动物形象的绘制方面，秦瓦虽然体现出对动态形象追求的努力，但显然由于其本身文化因素的限制而未能达到很高的艺术水平，秦文化还尚未将六国文化（尤其是强大而影响深远的南方楚文化）真正吸纳、融入自己的文化体系中，全新的审美理想正在孕育之中。毕竟，相比于地域和政治的一统，文化精神的融合要更漫长，时代精神的提炼与凝缩也更为艰难。楚地出生的项羽和刘邦，大大推动了楚文化和秦文化的融合，这在某种程度上也推动了南北文化的融合，这种新的审美理想经过长期的酝酿、磨合而最终形成汉代沉雄宏大而流动潇洒的审美精神。可以看到，无论是图像、图案还是纹饰、文字，汉瓦都比秦瓦具有更多流动之美，体现出在以静显动技法方面的巨大进步。其实，秦代的工艺制作者并非不具备这方面的雕刻技艺，那只在宇宙空间自由浮动的蟾蜍形象线条婉转、流畅生动，毫无生涩之感（图 7.40），其根本原因应在于民族文化精神的制约。以想象雄奇瑰丽为主要特点的楚文化是汉文化的基本构成因素，流畅大气也成为汉代艺术基本的精神气质。而且，经过汉初儒者和刘氏集团长期有意识地恢复与重建，南北文化和艺术的融合接续起来，政治制度和地理疆域的统一极大促进了文化和艺术向同一方向发展的步伐，由此使汉代艺术在保留秦代艺术某些特点的基础上发展、更新，体现出自己的面貌，新的

审美意识最终形成了。汉代砖石艺术是这方面最直接、形象的体现，汉瓦是其中的代表之一。

我们选择秦汉瓦当共有的表现对象说明上述现象。图 7.38 是凤翔铁沟遗址出土的秦瓦，面径 14.3 厘米，边轮宽 1.1 厘米，当厚 2.4 厘米，瓦色纯灰。[1] 这是一只夔龙形象，从其前后四肢的状态可以看出，它正处于飞动中，这符合当时以动态为基础制作图像的要求，但其线条使用十分简单，我们只能从轮廓上去观察、辨识它的形象。与它相比，图 7.39 的夔龙形象显然更精彩、有神气[2]：它的躯体曲折富有变化，龙首低垂，龙嘴微张，龙角历历，龙爪逼真，龙纹清晰，线条使用浓淡相宜、轻重有致，将一直飞动盘旋中的神龙形象活脱刻出，给人呼之欲出之感。两相比较，汉瓦上的这只夔龙形象显然更富生命力。类似的差距还体现在秦瓦和汉瓦中都经常出现的鹿、蟾蜍、凤、龟等形象上。它们的差距是秦瓦和汉瓦图像差距的缩影，也是秦代艺术和汉代艺术之间差距的缩影。这种情况出现的原因是复杂的，反映的问题也是多样的。除了艺术形式和制作工艺发展等原因和时代地域文化的差异外，还有其他因素的制约。同时还应指出，虽然都是夔龙，但秦瓦上的夔龙是孤单的，还没有与其他神物组合成严密的神话信仰体系，因此它只是众多神物中的一个。这是秦神话贫乏所导致的。汉瓦上的夔龙不是光杆司令，它是当时盛行的四灵信仰中的一个，频繁出现在各种场合和艺术形式之中，它是当时神话信仰和文化组合严密体系的体现者。因此，它是群体中的一员，它的出现不仅标志一种神圣空间的建构和形成，而且还将与之相关的其他不在场的神物形象和内容一同显现。这也是秦瓦上的夔龙无法做到的。

---

[1] 陕西省考古研究所秦汉室编：《新编秦汉瓦当图录》，三秦出版社 1986 年版，图录 23，第 23 页。

[2] 陕西省考古研究所秦汉室编：《新编秦汉瓦当图录》，三秦出版社 1986 年版，图录 331，第 331 页。

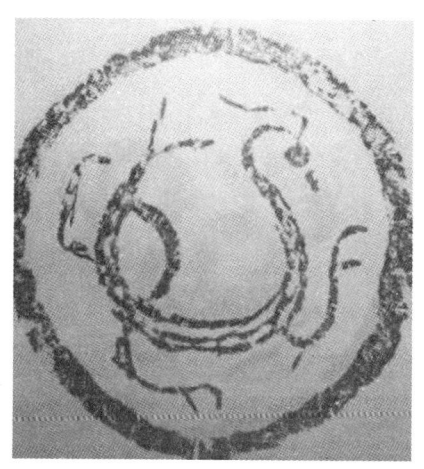

第七章　早期绘画：神话意象向艺术的转化 | 333

图7.38　秦，龙纹瓦当，凤翔出土　　图7.39　汉，龙纹瓦当，西安汉城出土

类似的情况还体现下面的作品上。图7.40是陕西豆腐村遗址出土的秦代蟾蜍纹瓦当，面径15厘米，边轮宽1.3厘米，瓦厚3厘米，瓦色黑灰。[①] 图7.41是淳化董家村出土的汉代瓦当，面径17.5厘米，现存淳化县文化馆。[②] 它们都表现了蟾蜍的形象。秦瓦中的蟾蜍浮动在圆月之中，身体全用线条的方式呈现，几乎是虚化的，刻绘用力，轻重有致，点、块面、线条的交织使用使形象富于变化。因此，它的形象是灵动的，艺术技法是高超的，表现形式是成功的，这些是上面夔龙纹瓦当甚至其他秦瓦所不具备的，因而这种图像在秦瓦中也是少见的。但与夔龙形象一样，它是形单影只的形象，虽然体现出蟾蜍与月相组合的特点——这是上古时期既已形成的神话观念——但它的制作者无法做出更大、更多的拓展，这显然是因为他不具备更多的思想资源，而不是技法上的欠缺。虽然秦瓦上的蟾蜍形象已很成功，但汉瓦中的蟾蜍无论是技法还是形象都比前者高明：在技法上，除了线条、块面、点的交叉使用外，它的制作者还将它的脊椎骨以中轴线的

[①] 陕西省考古研究所秦汉室编：《新编秦汉瓦当图录》，三秦出版社1986年版，图录31，第31页。
[②] 陕西省考古研究所秦汉室编：《新编秦汉瓦当图录》，三秦出版社1986年版，图录339，第339页。

方式呈现出来，尤具创意。在形象展示方面，这只蟾蜍四肢伸展，举起的类似于人的双手的两只前肢带有呼号和舞蹈的意味；它两只大大的眼睛与观者直视，充分体现出它作为神物的自信心、优越感和神圣感；它头上的长缨竖起并随着它的舞姿飘动，既说明它所具有的独特身份，也表明它现在正处于一种非正常的癫狂状态中。这样的形象会让我们不由自主地想起汉大赋那种铺张扬厉的文风和不知节制的修辞。同时，这只蟾蜍摆脱了秦瓦上那只蟾蜍形单影只的状态：它身旁同样引人注目的兔的形象，成为它的忠实伴侣，环绕、交错在它们身旁的是神话中的桂枝的形象。同样，这只神兔修长的身姿、俊逸的神态、超大的眼睛，给人无法企及的神圣美感。显然，这块汉瓦的制作者不仅在技法上更为成熟，而且拥有更多的思想资源，这不仅让他可以更加自由地表现对象跃动的形式，而且可以让更多原本不相干的意象组合在一起，构成新的图像空间。

图 7.40　秦，蟾蜍纹瓦当，凤翔出土　图 7.41　汉，蟾蜍纹、兔纹瓦当，淳化出土

当然，这些现象的存在不代表秦人对宇宙空间和信仰世界没有丝毫认识。作为春秋战国时期急剧膨胀强盛起来的北方国家，它不可避免要受到这一总体的时代精神的影响。可以看到，在秦瓦上常能发现秦人对宇宙空间的认识和对神话意象与现实生活进行有意组合的图像纹饰。众多将圆形

空间分割为四个均匀小块并充满云纹的秦瓦图案，实际上正是当时普遍流行的宇宙观的真实反映。同时，我们还可看到，秦人也试图将信仰世界和现实世界统合在一个有限的时空中。只不过，由于秦国统治者和其谋士一直在进行紧张的扩张和征服工作，这种文化和思想上的一统虽然在秦始皇统一霸业基本完成时被重视起来，但仍相当仓促，效果也不甚明显；甚至这种带有霸权性质的文化统一工程还激起各地诸侯贵族后代和人民的持续反抗，以游侠著称的燕、赵等地的反抗行为更为激烈。因此，真正将南北文化思想和艺术精神统一、融合为一个和谐整体的工作只能由汉代统治者、学者和艺术家来完成。正是这一进程的完成，彻底促成神话意象向艺术领域的转化。

结语　神话现象学的逻辑原则

可以看到，中国早期文化和社会生活的各个领域都受到神话意象的深刻影响。一方面，神话意象形成后会向伦理、哲学、艺术、审美等各个领域渗透，人们的生命与生活，生存意义的获得等，始终离不开神话意象的参与；另一方面，神话意象演变的方向和轨迹是多样化的，很难将之纳入一个普适性的规律或规则之中。由于艺术审美领域的思维方式，与神话思维具有更多相似性，因而神话意象对早期文学、绘画、雕塑等艺术形式和"观物取象""天人合一"等审美观念的影响更为直接。神话意象演变的复杂性，决定了我们对神话进行理解、解释的形式，神话研究的方法和价值取向也应与这种复杂性相适应。

受实证主义和心理主义思潮的影响，以解释的方式确定神话特定意义的研究方式成为过去神话研究的主流形态。这种依据先在法则将神话与某些人性特质相等同的做法将神话凝固化、实体化，严重扭曲了神话的存在形态。神话作为原始先民自然意识和生命经验的最初集合体，必然成为哲学研究尤其是现象学研究的论题：人类以视听经验为基础的身体感觉经验及其本源属性是神话的本质规定性，它以叙述和行动的方式"言说"生活世界的真实性；神话意象以各种方式触动主体的感觉经验使之参与、融入这种始源经验中，形成结构复杂的唤醒机制和建构功能，以与主体当下的生命经验相统一，从而将过去、当下和未来建构为统一性、时机化的生活整体。

第一节　神话现象学：术语的使用史

在现象学运动日渐深入的今天，相对于较为成熟的"宗教现象学"研究①，"神话现象学"这一提法还是崭新的。2003年，美国蒙特克莱尔州立大学人类学系教授罗伯特·吉尔（Glen Robert Gill）出版过《诺思罗普·弗莱与神话的现象学》（*Northrop Frye and the Phenomenology of Myth*，2003）一书，可以看作是正式提出"神话现象学"这一术语的著作。此书由美国麦马士达大学（McMaster University）出版社出版；2006年，该书被删减后收入弗莱研究丛书，由多伦多大学（University of Toronto）出版社再版。在该书中，作者将弗莱的神话理论与20世纪三大神话学家荣格、坎贝尔和伊利亚德等人的神话理论进行了比较，从"感觉与想象"（Perception and Imagination）、"神和语法"（God and Grammar）、"原型与启示"（Archetype and Apocalypse）等方面论证了弗莱的神话理论及其与现象学、后现代思想之间的联系，认为弗莱的神话学著作是"真正的现象学"（a genuinely phenomenological）②。

实际上，罗伯特·吉尔将现象学与神话结合起来的研究思路可以在更早的著作中发现，其时间可上溯至卡西尔20世纪四五十年代发表的相关著作③。如果再将时间往前推进，早在1930年，俄罗斯古典学者阿列克谢·罗瑟夫（Aleksei Fyodorovich Losev，1893—1988）就在他的《神

---

① "宗教现象学"这一术语最先出现在荷兰学者范·德·莱乌《宗教的本质及其表现形式》（1933）一书的第109章。1948年，莱乌又出版了专著《宗教现象学》（*Phanomendogie der Religion*），此后在奥托、伊利亚德等一批著名学者的推动下，宗教现象学正成为当今宗教研究中的一门显学。宗教现象学虽是个歧义丛生的术语，但在宗教学和现象学研究者眼中，作为一门具有独立原则、研究方法和经典支撑的学科，已然获得了在学术界存在的地位。

② Glen Robert Gill, *Northrop Frye and the Phenomenology of Myth*, University of Toroto Press, 2006.p.2.

③ 户晓辉：《卡西尔与神话的批判现象学》，《民族文学研究》2009年第3期。

话的辩证法》一书中提出了一种关于神话研究的独立的、实质的方法（a substantive analysis of the meaning of myth），这种被称作"独立的和首要的"（first and foremost）关于神话的分析方法，就是现象学的分析方法（a phenomenological analysis of it taken as such and by itself）[①]。此后，在现象学的起源地和故乡德国，更多学者将现象学与神话联系起来，并试图用胡塞尔的"生活世界"（The World of Life）概念来建构神话研究的现象学方法和存在论原则，米尔顿·斯卡伯勒（Milton Scarborough）在《神话与现代性》（Myth and Modernity, 1992）一书中专列 Myth and Phenomenology，并通过对《创世纪》和柏拉图《蒂迈乌斯》的细致分析，确立了神话与主体生活世界的内在关联[②]。通过作者的标题（"通过神话而思：哲学的视角"，Thinking through Myths: Philosophical Perspectives）即可发现，神话作为人类自然意识和生命意识的最初集合形态，必然成为哲学研究尤其是现象学研究的论题。如果再前进一步，这一传统还可追溯到黑格尔《精神现象学》时代，这也是卡西尔从黑格尔这一著作寻找学理根据的原因所在；同样，在柏拉图的著作中，他即使否定神话可以表现至高无上的理式，但每当遇到无法言说之至理时，他仍使用神话进行论证，这也说明神话正是人类意识整体的一部分并以自己独特的方式确证后者的存在。

从这个历史可以看出，建立现象学与神话研究的内在关联，主要是在国外的哲学家中开始的，神话学者对这一转变似乎缺乏相应的反映。在国内学界，除笔者在相关论文中提出并使用这一术语外[③]，迄今尚未见到相关论述。鲁迅在日本留学时所写的五篇涉及神话的论文与此思路有契合之处，

[①] Aleksi Fyodorovich Losev, *The Dialectics of Myth*, Translated by Vladimir Marchenkov, London and New York: Routledge, 2003, p.5.

[②] Milton Scarborough, *Myth and Phenomenology*, in Kevin Schilbrack(ed.), *Thinking through Myths: Philosophical Perspectives*, London and New York: Routledge, 2002. 关于此问题更详细的论述，可参见户晓辉：《返回爱与自由的生活世界》第三章"神话（德语 Mythos, 英语 myth）"，江苏人民出版社 2010 年版，第 192—285 页。

[③] 王怀义：《体验论视野：建立神话现象学》，《内蒙古社会科学》2014 年第 2 期。

但随后受当时引进的文化人类学神话观影响而未能更深入一步；此后的中国学者大多延续了晚清以降的人类学、民俗学等受实证思想影响严重的神话研究思路，从而与现象学的研究方法绝缘。虽然有学者将顾颉刚称为"作为现象学者的神话学家"[1]，但作为科学主义的坚定拥护者，顾颉刚更多地将自己定义为启蒙主义者。顾颉刚的神话研究在对上古史进行解构的同时，也有消解自身的危险：大量考古资料已然证实顾颉刚所否定的事实的存在。将胡塞尔现象学中的"生活世界"概念引入民俗学和神话学研究领域的尝试，在高丙中、户晓辉等学者的近年论著中开始出现[2]，但神话学界对此还缺乏系统的探讨。叶舒宪在《中国神话哲学》（1988）一书曾提到谢林和卡西尔所使用的"神话哲学"术语，但作者将"神话哲学"分为"神话中的哲学"和"神话的哲学"两个层次，并在第一层面意义上展开研究，"侧重探讨的是中国神话中的哲学意蕴以及中国哲学思维模式的神话基础问题"[3]，因而未能对此问题付出更多努力。近年来，有新锐学者尝试从身体现象学的角度对盘古等神话进行个案研究[4]，是一个新开端。

毋庸置疑，将现象学的本质直观和悬置还原方法运用到神话研究，应成为神话研究的新趋势。有人说："存在论意义下的神话概念和范畴的探讨并不是使用概念，而是通过存在来界定概念，即让神话以其外在表现方式言说自己。……一旦将认识论意义下的神话概念转换为存在论范畴内的神话现象，神话便越来越清晰地呈现在研究者面前。"[5]但无可否认，上述论著仍未对现象学与神话及其所建构的生命世界具有怎样的内在关联等问题进行系统地整理与研究，虽然卡西尔、列维-布留尔等人对此有过零星而精深的论述，但尚需对这一问题进行细化，即主体生命中的感性经验如何内

---

[1] 吕微：《顾颉刚：作为现象学者的神话学家》，《民间文化论坛》2005年第2期。
[2] 高丙中：《中国人的生活世界：民俗学的路径》，北京大学出版社2010年版；户晓辉：《返回爱与自由的生活世界》，江苏人民出版社2010年版。
[3] 叶舒宪：《中国神话哲学》，陕西人民出版社2005年版，第1页。
[4] 王茜：《盘古神话的现象学阐释》，《文艺理论研究》2012年第3期。
[5] 王倩：《作为图像的神话——兼论神话的范畴》，《民族文学研究》2011年第2期。

化为神话的本体属性，以及二者之间具有怎样的相互构成关系和逻辑原则。这是本书所要解决的核心问题。

第二节　神话解释学：对立面的分析

现象学将"发生"（Becoming）归溯为"存在"（Being）（卡西尔语）的思路，必然使神话解释学与神话现象学相对立：前者纯粹客观的预设式论证淹没了神话的存在价值，无论这种价值是科学意义上的，还是生存意义上的。神话解释学是在宗教学、人类学和民俗学等学科框架下逐渐形成并蔓延到各个学科中的对神话进行合理化解释或释义的研究方法，其思想基础是孔德式的实证主义，比较神话学是在此基础上综合而成的学科，它们的共同基础是"逻各斯"式的，而不是"神话"式的：概念逻辑违背了神话所含蕴的生命事实。于是，针对同一神话，不同学科有不同解释，这形成了神话研究领域看似热闹实却冷落的局面：当神话学者阿兰·邓迪斯说"神话研究是一个国际性的跨学科的冒险事业"[①]时，我们应该知道这里的"冒险"不仅是指关于一则神话的任何解释都有可能是片面乃至错误的，而且还暗含着神话研究可能被如此众多不一的解释所消解的危险。神话解释学看似重新建构了神话世界中的诸多事件及诸神谱系，并将这种建构体系化、科学化，但这种建构有多严密，它离神话的真实面目就有多远。

神话解释学力图对不同的神话材料进行同质性建构，将看似相关或相同的神话资料建立一体性关系——虽然这种关系在实际中并不存在——然后将之与主体特定的心理结构相对应并从中归纳出特定的人性特点或品质。这种情况的存在，原因在于人们无法从漫无边际、多种多样的神话资料中归纳出某种具有独立性和客观性的科学原则，这给不同的神话解释留下了

[①] 〔美〕阿兰·邓迪斯：《西方神话学读本》，广西师范大学出版社2006年版，第2页。

空间。对此,卡西尔说:"遇到试图要解答的问题,人们总是采用发展心理学和普通心理学的方法。如果能够把神话在'人性'(human nature)的某些现成质量中的渊源说得言之成理,并能理解神话原始胚胎发展所依据的心理学法则,神话就被认为是得到了解释。"① 卡西尔此论指出:神话解释学依据某些先在法则,将神话与某些人性的"现成质量"相对应,于是,神话研究的结果要么证明神话"毫无客观价值",要么证明神话只是"完全主观的幻相",这种研究终归会摧毁人类"有机的精神统一体"。② 由此出发,卡西尔力图破除神话解释讨程中的实在化倾向,将看似客观而实际上是主体强加到神话身上的外部世界或现实世界排除掉,进而让神话以自己的方式显现自身,流露出浓厚的抵抗神话解释学的意味。在其他著作中,卡西尔将这种研究归结为"理智还原"③。这种方法力求以一种简洁、单一而有效的结构、模式或"母题"来容纳所有神话,其容纳程度越高越能说明它在理论的意义上完成了自身的使命。这种方法仍可归因于前文所述的由柏拉图确立的哲学传统:探寻神话背后的"意义"或永恒真理,卡西尔称之为"寓言式解释技术":"它们对神话现象的'解释'归根结蒂成了对这些现象的全盘否定:神话的世界成了一个虚假的世界,成了其他什么东西的伪装。它并不是一种信念,而是一种十足的弄虚作假。"④ 结果是:这种解释技术不仅消解了神话作为情感世界和信仰世界的真实性,其自身也被否定。因为,无论这些解释是对神话进行分类,还是对神话的"主旨"进行解说,它们都违背了神话本身的情感规定性,因而是"痴人说梦"。

如前所述,列维-布留尔的《原始思维》也是神话现象学的重要思想来源,他从原始思维和集体表象以及互渗律的角度反对神话解释学对神话所做的种种分类或解释,因为"我们觉得最明显的分类原始思维却注意不到,

---

① 〔德〕卡西尔:《神话思维》,黄龙保等译,中国社会科学出版社1992年版,第2页。
② 〔德〕卡西尔:《神话思维》,黄龙保等译,中国社会科学出版社1992年版,第3页。
③ 〔德〕卡西尔:《人论》,甘阳译,上海译文出版社2003年版,第117页。
④ 〔德〕卡西尔:《人论》,甘阳译,上海译文出版社2003年版,第115页。

而我们认为毫无道理的分类又恰恰是它所要求的"①。布留尔指出，神话解释学自以为是或想当然的做法与神话思维南辕北辙，是一种"嫁接的谬误"：它们提供的"把神话分成种和类的分类原则""解释神话的精确方法""对神话与宗教仪式做出的肯定的说明"无疑会出现"某些经常性的错误"，因为它们"在措辞上就预先歪曲了问题的解决"。②我们所面对并做出解释的神话可能是"一种完全伪造的东西"，"它们已经受到极高度地有意识地推敲，以至弄得面目全非"；"即使在最有利的条件下，我们搜集神话时神话所处的状态，也可能把它们弄得不可理解，而且根本不能对它们做出有条有理的解释"，因为我们既不能弄清这些神话产生的时代，也不能肯定这些神话中的某些段落是否已经失落，更不能肯定它们是否将原来单独存在的神话"混成一个不协调的整体"。③与卡西尔类似，布留尔也指出这种局限或错误的心理学根据，因为这些解释是以己度物的产物，而神话产生时期的原始先民独特的神秘互渗感应在研究者身上并不存在，并认为我们"不应当相信那些'解释性'假说"④。

当然，问题并不在于神话资料本身，而在于以泰勒、弗洛伊德等人为代表的人类学家、人种学家和心理学家那里，他们被自己所收集的大量数据以及这些数据之间在某一问题及其细节方面所呈现的惊人的相似性所震撼，并力图对这种相似性进行解释。布留尔指出："正是这种解释妨碍了他们前进，因为他们的解释早就预备好了。他们不是在事实本身中去找解释，而是用现成的解释去套事实。"⑤布留尔所反对的"解释"是那种以现成的既定事实对包括神话在内的各种数据进行对应化、实体性的解释。人类学家对神话的各种解释颠倒了二者之间的关系。布留尔期望的"解释"是

---

① 〔法〕列维-布留尔：《原始思维》，丁由译，商务印书馆1981年版，第438页。
② 〔法〕列维-布留尔：《原始思维》，丁由译，商务印书馆1981年版，第438页。
③ 〔法〕列维-布留尔：《原始思维》，丁由译，商务印书馆1981年版，第439—440页。
④ 〔法〕列维-布留尔：《原始思维》，丁由译，商务印书馆1981年版，第438页。
⑤ 〔法〕列维-布留尔：《原始思维》，丁由译，商务印书馆1981年版，第9页。

"在事实本身中"获得的,这种思路无疑是现象学"面向事实本身"的思路在原始文化研究中的灵活运用。这就像海德格尔说的那样,现象学的任务"始终是从事情本身出发来清理先有、先见和先行把握,从而保障课题的科学性"①。布留尔并非将神话置于不可解释的位置、将神话导向虚无主义的深渊以消解神话,而是将神话纳入人类整体的精神世界之中,后人与之建立呼应关系的前提是如何体验、领悟到其中所蕴含的这种整体性关系。

可以看出,卡西尔和布留尔之所以反对神话解释学,是因为后者根本违背神话本身:一方面,它将神话在各种资料的比对中实体化、凝固化和现实化,并将之归结为某种心理学法则,这在根本上违背了人类"文化生存的基本形式起源于神话意识"②的事实,而且还破坏了人类精神意识整体的统一性和有机性;另一方面,在脱离神话赖以产生的原始语境的情况下,神话解释学以自我的思维原则和对意义的肯定性眼光对神话进行重新组合、比对、解释,失去了"对活生生的当下意义的直观和再现的重要性和可能性"③。这与神话现象学所遵循的以突显神话对主体生命存在的体验、感知和真实领悟的根本精神相违背。

第三节 感觉经验:神话现象的生成基础

如前所述,神话现象学的历史可以无限追溯并形成一个完整的历程:它在柏拉图和亚里士多德的著作中即已萌芽,黑格尔的著作也潜伏着各种迹象,卡西尔的著作将之作为确定的问题而提出;直到最近,以之作为书名的著作终于出现了。正像罗伯特·吉尔在该书第四章所使用的标题"清

---

① 〔德〕海德格尔:《存在与时间》,陈嘉映、王庆杰译,生活·读书·新知三联书店1987年版,第187—188页。
② 〔德〕卡西尔:《神话思维》,黄龙保等译,中国社会科学出版社1992年版,第3页。
③ 户晓辉:《返回爱和自由的生活世界》,江苏人民出版社2010年版,第229页。

扫感觉之门"（Cleansing the Doors of Perception）一样，神话现象学的展开是从感觉经验与神话之间的必然性联系开始的。

实际上，神话现象学本身就内含于神话，只不过，自柏拉图开始的以逻辑和思辨为基础的人类知识体系带有过多的封闭性和排外性，以至于以感觉为基础的知识不能在人类知识体系中获得存在的合法性：感觉的无序混乱和流动变异不能成为逻辑把握的对象。所以，在鲍姆加登以人的感觉经验作为美学的研究领域后，"哲学似乎突然意识到，在它的精神飞地之外存在着一个极端拥挤的、随时可能完全摆脱其控制的领域。那个领域就是我们全部的感性生活——诸如下述之类：爱慕和厌恶，外部世界如何刺激身体感官的表层，令人过目不忘、刻骨铭心的现象，源于人类最平常的生物性活动对世界影响的各种情况"①。因而，哲学家对感觉经验的轻视一定程度上暴露了他们对后者的恐惧——柏拉图就曾流露出这种恐惧。在《国家篇》中，柏拉图认为虽然 Muthos 可能包含真理，但总体上是虚构的。正是这种"可能"的存在，使柏拉图的论证始终离不开它，这也昭示出神话与感觉经验的同质关系。实际上，感觉经验正以其流动性和不可把握性抵抗着 Logos 的强制性化约过程。

相对于柏拉图的立场，亚里士多德的观点比他的老师开明：诗歌在表现真理方面具有重要作用，且更与人类的感觉本性相关。同样，他也在这个层面上肯定了神话作为人类最早的知识体系与人类感觉经验之间的起源关系。在《形而上学》第一章，他说："在诸感觉中，（我们）尤其喜爱视觉。因为不仅着眼于行动，即使我们不打算进行任何活动，比之于任何事情，我们也更喜欢观看。其理由是，在所有感觉中，视觉最能帮助我们认识事物并揭示事物之间的差别。"② 根据亚里士多德的论述逻辑，可以看出，以视觉为代表的感觉经验构成了形而上学的现实基础和逻辑起点。在《诗

---

① 〔英〕特里·伊格尔顿：《美学意识形态》，王杰等译，中央编译出版社2013年版，第13页。
② 〔古希腊〕亚里士多德：《形而上学》，李真译，上海人民出版社2005年版，第15页。

学》第四章，他把诗的产生归因于人具有模仿本能，而且人在模仿过程中"获得了最初的知识"，"每个人都能从模仿的成果中得到快感"。[1] 他还将人对音调感和节奏感的体验和感知与人的本性联系起来，认为最早的诗人都是"生性特别敏锐的人"。亚里士多德通过将感觉经验纳入"倾向于表现带普遍性的事"的诗歌而将感觉经验与普遍性和一般性连接起来。这与他将视觉作为人类普遍性知识得以建立的基础的思路是一致的。作为人类最早的知识体系，神话对人类的视觉经验也有着系列描绘。[2]

除了视觉经验，听觉经验对于神话的生成和存在也有重要作用：神话的被讲述等同于神话本身，神话世界同时也是一个"讲述的世界"。在语言形成之初，语言的表现对象或成果就是神话。卡西尔引用赫尔德的话说："由于整个自然界都是发声的，因此，对于人这种具有感觉的造物来说，最自然之事莫过于人生活着、言说着、行动着。某蛮见一树，其盖如巨冠；冠动瑟然作响！定是神首点动无疑！此蛮伏地而拜。"[3] 在这个世界里，动植物都可以用自己独特的方式讲述自己的存在，所以袁珂说最初的神话都是"禽言兽语"，比较类似于后来的童话；他称这些神话为"活物论神话"[4]。达代尔认为，以口头叙事和语言表达为形式的神话并不能确证语言和神话之间的本质关系，神话与语言之所以连接在一起，是因为"言语"本身就是自然万物的最初存在形式，是人与万物之间进行交流的最初的形式："言语"成为"人从世界得到回答的凭借"，"是山脉、森林、月亮辉光、大海波涛、树叶沙沙声告诉他的。……这正是我们站在世界面前还能感受到的原始神话的意象：万物都有灵，动植物都会'说话'，处处都能听到世界的声音，种种呼唤在人的心中回响，四处的精灵传来信号、命令和禁令。神话是那样一种'言语'，它把每个角落里的人召唤在一起，冲破黑暗。它既

---

[1] 〔古希腊〕亚里士多德：《诗学》，陈中梅译，商务印书馆2012年版，第47页。
[2] 王怀义：《论视觉经验与神话意象》，《民族艺术》2014年第4期。
[3] 〔德〕卡西尔：《语言与神话》，于晓译，生活·读书·新知三联书店1988年版，第103页。
[4] 袁珂：《中国神话史》，上海文艺出版社1988年版，第9页。

不是寓言,也不是小说,而是形式和声音、模式和俗谚,是呼唤,是幻象,是真谛,一言以蔽之,是'言语'"。①因而神话世界最初就是一个万物说话的世界,即"太初有言"的世界。叶秀山说:"在'神话'的世界里,所有的存在物都会说话。神话世界,实际就是'话的世界'。……'话'使'人'真正看到'日月山川'和'他人'的存在。'话'的中介性恰恰成了'存在性'的根据。'话'就是'显现'。在神话世界里,日月山川都会说'话',都在说'话',都在向'我'倾诉些什么。"②这个言说的世界,必然也要通过各种各样的言说方式将自我呈现:讲述使事件成为现实,往事成为现在,瞬间成为永恒。通过"说"与"行动"来显示真理,人类历史由此成为感觉的历史和行动的历史,神话世界也成为感觉的世界和行动的世界。

可以看出,无论如何人们都不能否认感觉经验作为人类知识重要组成部分的合理性。就像亚里士多德所认为的那样,感觉经验的知识也含有"真理"。其实,在古希腊时期,尤其是纪元前6世纪下半叶以前,人们在使用Muthos时并没有褒贬的感情色彩,在《荷马史诗》中,它既可以表示"叙说""谈论""话语"等意思,亦可表示"想法""思考""内心独白"等意思,是米利都学派的泰勒斯、阿那克西罗德等自然哲学家将那些不可靠的、无法求证的"谈论"或"传闻"纳入该词,并使之与"离奇的""不真实的"等带有否定性色彩的界定联系起来,以至于影响了柏拉图的判断③。当然,作为古典希腊神话的删订者和诠释者,荷马以其"上层阶级文质彬彬的启蒙理想"将希腊原始诸神送往奥林匹斯山上的神庙,以使它们带有浓厚的政治和道德色彩而缺乏宗教气味,而那些在人民群众中广泛流行和信仰的"更黑暗更野蛮的成分"则被前者压抑下去;即使如此,它们"一

---

① 〔美〕阿兰·邓迪斯:《西方神话学读本》,刘魁立等译,广西师范大学出版社2006年版,第284页。
② 叶秀山:《希腊"神话"——作为理解世界的一种方式》,见《叶秀山文集》(哲学卷),重庆出版社2000年版,第594—595页。
③ 〔古希腊〕亚里士多德:《诗学》,陈中梅译,商务印书馆2012年版,第197页。

等到衰弱或恐怖的时刻就会迸发出来","被荷马所摈弃的那些宗教迷信在整个古典时代依然继续存在"。①

虽然亚里士多德在他的著作中对此有所修复,但柏拉图奠定的哲学传统仍支配着后来者的叙述逻辑,他对神话虚假性的界定直到黑格尔时代仍然存在,以至于卡西尔——这位严格意义上的神话现象学家,在他的著作中也不得不对此进行重新说明,以为自己的论述扫平障碍。卡西尔所做的工作实际上就是建立神话现象学的感性基础。他援引黑格尔《精神现象学》对科学与感性意识之间关系的论述,并将之置换为知识与神话意识之间的关系,认为以神话直觉领域为核心的感觉领域应该成为科学的逻辑起点:"一切科学的实际起点,即科学由之出发的直接性,与其说是在感觉领域,不如说是在神话直觉领域。通常所谓的感性意识,'知觉世界'(word perception)的内容——它被进一步划分成知觉的不同领域,分成色、声等感觉要素——本身就是抽象的产物,是对'预件'(the given)所做的理论加工。早在自我意识达到这种抽象之前,它就存在于神话意识的世界里,那里不是'物'与其'属性'的世界,而是神秘的潜能和力量、精灵和众神的世界。"②卡西尔将人类知识奠基在感觉经验之上,弥补了传统哲学对神话意识和理性意识进行机械划分所造成的断裂,从而将人类意识重新建构成一个有机整体。这一思路同样贯穿在《人论》等其他著作中。

作为一位力图建立一套与传统哲学不同的哲学体系的哲学家,卡西尔对待神话的态度仍具有"哲学家的特点":在为神话确立感性原则的同时,他"欲遮还羞",保留着许多不彻底的成分。因而,建立神话与感觉经验之间理所当然的关系的工作只能由其他学者完成。米尔顿·斯卡伯勒在《神话与现代性》一书中,通过描述的方式讨论了神话的本质问题。斯卡伯勒将马林诺夫斯基的生活论神话观和梅洛–庞蒂的身体现象学思想相融合,将

---

① 〔英〕罗素:《西方哲学史》(上卷),何兆武、李约瑟译,商务印书馆2003年版,第33页。
② 〔德〕卡西尔:《神话思维》,黄龙保等译,中国社会科学出版社1992年版,第5页。

神话的本质界定为 10 条，其中（9）神话的合适家园是人类生存其间的情境（that myth's proper home is in the background of human existence），并且（10）它是人类身体的一部分（that it is part of the body）[①]。斯卡伯勒反对将神话看作是一整套机械原则或组织的看法，认为神话是身体的主观感觉的有效的意向性的形式（myth is a form of operative intentionality of that body-subjcet）[②]。他认为，通过视觉、触觉或实用方式所认识到的客体有可能完全消失掉，但是身体对于自身来说永远存在。神话即是如此。它不是一时的热情，也不是暂时的或有限的目的，而是来自于对自我本身的认同，是感觉经验的集合体，是永久性的存在，因而它既不是语言也不是工具，而是身体的一部分。斯卡伯勒没有像卡西尔那样为获得自身研究的合法性而将神话与科学建立联系，而是直接将神话与自我身体的各种感觉经验相融合，并将这种感觉经验上升到永恒性的高度，以反对以往那种将神话作为机械结构的观点。

第四节　神话事件：通过行动显现真理

在神话研究中，将神话作为一种叙事的观点为世界各国学者所公认。叙事在神话中是不能被否定的，如果否定叙事与神话之间的关系，某种程度上也就否定了神话的存在。当然，除神话外，叙事可以各种方式存在。张光直说："神话材料必须包含一件或一件以上的'故事'。故事中必定有个主角，主角必定要有行动。……神话的材料必须要牵涉'非常'的人物或事件或世界——所谓超自然的，神圣的，或者神秘的。"[③] 美国学者贝齐·鲍登（Betsy Bowden）在《民俗与文学全书》的"神话"词条中写道：

[①] Milton Scarborough, *Myth and Modernity*, Albany: State University of New York Press, 1994, p.84.
[②] Milton Scarborough, *Myth and Modernity*, Albany: State University of New York Press, 1994, p.95.
[③] 张光直：《青铜挥麈》，上海文艺出版社 2000 年版，第 146 页。

"民俗学者们把神话界定为一种神圣的叙事,它起源于口头传统并关注人类与神圣世界的互动。"[1] 不必多举例即可看出:首先,神话世界是言说的世界,作为神话必备的构成要件,言说本身就是一种行动;其次,神圣事件是神话之所以成为神话的本质规定性;第三,建立人类与神圣世界的互动关系,成为神话事件的主要功能。

可以确认,神话是关于诸神和万物起源的神圣事件,而事件又是感觉经验的综合体:即使最简单的叙述也需以感觉经验为基础,同时感觉经验也应通过事件得以保存。在主体的生命过程中,任何事件均需通过五官感受而得以形成和实现,因而无论哪种学派的神话学者都一致认同神话的叙事特点;即使中国神话带有超强的抵抗叙事的成分,但这一特征仍然具备,只是存在强弱程度的不同。对神话事件属性的强调,实际上是肯定主体感觉经验的合理性和真理性。因而,在现象学的层面上讨论神话或神话事件,须对此重新界定。可以明确:神话无论以何种形式存在,它与感觉经验之间的一体性关系都要通过"事件"呈现出来,叙述自然成为神话的独特表述方式。究其实,神话通过"事件"呈现的实际上是时间的存在状态:原始初民以神话方式呈现时间的运转过程,时间流中的"事件"只是确证时间的存在。原始初民追求永恒性的愿望太过强烈,原因在于他们对时间的流逝有着极为敏感、灵动的体验和反省,因而神话事件一方面表现时间的永恒,同时也见证时间的流逝。

当然,身体的感觉经验如此丰富、细腻甚至达到了琐屑的程度,并非所有内容都能成为神话事件的来源和基础。神话事件是对万物形成和流转过程等重大事件的追问和解答,可为每个人的生命存在提供方向(provides an orientation for existence)。处于天地间的主体并非借此为宇宙立法,而是他们首先要认识自我在宇宙中的位置;自然万物以形式、色彩、味道、流

---

[1] Mary Ellen Brown and Bruce A. Rosenberg(ed.), *Encyclopedia of Folk and Literature*, Inc., 1998, p.431. 引自户晓辉:《返回爱与自由的生活世界》,江苏人民出版社 2010 年版,第 197 页。

转等各种方式证明自己的存在，原始先民不能无视这些存在：在人类生命的形成时刻，有什么现象能比它们更能激起我们心中的神圣感呢？如果将宇宙万物看作永恒存在的现时性存在，神话则是往更前的方向追溯，以揭示这些事物形成和存在的过程，神话由此成为阿兰·巴迪欧所说的"关键性事件"：这些事件既说明万物何以存在和如何存在，同时也为主体的生活奠定意义、提供庇护的场所和前进的方向。这说明，主体的生活虽面向未来，但如果没有这些业已发生的神话事件，未来生活会以其不可知性而走向虚无。

神话为宇宙体系中的每一个事物建构完整的事件结构，以解释万物何以形成与存在的问题，因为万物具有先在性，不了解这些先在事物，原始先民无以展开自己的活动并获得内心的安宁。正因如此，作为事件和行动的神话获得了真理的属性："神话过程就是真理再创从而实现自己的过程。"[1] 此处的"真理"不是通过逻辑获得，而是通过作为感觉集合体的事件过程而获得。主体（诸神）行动所构成的事件不需要证明就可以通过事件显现自身，就像荣格所说："大象之所以'真'，是由于它存在。大象既不是一个推论也不是一个陈述，更不是某个创造者的主观判断，它是一种现象。"[2] 因而，相对于通过逻辑而获得的真理，通过神话获得的真理更为真实：无论逻辑多么严密、客观，它都是一种猜测；无论是归纳还是演绎，它都在观念世界中展开和形成。神话真理与此不同，事件与行动是真实、具体的存在，真理通过诸神的行动过程而得以显现。神话的本质就在于展现这些行动和过程：世界产生之前的混沌世界，万物和人类形成之后的形象世界以及这个世界如何运转，等等。这一切既可以存在于观念世界（形而上学），也可以存在于感性世界（神话）。神话将之以事件的方式——尤其是过去的事件——呈现。神话中的过去事件在呈现的同时制约着未来事

---

[1] 〔德〕卡西尔：《神话思维》，黄龙保等译，中国社会科学出版社1992年版，第8页。
[2] 〔瑞士〕荣格：《精神分析与灵魂治疗》，冯川译，译林出版社2012年版，第11页。

件的形成，未来事件只不过是在验证"神迹"，这种"验证"证明了神话事件的真理性质：

> "神话"的"检验"标准在"过去"和"未来"，而不在"现在"。对于"过去"发生的事，我们必须至少要有一个"见证人"（目击者，witness），而"神话"向人显示，"过去"这些"神"的"事"，"将来"一定可以"证实"。"神话"中一切"神"的"奇迹"（miracle），也都至少有一个"目击者"，这一个"目击者"就可以使人类的理性哑口无言，就像一个"目击者""看"到黑暗中的一件谋杀案一样。一个"目击者"胜过一打"推理"。"未来"就要依据这个"目击者"的"见证"去"设计"，因而"神话"通过祭司、诗人、文人这些"目击者"支配着人类的未来，就像法庭上的"目击者"支配着法院的"判决"、决定着"被告"的"命运"一样。[1]

见证人见证了"事件"的发生，胜过他人诸多逻辑推理。因而，与逻辑相比，事件本身或见证事件显然更具有真理性。因此，神话事件的真理性只有在行动过程中才能实现，具体、真实的事件和行动比逻辑和思辨更接近真理，或者说事件和行动本身就可显现真理。神话事件只涉及过去和未来，而且只涉及久远、不可稽考的过去和未来，具有不可究竟性和不可怀疑性。因而，对于神话事件来说，其真理性与凡人生活事件的真理性相比有其独特性：它是凡人生活事件和行为的根源或依据，凡人的生活事件只是它的证明或不同变体，也必须以它为行为的规范和准则；人只有在自己的生活中模拟了神话原则，才能证明自身行为的合法性或合理性。只不过，这些原则在当今社会几乎丧失殆尽。因而，凡人生活事件的真理性只

---

[1] 叶秀山：《希腊"神话"——作为理解世界的一种方式》，见《叶秀山文集》（哲学卷），重庆出版社 2000 年版，第 605—606 页。

具有实时性，而且这种实时真理只有被纳入神话真理的序列才能证明自己的正确性；或者说，它的真理性不能内在于它自身，只能通过与神话事件的连接才能实现，否则只能被实时变动性所否定。同时，由于凡人的真理性太过"具体"而只能停留在历史层面，因而也被有限性、有效性和可控制性所剥夺，这就使它远离了神秘性和神圣性。于是，建立生活事件与诸神事件的联系，使实时真理转化成神话真理，成了人类日常生活中的一项永恒课题。

第五节　神话意象与生命经验：唤醒机制

神话事件的往事性质使其与意象结缘。乔吉奥·阿甘本在《不可追忆的意象》一文中说："每次我们和过去打交道，和过去的救赎打交道，就等于是和意象打交道，因为只有意象（eidos）允许认识与辨认那曾经的存在。"[①] 神话事件是神话意象的集合体，神话事件的展开以神话意象的流动为基础，神话事件的真理性通过神话意象呈现出来：神话意象是神话事件的核心。因此，神话总是通过具体的意象形式唤醒潜藏在我们内心深处的远古记忆。神话形成自远古时代，因而也凝缩着远古时代的人类记忆。与其形成坏境相关，它所力图解决、呈现的内容对人类生存来说更为本源，是生生不息、化生万物的世界始源状态，是"艺术的""直接的""活生生的"，因而不同时代的人会以各种方式走进神话及其所建构的精神世界。回到神话本身，实际上也就是要通过对神话所描述、呈现的世界进行体验、感悟并领略到生命存在之价值。鲜活的生命经验是神话的本质内核，即它始终与自我的始源状态相联系，同时也可以转化为各种新的关系状态而存在，这是神话永葆青春生命力的原因所在。在人类学和种族学上，例如在

---

① 〔意〕乔吉奥·阿甘本：《潜能》，王立秋等译，漓江出版社2014年版，第359页。

泰勒的学说中，这种情况被称为"持存现象"（archaic）。确切地说，神话的生命本质可以超越时空限制而获得自身的延展性，这种意蕴关联虽延展、转化但不断裂、消耗，是一种流溢而圆满的状态，神话以这种状态成为"扭曲的时间境遇"①。

因此，我们可以将神话意象看作原始初民生命经验的强化形式，而不像传统观念那样做的相反。神话意象不仅具有"历史"和"文化"的意义，而且它们都是"活生生的"生命事件，都无损于神话世界与生活世界之间的本源性关系：神话意象乃是这样一种强化的形式——它以看似"荒诞"甚至"怪诞"的形象体系强化人类本源生命经验的神圣性并生成我们"敬畏生命"的心理文化传统。

正是在这个意义上，神话的唤醒功能才得以实现，这种唤醒打破了时间的不可逆性，从而实现主体对永恒性的追求：神话唤醒主体对以往的始源的生命经验的体验，这实际上也就是重回神话本身。埃里克·达代尔这样描述神话的唤醒功能："神话意象即使是在神话中，如果不能唤醒我们某种沉睡的潜在意识，即总是准备通过神话对世界做出反应的情感和想象的倾向，那它对于我们而言仍然是一本闭合的书。"②这里所说的"沉睡的潜在意识"就是我们内心深处的生命经验，在神话中它以"混沌"的面目出现。无论何种神话都将黑暗、混沌之物当作世界的最初起源，各种神话结构与此均有或近或远的联系，在神话思维转化为其他思维类型时，这种原初起源同时也转化为其他文化形式，它们均保持着与这种最初起源之间的血缘关系。施勒格尔将这个原初起源称为"初始的和不可模仿的东西"："这种东西绝不可能消失掉，即便经过种种变形之后仍然投射出古朴的自然的力量。在那里，素朴的沉思似乎本末倒置、荒唐古怪，否则就是单调愚昧。因为，这就是诗的开端：抛弃那个理性地思维着的理性具有的格式和章法，

---

① 〔德〕布鲁门伯格：《神话研究》，胡继华译，上海人民出版社2012年版，第167页。
② 〔美〕阿兰·邓迪斯：《西方神话学读本》，刘魁立等译，广西师范大学出版社2006年版，第279页。

把我们重新置于想象的美的迷惘中，置于人类自然初始的混乱中。迄今为止，除了五彩缤纷的古代神祇之外，我不知道有什么能够更美地象征这种混乱。"① 显然，这种"初始的和不可模仿的东西"就是世界和人类的始源状态，是万物萌生时的光景。虽然不能模仿，但人们仍用各种方式呈现这种存在：在神话中人们用大母神、混沌之神、黑暗之神、爱欲之神（如卡娥斯、该亚、爱诺斯）等表示它；在哲学中，人们将这种状态抽象为化生万物的"道"（T-ao）和"理念"（Ideal）等，它们所指称的是那种"初始的和不可模仿的"世界存在状态，是不可方物之美。在这种状态中，人类的一切"思谋和才智"都消融在混沌与大地之中；除了情感与想象，其他方式不能将这种状态完整显现。始源之物永恒存在，唤醒这种存在就成了神话的责任，也是神话获得自身规定性的唯一途径。

神话意象以各种方式调动人类的感觉经验使之参与、融入这种始源的经验中，并形成结构复杂的唤醒机制。实际上，各种学说都在以不同方式描述这种存在：在弗洛伊德的学说中，它被概括为潜意识；在荣格的学说中，它被概括为集体无意识；在列维-布留尔的著作中，它被概括为集体表象，等等。卡西尔将这种思维机制称为"生命一体化"："他深深地相信，有一种基本的不可磨灭的生命一体化（solidarity of life）沟通了多种多样形形色色的个别生命形式。"② 这种生命一体化观念是万物有灵思想的发展，遵循民主主义原则：人在万物序列中并不具有特权地位，因而也不存在"他"与"它"的分别，"他"与"它"都在同一生命层面上展开自己的生命行动，并在生命一体化观念的基础上结成宇宙整体。这些学说从不同角度论述了神话所蕴含的感性生命经验如何与原始初民和我们之间建立同构型关联，这种关联其实就是一种唤醒机制，它向我们说明无论社会文化环境如何变化，它始终存在，并吸引着我们对之进行不断回归：通过神话意象我

---

① 〔德〕施勒格尔：《关于神话的谈话》，李伯杰译，见刘小枫选编：《德语诗学文选》（上卷），华东师范大学出版社2006年版，第257—259页。

② 〔德〕卡西尔：《人论》，甘阳译，上海译文出版社2003年版，第129页。

们回到自身的起源之地。

这种"唤醒"同神话事件的本体性质有关：讲述神话等同于神话事件的重现，"唤醒"往昔的生活经验就等同于使之复活并获得"现时性"，因此，"神话并非仅存在于过去"[①]。达代尔说："这种现在感表现在讲述者的讲述把自己和听众带入事件发生的当时，'在这中间'，'就在那里'、'离这很远很远'。他带走了故事的听众，使他们走入自己的想往。神话使它所涉及的事物现实化：它使讲述者成为这个故事的角色，使听众成为见证人，使世界成为没有过去和未来的现在。"[②] 这种情况下，神话以讲述机制和意象体系传达了先民生活的永恒性的生命体验，并将这些体验神圣化并流传下来。

神话意象唤醒机制的独特性在于，通过语词和形象建构起来的神话意象所蕴含的生命经验是一种集体性存在。在神话产生的时代，人们对这种经验有着超强的感受力，他们一旦听到这类语词或相关形象，会立即将自我纳入其中，从而实现自我与神话的融合。列维-布留尔说："对原始人来说，词，特别是那些表现了神话中描写的集体的观念的词，则是神秘的实在，而其中每一个实在又决定着一个力场。从情感上看，就是听神话，对他们来说和对我们来说，也是根本不同的。他们在神话中听到的东西在他们身上唤起一种和声的全音域，但在我们这里却不存在这种现象。"[③] 布留尔指出：原始初民通过听觉等感官感受理解神话中的集体性生命经验，自我与这种经验发生融合共生的关系并积极参与其中。在布留尔看来，这种唤醒和参与均以集体表象为载体，通过互渗原则而得以实现，由此建立自我与集体、天地万物之间的一体性关系：原始先民在神话中"获得社会集体与其自身的过去的互渗，他感到集体可说是实际上生活在那个时代，他感

[①] 〔美〕阿兰·邓迪斯：《西方神话学读本》，刘魁立等译，广西师范大学出版社2006年版，第280页。

[②] 〔美〕阿兰·邓迪斯：《西方神话学读本》，刘魁立等译，广西师范大学出版社2006年版，第281页。

[③] 〔法〕列维-布留尔：《原始思维》，丁由译，商务印书馆1981年版，第436页。

到他与那个使这个部族成为现在这个样子的东西有一种神秘的互渗。简言之，对于原始先民的思维来说，神话既是社会集体与它现在和过去的自身和与它周围存在物集体的结为一体的表现，同时又是保持和唤醒这种一体感的手段"[1]。原始初民并未将自我看作是外在于神话的存在，它们本身就是一个整体，神话意象是它们之间的连接物。因此，神话既通过集体表象加以表现，同时又是集体表象本身；既是始源性的生命经验的集合体，同时又是唤醒这种经验的机制本身。

第六节　神话现象与生活世界：建构功能

如前所述，神话事件为"凡夫俗子"确立生活原则、礼仪制度和道德规范，这实际是神话意象的建构功能的实现。人类文化以各种方式建立与神话之间的联系，无论这种联系如何隐晦，但都以转化、变形、置换的方式，述说着它们与神话之间的联系。例如，对于盘古神话，英国学者苏利文认为它不仅影响了中国人的哲学世界观，同时还影响了中国艺术的表现形式："人不是创造的终极成就，人在世间万物的规则中只占据了一个相对而言无关紧要的位置。事实上，这只是一个历史记忆。与壮观瑰丽的世界和作为'道'的表现形式的山川、风云、树木、花草相比，人实在是微不足道的。其他任何文明都没有如此强调自然的形态和模式，以及人类的恭顺响应。……和谐感是中国思想的基础。……随着本书逐步展开中国艺术史，我们将发现，其独特性和独具之美就在于和谐感的表达。"[2] 所以，神话事件虽然离我们很久远，因而存在距离感和陌生感，但同时又离我们很近，让我们感到很亲切。"它们传承至今，未曾中断，我们一直依附的文化传统

---

[1] 〔法〕列维-布留尔：《原始思维》，丁由译，商务印书馆1981年版，第438页。
[2] 〔英〕苏利文：《中国艺术史》，徐坚译，上海人民出版社2014年版，第3—4页。

中依然有这些生生不息的因素。"① 斯卡伯勒延续马林诺夫斯基的观点，强调神话是原始人类生存情境中的产物，其功能是为人们的生活提供最具有综合性和指导性的文本或情境；神话与现代社会的相关性不仅在于其意义是否能被我们认识，而是它能让我们回忆到没有文字记载时代的一些特殊的仪式时刻。② 神话以其变动、多样和永恒的方式对后代人们发挥其精神建构的功能；神话在某种程度上规定、建构了人们的价值取向和发展趋向。

神话意象之所以能建构我们的生活世界，是因为它本身就是直接的、本源的生活世界。马林诺大斯基在《神话在生活中的作用》一文中说："存在于野蛮社会的神话，仍然保持着原始形式，并不仅是人们讲述的故事，而是活生生的现实。……人们相信，它曾是原始时代发生过，并在那时起就一直在影响着世界和人类的命运。"③ 看起来，神话所呈现的世界是"不经之谈""荒诞之至"，但它却以形象的方式真实呈现了生活世界本身。这个生活世界的独特性在于它既是"过去式的"，同时也是"时机性的"：过去世界的不可逆转性使我们在与之相遇时获得了更为广阔的参与空间，这同时使之能够不断生成新的生活世界。叶秀山说："Myth 和 Logos 同样是'说'，但 Myth '说'的乃是'活生生的世界'，是一种艺术的、直接的、生命的'体验'；而 Logos '说'的则是'概念'的'体系'，'符号'的'体系'。"④ 神话呈现的生活世界是"艺术的""直接的""生命的"，而且是以"过去式的"方式呈现，这与我们必然要在时间中生活相对应：在初始阶段，时间的瞬时性和不可逆转性要求我们以神话的方式将我们的生命经验保存下来，以使后来者能够在这样的生命经验中找寻自我并生活下去。

---

① 〔法〕让·皮埃尔-威尔南：《希腊人的神话与思想》，黄艳红译，中国人民大学出版社2007年版，第6页。

② Milton Scarborough, *Myth and Modernity*, Albany: State University of New York Press, 1994, p.94.

③ 〔美〕阿兰·邓迪斯：《西方神话学读本》，刘魁立等译，广西师范大学出版社2006年版，第243页。

④ 叶秀山：《希腊"神话"——作为理解世界的一种方式》，见《叶秀山文集》（哲学卷），重庆出版社2000年版，第699页。

这几乎是人类历史过程中的一种"必然":记录过去、生成未来。海德堡大学宗教学教授扬·阿斯曼(Jan Assmann)从人生活于时间的基本形式入手讨论了人类文化的建构史:"如果我们可以回顾人类的过去的话,会发现它一直生活在充满记号的世界里,它所生活的群体、组织和集体越庞大、越复杂,这个世界就越丰富、越复杂。这些记号为人类开发'世界',使之象征化并唤回它,而他的'环境'也被置于其中,这使得人类成为这样一种生物,用尼采的话说,不是像动物一样'被束缚于眼前的楔子上',而是可以在更宽广的关联中灵活地寻找方向,甚至有能力超越自己的生死来思考。"[①] 阿斯曼所说的"记号的世界"是形象的世界和符号的世界,可与叶秀山教授所说的"生活世界"和"概念世界"相对应,即"Myth"说的世界和"Logos"说的世界,它们的共同功能是"为人类开发'世界'"。这个"世界"有两层含义:一方面,人们可以借助它重回其中;另一方面,人们也可在这种"重回"中留住当下世界并建构未来世界,并让后者成为前者的组成部分。

因此,神话是人类历史中最为古老、久远的记忆世界和生活世界,同时又以其古老性和久远性建构新世界。布鲁门伯格在《神话研究》中说:"其(神话)高度的持久耐力保证了它在时空之中的弥散,以及相对于任何地域和时代环境的独立性。对希腊人来说,'讲述一则神话'(mython mytheisthai)是指讲述一个没有日期,也无法确定日期,以至于根本不可能将其放置在编年史的故事,但这么一个故事却自在地向意蕴生成,而弥补了时间的缺失。……一个故事之所以可能变得如此古老纯粹是因为它包含着真理,因而得到了记忆的特殊保护。"[②] 神话世界是诸神的生活世界,它比"我们"的生活世界更凝缩、简洁、集中,同时也更零散、多样,并以连续性和隐喻的方式显现自身。相对于其他文化形式所建构的世界而言,神话呈现的生活世界更为本源,这个世界在时间中发生并已成为过去;虽已成

[①] 〔德〕扬·阿斯曼(Jan Assmann):《文化记忆》,甄飞译,陈玲玲校,见〔德〕阿斯特莉特·埃尔、冯亚琳主编:《文化记忆理论读本》,北京大学出版社2002年版,第3页。

[②] 〔德〕布鲁门伯格:《神话研究》,胡继华译,上海人民出版社2012年版,第167页。

为过去，但又不能随时间之流而消逝。时间越久远，人们越能认识到它的本源性。正是这种本源性使之具有无限再生的能力：唤醒人们消逝已久的生命记忆。无论这种记忆是群体的还是个体的，它都能与主体当下的生命经验相吻合，从而将自我与过去和祖先结合。

　　神话建构未来的生活世界，必然以意象的方式进行；神话事件实际上也以神话意象为核心。神话意象是这样一种强化的形式：它通过置换和变形的方式将原始先民的生命经验以意象化的方式无限制传递下去。它通过具体的意象或一以贯之的思维方式，重建自我与集体、现时与历史之间的同构性整体关系，自我实际上也就变成了集体的自我："这些祭礼往往能鼓动伟大的集体的热情，个人在其中消失了自己的孤立感而觉得自己与全部族合为一体。"① 荣格的原型概念所解决的实际是神话意象在后世文化中的重建机制。原型意象承载着曾经破碎的、片段的生命经验，并将之积淀成集体无意识而在后世文化和主体的人生情境中不断重现，一旦个体的生命情境与之发生关系，原型意象或神话情境就会在瞬间重现，进而获得一种自由感和归宿感："一旦原型的情境发生，我们会突然获得一种不寻常的轻松感，仿佛被一种强大的力量运载或超度。在这一瞬间，我们不再是个人，而是整个族类，全部人类的声音一起在我们心中回响。……最有影响的理想永远是原型的十分明显的变体。"② 荣格认为，"完成了的文学艺术作品"与神话原型意象之间的关系最为密切，两者之间可以实现互相重建。梅列金斯基也曾从这个角度论述过神话意象与后世艺术形式之间的关系："原初的神话原型以种种'面貌'周而复始、循环不已，文学和神话中的英雄人物以独特的方式更迭递嬗；作家试图将世俗生活的平庸神话化，文艺批评家则热衷于揭示现实主义之潜在的神话基原。"③ 这种重建活动可以分为有

---

① 〔英〕罗素：《西方哲学史》（上卷），何兆武、李约瑟译，商务印书馆2003年版，第33页。
② 〔瑞士〕荣格：《论分析心理学与诗歌的关系》，见伍蠡甫、胡经之主编：《西方文艺理论名著选编》（下编），北京大学出版社2003年版，第376页。
③ 〔俄〕梅列金斯基：《神话的诗学》，魏庆征译，商务印书馆2009年版，第2页。

意建构和无意建构：一方面，诗人和艺术家可以通过对这些意象的有意寻以建立自我精神与原始集体精神的联系；另一方面，神话意象一经形成，本身也具有演进、发展、变异、重构的倾向。在具体进程中，这两种方式往往交织在一起发挥其建构的作用。

总之，确立神话现象学的逻辑原则，首先应破除神话解释学对神话所做出的寓言式解读，将神话从某种潜在的人性特点和逻辑规则中解放出来，重新恢复神话与主体的生命感觉经验之间的一体性关系。神话是原始先民生命经验的结晶，它以独特的诸神事件和意象体系将这种经验传递下来，并通过"言说"的方式将主体带入人与自然交流的最初情境中；在合适的时机中，它对潜藏在主体内心深处的类似体验产生唤醒作用，主体从而将自己的生命经验融入人类整体，以此加深对自我生命的认同和确证。神话的事件性质将过去、现在和未来结为一个现时性整体，消解了因未来的不可预知性所可能产生的虚无性的存在，并建构主体未来的生活情境进而使之获得意义。

参考文献

绪　论

汪裕雄：《从神话意象到审美意象》，《社会科学家》1991年第5期。

汪裕雄：《神话意象的解体和审美意象的诞生》，《安徽大学学报》1992年第2期。

敏泽：《钱锺书先生谈意象》，《文学遗产》2000年第2期。

叶舒宪：《神话意象》，北京大学出版社2007年版。

朱光潜：《朱光潜全集》第10卷，安徽教育出版社1993年版。

荆志淳等编：《多维视域——商王朝与中国早期文明演进》，科学出版社2009年版。

〔英〕缪勒：《宗教的起源与发展》，金泽译，上海人民出版社2010年版。

〔德〕卡西尔：《人论》，甘阳译，上海译文出版社2003年版。

〔瑞士〕巴尔塔萨：《神学美学导论》，曹卫东译，生活·读书·新知三联书店2002年版。

〔美〕艾兰：《龟之谜：商代神话、祭祀、艺术和宇宙观研究》，汪涛译，商务印书馆2010年版。

〔美〕艾兰：《早期中国历史、思想与文化》，杨民等译，商务印书馆

2011 年版。

〔瑞士〕荣格：《荣格文集》第Ⅱ卷，蔡成后等译，长春出版社 2008 年版。

第一章

（清）焦循：《孟子正义》，《诸子集成》第一册，中华书局 2006 年版。

（清）刘宝楠：《论语正义》，《诸子集成》第一册，中华书局 2006 年版。

（汉）东方朔：《神异经·中荒经》，《汉魏六朝笔记小说大观》，上海古籍出版社 1999 年版。

（春秋）左丘明：《国语》，上海古籍出版社 1998 年版。

（宋）朱熹：《四书章句集注》，岳麓书社 1985 年版。

（汉）司马迁：《史记》，中华书局 1982 年版。

王孝廉：《岭云关雪——民族神话学论集》，学苑出版社 2002 年版。

袁珂：《神话论文集》，上海古籍出版社 1982 年版。

苏雪林：《天问正简》，武汉大学出版社 2007 年版。

陈来：《古代宗教与伦理》，生活·读书·新知三联书店 2009 年版。

郭沫若：《郭沫若全集·考古编》第五卷，科学出版社 2002 年版。

牟宗三：《历史哲学》，学生书局 2012 年版。

茅盾：《中国神话研究 ABC》，《神话三家论》，上海文艺出版社 1989 年影印本。

韩丛耀：《图像：一种后符号学的再发现》，南京大学出版社 2008 年版。

朱狄：《艺术的起源》，武汉大学出版社 2009 年版。

巫鸿：《时空中的美术》，生活·读书·新知三联书店 2009 年版。

余英时：《论天人之际》，台湾联经出版事业股份有限公司 2014 年版。

袁珂：《中国神话通论》，巴蜀书社 1991 年版。

王锺陵：《论中国神话特征》，《中国文学研究》1992 年第 3 期。

谢选骏：《神话与民族精神》，山东文艺出版社1988年版。

王松：《论神话及其他》，云南民族出版社2006年版。

杨义：《山海经的神话思维》，《中山大学学报》2003年第3期。

汪裕雄：《意象探源》，安徽教育出版社1996年版。

王先慎：《韩非子集解》，《诸子集成》第五册，中华书局2006年版。

钱保塘：《帝王世纪续补》，齐鲁书社2010年版。

王世芸：《神话意象与分类》，《上海师范大学学报》1994年第2期。

丁山：《中国古代宗教与神话考》，上海书店出版社2011年版。

严云受、刘锋杰：《文学象征论》，安徽教育出版社1995年版。

叶舒宪：《高唐神女与维纳斯》，中国社会科学出版社1997年版。

张光直：《青铜挥麈》，胡晓明编，上海文艺出版社2000年版。

张紫晨：《中外民俗学词典》，浙江人民出版社1991年版。

田兆元：《神话学与美学论集》，上海文艺出版社2007年版。

王锺陵：《中国前期文化—心理研究》，上海古籍出版社2006年版。

邓启耀：《中国神话的思维结构》，重庆出版社2004年版。

鲁迅：《人之历史》，《鲁迅全集》第一卷，人民文学出版社2005年版。

鲁迅：《科学史教篇》，《鲁迅全集》第一卷，人民文学出版社2005年版。

鲁迅：《文化偏至论》，《鲁迅全集》第一卷，人民文学出版社2005年版。

鲁迅：《破恶声论》，《鲁迅全集》第八卷，人民文学出版社2005年版。

鲁迅：《摩罗诗力说》，《鲁迅全集》第一卷，人民文学出版社2005年版。

鲁迅：《汉文学史纲要》，《鲁迅全集》第九卷，人民文学出版社2005年版。

王怀义：《释"铸鼎象物"》，《民族艺术》2011年第3期。

刘文英：《论原始思维的类化意象》，《云南社会科学》1986年第6期。

叶舒宪：《神话思维再探》，《文艺理论研究》1992年第1期。

王诺：《原始思维与神话的隐喻》，《外国文学评论》1998年第3期。

王锺陵：《论神话思维的特征》，《中国社会科学》1992年第2期。

刘魁立主编：《神话新论》，上海文艺出版社1987年版。

武世珍：《神话与审美》，《西北师范大学学报》1982年第3期。

曲春景：《神话思维与艺术》，《文艺研究》1993年第4期。

王蓓：《艺术对神话的审美化改造》，《山东师范大学学报》2006年第3期。

张霞云：《神话思维与艺术思维》，《安徽大学学报》2010年第6期。

袁珂：《再论广义神话》，《民间文学论坛》1984年第2期。

袁珂：《前万物有灵论时期的神话》，《民间文学论坛》1985年第5期。

袁珂：《原始思维与活物论神话》，《云南社会科学》1989年第2期。

方克强：《文学人类学批评》，上海社会科学院出版社1992年版。

魏善浩：《论神话的灵性思维及向人性思维与神性思维的分化》，《中国文学研究》1995年第4期。

王怀义：《论中国史前神话的图像传承》，《内蒙古社会科学》2010年第6期。

许建平：《意象叙事论——从甲骨文的意象思维谈起》，《文学理论的创新与文论教学学术研讨会论文集》，复旦大学中文系编，2010年。

李满意：《山海经之形象研究》，中国人民大学哲学院2009年博士学位论文。

〔日〕白川静：《中国神话》，王孝廉译，台北长安出版社1983年版。

〔美〕浦安迪：《中国叙事学》，北京大学出版社1995年版。

〔德〕海德格尔：《林中路》，孙周兴译，上海译文出版社2004年版。

第二章

李泽厚：《美学四讲》，生活·读书·新知三联书店 2008 年版。

袁珂：《中国神话史》，北京联合出版公司 2015 年版。

袁珂：《山海经校注》，北京联合出版公司 2014 年版。

袁珂：《中国神话史》，北京联合出版公司 2015 年版。

鲁迅：《破恶声论》，《鲁迅全集》第八卷，人民文学出版社 2005 年版。

王怀义：《中国史前神话意象》，台湾里仁书局 2016 年版。

〔英〕胡司德：《古代中国的动物与灵异》，蓝旭译，江苏人民出版社 2016 年版。

〔德〕黑格尔：《美学》第一卷，朱光潜译，安徽教育出版社 1990 年版。

〔美〕查德伯恩：《自然神学十二讲》，熊姣译，上海交通大学出版社 2014 年版。

〔英〕缪勒：《宗教的起源与发展》，金泽译，上海人民出版社 2010 年版。

〔德〕卡西尔：《神话思维》，黄龙保等译，中国社会科学出版社 1992 年版。

〔英〕汤因比：《人类与大地母亲》，徐波等译，上海人民出版社 2014 年版。

〔德〕恩格斯：《社会主义从空想到科学的发展》，《马克思恩格斯选集》第三卷，人民出版社 1995 年版。

〔德〕费尔巴哈：《宗教的本质》，王太庆译，商务印书馆 2010 年版。

〔英〕休谟：《宗教的自然史》，曾晓平译，商务印书馆 2014 年版。

〔法〕涂尔干：《宗教生活的基本形式》，渠东等译，上海人民出版社 2006 年版。

〔德〕恩格斯：《反杜林论》，《马克思恩格斯选集》第三卷，人民出版社 1995 年版。

〔德〕黑格尔：《美学》第二卷，朱光潜译，商务印书馆 1979 年版。

〔德〕卡西尔：《语言与神话》，于晓等译，生活·读书·新知三联书店1988年版。

〔法〕列维-布留尔：《原始思维》，丁由译，商务印书馆1981年版。

〔英〕汤因比：《一个历史学家的宗教观》，晏可佳等译，上海人民出版社2014年版。

〔德〕奥托：《神圣者的观念》，丁建波译，中国社会科学出版社2009年版。

〔英〕阿姆斯特朗：《神的历史》，蔡昌雄译，海南出版社2013年版。

〔德〕韦伯：《宗教社会学》，康乐、简惠美译，广西师范大学出版社2011年版。

〔德〕费尔巴哈：《基督教的本质》，荣震华译，商务印书馆1984年版。

〔英〕阿姆斯特朗：《轴心时代》，孙艳燕等译，海南出版社2010年版。

〔德〕恩格斯：《路德维希·费尔巴哈和德国古典哲学的终结》，《马克思恩格斯选集》第四卷，人民出版社1994年版。

〔美〕路威：《文明与野蛮》，吕叔湘译，生活·读书·新知三联书店2015年版。

第三章

（汉）司马迁：《史记》，中华书局2005年版。

（清）阮元校刻：《十三经注疏·尚书正义》（清嘉庆刊本），中华书局2009年版。

王强模：《列子全译》，贵州人民出版社1993年版。

王叔岷：《列仙传校笺》，中华书局2007年版。

余英时：《论天人之际》，台湾联经出版事业股份有限公司2014年版。

苏秉琦：《中国文明起源新探》，商务印书馆1997年版。

陈桐生：《国语译注》，中华书局2013年版。

白寿彝：《中国通史纲要》，上海人民出版社1980年版。

王文锦：《礼记译解》，中华书局2016年版，第87页。

苏秉琦：《中国文明起源新探》，商务印书馆1997年版。

陈立：《白虎通疏证》，中华书局1994年。

刘盼遂：《论衡校注集解》，中华书局1990年版。

晁福林：《天命与彝伦：先秦社会思想探研》，北京师范大学出版社2012年版。

徐正英等：《周礼译注》，中华书局2014年版。

巫鸿：《黄泉下的美术》，施杰译，生活·读书·新知三联书店2010年版。

张光直：《中国青铜时代》，台湾联经出版事业股份有限公司1994年版。

李泽厚：《说巫史传统》，上海译文出版社2012年版。

陈士珂：《孔子家语疏证》，上海书店出版社1987年版。

李泽厚：《说巫史传统》，上海译文出版社2012年版。

郑开：《德礼之间：前诸子时期的思想史》，生活·读书·新知三联书店2009年版。

李泽厚：《中国古代思想史论》，生活·读书·新知三联书店2008年版。

刘翔：《中国传统价值观诠释学》，台湾桂冠图书公司1993年版。

姜亮夫：《楚辞今绎讲录》，北京出版社1983年版。

常芝玉：《商代宗教祭祀》，中国社会科学出版社2010年版。

姜生：《汉帝国的遗产：汉鬼考》，科学出版社2016年版。

陈梦家：《殷虚卜辞综述》，科学出版社1956年版。

常玉芝：《商代宗教祭祀》，中国社会科学出版社2010年版。

马承源：《中国青铜器研究》，上海古籍出版社2002年版。

巫鸿：《武梁祠：中国古代画像艺术的思想性》，生活·读书·新知三联书店2015年版。

王怀义:《论视觉经验与神话意象》,《民族艺术》2014年第4期。

饶宗颐:《神道思想与理性主义》,"中央研究院"历史语言研究所编:《中国上古史》(待定本第四本)。

张秉权:《殷代的祭祀与巫术》,"中央研究院"历史语言研究所编:《中国上古史》(待定本第二本)。

孙德萱等:《濮阳西水坡遗址发掘简报》,《华夏考古》1988年第1期。

张光直:《濮阳三跷与中国古代美术上的人兽母题》,《文物》1988年第11期。

〔德〕黑格尔:《美学》第三卷(上),朱光潜译,商务印书馆1979年版。

〔美〕艾兰:《早期中国历史、思想与文化》,杨民等译,商务印书馆2011年版。

〔德〕卡西尔:《语言与神话》,于晓译,生活·读书·新知三联书店1988年版。

〔日〕林巳奈夫:《神与兽的纹样学》,常耀华译,生活·读书·新知三联书店2009年版。

第四章

(清)王夫之:《周易内传》,《船山全书》第一卷,岳麓书社2011年版。

(宋)朱熹:《周易本义》,廖名春点校,中华书局2009年版。

(宋)程颐:《周易程氏传》,王孝鱼点校,中华书局2011年版。

(唐)孔颖达:《周易正义》,中国致公出版社2009年版。

(清)段玉裁:《说文解字注》,上海古籍出版社1988年版。

(魏)王弼:《周易注》,楼宇烈校释,中华书局2011年版。

(清)孙希旦:《礼记集解》,中华书局1989年版。

(宋)朱熹:《四书章句集注》,中华书局1983年版。

(汉)刘安:《淮南子》,高诱注本,《诸子集成》第七册,中华书局

2006 年版。

（汉）贾谊：《簴赋》，龚克昌主编：《两汉赋评注》，山东大学出版社 2011 年版。

《西京杂记》，《汉魏六朝笔记小说大观》，上海古籍出版社 1999 年版。

（唐）张彦远：《历代名画记》，浙江人民美术出版社 2011 年版。

（唐）郑樵：《通志》，中华书局 1988 年版。

（清）戴望：《管子校正》，中华书局 2005 年版。

（清）李道平：《周易集解纂疏》，中华书局 1994 年版。

（南朝梁）刘勰：《文心雕龙注》，范文澜注，人民文学出版社 1958 年版。

（宋）李昉：《太平御览》，中华书局 1960 年版。

王利器：《风俗通义校注》，中华书局 1981 年版。

郭宝钧：《商周青铜器综合研究》，文物出版社 1981 年版。

罗晓明、王良范：《山崖上的图像叙事》，贵州人民出版社 2007 年版。

巫鸿：《礼仪中的美术》，生活·读书·新知三联书店 2005 年版。

张光直：《中国青铜时代》，生活·读书·新知三联书店 1999 年版。

黄休复：《益州名画录》，台湾商务印书馆影印文渊阁本《四库全书》第 812 册。

郑午昌：《中国画学全史》，上海古籍出版社 2001 年版。

张汝伦：《道还是技：中国艺术现代性的若干省思》，《文汇报》2016 年 1 月 22 日。

王国维：《王国维全集》第 14 卷，浙江教育出版社 2011 年版。

王国维：《王国维全集》第 1 卷，浙江教育出版社 2011 年版。

罗钢：《传统的幻象：跨文化语境中的王国维诗学》，人民文学出版社 2015 年版。

冯友兰：《中国哲学简史》，《三松堂全集》第 6 卷，河南人民出版社 2001 年版。

王明：《抱朴子内篇校释》，中华书局 1980 年版。

王小盾：《中国早期思想的符号研究》，上海人民出版社 2008 年版。

李济：《殷墟青铜器研究》，上海人民出版社 2006 年版。

巫鸿：《中国古代艺术与建筑中的"纪念碑性"》，上海人民出版社 2009 年版。

王怀义：《中国史前神话意象》，台湾里仁书局 2016 年版。

张岱年：《张岱年全集》，河北人民出版社 1996 年版。

容庚：《商周彝器通考》，中华书局 2012 年版。

张光直：《中国青铜时代》，生活・读书・新知三联书店 2013 年版。

梁启雄：《荀子简释》，中华书局 1983 年版。

赵霈林：《先秦神话思想史论》，学林出版社 2006 年版。

章学诚：《文史通义》，上海古籍出版社 2008 年版。

刘纲纪：《周易美学》，武汉大学出版社 2006 年版。

王明居：《叩寂寞而求音——周易符号美学》，文化艺术出版社 2012 年版。

袁珂：《山海经校注》，北京联合出版公司 2014 年版。

张小琴：《对〈周易〉观物取象、时序、本体观的解读》，《哲学动态》2015 年第 4 期。

叶嘉莹：《词学新诠》，北京大学出版社 2014 年版。

叶舒宪：《神话：中国文化的原型编码》，《神话历史丛书・序》，南方日报出版社 2010 年版。

余敦康：《从〈易经〉到〈易传〉》，《中国哲学》第七辑，生活・读书・新知三联书店 1982 年版。

汪裕雄：《意象探源》，文化艺术出版社 2012 年版。

叶朗：《中国美学史大纲》，上海人民出版社 1985 年版。

张乾元：《象外之意：周易意象学与中国书画美学》，中国书店 2006 年版。

宗白华：《宗白华全集》第二卷，安徽教育出版社 2008 年版。

朱良志：《中国艺术的生命精神》，安徽教育出版社 1995 年版。

叶朗：《中国美学史大纲》，上海人民出版社1985年版。

孙喜燕：《周易美学的生命精神》，花木兰文化出版社2014年版。

朱志荣：《论中华美学的尚象精神》，《文学评论》2016年第3期。

王中江：《简帛文明与古代思想世界》，北京大学出版社2011年版。

王怀义：《释"铸鼎象物"》，《民族艺术》2011年第3期。

钱锺书：《管锥编》（一），生活·读书·新知三联书店2011年版。

〔日〕林巳奈夫：《神与兽的纹样学——中国古代诸神》，常耀华等译，生活·读书·新知三联书店2009年版。

〔日〕林巳奈夫：《殷周时代的图像记号》，《东方学报》1968年第39册。

〔美〕杨晓能：《另一种古史》，唐际根、孙亚冰译，生活·读书·新知三联书店2008年版。

〔美〕孙康宜、宇文所安主编：《剑桥中国文学史》，生活·读书·新知三联书店2013年版。

第五章

（汉）司马迁：《史记》，中华书局2005年版。

刘文典：《淮南鸿烈集解》，安徽大学出版社1998年版。

陈广忠：《淮南子译注》，中华书局2012年版。

杨国荣：《道论》，华东师范大学出版社2009年版。

张祥龙：《海德格尔思想与中国天道》，生活·读书·新知三联书店2009年版。

叶秀山：《叶秀山文集·哲学卷》，重庆出版社2000年版。

王怀义：《中国史前神话意象》，台湾里仁书局2016年版。

姜生：《汉帝国的遗产：汉鬼考》，科学出版社2016年版。

叶秀山：《叶秀山文集·哲学卷》，重庆出版社2000年版。

叶蓓卿：《列子译注》，中华书局2015年版。

〔法〕让-皮埃尔·韦尔南、皮埃尔·维达尔-纳凯:《古希腊神话与悲剧》,张苗、杨淑岚译,华东师范大学出版社 2016 年版。

〔美〕帕尔默:《诠释学》,潘德荣译,商务印书馆 2012 年版。

第六章

(汉)许慎:《说文解字》,中华书局 2009 年版。

(汉)班固:《汉书》,中华书局 2005 年版。

(唐)孔颖达:《毛诗注疏·关雎序》,《毛诗注疏》,上海古籍出版社 2013 年版。

(唐)郑樵:《通志》,中华书局 1987 年版。

(清)刘熙载:《艺概》,袁津琥标注,中华书局 2009 年版。

(宋)计有功:《唐诗纪事》,上海古籍出版社 2008 年版。

(汉)桓谭:《新论》,上海人民出版社 1977 年版。

(唐)郑樵:《通志》,中华书局 1987 年版。

(唐)孔颖达:《毛诗正义》,北京大学出版社 1999 年版。

(唐)孟棨:《本事诗序》,《唐五代笔记小说大观》,上海古籍出版社 1999 年版。

(明)孔天胤:《重刻唐诗纪事序》,《唐诗纪事》"序二",上海古籍出版社 2008 年版。

(清)陈乔枞:《韩诗遗说考序》,上海古籍出版社影印《续修四库全书》经部 76 册。

(清)王先谦:《诗三家义集疏》,岳麓书社 2011 年版。

(清)丁福保:《历代诗话续编》,中华书局 1980 年版。

方勇:《孟子译注》,中华书局 2015 年版。

范文澜:《文心雕龙注》,人民文学出版社 1958 年版。

梁启雄:《荀子简释》,中华书局 1983 年版。

刘小枫：《重启古典诗学》，华夏出版社2010年版。

杨伯峻：《论语译注》，中华书局1980年版。

吉联抗：《春秋战国秦汉音乐史料译注》，台湾源流出版社1982年版。

刘小枫、陈少明编选：《诗学解诂》，华夏出版社2006年版。

杨树达：《文字形义学》，上海古籍出版社2007年版。

董乃斌等：《中国文学叙事传统研究》，中华书局2012年版。

朱东润：《诗心说发凡》，刘小枫、陈少明编：《诗学解诂》，华夏出版社2006年版。

黄贞权：《〈毛诗正义〉"诗缘政"的历史语境及理论内涵》，《贵州文史丛刊》2010年第1期。

曹胜高：《中国文学的代际》，商务印书馆2013年版。

聂石樵：《先秦两汉文学史稿》，北京师范大学出版社1998年版。

游国恩：《中国文学史》，人民文学出版社1983年版。

袁行霈：《中国文学概论》，高等教育出版社1990年版。

郑毓瑜：《从病体到个体——"体气"与早期抒情传统》，柯庆明编：《中国抒情传统的再发现》，台湾大学出版中心2009年版。

丁福保编：《清诗话》，台湾明伦出版社1971年版。

朱光潜：《朱光潜全集》第3卷，安徽教育出版社1987年版。

逯钦立：《先秦汉魏晋南北朝诗》，中华书局1983年版。

张文智等：《周易集解》，巴蜀书社2004年版。

王国维：《观堂集林》，中华书局1959年版。

许维遹：《韩诗外传集释》，中华书局1980年版。

向回：《乐府诗本事研究》，首都师范大学文学院2008年博士学位论文。

范文澜：《文心雕龙注》，人民文学出版社1958年版。

杨伯峻：《春秋左传注》，中华书局1981年版。

袁津琥：《艺概注稿》，中华书局2009年版。

何宁：《淮南子集释》，中华书局1998年版。

张少康：《先秦两汉文论选》，人民文学出版社1996年版。

古风：《意境探微》，百花洲文艺出版社2001年版。

叶维廉：《中国诗学》（增订版），黄山书社2016年版。

闻一多：《神话与诗》，华东师范大学出版社1997年版。

刘成纪：《重谈中国美学意境之诞生》，《求是学刊》2006年第5期。

叶朗：《现代美学体系》，北京大学出版社2002年版。

古风：《关于当前意境研究的几个问题》，《复旦学报》2004年第5期。

郭绍虞：《沧浪诗话校释》，人民文学出版社1964年版。

梁启超：《佛学研究十八篇》，上海古籍出版社2009年版。

萧华荣：《中国诗学思想史》，华东师范大学出版社1996年版。

朱自清：《诗言志辨》，广西师范大学出版社2004年版。

傅道彬：《诗可以观——礼乐文化与周代诗学精神》，中华书局2010年版。

彭锋：《诗可以兴》，安徽教育出版社2003年版。

陈世骧：《中国文学的抒情传统》，生活·读书·新知三联书店2015年版。

袁珂：《中国神话史》，上海文艺出版社1988年版。

罗永麟：《中国仙话研究》，上海文艺出版社1992年版。

曹胜高：《论汉晋间"诗缘事"说的形成与消解》，《文史哲》2008年第1期。

殷学明：《诗缘事辨》，《北方论丛》2013年第5期。

鲁迅：《中国小说史略》，中华书局2010年版。

〔德〕黑格尔：《美学》第二卷，朱光潜译，商务印书馆1979年版。

〔美〕杜威：《艺术即经验》，高建平译，商务印书馆2010年版。

〔古希腊〕亚里士多德：《诗学》，罗念生译，人民文学出版社1962年版。

〔德〕黑格尔：《美学》第三卷（上），朱光潜译，商务印书馆1979年版。

第七章

（汉）司马迁：《史记》，中华书局 1959 年版。

（汉）王逸：《楚辞章句》，岳麓书社 2013 年版。

《西京杂记》，《汉魏六朝笔记小说大观》，上海古籍出版社 1999 年版。

（晋）陈寿：《三国志》，裴松之注本，中华书局 2005 年版。

（南朝宋）范晔：《后汉书》，李贤注本，中华书局 2005 年版。

郑玄注，贾公彦疏：《周礼注疏》，上海古籍出版社 2010 年版。

（唐）张彦远：《历代名画记》，浙江人民美术出版社 2012 年版。

（宋）王辟之：《渑水燕谈录》，《四库全书》第 1036 册，上海古籍出版社 1987 年版。

（清）王先慎：《韩非子集解》，《诸子集成》第五册，中华书局 2006 年版。

陈师曾：《中国绘画史》，中华书局 2010 年版。

郑午昌：《中国画学全史》，上海古籍出版社 2001 年版。

陈鼓应：《庄子今注今译》，中华书局 1983 年版。

余英时：《东汉生死观》，上海古籍出版社 2005 年版。

汪涛：《颜色与祭祀》，上海古籍出版社 2013 年版。

饶宗颐：《〈楚辞〉与西南夷之故事画》，《饶宗颐二十世纪学术文集》第十三卷，中国人民大学出版社 2009 年版。

龚克昌：《两汉赋评注》，山东大学出版社 2011 年版。

段清波：《秦始皇帝陵园考古研究》，北京大学出版社 2011 年版。

《中国画像砖全集·四川汉画像砖》，四川美术出版社 2006 年版。

刘纲纪：《周易美学》，湖南教育出版社 1992 年版。

黄宾虹：《古画微》，浙江人民美术出版社 2013 年版。

范文澜：《文心雕龙注》，人民文学出版社 1958 年版。

宗白华：《论中西画法的渊源与基础》，《宗白华全集》第二卷，安徽教育出版社 2008 年版。

朱良志：《南画十六观》，北京大学出版社 2013 年版。

《"中研院"历史语言研究所论文类编·思想与文化编（一）》，中华书局 2011 年版。

赵力光：《中国古代瓦当图典》，文物出版社 1998 年版。

江灏等：《今古文尚书全译》，贵州人民出版社 1990 年版。

饶宗颐：《饶宗颐二十世纪学术文集·艺术卷上》，中国人民大学出版社 2009 年版。

李松：《中国美术：先秦至两汉》，中国人民大学出版社 2010 年版。

裘锵：《中国古代漆器艺术》，上海书店出版社 2012 年版。

于非闇：《中国画颜色的研究》，北京联合出版公司 2013 年版。

王世襄：《髹饰录解说》，生活·读书·新知三联书店 2013 年版。

梁启雄：《荀子简释》，中华书局 1983 年版。

陕西社会科学院考古研究所：《秦都咸阳故城遗址的调查和试掘》，《文物》1976 年第 11 期。

洛阳市文物管理局编：《洛阳古代墓葬壁画》，中州古籍出版社 2010 年版。

中国美术全集编委会编：《中国美术全集 2·绘画编·原始社会至南北朝绘画》，人民美术出版社 2006 年版。

扬州博物馆编：《汉广陵国漆器》，文物出版社 2004 年版。

贺西林、郑岩：《中国墓室壁画全集·汉魏晋南北朝卷》，河北教育出版社 2011 年版。

申云艳：《中国古代瓦当研究》，文物出版社 2006 年版。

陕西省考古研究所秦汉室编：《新编秦汉瓦当图录》，三秦出版社 1986 年版。

陕西省博物馆编：《秦汉瓦当》，文物出版社 1964 年版。

叶庆良：《汉代玉器》，台北震旦文教基金会 2005 年版。

刘兴珍、郑经文主编：《中国古代雕塑图典》，文物出版社 2006 年版。

陕西省考古研究所秦汉室编：《新编秦汉瓦当图录》，三秦出版社 1986 年版。

王怀义：《论汉代神话意象的审美特征》，《中国美学研究》2014 年总第三辑。

〔德〕卡西尔：《人论》，甘阳译，上海译文出版社 1985 年版。

〔英〕杰西卡·罗森：《祖先与永恒》，生活·读书·新知三联书店 2011 年版。

〔英〕苏利文：《中国艺术史》，徐坚译，上海人民出版社 2014 年版。

〔美〕高居翰：《图说中国绘画史》，李渝译，生活·读书·新知三联书店 2014 年版。

〔英〕柯律格：《中国艺术》，刘颖译，上海人民出版社 2013 年版。

〔美〕孟久丽：《道德镜鉴——中国叙述性图画与儒家意识形态》，何前译，生活·读书·新知三联书店 2014 年版。

结　语

〔德〕卡西尔：《神话思维》，黄龙保等译，中国社会科学出版社 1992 年版。

袁珂：《中国神话史》，上海文艺出版社 1988 年版。

冯亚琳主编：《文化记忆理论读本》，北京大学出版社 2002 年版。

伍蠡甫、胡经之主编：《西方文艺理论名著选编》（下编），北京大学出版社 2003 年版。

刘小枫选编：《德语诗学文选》，华东师范大学出版社 2006 年版。

张光直：《青铜挥麈》，上海文艺出版社 2000 年版。

叶秀山：《叶秀山文集》（哲学卷），重庆出版社 2000 年版。

户晓辉：《返回爱与自由的生活世界》，江苏人民出版社 2010 年版。

吕微：《顾颉刚：作为现象学者的神话学家》，《民间文化论坛》2005年第2期。

高丙中：《中国人的生活世界：民俗学的路径》，北京大学出版社2010年版。

叶舒宪：《中国神话哲学》，陕西人民出版社2005年版。

王怀义：《体验论视野：建立神话现象学》，《内蒙古社会科学》2014年第2期。

王怀义：《论视觉经验与神话意象》，《民族艺术》2014年第4期。

王茜：《盘古神话的现象学阐释》，《文艺理论研究》2012年第3期。

王倩：《作为图像的神话——兼论神话的范畴》，《民族文学研究》2011年第2期。

户晓辉：《卡西尔与神话的批判现象学》，《民族文学研究》2009年第3期。

〔美〕阿兰·邓迪斯：《西方神话学读本》，广西师范大学出版社2006年版。

〔德〕卡西尔：《人论》，甘阳译，上海译文出版社2003年版。

〔法〕列维-布留尔：《原始思维》，丁由译，商务印书馆1981年版。

〔德〕海德格尔：《存在与时间》，陈嘉映、王庆杰译，生活·读书·新知三联书店1987年版。

〔英〕特里·伊格尔顿：《美学意识形态》，王杰等译，中央编译出版社2013年版。

〔古希腊〕亚里士多德：《形而上学》，李真译，上海人民出版社2005年版。

〔古希腊〕亚里士多德：《诗学》，陈中梅译，商务印书馆2012年版。

〔德〕卡西尔：《语言与神话》，于晓译，生活·读书·新知三联书店1988年版。

〔英〕罗素：《西方哲学史》，何兆武、李约瑟译，商务印书馆2003年版。

〔瑞士〕荣格：《精神分析与灵魂治疗》，冯川译，译林出版社2012年版。

〔意〕乔吉奥·阿甘本：《潜能》，王立秋等译，漓江出版社2014年版。

〔德〕布鲁门伯格：《神话研究》，胡继华译，上海人民出版社2012年版。

〔英〕苏利文：《中国艺术史》，徐坚译，上海人民出版社2014年版。

〔俄〕梅列金斯基：《神话的诗学》，魏庆征译，商务印书馆2009年版。

〔法〕让·皮埃尔-威尔南：《希腊人的神话与思想》，黄艳红译，中国人民大学出版社2007年版。

Milton Scarborough, *Myth and Modernity*, Albany: State University of New York Press, 1994.

Mary Ellen Brown and Bruce A. Rosenberg(ed.), *Encyclopedia of Folk and Literature*, ABC—CLIO, Inc., 1998.

Glen Robert Gill, *Northrop Frye and the Phenomenology of Myth*, University of Toroto Press, 2006.

Aleksi Fyodorovich Losev, *The Dialectics of Myth*, Translated by Vladimir Marchenkov, London and New York: Routledge, 2003.

Milton Scarborough, "Myth and Phenomenology", in Kevin Schilbrack(ed.), *Thinking through Myths: Philosophical Perspectives*, London and New York: Routledge, 2002.

后　记

本书是我主持的2013年度国家社科基金青年项目"中国早期神话意象演变研究"（批准号：13CZW019）的最终成果。在研究过程中，本书还获得了2014年度中国博士后第55批面上资助项目和江苏师范大学青年骨干教师海外研修计划的资助，江苏师范大学汉文化研究院为本书出版提供了资金支持。

在书稿撰写过程中，江苏师范大学徐放鸣教授、朱存明教授，浙江大学王杰教授，华东师范大学朱志荣教授、田兆元教授，哥伦比亚大学商伟教授，台湾大学李隆献教授、郑毓瑜教授，中国社会科学院吴子林研究员，中国艺术研究院李修建研究员、杨明刚副研究员，台湾甲仁书局徐秀荣先生和曾美华女士等，都对我提供过无私的帮助和指导。在博士后出站答辩中，北京师范大学李春青教授，中国社会科学院陈定家研究员、刘方喜研究员、丁国旗研究员，对本书提出了切中肯綮的意见和建议。中国社会科学院高建平教授拨冗为本书撰写了颇具新意的长序，商务印书馆廖小芳女士为本书的编辑出版做了大量工作。

本书第一、三、四、六、七章的部分内容和结语，曾作为单篇论文在《文艺理论研究》《民族艺术》《文学评论》《中国美学研究》《中国美术研究》《内蒙古社会科学》《广东社会科学》《杜甫研究学刊》《人文杂志》等刊物发表；本书第一、七章的部分内容和第六章第三节作为前期成果，曾收入本人所著《中国史前神话意象》《中国审美意识通史·秦汉卷》，此次出版，我又对这些内容做了修订、增删等工作。

书稿出版在即，特向上述单位和师友表示感谢！

王怀义

2018 年 2 月 10 日